中国近代文学发展史

管 林 钟贤培 主编

科学出版社
北 京

内 容 简 介

本书以中国近代政治、文化发展的历史为背景，以辩证唯物主义和历史唯物主义为指导，系统论述了1840年至1919年的中国近代文学发展史。本书分上、下两编。上编为综论部分，从纵向方面论述了中国近代文学的发展阶段及特点、近代文学思想流变与中外文艺思潮交汇融合等近代文学发展的构架与轨迹；下编为文体部分，从近代文学诗(词)、文、小说、戏剧、民间文学五大文体和作家作品的横向方面探讨其变化发展的特点与内容。本书资料翔实，评述客观，从探索文学发展规律的角度着眼，对中国近代文学发展史的研究具有重要意义。

本书适合作为中文及相关专业的本科学生的教材，也可供对近代文学及文学发展历史感兴趣的读者参考阅读。

图书在版编目(CIP)数据

中国近代文学发展史/管林，钟贤培主编．—北京：科学出版社，2009

ISBN 978-7-03-024826-8

Ⅰ．中… Ⅱ．①管… ②钟… Ⅲ．文学史-中国-近代-教材 Ⅳ．I209.5

中国版本图书馆CIP数据核字(2009)第102131号

责任编辑：王剑虹／责任校对：李奕萱
责任印制：徐晓晨／封面设计：鑫联必升

科学出版社出版
北京东黄城根北街16号
邮政编码：100717
http://www.sciencep.com

北京盛通商印快线网络科技有限公司 印刷

科学出版社发行 各地新华书店经销

*

2009年7月第 一 版 开本：B5(720×1000)
2021年1月第九次印刷 印张：21 1/4
字数：412 000

定价：59.00元

(如有印装质量问题，我社负责调换)

前言

中国封建社会绵延了两千余年，历史上曾经出现过多个所谓的“盛世”。清代的“康乾盛世”是中国封建社会最末一个“盛世”。但是，“盛清”不同于历史上的“盛唐”，也不同于封建时代的其他“盛世”，它是靠民族压迫、高压政策和严密的思想统治来维持它的盛世大业的。清代的“康乾盛世”维持了近百年，并没有扭转封建社会政治机制的衰败。乾隆中期以后，封建社会机制的衰败，就明显地显露出来了。1840年鸦片战争爆发，加之殖民主义的武装侵略，更加速了封建社会制度的崩溃进程，从此中国社会发生了历史上第三次社会性质的变化。毛泽东将鸦片战争以后的社会，称为半殖民地半封建社会，这是科学的论断，我国史学界也据此将鸦片战争以后的历史从中国古代史中划分出来，将鸦片战争界定为中国近代史的开端。作为社会形态，中国半殖民地半封建的社会性质，是延续至1949年国民党政权覆灭、新中国诞生才结束的。但是以1919年“五四”运动为界标，半殖民地半封建的社会形态显然又可划分为两个不同的发展阶段，史学界将鸦片战争至“五四”运动前这一阶段称为近代史阶段，“五四”运动以后至1949年新中国成立前这一阶段称为现代史阶段。大约在20世纪六七十年代，史学界又有人主张将近、现代史合起来，统称为中国近代史。对于1840年至1919年近80年历史，或是1840年至1949年的百年史，史学界早已将它作为史学的一个独立分支学科，研究其历史社会形态的变化发展。但文学界对这时期的80年文学或百年文学是否应从中国古代文学中划分出来，作为文学的一个独立分支学科，称为中国近代文学，至今仍有争论。50多年前问世的《中国近代文学之变迁》(陈子展著)，将鸦片战争至戊戌变法前的文学归于古代文学的范畴，而将戊戌变法至“五四”运动这一时期的文学作为中国文学发展的一个相对独立的近代文学阶段来考察，稍后钱基博的《现代中国文学史长编》也有类似的看法，这是新中国成立前学术界中较有代表性的一种分期方法。新中国成立后出版的有影响的两部《中国文学史》，对其分期处理又不同。中国社会科学院文学研究所编著的《中国文学史》，将鸦片战争以后的文学划出中国古代文学的范畴，游国恩等主编的《中国文学史》，则将鸦片战争至“五四”运动这一阶段的文学划归中国古代文学的范畴，作为中国古代文学中的近代部分。在1986年中国社会科学院文学研究所发起召开的“中国近代、现代、当代文学史分期问题讨论会”上，鸦片战争以后的文学的性质、特点、分期等问题又一次引起了激烈的争论。

我国古代有从文学以外的历史现实的变化中来理解文学变化的传统，早在南北朝时，刘勰在其《文心雕龙》中，就非常注意用历史的眼光来分析、评论文学的得失变化，并得出“文变染乎世情，兴废系乎时序”的结论。当然，古人对社会历史的解释、对文学历史的解释，不可能完全解脱唯心主义观点的束缚。我们研究文学的发展历史，应坚持马克思主义的反映论和认识论。文学作为一种意识形态，其产生、变化和发展，总是受一定的社会历史条件制约的，是一定的社会历史变化在上层建筑上的反映，离开了社会的性质变化，离开了社会的历史条件，是不可能准确地认识和把握文学发展的历史轨迹的。同时，文学的发展历史，是社会发展历史的一个组成部分，而社会发展的历史并不能代替文学发展的历史，文学作为一种特殊的意识形态，又有其自身变化发展的规律。因此，文学和历史，是构成文学发展的两大要素，历史的文学与文学的历史，这是我们认识、把握文学发展的历史轨迹的两个都需要顾及的方面。

根据历史的文学和文学的历史这两个相互关联的要素，我们把鸦片战争以后的文学从清代文学中划分出来，以 1840 年至 1919 年为起讫界标，即与史学界对近代史的分期同步，作为我们这本断代文学史的研究范畴。这样划分主要考虑到如下几个方面：

第一，中国近代是一个跨朝代的历史概念，主要是从社会形态上来划分的，它不同于封建社会，具有的是半殖民地半封建社会的历史特点。这包括了构成这一社会形态的经济结构、阶级结构、社会矛盾、意识形态等各个方面，这些方面既是从封建社会的母胎中来的，又具有与封建社会这个母胎所不同的特点，研究这一时期文学的历史，就必须充分考虑这个时期社会历史所提供的特点对文学产生的影响，这是我们确定中国近代文学起讫时限的出发点和依据。

第二，中国是一个文明古国，又是一个封建古国，特别是到了清代，闭关锁国，社会发展停滞不前。中国近代社会恰恰在此方面有了突破，打开了睁眼看世界的窗口。不过，这种突破，中华民族是付出了沉重的血的代价的，是殖民主义、帝国主义用洋枪洋炮打开的。殖民主义、帝国主义的武装侵略，给近代中国带来了深重的民族灾难，同时也带来了西方文明，西方先进的科学技术和文化思想撞击着中国这个有几千年历史的封建文化古国，中国社会在政治思想、经济思想、文化思想、文学艺术等方面都产生了不同程度的变化，这种变化，都带有一些“西味”，用容闳的话说，即“西学东渐”。从受西方文化影响这个历史现实来考察中国近代文学的分期，这是我们考虑的又一历史因素。

第三，文学的分期和历史的分期一样，只能用“模糊”概念。要分割时代，截然两断，正如抽刀断水一样困难。历史，不管是社会发展历史，还是文学发展历史，都有一个承前启后、从量变到质变的过程。历史的发展只是到了发生质变时才是明晰的，而在量变阶段则往往是模糊的。社会历史是这样，文学历史也是这样。史学界以鸦片战争为界标，把历史划分为两个不同的社会形态，这是就其大体上来说的，而且主要着眼于民族矛盾，并不是说鸦片战争一声炮响，中国社会就从政治、经济结构、阶级结构、意识形态、文化思想等各个方面都具备了半殖民地半封建的特点，都具备了资产阶级的阶级属性。可以说是到了19世纪70年代，民族危亡迫在眉睫，中国的民族资产阶级作为一股政治力量登上了政治舞台，半殖民地半封建的社会形态才呈现出明晰的状态的。这一时期文学的发展变化也是相似的情况。中国近代文学以1840年至1919年作为起讫的界标，但它论述的范畴同样应根据文学本身的特点上下延伸。我们在此书的论述中，上限大约往前延伸20年，下限往后延伸10年左右。

第四，中国封建社会的解体，中国近代社会性质的变化，不可避免地影响和改变中国文学发展的进程，使中国文学在性质上也相应地发生了变化，呈现为不同于封建社会文学而具有近代社会特点的、以反殖反帝和反封建为特征的新的文学。但这种变化并不是如《中国近代文学之变迁》所说的那样，是从戊戌维新时期开始的，而是从鸦片战争前后就已经开始了，诗、文和民间文学都比较敏锐地发生了适应反殖民反封建的新的政治斗争需要的变化。反对封建专制统治，要求社会民主；反对帝国主义侵略，要求民族独立，振兴国家民族；反对思想钳制，要求解放人才，解放人的个性，这三个方面是中国文学进入近代社会在性质上与中国古代文学有所不同的重要标志，是在半殖民地半封建社会的特定历史条件下产生的新的文学特征。这些在鸦片战争前后的诗、文和民间文学中已经有所体现，只是到了戊戌维新前后，以梁启超为代表的资产阶级维新派从政治上要求维新救国的需要出发，提出了文学总体变革的主张，近代文学性质上的变化的特征才体现得愈加明显起来。一种在中国文学土壤上吸取了外来文化的养料、具有民族特色的中国近代新的文学也就明晰地呈现出来。

新中国成立后，由于学术界大多无视中国近代文学性质上的变化，仍然将它划入古代文学的范畴，在认识上就产生了两种明显的误差：一是将文学与社会历史割裂，不从产生近代文学的社会历史条件来考虑它的性质、特点与成就，而仍然只把它看做是古代文学的一个组成部分，以古代文学的性质、特点与成就来看待近代时期的文学，苛责它没有产生足与古代文学相媲美的大作家和伟大作品，自然也就体现不出文学是历史的文学的特点；从时间上来说，与中国古代几千年相比，中国近代80年也只不过弹指一挥间，倏然而过，把近代文学看做是一个很蹩脚的小伙计，只是“古代文学的尾声”，自然也就容易忽视文学本身发展的性质变化。二是忽视了文学发展的承前启后的关系，把近代文学仅仅看做是古代文学的终结而已，不认为它在性质上的变化与“五四”新文学的产生有一脉相承的血缘关系，如有的论者认为，“五四”文学革命运动与晚清文学改革运动之间不仅有彻底性与妥协性的差别，而且从历史发展的观点看，“五四”文学革命并不是与晚清文学改革运动一脉相承的，它们之间并不是一个由数量的积累到逐渐深化的演进过程。“五四”文学革命是在晚清文学改革运动萎缩、退化之后，才在新的历史条件下，以更为激进和彻底的姿态，要求文学从思想内容到语言形式都进行现代化的一次文学运动。把“五四”新文学的产生仅仅看做是政治上的原因，看不到文学上的承传关系，这将使“五四”新文学成为无源之水。这两种认识上的误差，使中国文学的发展历史，缺少了一个从古代到现代的必不可少的链条，古代文学到鸦片战争前就戛然而止，现代文学又突然随着“五四”政治运动生发开来，文学的历史就人为地形成了一个80年的历史断裂层。这是中国近代文学研究没有像中国近代史学研究一样得到充分发展的主要原因，也给大学中国文学教学带来明显的消极影响。

关于中国人自著的文学史，据有关史料，最早的有清光绪三十年(1904)林传甲的《中国文学史》，此后陆续出版的中国文学史，据陈玉堂的《中国文学史旧版书目提要》所提供的资料，通史、断代史、分类史计有320余种。新中国成立后新编的各类文学史，数量也不少。综观新中国成立前后出版的中国文学史，其体例各异，也不乏一家之言，但都普遍存在两种倾向：一是片面强调文学的现实性，或人民性的一面，自觉或不自觉地把文学视为政治历史的附庸，从而狭隘地从机械决定论的视角去探讨文学发展的动因，研究文学发展的轨迹，这实际上是把文学视为民族史、社会史、思想史、文化史的文献，忽略它作为文学所特有的特性、规律，文学史被写成了历史的文学，而不是文学的历史；或者片面地以政治观代替艺术观，以政治上的进步和反动作为衡量文学优劣的唯一标准，在古代作家中进行政治站队，不是现实主义，就是反现实主义，结果作茧自缚，将文学研究的对象观、功能观和价值观局限在狭隘的功利主义和实用主义之中，一部文学史，能看到的自然就只有那些被认为是在政治上进步的作家作品，当然也就看不到错综复杂的文学现象，看不到一个时代文学发展所特有的特点和规律。这种现象较多出现在新中国成立后新编的文学史中。另一种倾向是注意了文学，或者说注意了名家名作，但又往往忽视了“史”的纵横变化，文学史往往成为作家作品品评的汇集，未能从探索文学规律的角度着眼。这种现象在新中国成立前出版的文学史中比较常见。

我们在编写本书的过程中，有意识地吸取古代通史编写的体例，力求克服上述两个方面的偏差，既在“发展”上下工夫，从纵向方面体现文学发展的构架、轨迹，又从文体变化和作家作品的横向方面寻找它的变化特点。根据这样的指导思想，我们在本书中将文学史分为上编、下编两大部分。上编为综论部分，从宏观方面论述中国近代文学发展变化的构架、轨迹，论述了五个方面的主题：近代中国社会与中国近代文化；中国近代文学的发展阶段及其特点；中国近代文学思想及其流变；中外文艺思潮的交汇融合及翻译文学;近代资产阶级文学批评及其影响。下编为文体部分,从微观方面分别论述中国近代文学诗(词)、文、小说、戏剧和民间文学五大文体的变化发展,这一部分既有对文体发展的纵向论述,也有对代表作家作品的横向剖析,力图勾勒出文体发展变化的轨迹。作家小传作为全书的附录,一共为73位有代表性的作家立传,每位作家传的篇幅长短根据其对近代文学发展的贡献影响而定,一般论述了作家的经历、文学思想和文学创作等方面。

《中国近代文学发展史》是国家教委高等学校文科教材"七五"规划的一个项目。该书于1991年6月由中国文联出版公司出版后,曾被部分高等院校作为中文系本科教材使用,有的高校还将它作为研究生课程教材或参考书,至今受到国内学术界的肯定。为了使该书在学术上更具有前瞻性、学术性,更符合作为大学文科教材的需要,原著者在原书的基础上进行了修订,修订分工如下:管林(第二、十章),钟贤培(第三、八章),陈永标(第五、九章),汪松涛(第一、六章),谢飘云(第四、七章)。作家小传亦由上述五位同志分工撰写。全书最后由两位主编负责审阅和定稿。

目　　录

下 编

上　编

第一章　近代中国社会与中国近代文化

第一节　近代中国社会的性质及其特点

一、19世纪中叶的世界潮流和中国社会的危机

19世纪中叶正是世界资本主义迅猛发展的时期。新兴资本主义世界急剧增长的社会生产力同时刺激了列强的掠夺性。英、法、美等几个资本主义发达国家在世界范围内掀起了一股在落后地区掠夺原料产地、人力资源和商品倾销市场的侵略狂潮，而非洲、大洋洲、亚洲广大地区的弱小国家，则在这股侵略浪潮中，已经或正在沦为欧美资本主义发达国家的殖民地或半殖民地。正是在这样的世界形势和背景下，当时堪称资本主义头号强国的英国，在经过长期的试探和准备之后，终于向幅员辽阔、物产丰盈、有着广大市场和丰富的廉价劳动力与原材料的中国，伸出了侵略魔爪。1840年英国发动了旨在保护罪恶的对华鸦片输出的侵华战争，这就是第一次鸦片战争。由此开始，殖民主义、帝国主义发动的侵华战争接踵而来，有1856～1861年的第二次鸦片战争、1884～1885年的中法战争、1894年的中日甲午战争、1900～1901年八国联军的野蛮入侵等等。在所有这些战争中，中国均以失败告终，带来了一连串丧权辱国的不平等条约。资本主义列强在进行军事侵略的同时，加紧对中国进行经济、政治和文化侵略。在这种侵略面前，中国的封建锁国状态宣告结束，具有两千年封建历史的独立、自主、完整的封建帝国，逐步沦为一个半殖民地半封建的国家，与当时世界上的落后国家走着一条相似或者相同的历史道路。

19世纪初，当世界资本主义由于工业革命的推动而取得长足进步的时候，中国仍然处于几乎与世隔绝的十分保守的落后状态，清朝统治者还在做着“天朝大国”的美梦。在经济上，早在16世纪中叶至17世纪的明代中叶，中国商品经济较为发达地区和若干城市的某些手工行业中的资本主义萌芽（如陶瓷、丝织、造纸、冶铸、制糖等手工行业的具有资本主义雇佣关系的手工工场）即已出现，虽然经历了两个多世纪的极其缓慢的发展，但最终未能成为足以突破封建生产关系的独立力量。就19世纪初整个中国社会经济的全局来看，不仅自给自足的自然经济仍然占据主导地位，而且整个手工业中也仍然以家庭手工业为主，真正具有资本主义萌芽性质的手工业作坊依旧只是少量地存在于沿江沿海商品经济比较发达的地区和有限的几个较为发达的手工行业。在政治上，清朝统治者实施海禁和孤立自处的对外政策，对于外部世界迅速的发展变化几乎全然无知。

但是，世界范围的政治形势和资本主义发展的潮流，已经不能允许这种僵化的局面继续维持了。汹涌东进的西方资本主义潮水，已经使处于仍然强大的封建所有制桎梏束缚下缓慢而艰难地发展着的中国资本主义经济萌芽，无法赢得继续独立成长的时间；中国社会内部迅速激化的阶级矛盾，也势必要改变中国社会的状况。据史载，乾隆、嘉庆之际，土地兼并的现象十分严重。权臣和珅占地8000余顷，他的两个家人也各占地600余顷。乾隆十二年，湖南巡抚杨锡绂在给朝廷的奏疏中云："近日田之归于富户者，大约十之五六；旧时有田之人，今俱为佃耕之户。"（李文治：《中国近代农业史资料》第一辑）说明了当时土地兼并情况的严重。土地高度集中，农民则负担高达50%甚至更多的地租，同时还要向清政府缴纳沉重的赋税，社会财富也高度集中到少数贵族、达官显宦和富商豪强手里，广大农民则"场功既毕，米谷随尽，至有以糠秕糊口者。故佃户有不可终日之势"（彭翊：《一得刍言》，见《无近名斋杂著》）。统治阶级残酷的剥削和压迫，不仅使农村的封建经济濒临崩溃，而且使在封建桎梏下潜滋暗长的资本主义经济萌芽也受到严重的打击，从而使社会矛盾进一步激化，农民起义前仆后继，此起彼伏。1796～1804年爆发了白莲教大起义，时间长达9年，先以湖北为中心，后来发展到四川、河南、陕西、甘肃等省。1813年，白莲教支派天理教以木匠李文成、药店学徒林清为首的起义队伍，以河南为中心，发展到山东、直隶一带，并且一度潜入京城，攻进皇宫，反映出除农民的起义斗争之外，手工业工人和城市下层市民的斗争也日益频繁。整个形势都说明，当时严重的社会危机已经到了单纯靠过去的改朝换代不能克服的地步，中国需要一场社会变革。

1840年的鸦片战争，终于把中国卷入了世界资本主义潮流的漩涡。从此，中国人民开始了内受腐朽的封建压迫、外受外国资本主义奴役的近百年半殖民地半封建的惨痛历史。以鸦片战争为开端，西方列强的入侵，在中国封建社会内部引起了剧烈的震荡，导致中国社会经济性质、阶级结构以及社会政治、思想、文化诸方面的深刻变化。一方面，西方资本主义的侵入进一步破坏了中国的封建经济，打击了自给自足的农村自然经济壁垒，在一定程度上刺激了中国自身资本主义因素的发展；另一方面，这种侵入，又打击了中国正在起步但仍然十分落后的手工业和商业，实际上又阻遏了中国独立的资本主义进程。另外，社会矛盾也更加复杂化。除了地主阶级与农民阶级的矛盾之外，由于外国资本主义侵略的加深，民族矛盾此时也鲜明地呈现出来，成为社会另一主要矛盾。这两种主要矛盾相互交错，相互激荡。而且，随着殖民主义、帝国主义侵略在各个领域的深化，民族矛盾日渐成为中国社会各种矛盾中最主要的矛盾。

二、中国近代社会的性质和特点

中国近代社会的性质，正如毛泽东所说："自从1840年的鸦片战争以后，中国一步一步地变成了一个半殖民地半封建的社会。"（《中国革命和中国共产党》）从

1840年鸦片战争起至1919年“五四”运动止，这80年，是中国两千余年的封建政治制度动摇崩溃和自给自足的以农业及个体手工业为基础的自然经济形态解体的时期，也是中国半殖民地半封建社会形成和中国新兴资产阶级领导的旨在反抗外来侵略及反对封建专制的民族民主革命运动时期。它是中国从漫长的封建社会发展到社会主义社会的一个中间历史阶段。

这种特殊的半殖民地半封建的社会形态，呈现出如下一些特点。

(一) 动荡与危机

鸦片战争以来的一个世纪，中国社会都处于空前未有的剧烈震荡之中。这种动荡表现在经济和政治等方面。鸦片战争前，中国是一个自给自足的封建经济占统治地位的国家；战后，外国资本主义势力凭借由不平等条约所攫取的特权，大量向中国倾销廉价商品，掠夺廉价原料，中国日益沦为世界资本主义的商品市场和原料供应地。正如马克思所说：“在很快的时期内，中国市场就被充满了英国和美国的便宜的机器制造品。以手工劳动为基础的中国工业，竞争不过机器工业。于是稳固的中国就遇到了社会危机。赋税不复源源而来，国家濒于破产。”（《马克思恩格斯论中国》）不仅如此，随着外国资本主义侵略的加深，外国资本主义由商品输出进而发展为资本输出。甲午战争之前，外国在中国的投资还只有2亿～3亿美元（吴承明：《帝国主义在旧中国的投资》），这种初期的资本输出已经对刚刚出生的中国民族资本主义近代企业构成了颇大的压力。甲午战争之后，以1902年为例，则已达15亿美元，以后更不断增加。帝国主义在华投资额不断增大，投资面遍及财政、金融、贸易、运输、工矿业等各方面，从而控制了中国的财政经济命脉，“不但在商品竞争上压倒了中国的民族资本主义，而且在金融上、财政上扼住了中国的咽喉”（毛泽东：《中国革命和中国共产党》）。尤其严重的是，帝国主义的对华投资是伴随鸦片战争后一系列不平等条约而来的，这种具有超经济掠夺性质的投资，不仅在经济上彻底瓦解了原来在中国社会经济中占主导地位的小农业与家庭手工业相结合的自然经济，而且扼杀了发展中的中国民族资本主义，严重地损害了中国的经济利益，使中国的经济完全丧失了独立性。随之而来的各帝国主义疯狂争夺“势力范围”的斗争，更使中国面临被彻底瓜分的危险。

社会的强烈动荡还表现在近代社会严重的阶级对立上。清政府将大量的军费和战争赔款转嫁于劳动人民，贪官污吏也借机大肆搜刮，贪污腐化，贿赂公行，造成“民之财尽矣，民之苦极矣”（《天地会领袖万大洪告示》，见《中国近代史资料选辑》）的局面。与此同时，中国人民也从反抗外来侵略的斗争中，逐步看清了清朝统治集团的昏聩无能和卖国行径，统治阶级上层已经渐渐堕落为殖民主义、帝国主义的帮凶和代理人。人民的斗争口号由开始的“扶清灭洋”变为后来的“反清灭洋”正说明了这种认识上的变化。鸦片战争以后的70年间，人民群众反抗清朝反动统治的斗争一直没有停息，仅1841～1849年各族农民起义就达110多次。1851年爆发的太平天国起义，坚持14年，纵横18省，攻占城市600余座，建立了农民革命政权，以空前的规模和巨大的力量冲击了清朝反动统治的根基。太平天国起义失败后，北方的捻军以及西北、贵州、云南的回、彝、苗族劳动人民也在太平天国起义后相继起义，斗争一直延续到19世纪70年代后期。

（二）民族的忧患意识与探索

鸦片战争以后，西方列强屡侵中华，西方各国与中国的强弱之势表现得如此明显，“天朝大国”、“中央帝国”之类的夜郎自大的神话为残酷的现实所粉碎，有识之士纷纷起而探求中国的出路。

最先感受到这种社会危机的是一部分目光敏锐、眼界较为开阔的封建士大夫。他们从尖锐的阶级矛盾和日益上升的民族矛盾中，看到中国封建社会“日之将夕，悲风骤至”的衰世厄运，预感到“乱亦竟不远矣”（龚自珍：《乙丙之际箸议第九》）、社会巨变行将爆发的客观趋势。以龚自珍、林则徐、魏源为代表的这一部分开明的地主阶级知识分子，出于挽救封建制度的考虑，主张因时而变，以变求通，主张更新学术、改革弊政、整顿人事、学习西方，因而与腐败无能、抱残守缺、卖国固位的统治阶级顽固派和墨守程朱的腐儒发生了尖锐的冲突。

洪秀全这位在人民革命斗争实践中涌现出来的杰出的农民革命领袖，第一次从西方基督教原始教义中吸取了平均、平等的观念，创立了建立一个太平一统、没有阶级、没有剥削和压迫的农民理想国的革命理论，而且把它付诸实践，领导了一场震惊中外的“人妖”（妖指封建势力、外国资本主义侵略势力）之战。但在当时的历史条件下，这种理论具有空想、落后的一面，农民也早已不是先进生产力的代表者，在否定了封建生产方式和封建秩序之后，他们拿不出更为先进的生产方式来替代。因此，太平天国志士的努力，虽然有力地打击了中外反动势力，但并未找到挽救国家和民族危亡的正确道路。

19世纪60年代，随着中国半殖民地半封建化的加深，连一部分统治阶级的代表人物，也开始感到中国正面临“三千余年的一大变局”（李鸿章奏折，见《中国近代史资料从刊·洋务运动》）。他们有感于清朝国势的衰微和太平天国运动、英法联军入侵的教训，决心通过学习西方，加强军备，振兴国力，救亡自强，在中国掀起了为时30年的引进西方先进科学技术和大工业生产的洋务运动。尽管顽固派对洋务运动强烈反对，百般阻梗，散布“立国之道，尚礼义不尚权谋；根本之图，在人心不在技艺”（首席大学士倭仁语，见同治朝《筹办夷务始末》）之类的陈词滥调，攻击洋务派的学习西方是“用夷变夏”，但洋务派还是凭借自己在清朝政权中的实权地位，取得了不小的成绩。

洋务运动一定程度上冲破封闭守旧的顽固思想的桎梏，推动人们认识世界，打开了学习西方的大门，并且在客观上为中国民族资本主义的生存和发展起了打破坚冰的作用，有不容抹杀的功绩。但是，由于洋务运动理论上的矛盾，在实践过程中，它对封建主义和帝国主义存在着严重的依附性，其“变器不变道”、“中学为体，西学为用”的主张和挽救封建统治危机的目的，都使其具有极大的局限性。加上各方面历史条件的限制，洋务运动最终无力改变中国的积弱局面，甚至还为西方资本主义势力的扩大侵略提供了某种可乘之机。

作为中国近代史上第一次大规模引进西方资本主义物质文明的运动，洋务运动的失败，给了人们一个教训：要改变中国的局面，达到护国自强的目的，单靠学习西方的自然科学技术、学习外国利器，显然是不够的。“未有四邻皆强敌，不自强政治，而能晏然保全者也。”（康有为：《上清帝第一书》）“前此之言变者，非真能变也，即吾向者所谓补苴罅漏，弥缝蚁穴，漂摇一至，同归死亡，而于去陈用新，改弦更张之道，未始有合也。”（梁启超：《论变法不知本原之害》）“全变则强，小变仍亡”，必须“以开创之势治天下。”（康有为：《上清帝第二书》）这成为19世纪90年代发生的维新变法的思想基础。维新思潮的兴起，反映了在洋务运动过程中获得初步发展的中国民族资产阶级的利益与要求，也反映了近代中国社会发展的趋向和民族独立的愿望。

以康有为、梁启超、谭嗣同等人为代表的资产阶级维新派，希望通过引进西方的社会学说，进行资本主义性质的社会改革，建立君主立宪的国家。然而，由于中国民族资产阶级先天不足，力量薄弱，它在斗争中不可避免地存在着同封建主义相妥协、对帝国主义抱幻想的一面；同时，也由于脱离民众，维新党人始终找不到历史发展的真正动力；加之，19世纪90年代中国的国际国内环境，已经完全不同于明治时期的日本，一方面是仍然相对强大的封建顽固派不甘心放弃权力，另一方面是尝到侵华甜头的列强不愿意看到中华的崛起、在华既得利益的丧失。种种因素，都注定了维新运动的失败命运。

戊戌维新的失败，证明了在中外反动势力相勾结的情况下，采取自上而下的宫廷政变式的改革办法来改变中国面貌，是行不通的。从维新运动中分化出来一批激进的资产阶级代表人物，“知和平方法，无可复施。然望治之心愈坚，要求之念愈切，积渐而知和平之手段，不得不稍易以强迫”（孙中山：《伦敦被难记》）。资产阶级革命派坚持了武装革命的思想和以暴力推翻清王朝的封建专制统治、建立资产阶级的民主共和政体的政治纲领，终于导演了近代中国民族资产阶级民主主义革命史上最有声色、最有意义的辛亥革命一幕。

然而，历史表明中国的民族资产阶级无力完成民主革命的基本任务，不可能真正解决“中国向何处去”这个历史课题。彻底完成反帝反封建的民主革命任务，把中国引向独立、自由、民主、富强之路的任务，历史地落到中国无产阶级及其政党中国共产党的肩上。

（三）从封闭到开放，向西方学习

中国近代社会的历史，从某种意义上来说，也可以看做中国社会由长期的封闭到开放的历史，是向西方学习的历史。这种开放，是由不自觉而到自觉的；这种学习，也经历了一个逐渐明确的认识过程。

长期以来，中国基本上是在一个孤立的、与外部世界隔离的环境里生存和发展的。西方资本主义的鸦片和大炮，轰开了清帝国紧闭的大门，用条约的形式强迫中国向西方资本主义开放：由沿海地区的开放，到内陆腹地的开放；由经济领域的开放，到政治、思想、文化领域的开放；由最初的抗拒抵制，到逐步的直接引进，以至不完全的渗透吸收。总之，由于中国的经济和文化的顽强的排他性，即使在国门被大炮轰开之后，中国的开放仍然经历了一个渐进的过程。在经济方面，以英国1842～1846年的对华贸易为例，其对华输出值为178万英镑，而由华输入值则为532万英镑，中国存在巨额的入超。英国输往中国的棉织睡帽、刀叉、钢琴之类的商品，在中国的卖价几乎还抵不上运费。如果不是顺利增长的鸦片输出，英国对华贸易逆差的现象就会更加严重。西方对华贸易的被动局面，实际上是一直到中国的洋务运动开展起来之后，才真正改观。马克思对这种一度令西方商人大惑不解的现象，作了精辟的论述："农业和加工制造业直接结合而起的巨大经济和时间节约……曾对大工业产品提出非常顽强的抵抗。"（《资本论》第三卷）

在文化方面，中国数千年的传统封建文化，在漫长的发展过程中，形成了一个十分周密的封闭型体系。而且，由于对人们年深月久的影响，它渗透到人们生活的各个角落，盘根错节，根深蒂固，因而更表现出极强的稳定性和排他性。虽然，在汉唐时期曾经有过从上到下的主动的文化开放，有过中外文化的交流，印度文化、中亚文化、基督教文化也曾影响过中国；明清之际，来华的西方耶稣会教士估计达800人左右，他们在学习中国传统文化的同时，也向中国介绍西方的数学、天文、舆地、宗教等方面的知识，带来了欧洲文化的影响。但是，总的来看，近代以前，外来文化都未能改变中国传统文化儒家思想的核心内容，未能打破由儒家伦理观念与自然哲学、社会政治理论等构成的极为庞大、严密的内在封闭的文化思想体系，未能突破传统的自然、社会观念和人们积久形成的心理素质、思维方式以及价值标准。

近代西方资本主义的入侵，给中国人民带来了深重的灾难，也对近代中国社会生产力的发展起了促进作用，输入了新的文化科学技术知识、新的观念和生活方式。强盗在无意之中充当了教师。但是，这种外来文化的输入，最初也遭到了腐朽的封建文化的顽强抵抗，特别是在意识形态领域内的情况更是如此。西方的近代先进技术工艺，曾经被封建顽固派斥为"奇技淫巧"；当"奇技淫巧"以它明显的优越性而被承认之后，又变为"中学为体，西学为用"，"变器不变道"。直到维新思潮兴起，西方的自然和社会学说、文学艺术，才在中国的知识阶层和社会上层逐步产生较大的影响。尽管进展维艰，西方文化毕竟在近代敲开了中国传统封建文化的坚壳，迫使传统文化缓慢改观。

"师夷"，即向西方学习，是在近代才提出的口号。在此之前，中国的口号只有"师古"，师法古训、古法，三坟五典、八索九丘，这实际上是一种向内看、向后看的哲学。"师夷"口号的提出，反映了国情的变化，也反映了人们认识上的变化，人们开始克服盲目性而趋于现实。

中国近代的有识之士，在睁眼看世界、向西方学习方面，是有一个认识过程的。这个过程大致可分为两个阶段：从鸦片战争前后至中日甲午战争前，为第一阶段。重点在于"筹夷情"，"尽得西洋之长技，以为中国之长技"，主要是引进"格致之书"和从事以军事工业为先行的振兴实业。代表人物是林则徐、魏源、曾国藩、左宗棠、李鸿章、张之洞、郑观应等。甲午战争之后，人们从甲午战败中吸取了教训，向西方学习进入第二个阶段。重点在于引进"政事之书"及文学艺术和进行上层建筑领域的变革以振兴中华。代表人物是严复、康有为、梁启超、孙中山。

毛泽东说："自从1840年鸦片战争失败那时起，先进的中国人，经过千辛万苦，向西方国家寻找真理"，但是"一切别的东西都试过了，都失败了"（《论人民民主专政》）。在整个民主主义革命时期，中国人民在黑暗中摸索，前仆后继，寻求真理，向往国家富强、人民幸福。但是，向西方寻求救国救民真理的结果，总是"先生"反过来侵略"学生"。直到俄国十月革命成功，中国的先进分子才"用无产阶级的宇宙观作为观察国家命运的工具，重新考虑自己的问题"（《论人民民主专政》）。

第二节 中国近代的文化精神

中国近代社会的大动荡和社会性质的大变化，西方近代自然科学技术和资本主义的哲学、社会科学学说的输入，封建帝国关闭的大门被打开，新形势、新情况、新事物、新思想、新追求对中国文化传统形成的巨大冲击，这些都使传统文化的一切方面发生了带有时代印记的变化，正如马克思所说："那种隔绝状态已被英国的媒介而遽遭结束，则随之而来的，必然是分崩离析，这同小心谨慎地藏在密封的棺材内的木乃伊，一旦与外界接触必然要发生解体的情形一样。"（《中国和欧洲的革命》）

一个民族的文化传统，是在民族文化发展的历史长河中积淀而成的，或表现于物质层面，如建筑风格、服饰特点、绘画雕塑、生产工具、生活器皿等；或表现于语言文字；或表现于民族性格、创造能力、民族心理、生活方式、思维方式、价值观念等精神层面。中华民族的文化传统是在漫长而封闭的封建环境中生成的，有它立于世界文化之林的光辉一面，但是，这种文化传统中的落后一面，如因循、守旧、服从、苟且以及封建等级观念和以儒学为核心的封建道德规范，与封建专制的政统、家天下的国统大体相一致，成为相对停滞的中国封建社会的精神支持力量，实际上已经成为民族进步的沉重包袱。

近代中国社会的巨大变化和西方文化的猛烈冲击，终于使中国近代文化精神发生深刻变化，从而也使中华民族踏上新的历史征程。

一、求变——民族进取精神的复苏

长期的封建专制统治和儒家礼教宗法观念的浸灌，严重地毒化了我们的民族心理。近代以前的民族心理素质中，存在着极为严重的因循、守旧、顺应、苟且等这样一些消极因素，“祖宗之法”、“古代贤圣之言”被视为万世不变的绝对真理，成为人们生活言行中的律条。这种停滞和麻木的心理，成为封建末世那种万马齐喑的僵死局面得以维持的社会心理基础。近代中国最先向这种“不变论”发难的思想家是龚自珍，他预见到“乱亦竟不远矣”的形势，预闻到“山中之民，有大音声起，天地为之钟鼓，神人为之波涛矣”（《尊隐》）这种社会大变乱的隐隐雷声，公然宣称：“自古及今，法无不改，势无不积，事例无不变迁，风气无不移异。”（《上大学士书》）他从这种“变”的观点出发，对封建末世的种种黑暗进行了深刻的批判。与龚自珍齐名的魏源，在他的著作中也高举求变的大旗。他说：“三代以上，天皆不同今日之天，地皆不同今日之地，人皆不同今日之人，物皆不同今日之物。……古乃有古，执古以绳今，是为诬今；执今以律古，是为诬古。诬今不可以为治，诬古不可以语学。”“变古愈尽便民愈甚。”（《治篇五》）这种主张变易的历史进化观、这种求变的思想，不仅成为近代先进的中国人不断变革现实的重要思想理论武器，同时反映出在民族心理上开始摒弃那种自满、自足、自大之类的病态，注入求新进取的精神，反映了民族进取心的苏醒。人心思变，要求“以变应变”成为近代中国人的心理特征之一。

二、致用——知识阶层的求实之风

清朝自乾、嘉以来，在思想学术界考据学派盛极一时。“避席畏闻文字狱，著书都为稻粱谋”（龚自珍：《咏史》），多数知识分子慑于清政府大兴文字狱的淫威，埋头于故纸中，逃避现实，不问世事，从事古代典籍的训诂、校勘、辨伪、辑佚工作，“东汉学烂然如日中天”（梁启超：《清代学术概论》）。考据学派的盛行，虽然在古籍整理方面取得了成绩，但也使思想学术界脱离实际、厚古薄今、烦琐考证之风弥漫。与此同时，程朱理学也被统治者置于思想学术界的统治地位，《朱子全书》被广为刊行，朱熹的《四书集注》更被作为科举考试的法定依据，因而，在社会上造成一种“非朱子之传义不敢言”的窒塞空气。汉宋之学成为思想学术界乃至整个民族的精神枷锁。

中国近代先进的知识分子，是从西方资本主义在中国的胜利、中国的失败和危机，从利害得失之由的角度，对中国传统文化进行深刻反思、对中国传统文化和近代西方文化加以对比，来考察其优劣的。在这种反思和比较之中，他们的第一个感觉就是“我堕于虚，彼证诸实”（郑观应：《道器》），“夫西洋之学，自明以前，与中土相埒耳。至于晚近，言学则先物理而后文词，重达用而薄藻饰”（严复：《原强》），“中土不幸，其学最尚词章”（严复：《救亡决论》）。也就是说，中国文化自宋明理学和清代朴学盛行以来，致用的传统逐渐湮没，存在着严重的脱离实际的弊病。

鸦片战争前后，作为“汉宋之学”的对立物的“经世致用”之学的崛起，标志着传统文化中重视致用的传统在近代文化中得以恢复和发扬。

以龚自珍、林则徐、魏源、包世臣、张际亮等为代表的一批开明的地主阶级知识分子，以今文经学的合法地位为依托，对当时学术界占统治地位的汉宋之学进行批判，认为“琐碎饾饤，不可谓非学，不得为汉学”（龚自珍：《与江子屏笺》），“坐谈性命，其语唁唁，唁唁龂龂，其徒百千。何施于家邦？何益于孔编？”（龚自珍：《献侑神之歌》）一针见血地指出“汉学家”的逃避现实、舍本逐末，宋学家的崇尚空疏、不切实际，进而针锋相对地提出治学当裨于经世、立足致用的主张。这一批进步士大夫把敏锐的目光投向现实，他们关心时局，对封建末世的种种黑暗和腐败现象进行大胆的揭露。为了挽救封建危局、抵抗外来侵略，他们倡言更法改图，对强国、御侮提出了许多具体意见。

“经世致用”之学的崛起，对当时的思想学术界产生了重大影响，原来极端沉闷的局面被打破，广大知识阶层也逐渐惊醒过来，摆脱汉宋之学的束缚，把眼光转到迫切需要认识和研究的现实社会问题上来。知识分子留心时局、讥切时政、慷慨论天下事开始成为一代新风。这种学术风气上的重大变化，反映了近代文化精神的一大进步。

三、科学与民主精神的发扬

早期中国文化也是具有人文主义因素的，具有提倡人权、人性，重视人生，反对神道、反对专制的品格。先秦时期，中国文化就有一种重民轻神思想，主张“民之所欲，天必从之”。鲁庄公时虢国的太史嚣就有“吾闻之：国将兴，听于民；将亡，听于神。神，聪明正直而一者也，依人而行”的论述，明确地把神放在人的依附地位（《左传·庄公三十二年》）。僖公时宋国的司马子鱼也反对宋公用人来祭祀，他说：“祭祀以为人也。民，神之主也，用人其谁飨之！”（《左传·僖公十九年》）孔子学说的继承人孟轲甚至提出过“民为贵，社稷次之，君为轻。是故得乎丘民而为天子”的思想（《孟子·尽心下》）。这种提倡人性和对人生的重视，在《诗经》和汉乐府中也都有所体现。

汉代以后，儒学在中国文化中的核心地位得以强化。儒家的伦理观念逐步超出一般的个人道德规范上的意义，而成为具有法律意义的言行准则，在长期的教育灌输中积淀成一种不容置疑的人生哲理。而且，这种儒家的伦理观念还渗透到宗教领域，成为宗教观念中善、恶、功、过的实际标准，得到宗教神权力量的支持。儒学以它既具有法律的强制性又具有鬼神果报的恐吓性这样一种可怕的特征，深深扎根于中国文化的底层土壤，覆盖了中国文化的各个角落，渗透到中国文化的每一根毛细血管里。特别是在宋明理学盛行之后，理学家们不仅使儒学的伦理观念更加强化，所谓“父子君臣，天下之定理，无所逃于天地之间”（程颐：《遗书》），“君臣父子，定位不易，事之常也”（朱熹：《文集·甲寅行宫便殿奏札》），而且提出：“夫所以害吾心者何也？欲也。……欲去，则心自存矣。”（陆九渊：《养心莫善于寡欲》）“灭私欲，则天理自明矣。”（程颐：《遗书》）公开宣称人的个性和欲望是罪恶的渊薮。这种“存理去欲”的说教，完全抹杀了个人的权利、价值和人格，按统治阶级要求的模式，压抑和束缚人的个性发展，扭曲人的心理和性格，使人成为失去自身价值、不知自身权利的封建统治阶级的驯良奴仆和工具。至此，中国文化中的人文主义精神遭到了严重的摧残。

对汉儒的戕性灭欲的理论，明代一些具有启蒙色彩的进步思想家，曾以自然人性论为武器，予以有力揭露和猛烈抨击。例如，李贽就反对儒家的用礼乐刑政治天下，认为这是社会动乱、人民痛苦的根源，他说：“夫天下之人得所也久矣，所以不得所者，贪暴者扰之而仁者害之也。”（李贽：《焚书·答耿中丞》）他还认为人们的道德观念与物质利益是相关的，认为：“穿衣吃饭即是人伦物理。除却穿衣吃饭，无伦物矣。”（《焚书·答邓石阳》）

到了近代，由于对西方资本主义政治、法律制度的积极介绍和宣传，西方资产阶级反封建斗争中的人权、民主、法制思想和自由、平等、博爱的原则在中国传播，与中国文化内部虽然备受摧残压抑但仍未泯灭的人文主义因素相结合，使科学与民主的精神在近代中国文化中得到了初步发扬。

1895年，严复在天津的《直报》上发表了著名论文《原强》。文中引述了英国生物学家达尔文在《物种起源》一书中提出的生物进化论学说，着重阐述了“自然选择”的思想，他说：“‘物各竞存，最宜者立’，动植如是，政教亦如是也。”同年，他又着手意译了英国生物学家赫胥黎于1893年发表的《进化论与伦理学》一书，于1898年以《天演论》为题正式出版，为近代中国人送来了西方资产阶级上升时期关于人类社会历史进化的新鲜学说。“物竞天择，适者生存”成为风靡于当时中国进步知识界的口头禅。1895年，严复还在《直报》发表了《辟韩》一文，对韩愈在《原道》中所宣扬的“君者，出令者也……民者，出粟米麻丝、作器皿、通货财事其上者也”的封建君权论，以卢梭的天赋人权理论予以驳斥。他说：“君也，臣也，刑也，兵也，皆缘卫民之事而后有也。”“斯民也，固斯天下之真主也。”“民之自由，天所畀也。”提出“主权在民”和人权天赋不可剥夺的资产阶级民主思想。

西方近代文化的科学与民主精神的传播，影响了中国文化的深层结构，部分地改变了近代中国人的心理素质、价值观念、思维模式和性格特征。严复，作为近代向西方寻找真理的代表人物，在这种变化中所作的贡献是应当肯定的。

四、民族自尊心和爱国精神的恢宏

中国文化中很早就有“气节”、“节操”、“操守”一类的内容。传说，商时的伯夷叔齐就以耻食周粟饿死首阳山，而成为封建时代高尚节操的典范。此后儒家学说中更不断阐发和完善了这种要求。《论语》中说：“志士仁人，无求生以害仁，有杀身以成仁。"（《论语·卫灵公》）《孟子》中也说："生，我所欲也；义，亦我所欲也；二者不可得兼，舍生而取义者也。"（《孟子·告子上》）又说："不义而富且贵，于我如浮云。"（《论语·述而》）"富贵不能淫，贫贱不能移，威武不能屈，此之谓大丈夫。"（《孟子·滕文公下》）"大丈夫宁可玉碎，不能瓦全。"（《北齐书·元景安传》）这一类言论的实质是号召人们要坚定地站在"仁""义"的立场之上，不惜牺牲生命去实践儒家的"仁""义"道德观念，在"仁""义"这个原则面前绝不采取苟且的态度。所以，文天祥这位著名的民族英雄，在被害前作绝笔《衣带赞》云："孔曰成仁，孟曰取义，惟其义尽，所以仁至。读圣贤书，所学何事？而今而后，庶几无愧。"显然，儒家所提倡的"气节"，是从"仁""义"而发，是作为人们实践"仁""义"道德观念的一种行为规范而提出的。而儒学的"仁""义"又是有特定内涵的概念。"夫仁者，己欲立而立人，己欲达而达人。"（《论语·雍也》）义，就是合理，就是适宜。但不管是仁还是义，都是指的封建统治阶级的"最高利益"，儒家所提倡的"气节"也是要维护这种最高利益的。因而，它同样是属于以儒学为中心的中国传统文化深层的内容。正因为如此，传统文化中的"气节"，常常与"不事二朝"的忠君思想有密切的联系。

作为一种行为规范，"气节"强调人格独立的一面有其积极的意义。它的涵盖面也是相当广泛的，郑板桥就提出过"凡作文章，要作主子文章，不可作奴才文章"的命题，可以说是"气节"在文学创作中的表现，它的实际内容就是要有自己的见解，要有自己的个性、自己的面目。

在中国社会中，每当民族矛盾极其尖锐、上升为社会的主要矛盾的时候，中国文化中的"气节"所强调的人格独立、不为邪恶势力所屈服的一面，就与捍卫民族尊严、维护民族独立、反抗外来侵略的强大精神力量融为一体，成为一种凛然的民族正气，焕发出夺目的民族精神的光彩。这就是为什么在近代当西方列强蜂拥而至，强敌环逼、国家孱弱衰败之形极其显明的情况下，在民族心理上产生的不是民族自卑感，而是强烈的民族自尊心和昂扬的爱国主义激情的文化心理上的原因。

近代西方列强给中华民族造成的危机与中国历史上由中华民族内部的少数民族造成的汉民族国家政权的危机，已经不可同日而语。因而，近代中华民族的民族精神也得到空前的升华。从鸦片战争到义和团运动，在抵抗西方列强的野蛮侵略的斗争中，不仅涌现了众多的民族英雄个体，如林则徐、关天培、刘永福、邓世昌、徐骧等等，可以列出一个近代中华民族精忠谱；同时，还出现了如三元里人民、致远号战舰全舰官兵这样的英雄群体。正是这种不畏强暴、不屈不挠的精神成为我们民族的脊梁，使中华民族不断延续和发展。

总而言之，由于近代中国社会的急剧变化和近代西方文化的直接影响，中国传统文化的各个方面均受到猛烈的冲击，因而形成了具有鲜明时代特色的中国近代的文化精神，这种变化无疑是积极的。当然，从广度和深度上来看，这种变化还很不够，还远未达到使整个民族对传统文化精神有一个清醒的自觉的认识的程度，即使是近代的文化精神，其科学和民主的因素也还很不发达，传统文化心理结构上的缺陷、许多陈腐观念、可怕的惰性仍然在社会生活的许多方面发挥影响，阻碍民族的振兴。但是，如果看到传统文化影响是如何年深日久、变革非一夕之功，那么，近代的这种进步，作为中华民族文化精神的新起点，无疑是值得肯定的。

第三节　近代文化精神对文学的影响

作为一个民族一定历史阶段的文化深层的文化精神，其变化发展，势必要对作为文化现象之一的文学产生直接的影响。中国近代文化精神上的巨大变化，对近代中国文学产生了深远的影响。

一、文学进化思想的确立

近代文化精神对文学的影响，首先表现在文学进化思想的确立上。中国传统文学中，早在先秦，就有“兴、观、群、怨”的提法，已注意到文学与现实之间的关系。到魏晋时期，曹丕提出了一个很有影响的命题，那就是“盖文章，经国之大业，不朽之盛事”（《典论·论文》）。这个命题，强调了文章对于治理国家的作用，强调了致用的精神，无疑在形成中国文学的现实主义传统方面发挥了积极影响。但是，这个命题也有明显的缺陷：它没有把文学放到历史长河中去考察，而只着眼于当时当世，突出了实用性，掩盖了文学的时代性。以后白居易的“文章合为时而著，歌诗合为事而作”（《与元九书》），同样也存在这样的缺点。

中国文学经历了从先秦到明清近两千年的发展，到近代之前，用王国维的话说，已经“为羔雁之具矣”（《文学小言》），文学的各个方面似乎都呈现出一种无大作为的僵化状态。近代新的社会情势、新的文化精神，既对文学的变革提出了要求，也为文学的变革提供了契机。

最先强调文学与时代关系的是龚自珍和魏源。龚自珍有感于时代的变化，发出了这样的感叹：“予欲慕古人之能创兮，予命弗丁其时，予欲因今人之所因兮，予茯然而耻之。”（《文体箴》）赞美了古人的创造精神，批评了今人的因袭守旧，表达了对新的文学体裁的企盼。此外，他强调文学要表达作者的感慨，把有无感慨视为评价作家作品的重要标尺。这种所谓的感慨，实际上就是作者对于现实生活的认识、理解、评价，而特别强调一种批判精神。在鸦片战争后还生活了一段时间的魏源，从中国文学的发展中总结了一条规律，提出“文章与世道为洿隆”的观点（《国朝古文类钞序》），认为衰世之文，必不如盛世之文。这种结论准确与否姑且不论，但他明确肯定了文学的繁荣与否与社会的兴衰之间的直接关系，则是十分正确的。

其后，黄遵宪、梁启超等人也多有这方面的言论。如黄遵宪在《人境庐诗草自序》中云：“今之世异于古，今之人亦何必与古人同。”又说：“意欲扫去词章家一切陈陈相因之语，用今人所见之理，所用之器，所遭之时势，一寓之于诗。”强调了文学应当反映新的时代的观点。梁启超分析论述中国文学的发展，肯定宋元以来白话文学的兴盛是历史发展的必然结果，他说："文学之进化，有一大关键，即由古语之文学变为俗语之文学是也。各国文学史之开展，靡不循此轨道。中国先秦之文，殆皆用俗语，观《公羊传》、《楚辞》、《墨子》、《庄子》，其间各国方言错出者不少，可为佐证。故先秦文界之光明，数千年称最焉。寻常论者，多谓宋、元以降，为中国文学退化时代。余曰，不然。……自宋以后，实为祖国文学之大进化。何以故？俗语文学大发达故。"（《小说丛话》）可以看出，达尔文的生物进化学说的影响，使他在分析中国文学现象时，已经不仅是一般地反对复古模拟，而是能以一种进化的历史观来对此加以考察了。

将进化的文学发展观表达得最为明确系统的是中国近代文学史上最末一位杰出学者和文艺批评家王国维。他通过考察中国传统文学体裁发展的历史，认为一切文学种类都走着一条"始盛后衰"的道路，每一文学样式都有自身发生、发展、成熟、衰亡的历史，所以从一种文学样式来看，是后不如前的。但是，从整个文学艺术发展的历史来看，当一种文学样式走向衰亡的时候，总有新的形式来替代，文学又继续向前发展，这就造成每个时代都有代表这一时代最高文学成就的文学艺术品种的现象。他在1913年于日本完成的重要论著《人间词话》中说：

四言敝而有楚辞，楚辞敝而有五言，五言敝而有七言，古诗敝而有律绝，律绝敝而有词。盖文体通行既久，染指遂多，自成习套。豪杰之士，亦难于其中自出新意，故遁而作他体，以自解脱。一切文体所以始盛终衰者，皆由于此。故谓文学后不如前，余未敢信。但就一体论，则此语固无以易也。

在其戏曲史论著《宋元戏曲考·序》中说：

凡一代有一代之文学。楚之骚，汉之赋，六朝之骈语，唐之诗，宋之词，元之曲，皆所谓一代之文学，而后世莫能继焉者也。

从反对复古拟古，提倡文学要表现时代，到具有时代色彩的文学进化思想的确立，这种由文化精神上的变化而导致对文学认识上的发展，正是近代文学不断变革的理论依据和思想动力。

二、文学观念和文学格局的变化

近代文学观念上最深刻的一种变化，是对文学应当担负起以新的思想教育国民、改造国民精神的任务的认识。这种认识的来源，基本上有两个方面：一方面是社会政治改革的需要。事实说明，任何重大的社会政治方面的变革，没有国民的响应和参与，都将一事无成。而要做到这一点，则必须向国民灌输新的思想精神，打破传统文化思想观念的禁锢，除了政治理论上的宣传之外，文学就是达到这种移化作用的重要而可行的手段。另一方面是西方文学的介绍和传播以及对中国俗文化的反观。人们对西方文学在西方文明强盛过程中所发挥的"化民"作用，产生极为强烈的印象，而通过对俗文化的回顾，深感俗文化的"入人之深，行世之远"（《国闻报馆附印说部缘起》），二者均说明文学确实可以有效地影响国民的精神，改变国民的心理素质。

这一文学观念上的深刻变化，引起了一连串的连锁反应。首先，它使得进步的文艺家们不再把文学艺术仅仅看成是个人的事业，而时时想到自己所担负的时代使命，文学对象的问题前所未有地显现和突出出来，文学普及的意识也因而产生，通俗化问题自然也不可不提上议事日程，终于导致近代整个文学格局的改观。

传统文学中适应范围狭小的诗文理所当然地要作相应的变革，诗要打破严格的格律束缚，要以新事物、新思想、新名词、方言俗谚入诗；文要摆脱桐城文法的严格要求，要务为平易畅达，条理清晰，感情充沛，以适于报章宣传的需要。而且，诗文这传统文学中的骄子，也不得不让位于以形象情节感染见长、与社会中下层民众保持着较多联系的小说和戏曲。小说和戏曲由原来的“博奕视之、俳优视之、甚且酖毒视之”（黄摩西：《小说林·发刊词》）而被提到“文学之最上乘”的显赫地位。一时间，小说戏曲作品、小说戏曲报刊、小说戏曲评介及理论文章迭出，文坛几成小说和戏曲的世界。而且，地方戏也逢其时而繁荣，文明剧亦应其运而诞生，在文学的样式上也出现了新突破。

与此同时，西方文学的大量翻译，一是在文学领域内开辟了一片充满异国风情世态的文学园地，使文坛不再是闭塞的中国文学的一统天下；同时，西方文学的传入，也扩大了中国文学家们的视野，为中国的文学家们提供了观照借鉴的对象，在创作的题材范围、创作理论、创作技法上得到了新的启示和营养。

三、爱国主义的伟大主题

近代中国人民的民族精神和爱国精神如此伟烈，不可能不在近代文学领域中有广泛而突出的表现。

中国文学本来就有爱国主义的优良传统。近代社会矛盾的特殊性，使近代文学的爱国主义精神具有与前不同的时代内容。由于封建制度已进入末世，加之外强侵略，阶级矛盾与民族矛盾交织，所谓内不强则外贼入，木朽蠹生，社会危机与民族危机相互激荡，因而，爱国主义在近代表现为两个互相联系的方面：一是揭露和批判封建末世的黑暗和腐败，呼吁社会变革，从对封建社会的挽歌，到否定封建制度的檄文；一是揭露和抨击殖民主义、帝国主义列强对中国的野蛮侵略，砺扬民族精神，呼吁抗御外侮。而且，这两大方面在文学作品中也常常是结合为一体，愤当朝之腐败，恨外强之欺凌，形成近代文学惊天地、泣鬼神的堂堂民族正气和普遍存在的苍凉慷慨的基调。

应当说，由于文学家们各自的阶级背景和所处的社会地位以及所遭遇的生活经历上的差异，他们在对待社会变革的问题上，可能有不同的认识，持有不同的政见，采取不同的变革路线和方式，或偏于保守，或趋于激进；在对待人民革命运动方面，也可能采取不同的立场，表现出不同的阶级色彩，或者敌视，或者虽不敌视却缺乏信任。但是，在抵御外侮这一点上，除极少数死心塌地的民族败类之外，他们则基本上持相同或相似的立场。这种情况正说明，当民族矛盾极其尖锐、中华民族面临亡国灭种之灾的时刻，抗拒外来侵略、维护民族独立，已经成为一种民族的共识。可以说，爱国主义，在近代文学中是一个超越了文学流派界限的普遍主题。

民族意识和爱国思想，在近代文学的各个领域中几乎都得到了表现。且不说爱国主义之成为近代诗魂，那种“藏民族正气，发时代光辉”的噌吰镗鞳之音如何使人长歌慷慨，闻而起舞，在散文、小说、戏曲中，爱国主义的主题同样都得到了鲜明的表现，如“然则公理之不明，即以革命明之；旧俗之俱在，即以革命去之。革命非天雄大黄之猛剂，而实补泻兼备之良药矣！”（章太炎：《驳康有为论革命书》）痛快淋漓，义无反顾，包含了多么深沉的爱国情怀和多么坚定的革命信念，而“美哉我少年中国，与天不老！壮哉我中国少年，与国无疆！”（梁启超：《少年中国说》）这样的文句又包含了多么殷切的对祖国的期望，读之令人感奋不已。小说则如鲁迅所说，“揭发伏藏，显其弊恶，而于时政，严加纠弹”（《中国小说史略》），寓社会革新之意，存爱国救国之念。至于晚清宣传民族革命的戏曲，“皆激昂慷慨，血泪交流，为民族文学之伟著，亦政治剧曲之丰碑”（郑振铎：《晚清戏曲小说目·序》）。因而，从这一角度而论，爱国主义在近代文学中又是一个超越了文学体裁界限的广泛主题。

四、语言与文字合，文学的通俗化倾向

文化普及和文学语言通俗化问题提上议事日程，并且付诸初步的实施，是近代文学领域一项具有革命性的突破。

中国的口头语言和书面语言，长期处于一种分离状态，口头语言向前发展了，书面语言却沿用先秦以来的文言文。这个问题自汉以来就有人提出，王充在《论衡·自纪篇》中就谈到“文犹语也”的观点，主张“直露其文，集以俗言”。其后，唐代的刘知几再次提出了书面语言的崇今原则，批评“作者皆怯书今语，勇效昔言”的现象。唐代古文运动之后，书面语言与口语的距离有所接近，宋代平话、元戏曲、明代小说兴起后，语言文字合一的趋势有所发展，但是以文言文体为核心的书面语言始终未能得到基本改革。

显然，这种文字与语言分离的现象，正是封建统治者的一种苦心奇术。统治者为了实行文化垄断，推行其“民可使由之，不可使知之”（《论语·泰伯》）、“将以愚民，非以明民”（《庄子》）的愚民政策，达到维护封建统治的目的，而人为地制造了这样一种局面，而且尽量使之维持长久。

言文分离的现象，自然成为近代文化普及、提高民众文化素质的严重障碍，因而，这一问题在近代的提出负有新的时代使命。黄遵宪是近代最先明确提出言文合一主张的人。早在同治三年（1864），他在《杂感》一诗中，就谈到自己幼时学习时

的深刻感受："少小诵诗书，开卷动龃龉。古文与今言，旷若设疆圉，意如置重译，象胥通蛮语。……我生千载后，语音杂伧楚，今日六经在，笔削出邹鲁，欲读古人书，须识古语古。"对这种言文分离的反常现象表示强烈的不满。光绪四年（1878）至光绪七年（1881），黄遵宪在日本期间接触到西方文化，语言与文字合的思想愈加成熟。光绪十三年（1887），他把自己的这种思想在《日本国志·学术志二·文学》中作了明确的表述："盖语言与文字离，则通文者少；语言与文字合，则通文者多，其势然也。""周秦以下，文体屡变，逮夫近世，章疏移檄，告谕批判，明白晓畅，务期达意，其文体绝为古人所无。若小说家言，更有直用方言以笔之于书者，则语言文字几几乎复合矣。余又乌知夫他日者不更变一文体为适用于今，通行于俗者乎？"肯定了语言与文字合的必要性，预言文体通俗化的必然趋势。与此同时，他还对汉字的简化提出了"趋于简趋于便"的基本原则。所有这一切的目的是要造成"令天下之农工商贾妇女幼稚皆能通文字之用"这样一种局面，表现了他可贵的文化普及意识。

其后，梁启超在1902年又从文学进化的角度，肯定"苟欲思想之普及，则此体（指俗语文体）非徒小说家当采用而已，凡百文章，莫不有然"（《小说丛话》）。

在近代的文学通俗化运动中，影响最大的当推裘廷梁。他在1897年发表于《苏报》的著名论文《论白话为维新之本》中，历数文言文的种种弊害，又以"成周"、"泰西"、"日本"为例，阐述使用白话文的"八益"，旗帜鲜明地提出"崇白话而废文言"的口号，表现出激进的态度。在黄遵宪、梁启超、裘廷梁等的宣传、鼓动下，近代白话文运动终于拉开了序幕。

近代的白话文运动虽然有其不彻底性，但是依然取得了初步的成果，接近于口语的白话小说在近代有长足的进步，到辛亥革命前后，也已经产生了接近于口语的白话诗歌和白话散文。尽管成绩还不是那么显赫，但毕竟是对封建社会沿用三千年的文言文形成的第一次有力声讨和冲击，就其性质而言，无疑是其后的"五四"白话文运动的前哨之战。

小　结

从鸦片战争到"五四"运动，这段历史被史学界称为资产阶级旧民主主义革命时期。这场革命的领导力量是中国新兴的资产阶级；革命的基本任务，是在半殖民地半封建的社会背景下，反抗外国殖民主义、帝国主义对中国的侵略瓜分，推翻清王朝腐朽的专制统治，挣脱封建意识形态的奴役，建立资产阶级的民主共和国，这就是时代赋予这一历史阶段的使命。

作为文化，这一时期的任务，一是要在新的形势之下，对中国的传统文化进行反思，认识中国文化中的落后面，认识由传统儒学中的大量糟粕所造成的民族文化心理和其对文化精神上的毒害；二是打破传统文化的封闭状态，引进西方近代文化的科学与民主精神，改造中国传统文化，扬弃那些与时代需要格格不入的东西，从而达到提高国民的文化心理素质的目的。而文学，作为文化的一个重要组成部分和重要表征，自然不能不作相应的变革，而成为宣传资产阶级的科学与民主，表现新兴资产阶级的理想、痛苦和追求，鼓动国民为实现资产阶级的社会政治理想而斗争的手段。

虽然由于各种历史原因，资产阶级力量薄弱，他们在政治革命中不彻底，在历史舞台上时间短暂，民族文化精神的改造还刚刚是一个开始，人性在中国尚处于未曾真正觉醒的状态，新的资产阶级的文化大军也并未形成。这一切，都使近代的文化、近代的文学具有过渡性质，旧的虽已衰败而并未死亡，新的虽已发轫而未上大道。正因为如此，它也就具有特殊性，而且表现出极其复杂而生动的局面。如梁启超所说，既然是河出伏流，前面也就势必要一泻汪洋的。

参考资料

侯外庐．中国近代哲学史．北京：人民出版社．1978

邵德门．中国近代政治思想史．北京：法律出版社．1983

徐凤晨，赵矢元．中国近代史．沈阳：辽宁人民出版社．1982

中国人民大学政治经济学系．中国近代经济史（上、下册）．北京：人民出版社．1976

第二章　中国近代文学的发展阶段及其特点

中国近代文学的起止年限虽不长，但它是由急剧变化的大动荡时代孕育的，经历了萌芽、发展和衰微等不同的发展阶段，反帝反封建的进步文学是中国近代文学的主流。中国近代文学呈现出许多既不同于中国古代传统文学，也不同于“五四”以后新文学的特点。它在中国文学发展史上具有关键性的特殊地位。

第一节　中国近代文学的产生和发展

鸦片战争之前，中国文学已发生了某些变化。龚自珍以自己的诗文，对封建衰世进行了总体批判，揭露封建专制使中国“万马齐喑”，恹恹无生气，揭示出封建社会已到了“日之将夕”、“四海尽秋气”的时期。他已预感到外国侵略的危险性，在诗文中呼吁改革、防范外敌，表现出深沉的爱国思想。龚自珍首开的这一风气，在魏源、张维屏、张际亮、朱琦、林昌彝等作家身上也有所反映，他们作品中反侵略的爱国主义精神，体现了鸦片战争后的时代特色。

从鸦片战争到“五四”运动这 80 年的文学史，按照社会矛盾与文学发展进程的状况，应划分为几个时期？文学研究界的意见很不一致。我们按照以文学发展为依据并参考历史发展进程的文学史分期原则，在参考历史发展时，既考虑政治斗争、经济变化，也考察思想文化的演变；在考察文学本身的发展时，也全面考察各种文学不同的发展情况，从文学思潮的嬗变和诗歌、散文、小说、戏曲创作不平衡的状态中，找出某一种文学思潮和文学创作所代表的整个文学发展的方向，从而确定文学史的分期。依照上述原则，我们认为中国近代文学史可分为如下四个时期。

一、中国近代文学的发轫期

从鸦片战争到 19 世纪 70 年代初为第一个时期。这一时期，外国资本主义的侵入，加速了我国农村自然经济的破产，加深了阶级矛盾，中国人民在掀起反侵略爱国斗争的同时，酝酿和发动了旨在推翻清朝的太平天国革命。一部分较为开明的地主阶级知识分子，感到陈腐的程朱理学和政治措施已不适应新的形势，便发出了学习西方、改革内政，以抵抗外国侵略的呼吁。新的思想意识的产生和发展，反映在文学上也就出现了反对模拟、主张文学为现实政治服务的新的文学观点，文学创作也开始出现新的变化。以龚自珍、魏源为代表的“经世致用”的散文，揭露现实、关怀时事的诗歌，张维屏、朱琦、林昌彝等反映鸦片战争、表现爱国思想的诗篇，以及冯桂芬反对桐城"义法"、表达改革思想的诗文，都与鸦片战争前的文学不同，反映了近代社会的矛盾和时代精神，对后来的诗文产生了深远的影响。但由于这时的诗文作家还没进入自觉改革的阶段，他们的创作从内容到形式都还没有冲破传统诗文的束缚。太平天国在文化上高举反封建主义的旗帜，提倡"文以纪实"、"言贵从心"，主张以通俗易懂的纪实文学为革命斗争服务。他们创作的革命诗文，冲破封建传统文学的束缚，表现出"朴实明晓"的风貌，直接为推翻清王朝的革命斗争服务。优秀的民间文学，更以歌谣和故事传说等人民大众喜闻乐见的形式，反映了中国近代社会历史的基本内容，即广大人民反抗外国资本主义的侵略、反封建压迫和剥削的革命斗争内容。凡此种种，构成了这一时期进步的文学潮流。但随着太平天国革命的失败，曾国藩等大力宣扬封建文化，提倡桐城派古文与宋诗运动，形成了一股拟古的潮流；在小说方面，出现了自觉地维护封建统治的《荡寇志》、表现狭邪生活的《品花宝鉴》等作品。总之，这一时期文学创作虽有不少变化，但远没有形成革新的潮流，封建主义文学仍很强大，并占据主导地位。

二、中国近代文学的发展期

从19世纪70年代初到甲午战争为第二个时期。这一时期，从政治、外交斗争来看，慈禧太后再度"垂帘听政"。由于她所代表的统治集团腐朽奢纵，惧外媚外，中国对外斗争遭到一系列的失败。1874年日本进攻台湾，结果清廷与它订立《北京专约》；1876年英国借口马嘉理案件，与清廷签订《烟台条约》；1879年日本侵占琉球，将它改为冲绳县；1884年发生中法战争，中国对法开放西南边境，承认越南为法国的保护国；1894年发生中日甲午战争，中国被迫割让台湾、澎湖列岛。这些失地失藩的情况说明中国危机逐步加深，更加殖民地化。从经济与社会思潮看，中国资本主义有所发展，从1872年到1894年，民族资本已达500余万两白银。随着民族工业的发展，民族资产阶级开始形成。由于洋务运动的不断破产，民族资本的发展又受到阻遏，一些著作反映了某些民族资产阶级的利益和愿望。郑观应、陈虬、陈炽等人在著作中批判洋务派坚船利炮的方针，提出学习西方，进行政治、经济、文化方面的改革，如要求实行君主立宪的议院制、发展资本主义工商业、对外国实行"商战"等。

从文学本身的发展看，19世纪70年代后，文学向着自觉革新的道路迈进一大步，发生了更大的变化。在诗歌方面，继黄遵宪在60年代末提出"我手写我口，古岂能拘牵"的主张以后，王韬也提出诗歌创作"不必与古合"，应表现"我之性情"，以反对拟古复古。黄遵宪在这一时期除作有《日本杂事诗》，广泛反映日本明治维新后的社会政治、文化状况，表达维新变法思想外，还写了反映鸦片战争、中法战争，揭露美国政治与表现新事物的诗篇。早期的康有为也写了不少感慨时事关心国家安危的诗歌，如《过虎门》、《感事》、《出都留别诸公》等。严复和刘光第等的早期创作中也有不少伤时忧国的诗。这时的诗歌创作与现实斗争结合更为紧密，写作题材与方法都出现新的因素，诗歌创作的某些革新倾向，成为后来“诗界革命”的先导。在散文创作方面，从70年代开始，一大批早期维新派作家进一步改革了散文创作。他们不但否定桐城派古文，而且要求摆脱一切古文家法，出现了突破桐城派藩篱的某些倾向。王韬的《弢园文录外编》、薛福成的《筹洋刍议》、郑观应的《盛世危言》、陈炽的《庸书》、马建忠的《适可斋纪言纪行》、黎庶昌的《西洋杂志》，以及康有为的早期散文，或表达伤时忧国的感情，或陈述变政维新的主张，或介绍西方的文化技艺。这些散文，不但在内容上超越了桐城派“翼道阐教”的范围，扩大了散文的题材，而且语言通俗流畅，叙事明白，说理透辟，突破了传统古文的束缚，为后来梁启超的“新文体”的出现提供了条件。这一时期的戏曲文学，仍以传奇、杂剧为主。小说基本上与前一时期相似，重要的不外是侠义小说和狭邪小说，其中如《三侠五义》和《海上花列传》较好。虽然这一时期的小说戏曲创作落伍于时代，但在诗歌和散文方面却有了大发展，代表了这一时期文学的主要成就，表现出时代进步思潮的方向，为文学革新高潮的到来作了铺垫。

三、中国近代文学的繁荣时期

从甲午战争到辛亥革命是第三个时期。这一时期，由于帝国主义与中国封建势力的进一步勾结，中华民族与帝国主义的矛盾空前高涨。在这短短的17年中，经历了中日甲午战争、戊戌维新变法、义和团运动和辛亥革命，中国人民前仆后继地进行了英勇的反帝反封建斗争，显示了中华民族争取独立、自由，反抗侵略、压迫的斗争精神。

在文学方面，上一时期虽然也出现了改革的倾向，但还没有提出明确的口号，只有到了甲午战争之后，才出现了多方面的文学革新，并形成资产阶级的文学革新运动。1895～1897年，谭嗣同、夏曾佑、梁启超提倡“新学之诗”，开始创作多“挦扯新名词以自表异”的新诗，要求诗歌成为宣传新思想以适应维新变法运动需要的工具。1899年梁启超正式提出“诗界革命”口号，强调改革后的新诗要有“新意境、新语句”和“古人之风格”(《夏威夷游记》)。这一时期诗歌的内容和形式都进一步发生了变化。康有为、梁启超、夏曾佑、谭嗣同、蒋智由等的诗作“大都鼓吹新学思潮，标榜爱国主义”，黄遵宪、丘逢甲则创作了大量反映现实重大斗争的诗篇。在戊戌变法失败之后，资产阶级维新派作家仍创作了不少熔铸新思想、具有新意境的诗篇，如梁启超的《志未酬》、《爱国歌》，蒋智由的《卢骚》，黄遵宪的《军歌》、《小学校学生相和歌》等。与此同时，资产阶级革命派也以诗歌作为武器，宣传革命。1909年出现了由柳亚子、高旭、陈去病等人发起组成的革命文学团体——南社，以这一组织为中心的诗人们慷慨高歌，为民族民主革命谱写了大量的革命诗篇。

在散文创作方面，甲午战败后，康有为发动公车上书，不久，他又与梁启超创办《中外纪闻》、《强学报》、《时务报》，撰写大量宣传维新主张的散文，逐渐形成了一种通俗流畅、易为群众阅读和了解的新散文。戊戌变法失败后，康、梁等的文学革新运动并未因此而中止，他们领导的这一文学革新运动迅猛发展形成了高潮，在创作上获得不小的成就。梁启超在变法前就重视文学对政治革新的作用。变法失败后，他又提出“新民说”，宣传欲“新国”必先“新民”，“新民”主要依靠文学，倡导“文学新民救国论”。梁启超在《夏威夷游记》中提出“诗界革命”的同时，又提出“文界革命”，认为“文界之宜革命久矣！欧美日本诸国文体之变化，常与文明成比例”。他这时的散文创作形成了“平易畅达，时杂以俚语韵语及外国语法，纵笔所至不检束”，“条理明晰，笔锋常带情感”（《清代学术概论》）的“新文体”，完全摆脱了一切古文家法。与此同时，在散文方面还出现了饱含革命思想、取法魏晋的章炳麟古奥的古文、宣传革命思想的邹容的通俗化的文言文，也出现了白话报和白话文。文坛上繁花似锦，各有特色。

这一时期，小说创作空前繁荣。新体小说特盛，主要是文学革新运动的结果。梁启超继《新民说》发表之后，于1902年又发表了《论小说与群治之关系》，提出：“欲新一国之民，不可不先新一国之小说。故欲新道德，必新小说……欲新政治，必新小说。”他认为“小说为文学之最上乘”，并在此基础上提出“小说界革命”，要求学习欧、美、日本，提高小说地位，改良旧小说，翻译与创作新小说。当时其他维新派报刊也大力宣传“欧美化民，多由小说”（《编印〈绣像小说〉缘起》）的观点。他们要以小说、戏剧作为文学正宗，取代传统的诗文地位。这种新的文学观点对当时的小说创作影响极大。在宣传提高小说地位、改良旧小说的同时，梁启超于1902年在日本东京创办了我国第一个小说刊物——《新小说》，大量发表翻译与创作的新小说，他自己也创作了《新中国未来记》。由于维新派的提倡，人们开始认识到小说的作用，“揭发伏藏”、“纠弹时政”的新体小说大量出现。与此同时，革命派的小说，如《自由结婚》、《洗耻记》、《狮子吼》、《洪秀全演义》等也相继发表。

甲午战争后的戏剧创作演出，在维新思潮影响下，也出现了新的变化。戏剧的改良在京剧以及川剧等地方戏中展开。汪笑侬不仅编写了《哭祖庙》、《党人碑》等具有现实意义的历史剧，而且直接扮演反映现实生活的时装戏《亡国惨史》中的角色等。1904年他与陈去病等还创办了我国第一个戏剧刊物《二十世纪大舞台》。其他小说杂志也刊载一些剧本，出现了直接反映现实斗争的传奇、杂剧作品，如梁启超的《新罗马》、《劫灰梦》，吴梅的《轩亭秋》，啸庐的《轩亭血》等。在外国戏剧的直接影响下，1906年留日学生曾孝谷、李叔同等创立了春柳社，演出了《茶花女》、《黑奴吁天录》等话剧。1910年上海也成立了进化团。这一时期虽然时间只有17年，但是在中国近代文学中，是文学观念更新最迅速、文学理论成就最突出、文学创作最繁荣的时期。

四、中国近代文学的低潮时期与中国新文学的萌芽

从辛亥革命到“五四”运动为第四个时期，这是旧民主主义革命向新民主主义革命过渡的时期。从政治历史看，这一时期从袁世凯窃夺革命成果进行独裁统治，

到段祺瑞控制北洋政府、张勋拥宣统复辟、段祺瑞再度执政，中间虽然有蔡锷、孙中山等不断进行反袁、护法斗争，但终不能取得胜利，直到“五四”运动爆发，新民主主义革命开始，历史才进入新的时代。这一时期，由于大地主大买办阶级篡夺了革命政权，思想文化上出现了倒退，尊孔复古思想大肆泛滥，文学上也随之出现了低潮。这时出现了黑幕小说。它从1916年《时事新报》辟“上海黑幕”开始流行，一时“秘密史”、“风流史”充斥于报刊。其代表作是《绘图中国黑幕大观》。它以揭露“社会射影含沙之事”为名，实则揭发个人阴私，进行人身攻击，成为军阀揭露与攻击政敌的工具，也是少数文化流氓用来敲诈钱财的手段。此外，翻译的外国侦探小说也大量流行，后来有人模仿它写作，使它与中国侠义小说相结合，成为新武侠小说，如《江湖奇侠传》、《血滴子》等，情节荒诞离奇，投合无力反抗现实、幻想奇迹出现的小市民口味。这一时期虽然也有一些进步的小说，如描写工人生活的《工人小史》，表现林则徐事迹的《黑籍冤魂》，但为数不多，影响不大。诗文创作同样出现逆流。“诗界革命”的提倡者大多数抛弃了原来的旗帜，表现反帝反封建的爱国诗篇大为减少，“同光体”统治了诗坛。革命文学团体南社自1912年起遭到袁世凯的迫害，很多骨干牺牲，新加入的成员政治情况又复杂，它的革命性逐渐丧失。其中有些人升官后在政治上走向堕落，有些人功成身退走向消极出世，只有柳亚子等少数骨干在随时代前进，投入反袁斗争。散文方面也出现倒退，揭露政治黑暗、宣传爱国的作品很少，桐城古文与骈文又沉渣泛起。戏剧方面，汪笑侬的京剧改良没有获得发展，完全脱离现实的古装戏盛行于北方，宣传色情凶杀的“新戏”遍及南方舞台。话剧也迎合庸俗趣味而失去正确方向。

但是，文学创作在处于低潮倒退期时，在某些方面却萌生了代表未来的新芽。沐浴着“新世纪曙光”诞生的《新青年》宣传文学革命，发表了李大钊的《青春》及《今》、鲁迅的《我之节烈观》、胡适的《文学改良刍议》、陈独秀的《文学革命论》，向封建文化发起猛攻。彻底的革命民主主义者鲁迅，在上一时期已迈开了文学活动的步伐。他筹办《新生》，研究人性与国民性问题，发表诗歌《自题小像》和文艺论文《摩罗诗力说》，出版《域外小说集》。这一时期，他又写作和发表了《狂人日记》等作品，成为近代文学坚如磐石的新军，也是新文学史上疾如飓风的急先锋。

综上所述，从鸦片战争到“五四”运动的中国近代文学的发展史，是中国封建时代文学的蜕变与近代化的过程。第一个时期，是中国近代思想启蒙时期，也是中国古代文学开始发生嬗变和中国近代文学的发轫时期；第二个时期，是中国维新变法思潮的萌发和发展时期，也是中国近代文学的发展时期；第三个时期，是中国资产阶级进行民族民主革命的高涨时期，也是资产阶级维新派倡导的文学革新运动的高潮时期，是中国近代文学的繁荣时期；第四个时期，是旧民主主义革命向新民主主义革命过渡的时期，是中国近代文学的低潮时期，也是“五四”以后中国新文学的萌芽时期。

综观中国近代文学史，它虽然也包括了封建文学的没落、分化和衰变，但是反殖、反帝、反封建的进步文学是这一时期文学的主流，在它的身上即使传统思想和传统文学的印痕还很明显，但它却标志着中国文学发展的方向和时代的转换。反殖、反帝、反封建是中国近代文学中最重要、最基本的主题，揭露殖民者暴行，哀痛祖国多难、寄托爱国情思，呼唤民族觉醒，描绘和歌颂人民（从封建阶级中的爱国者、农民到资产阶级革命者）为民族解放而战斗的英雄业绩，以及抨击封建统治的腐败残暴、控诉封建礼教等级制度和宗教迷信的罪恶，反映人民痛苦和社会落后，表达对社会改革、妇女解放和个性自由的追求等等，构成了这一时期进步文学作品的基本内容。因此，就中国近代文学的基本性质而言，它是反帝、反殖、反封建的民族民主文学。

第二节　中国近代文学的特点

中国近代文学作为中国古代文学的终结和“五四”新文学运动的历史准备，无论从文学的发展趋势、思想内容和形式方面的变化，还是从文学思想的新旧交替、作家队伍的错综复杂等诸方面来观察，都具有许多既不同于中国古代传统文学，又不同于“五四”以后新文学的特点，例如，爱国主义和民主主义是这一历史时期文学的重要主题；文学题材和文学体裁具有多样性；作家作品具有复杂性和由旧文学向新文学转变的过渡性等。下面就这些特点分别进行论述。

一、反帝反封建的时代主题

反帝反封建作为时代主题是中国近代文学的基本特性，这从鸦片战争时期的文学创作中就开始表现出来。其标志是对渐趋崩溃的封建社会进行历史的批判和反侵略的爱国主义文学潮流的形成。龚自珍在诗文中对行将崩溃的封建制度的批判，与历史上为数极少的、在特定条件下批判封建统治的前辈不同。他以恢宏瑰奇的文学语言，从总体上明白地揭示出封建社会已无可挽回地进入“衰世”这一历史趋势，并将对封建社会的批判由道德批判上升到历史批判，即不仅仅以某些道德理想为准绳去谴责君主专制“杀人”或兼并聚敛“虐民”（如黄宗羲、唐甄），而是以历史的眼光指出封建制度的痼疾已导致其走向反面，造成整个封建官僚机器的僵朽和全国性危机，想改变已“不亦暮乎”。龚自珍这种敏锐的时代感和反传统精神，渗透在他的诗文中，对后来的维新派、革命派乃至“五四”时期的一些作家，都产生了广泛的影响。龚自珍在诗文中还触及近代另一主题：对“英夷”、“叩关”的警惕和“海氛未靖”的深忧，后经由魏源、张际亮、姚燮、贝青乔、张维屏、林则徐、姚莹、鲁一同等一大批作家发展而为新的时代主题。鸦片战争时期的反侵略爱国主义文学，已不只是古代爱国主义文学的延续，而且显示出近代爱国主义的新特征。在中国古代民族战争中，“野蛮的征服者总是被那些他们所征服的民族的较高文明所征服”，而“不列颠人是第一批发展程度高于”中国的侵略者（《马克思恩格斯选集》第二卷)。这场战争暴露了当时中国社会政治、经济、军事乃至文化的落后，促使作家初步认识到战争的失败不只是因为庸主苟安或懦将无能，在自己的创作中，形成了将反殖民者侵略同反腐朽封建统治结合的新特点，淡化了反侵略爱国思想中的“忠君”观念，更多地表现出与人民的联系。此时大量作品着重描绘人民的苦难，反映沿海百姓和各族爱国将士的抗战业绩，而且把人民作为反侵略的英雄来歌颂。少数作品已萌发了新的思想，发出“船炮何不师夷技”、“题本如山译国书，何不别开海夷译馆筹边谟”（魏源：《都中吟》）和“委员开矿非善策……此事要俾民操权”（张维屏：《金山篇》）的呼声。鸦片战争前后的爱国主义文学，就其规模、深度和广度而言，都可以说形成了一股潮流。从这时开始，经中法战争、甲午战争、义和团运动、辛亥革命直至“五四”运动时期的文学，都贯串着反帝爱国文学的主潮流。

19世纪末到20世纪初，近代文学发展到一个新阶段。诗界、文界、小说界“革命”和戏剧改良标志着中国文学近代化运动的加速。这一文学运动的倡导者是一批资产阶级代表人物，而且与西学有极大的关系，因而人们往往把这一时期的文学与西方启蒙文学类比。其实，两者虽有类似，但差别也是很明显的。在近代中国，帝国主义的侵略危及中华民族存亡，而腐朽的封建制度和清王朝统治实际上已与帝国主义相结合，陷中国于沦亡的边缘，所以救国必须反封建，由维新进而革命。这一基本特点也渗透在文学思潮、文学创作和文学翻译中。梁启超倡导文学革新，其理论核心是他的“新民说”。所谓“新民”，其一是“实行民族主义于中国”，以“当列强之民族帝国主义”；其二是宣传“君相常倚赖国民，国民不倚赖君相”的民主思想（梁启超：《新民说》）。此后一些革命派文学家提出“慨念国魂不振，奴性难锄”，要以文学为“鼓吹革命”，“唤起国民精神之绝妙武器”（周实：《无尽庵诗话》；顾忧庵：《潄铁和尚遗诗自序》），也是梁启超这一文学思想的发展。这一时期，文学创作的爱国主义主题，总是同抨击清朝投降政策和专制统治结合在一起，就是如新体小说那样着重暴露清朝官僚政治腐败和社会现实黑暗的作品，也同时揭露了洋人的嚣张跋扈和统治者的崇洋媚外与苟且偷安。许多表达作者政治理想或宣传政治主张的诗文，也往往同时包含外抗强权、内求民主以改造中国的内容（尽管改造的方式有主维新、主革命的不同），这也就是孙中山所说的“发扬民族主义”，“宣阐民生主义”（《洪宪纪事诗叙辞》）。这一时期进步的诗文、小说、戏剧，无不鲜明地表现这一主题。在翻译文学方面，当时译介者的意图主要不在于借鉴西方文学的艺术经验（虽然客观上起了开拓作家艺术眼界的作用），而在于引入外国进步文学中的革命精神和民主意识以改造中国文学，正如鲁迅所指出的那样，那时“注重的”“特别是被压迫民族中的作者和作品。因为那时正盛行排满论，有些青年，都引那叫喊和反抗的作者为同调”（《我怎样做起小说来》）。鲁迅自己写了《摩罗诗力说》，林纾也想以译书“为振作志气，爱国保种之一助”（《黑奴吁天录跋》）。

在我国古代文学中，反侵略的爱国文学作品也为数不少。但是，许多反侵略的作品却不反封建，爱国与忠君又常常糅合在一起。近代文学中的爱国主义作品与我国古代文学中的爱国作品相比，有如下一些鲜明特点：反对殖民主义、帝国主义列强的入侵，维护祖国的独立和尊严；爱国思想与民主主义思想相结合，既反侵略也反封建；爱国主义与维新思想、革命思想相结合，宣传维新，鼓吹革命。总之一句话，反帝性与反封建性相结合。

二、多样性

中国近代文学的多样性特点，包括文学题材的多样性和文学体裁的多样性两个方面。由于近代社会生活的发展，作家活动空间的扩大、眼界的开阔，近代作家所选取的题材、所描写的领域，都比古代文学更多样、更广阔。从空间范围看，近代文学的取材不仅局限于本国，也涉及外国的历史、现实、自然科学以及异国风光、民俗人情等等。古代文学中虽然也接触到海外题材，但为数不多，而在近代文学中，不仅有大量记叙作者亲身经历的外国游记，而且有用新手法撰写的外国人传记；不仅有抒发海外观感的诗作，还有全面反映一个国家历史和现实变革的史诗，如黄遵宪的《日本杂事诗》。就社会事件来说，对各次重大的历史事件，如帝国主义的侵略战争、农民的革命斗争，以及资产阶级的维新变法运动和民主革命运动等，近代文学从不同的角度都有所反映。对各种社会生活，如城市、乡村、民间、官场、朝内、朝外，各种愚昧落后现象，如缠足、赌博、纳妾、嫖妓、卜卦、相命、吸鸦片、看风水……都有作品给予抨击。各个阶层的人物，如帝国主义分子、传教士、贵族、官僚、吏胥、清客、师爷、洋奴（西崽、二毛子）、买办、商人、财主、华侨、知识分子、市民、兵勇、地痞、妓女、贫苦群众（农民、工人）、革命者（农民革命者、资产阶级革命者）等，都是近代文学描写的对象。在新体小说作者的笔下，那些奴颜婢膝、贪污腐化的封建官僚和那些不学无术、寡廉鲜耻的新旧文人，都原形毕露。在近代文学领域中，还出现了古代文学中所没有的许多新题材，如反帝题材、华侨题材、资产阶级维新运动题材、资产阶级革命运动题材、外国现代生活的题材等。总之，中国近代文学不仅描绘了外国生活的某些方面，而且相当全面地描绘了中国前期半殖民地半封建社会的面貌。

反映这时期社会面貌的文学体裁，也是多种多样的。在诗歌方面，不仅有民歌、古诗、近体诗诸体裁，而且增加了新派诗、白话诗和译诗；在散文方面，既有古代文学中文言散文的诸文体，又出现了新文体散文和白话散文；在小说方面，既有文言短篇小说，长、短篇白话小说，又出现了翻译小说；在戏剧方面，既有杂剧、传奇等传统体裁，又增加了京剧和其他地方剧，还从外国引进了话剧这一新体裁。总之，到了近代，文学体裁更加完备，在传统文学体裁的基础上，增加了不少新体裁。至此，现代文学中各种文学样式已初具规模。

三、复杂性

此处的复杂性主要指作家作品的复杂性。由于中国近代是一个急剧动荡的社会变革时期，政治领域和意识形态领域内的斗争异常激烈，而且错综复杂，新旧思潮回环交错，中西文化相互融合，不仅一个派别内鱼龙混杂、变化万千，就是在一个作家身上或一部作品中，都出现了十分复杂、矛盾的情况。

龚自珍作为从封建社会进入半殖民地半封建社会这一历史转折时期的进步思想家、爱国者和著名的文学家，对封建社会的认识和批判、对殖民主义侵略的愤慨和谴责，及在文学上的成就，都在思想史和文学史上产生过巨大的影响。但是，他既是当时异乎社会时尚的新思想的代表者，又是生死轮回、因果报应、修行解脱和佛力无边等思想的信仰者；他有时是勇于批判黑暗现实，提倡“更法”“改图”的进步思想家，有时又是自给自足的自然经济的维护者；他是文学“尊情”说的倡导者，又是以“歌诗”瓦解“犯上作乱之民”的鼓吹者。与龚自珍同时的启蒙思想家、进步学者和爱国诗人魏源，综其一生，是积极入世的。在鸦片战争前，他以幕僚的身份，积极参与漕运、盐政、水利等弊政的改革活动，鸦片战争爆发后，又亲身参加了抗击英国侵略者的斗争，在斗争中先后提出了“富国强兵”、“缓本急标”等政治和经济主张，鼓吹向西方学习。但是，到了晚年，他却陷入不可解脱的矛盾中。他对清王朝完全绝望，对太平天国革命运动又困惑恐惧，终于辞了官，在彷徨迷惘中去寻找一片与世无争的“净土”，皈依佛门，最后孤寂地离开了人世。

龚、魏之后的康有为，是中国近代史上向西方寻找真理的代表人物之一，也是近代中国资产阶级思想启蒙运动的先行者。他曾经是一个勇敢的改革家，在19世纪后期走在历史的前列，呼吁救亡图存，领导维新变法，一往无前，在他的策划和努力下，维新变法的高潮震动了神州大地。他的著作和诗文充满激情，感人至深，不愧为一代杰出学人。但是在戊戌变法失败后，他反对共和，对抗革命，在政治上成为时代的落伍者。然而，即使处在时代落伍者的情况下，在护国战争中，他却变卖香港、澳门的房产资助反袁；护法运动时期，又实际上附和孙中山反对西南军阀的联省自治，并痛斥过联省自治的主张；对于“五四”运动，尽管他不懂得反帝反封建的意义，但还是采取支持的态度，表现了在一些重大问题上仍坚持的爱国主义立场。这些都说明，康有为在晚年总的来说在政治上是倒退了，但仍然是救国之心不减，爱国之志不衰。与康有为并称于世的梁启超，更是一个复杂矛盾的人物，古今中外新旧种种都集于一身，处处自相矛盾。这种矛盾不仅表现在他的前后时期，而且即便同在一个时期、同在一本书中，都会多多少少显露出来。他在戊戌变法时期是最先进的人物，戊戌变法失败后则既是保皇派又是杰出的资产阶级启蒙宣传家；辛亥革命后，他又是民主共和政体的积极拥护者，在反对袁世凯称帝的斗争中起过积极作用；在“五四”运动中，他率先斥责巴黎和会是“分赃的会议，强盗的会议”，斥责政府卖国，但他又反对群众起来斗争；中国共产党诞生、工农革命运动蓬勃发展时，他站在敌对的立场上反对无产阶级革命。但作为资产阶级的著名学者，他学术上的巨大成就却大都是晚年做出的。作为一个维新变法人物，他与洋务派、顽固派人物有着千丝万缕的联系，但更多的时候还保持自己独特的色彩。在对外政策上他主张妥协、忍让，但在他身上始终没有消尽爱国的热情。他曾坚决反对封建专制，要求改变政体，但又鼓吹保皇；他歌颂清王朝的深仁厚泽，同时又无情地揭露晚清政治的黑暗和腐朽，提倡“破坏主义”，客观上告诉人们革命势在必行。在学术上，他一方面提倡“为学术而学术”的纯客观研究，另一方面又主张学术要“药时代之弊”，在不少具体学术问题上，他提出了十分精湛的见解。他曾帮助康有为，在政治上对封建顽固派进行了激烈的斗争，在思想上对“天不变道亦不变”的顽固守旧理论进行了勇敢的冲击，在中国近代第一次思想解放的潮流中，立下了不可磨灭的功勋。他在流亡海外时除继续宣传维新变法理论外，还大量输入资产阶级各流派的学术思想，对中国民主主义思潮的传播在客观上起了促进作用。他还大力提倡“诗界革命”、“文界革命”和“小说界革命”，使中国近代文学以新的思想、新的意境、新的形式开出了绚丽的花朵。他带头进行文体改革，以满含感情的笔触、热情奔放的语言、舒展自如的形式，写出了许多脍炙人口的篇章。这些文章，即使在他在政治上倒退之后，在青年中仍然受到欢迎，从邵飘萍到张季鸾，从郭沫若到邹韬奋，从陈独秀到毛泽东，他们在青少年时代无不有过一段崇拜梁启超的时期。1903年的鲁迅也是梁启超文章的热心读者。郭沫若回忆他在辛亥革命前几年所受到的文化影响时，也断言当时的青少年“无论是赞成还是反对，可以说没有一个没有受过他（指梁启超）的思想或文字的洗礼的”（《少年时代》）。

作为资产阶级革命派的宣传家和理论家的代表人物章太炎，在政治上主张革命，在文体上却主张复古。他崇尚先秦和魏晋之文，并推为极则，几乎完全否定了唐宋以后的诗歌发展，认为“韵语代益凌迟”，一代不如一代，“唐以后诗，但参考史事存之可也，其语则不足诵”，“古诗断自简文以上”（《辨诗》），连杜甫、王维、白居易、韩愈等也已不如古人了。辛亥革命时期成立的进步文学团体——南社，其早期成员绝大多数属于新起的资产阶级、小资产阶级知识分子阶层。当他们开始踏进文化战线时，都曾经表现得朝气蓬勃，很有一点批判勇气和战斗精神。但是，他们大都受过封建文化的影响，对复古思潮，他们只打了几个回合，便很快偃旗息鼓，宣告退却，有些人还成为复古思潮的俘虏。南社成员中还有部分地主阶级反清派。他们是复古主义思潮的起劲鼓吹者，在某些时间内和某些问题上，可以表现出向资产阶级、小资产阶级转化的趋势，而在另一些时间内和另一些问题上，他们又可以退缩回去。“南社”组织庞大，成员众多，不免鱼龙混杂。在辛亥革命前，它还能为革命做些工作，辛亥革命后，在反袁斗争中，也起过一定的作用，但以后就衰落了，有的人蜕化变节，有的人销声匿迹了。随着辛亥革命的失败，“南社”活动也陷于停顿。总之，这一时期的不少作家，前期思想先进，后期则往往落后甚至反动，在思想处于先进时期，也往往掺杂着不少落后甚至反动的成分；在思想落后甚至反动时期，有的也能保持民族气节，或在学术上作出自己的贡献。

四、过 渡 性

这主要表现为新旧共处，新的因素逐步增长，为“五四”新文学的产生作了先导和准备。

从中国近代文学的创作方面来看，它的过渡性特点表现为新旧杂处，文白并存。在思想内容方面，维护封建统治的文学与反帝反封建的文学并存。封建主义的文学虽已衰落，成为强弩之末，但尚未消失，仍在苟延残喘，继续挣扎；新的资产阶级民主主义文学虽已萌兴，但还比较软弱，并未健康成长。在诗歌、散文、小说等方面，都存在着为封建主义服务的落后文学和充满战斗精神的反帝反封建的进步文学的对立。在诗歌、散文方面，既有封建地主阶级的仿古诗，也有以新事物、新意境为内容的新派诗，还有适应新兴资产阶级需要的翻译诗；既产生了以曾国藩、张裕钊等为代表的“中兴”的“桐城派”古文，即湘乡派古文，也出现了适应维新变革需要的“新文体”。小说方面的思想内容，大致可以分为两类，一类是反映封建地主阶级思想的，另一类是反映资产阶级和小资产阶级的维新和革命思想的。第一类如俞万春的《荡寇志》（又名《结水浒传》），“使山泊首领，非死即诛”，维护封建统治是很明显的。第二类小说作者的政治态度或世界观，并不一定是资产阶级的，但是它们的客观效果却揭露了现实，有利于维新和革命，可见作者的思想无形之中也多少受了一些资本主义文化思想的影响，如鲁迅所称述的四部“谴责小说”，就是这类小说中较好的。

在表现手法方面，这一时期的创作，除了继承古代文学的传统手法外，也吸收外国文学的表现手法。以诗歌为例，中国近代诗歌的变革受西方浪漫主义思想的影响是不容忽视的。从艺术表现手法上说，浪漫主义崇尚个性、注重抒发的艺术主张，启示着近代诗人去追求自己时代的艺术风格。首先，在感情的表达上，不再像古典诗人那样强调“止乎礼义”的节制，而是更接近西方浪漫主义诗人，彻底打开感情的闸门，任其自由奔腾，在他们的笔下，反抗挑战的怒吼与长歌当哭的悲愤代替了“怨而不怒”的温柔敦厚。“以杀报杀未为过，复九世仇公义昭。”（高旭：《海上大风潮起作歌》）“饮刃匆匆别鉴湖，秋风秋雨血模糊。”（柳亚子：《吊鉴湖秋女士》）“要从棘地荆天里，还我金刚不坏身。”（周实：《感事》）这里有痛快淋漓的怒骂，有热血飞扬的激动，有艰苦奋斗的决心。这种冲破拘束的感情与表达方式，明显有别于古典诗歌的节制。其次，形象的刷新。如果说重主观、崇个性是浪漫主义文学的特点，那么在近代诗歌中，首先是抒情主人公形象得到解放。再次，诗歌形体上的变革。总的来说，近代诗人虽只是简单地使用了古典诗歌的五、七言古诗，律诗和绝句等传统形式，在诗歌形体上没有突变，但也发生了新的变化，如古风体的复兴、诗体的自由化。梁启超的《去国行》、《志未酬》，秋瑾的《宝刀歌》、《宝剑歌》，高旭的《海上大风潮起作歌》、《登富士山放歌》等等，都是这类作品。它比起前人的作品来，更着意于突破拘束，更富于句式、声韵上的变化。最后再看小说方面，由于翻译小说的熏陶，当时小说创作中已触及对科学技术的描写，开始接受世界现代物质文明的成果，这为中国小说陈旧古老的躯体注入了新鲜的血液，如吴趼人在《二十年目睹之怪现状》中对电镀就作了相当细微的描写，并介绍了镀镍工艺；在他的《新石头记》中，还介绍了生物学的知识、机械原理等。不仅如此，近代小说的作者们，还把眼光从《儒林外史》等转向西洋小说，开始学习西洋小说手法，如倒叙法、插叙法、补叙法、第一人称叙述法以及不同于中国小说的人物外貌、人物心理、自然环境的描写法等等，突破了中国传统小说技法。如吴趼人的《九命奇冤》，内容叙述雍正年间，广东番禺县梁、凌两家亲戚，因“风水”问题，受坏人的挑拨以致渐成仇敌，并造成九命奇冤，最后以梁家上京告状、朝廷派钦差前往查办才使沉冤得以昭雪作结。《九命奇冤》虽仍属章回小说，但在结构布局、人物描写等方面都吸取了外国侦探小说的技法。如结构布局，先叙强盗纵火烧死梁家八口，然后追叙原委；待追叙原委完毕，到第十七回“闻凶耗梁天来气死，破石室黄知县验尸”，才接着第一回发生的事，直叙下去，直至冤案了结为止。这种结构布局的方法，在我国古代小说中是罕见的。《九命奇冤》是根据安和的《警富新书》改编而成的，将二者的结尾作一比较，也可以看到近代小说摆脱古代小说技法的一个侧面。此外，近代小说与古代小说在手法上的不同还表现在叙述模式方面。我国小说的叙述模式，一般可分为第三人称和第一人称的叙述模式，在这两类叙述模式中，又分客观的、评述的、主观的或主观参与的。近代小说则不像传统小说，而往往在同一小说中同时包容了客观的、评述的和主观参与的三种叙述模式。这些叙述模式的并存，是对古典传统小说技法很重要的突破。

在文学体裁方面，旧体裁仍在发挥作用，新体裁也在陆续出现。在诗歌方面，近体诗、古诗、民歌诸形式仍广泛被采用，同时新派诗、白话诗、译诗也应运而生。在散文方面，文言文仍被广泛采用，新文体（或称报章体）也风靡一时，而白话散文也有不少报刊在提倡。在小说方面，可以说是文言小说与白话小说并存，传统小说与翻译小说并举。在戏剧方面，大部分杂剧、传奇剧本成为名副其实的“案头剧”。形成于乾隆年间的京剧，具有唱词、说白通俗易懂，唱腔变化比较灵活的特点，受到当时群众的欢迎。与此同时，如川剧、粤剧等地方戏也进行了某些改良，受到当地群众的欢迎。由于时装新戏的发展，加上外国戏剧的影响，本世纪初终于出现了放下锣鼓、丢开唱腔，摆脱旧剧姿态、跳出旧剧圈套的话剧。这种形式新颖、通俗易懂的早期话剧，为“五四”以后的话剧运动开辟了道路。

在语言运用方面，这一时期除继续使用文言来表现作品的思想内容外，还有“笔锋常带情感”的“报章体”语言。《官场现形记》、《二十年目睹之怪现状》、《老残游记》、《孽海花》等小说，不仅是用白话写的，而且大胆地采用了方言。加之用现实主义手法描写当时社会的情况，它们与“五四”白话文学结下了最亲近的血缘，成为“五四”白话小说的先驱。

近代文学的过渡性特点，表现在文学思想方面是抱残守缺与观念更新同在。中国近代各种社会矛盾错综复杂，也反映在文学思想领域，形成了不少代表各种社会势力的文艺派别。一类是代表封建旧文化的派别，其中影响较大的有桐城派和宋诗派。它们为了维护封建统治，保住自己在文坛上的“正统”地位，大量宣扬封建“道统”和“文统”，在文坛上筑起一道与现实生活隔绝的围墙，给诗文创作设置了许多清规戒律。他们只许作家阐经释道，不许反映新的现实，表达新的思想；在艺术上蹈常袭故，反对新的艺术创造；对新的文学思想，竭力加以围攻和扼杀。另一类是反映资本主义要求的文学派别，如维新派、民主革命派，它们对封建文学派别进行猛烈的冲击，大力宣传自己的文艺理论主张，要求突破封建“道统”、“文统”对文学的束缚，主张文学面向现实，表现新的现实、新的思想，以开启民智，为资产阶级的政治革新服务。在鸦片战争时期，以龚自珍、魏源等人为代表的地主阶级改革派，要求改革现状，希望为日趋没落的封建社会找出一条生路。在文学思想上，他们主变敢逆，以求摆脱封建“道统”和“文统”加给诗文的束缚；提倡经世致用，使诗文与现实相结合；强调自抒胸臆，以利于诗文表现个性。他们是近代进步文学家的前驱，对后世起了启蒙作用。在太平天国革命时期，太平天国的领袖们在文学思想上也较为激进，提出了除邪留正、革故鼎新，重实用、反浮文的主张，与封建文学观形成鲜明的对立。到了维新变法时期，新兴的资产阶级维新派活跃在历史舞台上，其政治立场与太平天国不同，主张变政维新，以发展资本主义经济、建立君主立宪的政治制度作为追求的目标；在文学思想上，他们以西方的资产阶级文学观来观察和论述问题，重视文学感染群众的威力，大力提倡小说、戏曲等通俗文艺，夸大文学的社会功能，企图以文学作为改革社会的主要手段。由于以西方资产阶级思想和自然科学学说为理论武器来论述问题，这使批判封建文学观的论述有了新的立论和新的内容。随着戊戌变法的流产，资产阶级革命派应时而起，他们以反清、革命，抵抗外侮、建立民主共和政体为政治纲领，在文学思想上，也因此特别重视文人的气节，宣传汉族文化的光荣传统，大力提倡能通俗地宣传民族革命思想的戏曲，崇尚能抒发革命理想的浪漫主义。

总之，近代文学观念的更新，前期是缓慢的，是古代文学思想的延伸期，在“情”与“理”的矛盾中出现了新的抗争；中期是剧变的，是新旧文学思想的交替期，以程朱理学为指导的旧文学思想日暮途穷，以资产阶级思想为指导的新文学思想脱颖而出，维新派倡导的文学革新运动，发动一连串的文学“革命”，锋芒毕露；后期则是有所反复的，是资产阶级文学思想的衰退期，革命派继承和发展了维新派的文学思想，但革命派受到种族主义思想的束缚，文学思想上也存在一定的保守性。

五、中国近代文学特点形成的原因

中国近代文学上述特点的形成，并非偶然，是有多方面原因的。

（一）政治斗争的需要

鸦片战争以后，中国由封建社会逐步沦为半殖民地半封建的社会。外国资本主义的入侵造成了中国的民族危机，帝国主义和中华民族的矛盾、封建主义和人民大众的矛盾，成为中国社会的主要矛盾。经过中法战争、中日战争、八国联军侵华，帝国主义列强步步进逼，清王朝统治集团日益堕落为帝国主义的走狗。君主专制统治的腐败、衰朽已经暴露无遗，先进的中国人认识到君主专制制度再也不能维持下去了，中国人民进行了太平天国起义、义和团运动、辛亥革命等反帝反封建的伟大斗争。民族危机的空前严重，阶级矛盾的激烈复杂，对文坛产生巨大的影响，使这一时期的文学具有不同于封建时代的鲜明特点。西欧资本主义国家的发展是同民族独立、统一相联系的，是同国内封建王国的兼并、国外殖民地开拓和对别国的侵略相联系的，而中国的近代史是维护国家主权完整和民族独立的历史，是反对国际资本主义侵略的历史。由于清王朝对外国资本主义采取妥协、投降的政策，中国人民在反侵略的同时，又要反封建王朝，这决定了中国近代文学的反帝反封建性，反殖、反帝、反封建是中国近代文学最重要、最基本的主题。由于近代政治斗争的复杂和激烈，近代不少作家，往往前期进步而后期转向保守，甚至反动；也有的人前期思想反动，后期则跟上了时代的步伐；有些人的政治思想和文化学术思想在历史上曾起过不同的作用。总之，这种复杂的情况，必然也给近代文学的复杂性和过渡性以影响。

（二）西方文化的撞击

外来文化的输入古已有之，但西方文化的大量输入和中西文化融合却始于近代。西方文化对我国近代思想界影响最大的是赫胥黎的《天演论》和卢梭的《民约论》。《天演论》宣传了达尔文的进化论，“物竞天择，适者生存”是其主体精神。在当时中国遭受外国侵略、民族危亡日益加剧的情况下，它的传入犹如一声春雷，极大地震动了当时的思想界，使人们认识到：中国如不奋发图强，亡国灭种之祸迫在眉睫。它的传入不仅推动了中国维新变法思想的传播，而且在文学界产生反响。王国维就指出：“自《天演论》一出，嗣是以后，达尔文、斯宾塞之名，腾于众人之口，‘物竞天择’之语，见于通俗之文。”（《静庵文集·论近年之学术界》）不少作家写文赋诗，宣传“物竞天择”的理论，藉以唤醒民众、救亡图存。卢梭的《民约论》是中国近代思想界影响最大的另一部名著。从资产阶级维新派作家到革命派作家，他们作品中的民主、平等、自由，乃至共和、革命思想，大多是从《民约论》中吸取的营养。清末文学革新运动的倡导者康有为、梁启超、黄遵宪、谭嗣同等一批向西方寻求真理的先进的中国人认识到：要救国只有维新，只有学外国。戊戌变法期间，对“新学”、“西学”的介绍形成了高潮，据统计，光绪末季翻译的外国书籍已有533种（马祖毅：《中国翻译简史》）。在这些书籍中，社会科学类已占了不小的比重，西方文化思想涌进中国，在一定程度上影响了文学变革，在谭嗣同、夏曾佑的诗歌中，我们看见了“喀私德”、“巴别塔”等外国名词；在黄遵宪的诗歌中，也不难找出咏火车、轮船、电报、相片及东西两半球昼夜相反的篇章；在梁启超的“新文体”中有了“外国语法”；在小说、戏剧理论中，在白话文的倡导中有了对外国情况的鲜明借鉴。总之，中国近代文学题材的扩大，新人物、新意境、新思想、新名词的出现，新的艺术手法的吸取，无不与西方文化的撞击有关。

（三）社会思潮的影响和审美意识的变化

近代前期的社会思潮出现了转向，表现是经世致用之学的兴起。经世致用之学是鸦片战争时期严重的社会危机与民族危机的产物，反映了这一时期地主阶级改革的利益和要求。近代中期形成了维新变法思潮，资产阶级维新派认为，要救国只有维新变法，他们主张改革，向外国学习，但抵制革命，对帝国主义抱有幻想。近代后期，资产阶级维新派继续介绍西学，同时宣传尊孔保皇论；资产阶级革命派则宣传民族民主革命思想，但又受种族主义思想的束缚。尽管这一时期存在着向西方学习与保存国粹、维新变法与推翻封建王朝的矛盾斗争，但在社会思潮方面出现了具有时代特点的新思想，如社会进化论、民族民主革命、男女平权、妇女解放等思想，都直接或间接地影响着近代文学反帝反封建性、过渡性等特点的形成。

文学审美意识是文学创作经验和人们审美实践的结晶。随着社会历史的发展和西方文化的撞击，我国近代文学审美意识也随之发生了变化。在文学与现实的关系上，从文学的“经世致用”，到教育民众，“开通民智”，再到“启人生之闷机”，“道人生之诚理”（鲁迅：《摩罗诗力说》）的演变，预示着文学与现实的审美关系，朝着更高层次，即向着文学为大众、为民族、为人生的审美观念的飞跃和转化。对艺术把握世界的规律问题，由文学情感论的深化，到文学形象性和意境论的扩展，再到审美分析理论的广泛运用，反映出主理的知性分析向艺术审美分析的转化。此外，近代文论家们进一步提高了对通俗文学美学意义的认识，开启了中西比较文学的研究，通过吸收、借鉴西方美学，扩大了对审美范畴的探讨。我国近代文学审美意识的变化，必然或强或弱地影响着近代文学特点的形成。

（四）旧文学的没落趋势和翻译文学的影响

中国古代文学的样式，发展到清代中叶已经非常齐全。虽然其中有些文学样式仍能起到言志、抒情和反映生活的作用，但也有不少文学样式（如传奇、杂剧、骈文、辞赋等）已经日趋僵化，不能适应时代和人民生活发展变化的需要。这就促使了旧文学的逐渐衰亡。同时，由于向西方学习的结果，不仅西方的自然科学、社会学说被介绍进来，而且西方的文学也被介绍进来。从鸦片战争时期到“五四”新文化运动前夕，翻译小说曾极盛一时，据统计，这一时期翻译的作品约占全部小说的三分之二。翻译小说的盛行，必然会影响本国小说的创作。我国翻译小说最早始于乾隆年间，当时都是根据《圣经》和西洋小说重新写作，把一切人名、地名乃至风俗习惯全部中国化，不但失去原作精神，并且连其外貌也随之改变。到19世纪末资产阶级维新派倡导变法之时，经过梁启超等人的提倡，翻译小说才蓬勃兴盛起来。仅林纾一人所译，已刊未刊者加在一起，即达184种之多，其中有英、法、俄、比利时、西班牙、挪威、希腊、日本、瑞士等国的作品。尽管林纾所译的小说使用的是文言文，但在当时的影响是不能抹杀的。阿英在《晚清小说史》中曾指出，林纾"使中国知识阶级，接近了外国文学，认识不少第一流的作家，使他们从外国文学里去学习，以便促进本国文学的发展"。的确，当时的人只知道"洋鬼子"船坚炮利、工业发达，哪里知道英国有莎士比亚、司各特、狄更斯，法国有大仲马、小仲马、巴尔扎克，西班牙有塞万提斯，日本有德富健次郎（德富芦花），挪威有易卜生，林译一出，国人眼界大开。郭沫若在《我的幼年》中，也谈到林译小说对于他"后来在文学上的倾向有一个决定性的影响"，还说林纾对司各特《撒克逊劫后英雄略》的"那种浪漫派的精神""具象地提示给我了"。与此同时，有重要影响的还有用报章体或白话文翻译小说的周桂笙。周桂笙译的《毒蛇圈》，是当时用白话直译的较好的小说之一。第一回开端是父女俩的对话，其体式是头一次被介绍到中国来。《毒蛇圈》在《新小说》杂志第一卷第八期发表之后，到同卷第十二期，就发表了吴趼人的《九命奇冤》，其开端即叙述强盗的对话，明显受《毒蛇圈》这种西洋体式的影响。不仅如此，翻译小说所描绘的资产阶级社会形态，散播出的科学、民主气息，以及欧洲被压迫民族争取自由和解放的斗争图景，也在精神上给予中国近代小说家以营养。当然，翻译小说对中国近代小说的影响也有消极的一面。旧文学的没落和翻译文学的影响，从不同侧面促进了近代文学多样性、复杂性和过渡性特点的形成。

（五）社会的急剧变化和读者的扩大

鸦片战争到"五四"新文化运动前夕，虽然只有80年左右的时间，但我国社会发生了急剧的变化，由自给自足、闭关自守的封建社会，逐步变成半殖民地半封建的社会。封建地主阶级、新兴资产阶级、小资产阶级内部各自不断分化。从戊戌变法到辛亥革命，不到20年，终于推翻了统治中国200余年的清王朝，结束了统治中国两千余年的封建专制制度，但是，封建剥削的根基——地主阶级对农民的剥削，不但依旧保持着，而且同买办资本和高利贷资本的剥削结合在一起，在社会经济生活中占有明显的优势。民族资本主义虽有了某些发展，但没有成为中国社会经济的主要形式，力量很弱小，其中有的还与外国帝国主义、国内封建主义存在千丝万缕的联系。这就决定了中国资产阶级的特点："一方面——参加革命的可能性，又一方面——对革命敌人的妥协性，这就是中国资产阶级'一身而二任焉'的两面性。"（毛泽东：《新民主主义论》）近代社会的急剧变化和中国资产阶级的特点，必然会反映到文学领域中来，使中国近代文学的复杂性和过渡性带有明显的时代特点。

中国近代社会产生了新的阶级，即资产阶级和工人阶级，封建社会原有的阶级、阶层也发生了变化，因此，文学的读者群也随着社会的发展日益扩大，逐渐形成以工、农、商、学、兵为主体的新的读者群。由于读者群的扩大，近代文学不仅要适应不同阶级、不同阶层人们的政治需要，而且要适应他们不同欣赏趣味的需要。随着社会生活的迅速变化，这种需要也在经常发生变化。读者群的扩大和需要不断变化，必然要反映到文学创作领域中来。因为读者的能动作用，不仅表现在能够影响甚至决定文学作品不同历史时期的评价和地位上，而且表现在它能间接地影响文学的生产上。接受过程不是对作品简单的复制和还原，而是一种积极的、建设性的反作用。读者在阅读和其后的反思过程中会提出道德和美学上的新问题、新要求，作家在再创作中必须对此作出反应和回答，而这又会逐渐引起旧的题材、形式和表现技巧的死亡和被淘汰，新的题材、形式和技巧的产生和被运用。中国近代文学也正是在这种生产和接受的复杂交错、不断延续的过程中，形成了它与古代文学不相同的特点。

第三节　中国近代文学的历史地位和重要意义

在中国文学史上，从鸦片战争时期到“五四”运动前，是古代文学向现代新文学发展的变革时期。这一时期的中国文学，经历了逐步近代化的演进过程，成为文学史上一个特殊而十分重要的历史阶段。近代出现了一批对文学变革作出突出贡献，或在创作上取得相当成就和独具风格的作家，产生了一批具有重要思想价值、社会价值或对文学演变具有重要艺术价值的作品，是我国宝贵的文学遗产的重要组成部分。

以近代爱国主义和民主主义为新特征的近代进步文学，形象地暴露了帝国主义的侵略罪行和封建社会的全面腐朽，展现了中华民族反帝反封建斗争的历史及其教训，反映了几代人为寻求救国道路所经历的痛苦、彷徨、觉醒及其奋起的思想历程，表现了先进的中国人为民族解放和中华振兴而奋斗、献身的时代意识和民族感情。

中国文学由古代进入近现代的文学潮流，不同于西欧中世纪文学。西欧中世纪文学是随着本国资本主义的萌发和民主主义、人道主义的产生，通过本身的自我否定、自我扬弃而更新换代的，而中国文学则主要是借助于外力的轰击，进入近现代文学潮流的。随着宗法封建社会的总解体，西方的科学技术和文化思潮的大量输入，冲开了中国文化的封闭体系，使那些先觉的知识者和有识之士，从“先生打学生”的枪炮声中和文化侵略的屈辱感中，以及出洋留学所获得的世界眼光里，真正地醒悟过来，自觉地意识到中国文化、文学的新生，必须凭借汲取输入，借鉴外国文化、文学来实现。从近代初期文学的某些新变，发展到晚清诗界、文界、小说界、戏剧界的革新运动，我国的文学观念和创作理论，作品倾向和主题、题材，文学体裁和语言、手法，都明显地出现了新的因素，具有新的性质，尽管近代文学的变革当时尚未完成，但已为“五四”文学革命创造了条件，成为其先导。

近代中期发生的文学革新运动，更是“五四”文学革命的先声，它是一场反思历史、开拓未来的资产阶级启蒙文学运动。它既是中国封建文学总解体的开始，又是具有划时代意义的“五四”文学革命的预演和先导。它为新文学运动的勃兴作了一定的准备，从多方面孕育着“五四”文学革命。

所谓晚清文学革新运动，主要指戊戌变法前后梁启超等所倡导的诗界、文界、小说界的“革命”，约从19世纪70年代开始到20世纪头10年。这场文学界革新运动是近代资产阶级维新派发起的新文化运动或思想启蒙运动的重要组成部分，它们之间有着血肉相依、因果相续、影响相成、成败相共的关系。近代启蒙思想家为了政治上推行维新变法的需要，特别重视以文学作为启蒙武器，希图借此开启民智、激励民情，廓清社会蒙昧，唤起民众觉醒，以此推动反对封建主义和蒙昧主义的新文化运动或思想解放运动，来促进政治维新运动的开展。

近代维新变法思想的真正产生和出现是在19世纪70～80年代，其代表人物有王韬、马建忠、郑观应、陈炽等。他们曾一度是洋务派“船坚炮利”方案的拥护者，后来开始指责洋务运动“徒袭皮毛”，没有抓住富国强兵的根本。他们主张发展民族工商业，使国家富强以抵抗外侮；并初步提出改革封建君主专制的要求，由学习西方资本主义经济制度进而学习西方资本主义政治制度，对于改革文化、教育、文学、语言尤为重视。适应维新变法思想的发生发展，文学革新运动也开始萌发。王韬于1871年最早翻译了法国著名的《马赛革命歌》，并有《弢园文录外编》于19世纪80年代问世，思想见解新鲜，形式自由活泼，预示着散文的改革。郑观应出版的《盛世危言》，从八股文、桐城派古文和骈文中解放出来，是创造新文体的一种尝试。到了19世纪90年代，维新派的维新变法思想达到了顶峰，文学革新运动也得到蓬勃发展。其代表人物有康有为、梁启超、黄遵宪、谭嗣同等。1894年中日甲午战争以后，帝国主义侵略者掀起了瓜分中国的浪潮。随着外国资本的直接侵入的刺激，中国民族资本主义有了真正的初步发迹，而资产阶级社会力量的成长，则使维新变法运动有了比较坚实的阶级基础。在救亡图存的爱国高潮中，维新变法思想突破了以前狭小的藩篱，在中上层官吏和士大夫中得到了广泛的传播。这个时期，不仅出现了许多要求变法的奏议、文章、书籍，出现了宣传维新变法的报纸，如康有为的《上皇帝书》和梁启超主办的《时务报》就是这方面的代表；而且，维新变法也由宣传阶段转入实践阶段。全国自发组织了维新变法的学会、报馆、学堂，据梁启超统计，达51个之多，其中以“强学会”、“南学会”、“时务学堂”最为著名。这一时期，变法运动和新文化运动的中心人物和领导者是康有为，他是我国19世纪维新变法思潮的最杰出的代表。他提出一套完整而系统的维新变法方案，比上一时期的维新思想有了重大的发展。他描绘了资产阶级性质的社会政治理想和哲学观点，如历史进化论的社会发展观、大同空想理论的资产阶级人权平等的政治道德学说等，以此作为维新变法思想的理论基础和文学革新运动的指导思想。康有为领导的戊戌变法运动，虽然遭到了以慈禧太后为首的顽固势力的打击而告失败，但是随之而起的新文化运动和文学革新运动却方兴未艾。从政治观点来看，戊戌变法是失败了，成为中国政治史上的一大悲剧，但是从文化思想和文学艺术的观点来看，资产阶级思想启蒙运动和文学革新运动却有了新的发展。由于康有为在戊戌政变后日益成为褪色和落伍的人物，而其地位被门徒梁启超所取代。梁启超在戊戌政变后逃往日本，对维新变法运动进行了反思，从失败的教训中认识到由上而下的政治改革在中国是行不通的，要想在政治上实行变法维新，就必须自下而上更广泛地开展新文化运动和思想启蒙运动，以开通民智、激励民情，把群氓改造成"新民"。因而，他继续发扬在"戊戌政变"前创学会、办刊物的进取精神，先后在日本创办了《清议报》、《新民丛报》、《新小说》、《政论》、《国风》等报刊，以推进新文化运动和文学革新运动。由于梁启超认识到"欲强吾国，则不可不博考各国民族所以自立之道，汇择其长者而取之，而补我之不足"（《释新民之义》），所以他凭借所办报刊，既大量译介日本典籍以阐发西学西说，希望中国知识界尽到时代启蒙的责任，又选取西制西法以资改革仿行，并著文讽喻朝政，以为资产阶级变政维新张本。虽然在这个时期，维新派在政治上仍然坚持君主立宪以对抗革命派的政治主张，但是为开启民智、唤醒民众而开展的文学改革运动却有了长足发展。在"诗界革命"、"文界革命"、"小说界革命"、"戏剧改良"和提倡白话文的号召下，文学革新运动呈现出空前繁荣的局面，不论是新文学理论的建设或小说、诗歌、戏剧、散文的创作，还是文艺杂志的创办，都取得了可观的成就，使近代文学发生了划时代的变化，打开了封建阶级旧文学通向资产阶级新文学的大门。

（一）从"诗界革命"到新诗运动

中国诗歌，从《诗经》开始，源远流长。唐代的诗歌成就最高，宋诗有过分议论化的毛病，但在反映民族矛盾和艺术特点方面，也有新的成就。元明两代，诗歌比较衰微。清诗承元明之失，兼学唐宋，同时也在一定程度上反映了当时的社会生活，其成就超过元明两代。但在嘉庆、道光时期，诗坛出现了一股因循守旧的倾向。鸦片战争以后，一些在政治上有见识、在文学上兼采中西的诗人，对诗坛现状不满。1868年黄遵宪就对诗坛崇古卑今的创作倾向提出批评，主张"我手写我口，古岂能拘牵"，提倡以"流俗语"入诗，要求对诗歌进行革新（黄遵宪《杂感》）。伴随资产阶级政治维新运动出现的"诗界革命"，正是对当时诗坛上"宗唐""宗宋"诗风的直接反驳，不论在理论上还是实践上，都自觉地和宋诗派、"同光体"诗派进行过斗争。如果说初期的"诗界革命"主要限于形式的改革，在内容上尚未开拓新的艺术境界的话，那么经过戊戌政变后，"诗界革命"作为一个文学思潮和文学流派，在一个更高的层次上被人们用理论和实践丰富着、发展着，并为"五四"新诗运动作了先导和准备。

（二）从“新文体”到现代散文

在清代康熙、雍正、乾隆年间出现的桐城派，把作文的大义归结为“义理、考据、词章”，并几乎牢笼了有清一代的古文写作，对此，连桐城内部的人们也感到不满，因而分出阳湖派来力矫桐城古文的平钝纤弱，分出湘乡派来以“经济”代“义理”，企图挽救桐城古文的衰败之势。在近代，较早起来批判桐城派并进行散文改革实践的是冯桂芬，他针对桐城派古文僵化的流弊，要求创造一种不受“义法”约束、内容广泛、自由抒写的新体散文。他的政论著作《校邠庐抗议》，见解大胆、新颖，文笔通俗、流畅，成为近代新体政论文的先例。稍后的王韬也公开反对桐城“义法”和“模韩范杜”的诗文，力主改革文风。他的散文，冲出了古文辞的门径，平易畅达，切实有用，形式自由生动。他用新的文风广泛介绍新思想和新事物，使他的新体散文成为一种适应报章宣传，在通俗化、社会化方面易于被群众所接受的报章文体。19 世纪末，随着维新思潮的勃兴，适应资产阶级变法的需要，“文界革命”的声浪越来越高，于是在冯桂芬、王韬散文改革的基础上，又吸取英、法及日本等国语法，在“戊戌政变”前后出现了一种“新文体”。这种新文体一扫过去古文陈腐、呆滞的文风，以不拘一格、自由活泼、形象抒情的形式，精湛新颖、富有鼓动的语言艺术，来宣传维新变法主张，抒发澎湃奔放的爱国激情，感人肺腑，催人共鸣。这种“新文体”一经梁启超的提倡和示范，一时风靡全国。当时的青年知识界、现代文学史上的一些重要作家，也无不受其文章的熏染。“新文体”的出现和迅速被社会所接受的事实，使有清一代独据文坛统治地位 100 多年的桐城派古文，处于无地自容的地步。随着新文体的产生，白话文也开始被提倡、流行。这些无疑成为产生“五四”白话散文的必然过渡。没有这个过渡，就很难有“五四”白话散文的迅速产生。

（三）从“小说界革命”到新小说的诞生

小说的家族，在中国古代文学史上从来没有像西欧那样，与诗歌、散文享有同等的待遇或一视同仁的地位，不是被作为文学的正宗，而是看成“邪宗”，写小说的绝不能登上文学家的宝座，小说艺术只不过是君子弗为的“雕虫小技”而已。敢于向上述观念挑战的，虽然并不始于资产阶级维新派，但是真正将小说的传统观念打破、把小说推到文学殿堂宝座的，还是以梁启超为代表的资产阶级维新派。他们从不同的角度和不同的侧面向传统小说观挑战。虽然他们把小说的社会功能强调到重于一切、高于一切、大于一切的程度，未免陷入唯心主义，但对于更新小说的价值观念，确立小说在文学史上的正宗地位，推动小说创作的发展，为现代小说的诞生在观念更新上作了一定的准备。在“小说界革命”旗帜的感召下，在小说观念更新的带动下，清末民初的小说创作一度繁荣，同古代小说相比，虽然在整体面貌上尚未产生能与《水浒传》、《三国演义》、《红楼梦》相匹敌的作品，但在局部上已呈现新的风姿，为我国现代小说的诞生带来了新的希望，展示出一些新的苗头，积累了一定的经验和教训。

从小说的内容看，晚清小说虽然表现出复杂的思想倾向，但从大多数作品所表现出的强弱不一的反帝爱国思想来看，不能不对“五四”时期的新小说产生内在的影响。从小说的功利目的来看，晚清大多数作家都是自觉和有意识地以小说为武器，或为资产阶级维新变法服务，或为资产阶级民主革命服务，这种明确的功利主义倾向，不能不波及“五四”新小说的创作目的。从创作倾向来看，虽然有些小说表现了不同的社会理想和人生希望，但大多数作家却走上了批判现实主义的道路，大部分小说体现出以揭露、抨击、谴责、批判为主的创作特色。这种创作的主导倾向，既是对欧洲批判现实主义的借鉴，又是对中国古代文学中现实主义精神在新历史条件下的发展，它直接或间接地影响着“五四”新小说的现实主义传统的创立。讽刺艺术是中国文学的优良传统之一，晚清小说，特别是“谴责小说”继承了这一传统，虽然有些“笔无藏锋，甚且过甚其辞”，但是那种对腐败、丑恶、虚伪、狡诈进行无情嘲讽、公开鞭挞的讽刺精神，以及巧妙的夸张和漫画化的手法，却为“五四”讽刺小说的创作提供了借鉴。从小说的结构、描写手法、语言艺术来看，虽然章回体的长篇结构并未突破，但也有新的探索，特别是对心理描写的注重、白话语言的大量运用，都对以后现代新型小说的诞生产生了良好的影响。

（四）从戏剧的改良到话剧的产生

19世纪末和20世纪初掀起的文学革新运动，不仅提倡“诗界革命”和“小说界革命”，也主张戏剧改良，以适应当时政治、经济、文化、思想各方面大变动的需要。到了19世纪80年代，随着通商口岸的开辟、工商业的渐趋发达、城市人口的增多，以及社会的相对稳定，中国近代戏曲有了一定的发展，京剧完全取代了昆曲的地位，地方戏曲一时蔚然成风。但是，随着帝国主义势力的侵入和清政府的日益腐败、救亡图存的爱国主义思想和资产阶级维新变法思潮的高涨，人们对当时的戏曲界越来越不满，迫切要求对中国戏剧进行改良。一些开明文人于是致力于新戏曲剧本的创作，尽量反映现实重大事件。为了推动戏剧改良，提高戏曲文学的地位，改变人们对戏剧的传统观念，一些有识之士把中国旧剧与外国近代戏剧进行比较，从理论上积极提倡戏剧改良：一是从戏剧的社会效果出发，强调戏剧改良的重要性和必要性；二是借鉴西洋戏剧，对改良中国戏曲提出具体建议。这些戏剧改良理论虽不深刻，也欠系统，却是中国戏剧应取法西洋话剧的最早动员令。当时出现那些以说白为主，又杂以音乐和锣鼓的改良京剧，是由戏曲向话剧过渡的一种方式。晚清的戏剧改良催动了中国话剧的萌芽。

综观中国近代文学在创作实践和理论方面所提供的新东西，正是这些使它在中国文学史上占有突出的特殊地位。它不仅直接影响了“五四”新文学运动的产生、发展，而且对我们今天进行爱国主义教育、发展理论研究、繁荣文艺创作也大有可借鉴之处。以反殖、反帝、反封建为基本主题的近代进步文学，揭露侵略者的暴行，哀痛祖国的多难，寄托爱国的情思，呼唤民族的觉醒，描绘和歌颂人民为民族解放而斗争的英雄业绩；抨击封建统治的腐败残暴，控诉礼教、等级制度和宗教迷信的罪恶；反映人民的痛苦、彷徨和觉醒；表达进行社会改革、争取妇女解放和个性自由等民主主义愿望，在这些方面如能给予批判的总结，将是进行爱国主义教育和近代史教育的宝贵材料，是社会主义精神文明建设的一项内容。

中国近代文学作为古代文学向现代文学过渡的重要环节，在中国文学史上起着承前启后、继往开来的重要作用。不了解近代文学，就难以具体理解中国古代文学是如何向现代文学过渡的。只有全面学习和了解中国近代文学的发展过程，才能认识中国文学发展的连续性和文学革命的必然性，才能正确理解新文学的发展方向。

中国近代文学的发展经历了复杂的斗争，走过了曲折的道路。新旧文学的冲突、中外文学的碰撞、不同艺术见解的分歧，都在理论和创作实践中表现出来。深入考察近代文学发展中的各种矛盾，特别是就一系列重要问题，如资产阶级文学变革的经验和教训，封建文学衰微的必然趋势及其以各种方式保存、承传的顽固性，如何对待民族文学传统、如何吸收和改造外来文学，以及时代发展与文学变动、内容更新与形式嬗变的关系等等，进行科学的分析，并正确阐明其规律，将为社会主义时期文学的建设提供有价值的历史启示和借鉴。

小　　结

中国近代文学，是中国近代社会生活在文学领域内的反映，也是中国近代革命斗争过程在文化思想战线上的反映。

根据文学史与通史应大体同步的原则，鸦片战争可作为中国近代文学史的上限，“五四”运动则作为它的下限，中间经过四个时期，即古代文学的蜕变和近代文学的发轫时期、近代文学的发展时期、近代文学的繁荣时期、近代文学的低潮和新文学的萌芽时期。反殖、反帝、反封建的进步文学是中国近代文学的主流，即使在它的身上传统思想和传统文学的印痕还很明显，但它标志着中国文学发展的方向和时代的转换。

中国近代文学，无论从它的发展趋势、思想内容和形式方面的变化，还是从文学思想的新旧交替、作家队伍的错综复杂等方面来考察，都产生了许多既不同于中国古代传统文学，又不同于“五四”以后新文学的特点。这些特点可概括为反帝反封建主题、多样性、复杂性和过渡性。上述特点之所以形成，是由于当时政治斗争的需要、中西文化的撞击、社会思潮的影响和审美意识的变化、旧文学的日趋没落和翻译文学的影响、社会的急剧变化和读者群的扩大等。

中国近代文学的创作实践和理论方面所提供的新东西，使它在中国文学史上占有突出的特殊地位。它不仅直接影响了“五四”新文学运动的产生和发展，而且对我们今天进行爱国主义教育、发展理论研究、繁荣文艺创作，都有着重要的启示意义和借鉴作用。

参考资料

华南师范大学中国近代文学研究室．中国近代文学评林．第三辑．广州：广州文化出版社．1988

中国社会科学院文学研究所近代文学研究组．中国近代文学论文集·概论、诗文卷（1919～1949）．北京：中国社会科学出版社．1984

中国社会科学院文学研究所近代组．中国近代文学论文集·概论卷（1949～1979）．北京：中国社会科学出版社．1981

中山大学中文系．中国近代文学的特点、性质和分期．广州：中山大学出版社．1986

第三章　中国近代文学思想及其流变

清朝政权曾有过煊赫一时的“康乾盛世”，但封建社会制度早在明后期就现出衰败的征象，所以清朝政权建立后，文学领域在意识观念、思维方式、艺术创造等方面就明显地呈现出僵化、老化的现象。综观有清一代文坛，传统诗词创作方面，虽然诗人众多，派系林立，“神韵”、“格调”、“性灵”、“浙西”、“常州”，林林总总，作品之多也大大超越唐、宋，但实际上是继承明代前后七子形式主义的余风，陷进“宗唐”“宗宋”的死胡同，缺乏艺术活力；散文则由桐城派一统天下，形成一种理学化、程式化的僵化了的文体，严重桎梏了散文的发展。小说、戏剧领域，曾有过短暂的生机，出现了《聊斋志异》、《儒林外史》、《红楼梦》和《桃花扇》等杰出作品，但乾隆以后，随着封建社会机制衰败形势急转直下，小说、戏剧也很快从高峰上跌下来。中国近代文学，正是承接清代文学的余绪发展的，但由于近代社会的性质已不同于封建社会，封建社会走向崩溃，加上外国的侵略、民族的危难，近代文学被注入了新的时代精神，焕发了新的生机。19 世纪 70 年代以后，资产阶级崛起，在西方文学思潮的影响下，发动文学革新运动，加速了近代文学思想的变化，形成了具有近代特色的新的文学思想，使近代文学迅速进入与近代社会相适应的新的文学行列。当然，由于时代的制约和阶级的局限，近代的文学思想，未死方生，新旧杂糅，新的文学思想中有明显的旧的痕迹，而旧的文学思想中又有新的文学思想的影响。因此，近代文学思想，虽然总体上大多还未能从旧的藩篱中挣脱脱胎换骨，却是新的时代观念的强烈反映，也对“五四”新文学运动起着承前启后的促进作用。

第一节　封建社会文学思想的延续与变化

一、“宋诗运动”的诗论

“宋诗运动”是鸦片战争前后一个较有代表性的诗派。这一诗派发其端的是程恩泽，代表诗人有何绍基、郑珍、莫友芝。江湜、金和也曾被认为是“宋诗运动”的健将。

这一派诗人，标榜宋诗，以苏（轼）黄（庭坚）为宗，反对“宗唐”，反对复古，开始时颇有一股要革新诗风的锐气。何绍基说：“近代诗家，每一大集中，可以击节高歌者，不得几篇，渔洋（王士禛），竹垞（朱彝尊）诗无可读，以有藻色无精意；一读则浅；愚山（施润章）、荔裳（宋琬）有边幅无雄气，一读则窘；梅村（吴伟业）歌行兼学少陵、香山，然杜、白之作，愈唱愈高，而梅村愈唱愈低，徒觉词烦而不杀，以无真理真识真气也。顾亭林（顾炎武）诗多可读，经史味深也；高江村（高士奇）诗多可诵，儒雅道在也；然顾、高之诗，罕有人传者，由今人不肯高声读前人之诗，故黑白不分耳。至于自家作诗，必须高声读之。理不足读不下去，气不盛读不下去，情不真读不下去，词不雅读不下去，起处无用意读不起来，篇终不混茫读不了结。真箇可读，即可管弦乐府矣，可管弦乐府方是诗。[原注：略举一二。要之本朝诗可击节读者极少，仲则（黄景仁）心余（蒋士铨）可矣而少余味，简斋（袁枚）浅，梦楼（王文治）陋，覃溪（翁方纲）拙，稚存（洪亮吉）、船山（张问陶）客气。"]（《与汪菊士论诗》）他们总结了清初以来各家诗派兴衰衍变的经验教训，提出了改变诗风的理论。

"宋诗运动"非常强调"诗为心声"，要立诚不欺，反对摹古。何绍基认为，诗要写出"真我"，绝去摹拟，绝去依傍，"人与文一"（《使黔草自序》）；又说："诗是自家做的，便要说自家的话，凡可以彼此公共通融的话头，都与自己无涉。"（《与汪菊士论诗》）诗要表现出自己的襟抱、性情，才能自成面目，自成一家。郑珍也说："言必是我言，字是古人字。固宜多读书，尤贵养其气。"（《论诗示诸生时代者将至》）

如何才能做到作诗显露心声、立诚不欺呢？他们在翁方纲主学之说的基础上，提出了学养功力说，将诗文创作与为人品行联系起来，强调学诗先学为人："诗文不成家，不如其已也；然家之所以成，非可于诗文求之也，先学为人而已矣。""人之无成，浮务文藻，镂脂剪楮，何益之有！"（《使黔草自序》）要学为人，则需向经史外求学问，不要受考据之学的牵制。而衡量学养功力的标准、标尺在于"不俗"，所谓"从来立言人，绝非随俗士"（郑珍：《论诗示诸生时代者将至》），强调为人要有主见，不要随俗沉浮。何绍基说得更明白："顾其用力之要何在乎？曰不俗二字尽之矣。所谓俗者，非必庸恶陋劣之甚也。同流合污，胸无是非，或逐时好，或傍古人，是谓之俗。直起直落，独来独往，有感则通，见义则赴，是谓不俗。"（《使黔草自序》）

在学古与革新的关系上，"宋诗运动"也有很好的见解，认为学古要立足于创造，如果学古而事事仿古，食古不化，"学周公象周公，学老子象老子"，无论必无此事，即有之，"亦优孟而已"。他们明确地指出："学诗要学古大家，止是借为入手，到得独出手眼时，须当与古人并驱。若生在老杜前，老杜还当学我。"（何绍基：《与汪菊士论诗》）

"宋诗运动"的诗论，无疑是针对当时从清初王士禛的"神韵说"到清中叶沈德潜的"格调说"所鼓吹的崇尚盛唐诗风而言的，也是足箴诗弊的，但是这一派诗人，或是高官显贵，或是汉学家、经学家，他们的诗学观是受政治地位和理学思想所制约的。他们一方面强调诗自性情出，同时又说"性情又自学问出"，而学问则是义理、训诂、词章（程恩泽：《金石题咏汇编序》），很明显，他们的诗学是建立在儒学

“温柔敦厚”诗教的基础上的。因此，他们在强调“立诚”、“真我”、“不俗”的同时，又非常强调诗必须恪守政教法规，不能有“豪诞语、牢骚语、绮艳语、疵贬语”（何绍基:《东洲草堂诗集序》）；在形式上，则强调“出入苏（轼）黄（庭坚）”（陈衍:《石遗室诗话》）。同时，“宋诗运动”所处的时代已经是一个讲求经世致用的时代，思想倾向进步的文人无不用诗文来振衰矫弊，鼓吹文学要干预时代，而他们却抱着“温柔敦厚”的圣训，鼓吹写诗要读书养气，“扶持纲常，涵抱名理”（何绍基:《题冯鲁川小像册论诗》），以封建之道“立身处世”，从正统保守的政治立场出发而想去另辟“不俗”的艺术天地，只能将他们改革诗风的锐气消磨掉，仍然走着自己所批评的“或逐时好，或傍古人”的唐诗派所走的道路。

在创作上，这一派诗人大多对社会现实采取回避的态度，他们的诗作也大多具有反映社会内容狭窄、在形式上刻意模仿宋诗、生涩奥衍的通病。但由于各人的经历不同，其诗作也同中有异。其中，郑珍成就较为显著。他由于仕途不济，一生大部分时间在农村过着困苦生活，这就使他的诗风有别于程恩泽、何绍基这些达官显贵，写出一些在一定程度上能体谅劳动人民疾苦、揭露他所处时代统治阶级残酷剥削和压迫人民的罪行的作品；在艺术上，也有部分诗作受白居易平易近人的诗风影响，想象丰富，文辞浅白，抒情状物，颇具真情。江湜曾被后人看做是“宋诗派”的诗人，其实他的诗学观更接近龚自珍。他反对摹古，要求变革创新，认为“变古乃代雄，誓不为臣仆”，强调“诗者情而已”，写诗“贵真”，反对用典，要求语言通俗（《小湖以诗见问戏答一首》）。他的诗作近似“山歌与村曲”，以白描瘦折见胜，虽大多缺乏深刻的社会内容，但也注意写人世疾苦，笔力凝重，寄托深远，自成风格。

二、湘乡派的文学思想

湘乡派是与“宋诗运动”同时发展起来的一个文学流派，由于他们的诗学观和诗作与宋诗派相近，亦有人把他们看做是宋诗派。

湘乡派主要的理论观点表现于散文方面。曾国藩是这一派的领袖。曾国藩由于镇压太平天国革命有功，被清廷誉为中兴功臣，加太子太保，封一等侯爵，官至两江总督、直隶总督。在文学上曾国藩也是当时封建文学的中兴盟主，围绕在他周围的多是他的幕僚和部属，主要作家有号称“曾门四弟子”的张裕钊、薛福成、吴汝纶、黎庶昌，他们以中兴桐城派为己任，咸同文人大多受他们的影响。

曾国藩自称私淑桐城姚鼐，说“粗解文章，由姚先生启之”（《圣哲画像记》），素以“真知姚氏法者”自矜（吴汝纶:《孔叙仲文集序》）。曾国藩的文学思想深受桐城派的影响，他继承了桐城派“文以载道”的文学观，强调文学的使命在于以理学为依皈，使文学“立不悖之言以垂教于宗教乡党”（《致刘孟容》，见《曾文正公书札》卷一）。但曾国藩所处时代已不是桐城派兴起时的康乾“盛世”，而是以太平军和捻军为代表的农民起义风暴正风起云涌、封建政权受到极其沉重的打击、程朱理学遭到前所未有的猛烈批判的时代，因此，他的文学思想，更多的发展了理学家“穷理而致用”（真德秀：《文章正宗·纲目》）和桐城派“经济天下”（姚鼐：《荷塘诗集序》）的思想。他在梅曾亮泛泛而言文章要“随时而变”（《答朱丹木书》）的基础上，明确提出“文章与世变相因”（《欧阳生文集序》），强调文学与时代的关系；又在姚莹所鼓吹的为学所谓“义理”、“经济”、“文章”、“多闻”四要端（姚莹：《与吴岳卿书》）的基础上，明确提出将“经济之学”纳入文学的范畴，他认为要振兴“桐城”、改变“桐城”“文敝道衰”的现状，必须在“桐城”所规范的“义理、考据、词章”之外，增加“经济之学”，说古文“有义理之学，有词章之学，有经济之学，有考据之学”，“此四者缺一不可”（《求阙斋日记类钞》）。曾国藩的“经济之学”的内容，在《圣哲画像记》中说得很明白：一是以“礼”为根本，“先王之道，所谓修己治人，经纬万汇者，何归乎？亦曰礼而已矣”；二是立足于当世，“辨后世因革之要”，“实事求是”。这就使桐城派所鼓吹的“义理”由空疏变为实在可用，而且使“义理、考证、词章”三者合一的理论带有更加鲜明的政治色彩，所以，他非常推崇体现清朝统治法规和统治经验汇编的《会典》和《皇朝经世文编》。很明显，曾国藩强调“经济之学”，就是要求古文之学为巩固和维护封建统治服务，这无疑是在桐城派的“道统”和“文统”的基础上的发展。但是必须指出，曾国藩的文学思想，同样是“经世致用”的思潮下的产物，为了适应时代的变化，要求文学也应该变。他们与龚自珍等人不同的是，龚自珍主张文学向违忤封建纲常的个性解放的方向变，以变求新；曾国藩则主张向巩固封建统治的“经济之学”方向变，以变固旧。也正由于他们鼓吹“经济之学”，这一派作家大多参与政治活动，作诗为文比较务实，注重世情，多涉时事，少浮夸之气，也写出了一些体现反侵略的爱国诗文。更值得注意的是，他们中不少是洋务派的骨干中坚，他们在作品中鼓吹变法，主张学习西方先进科学技术，富国强兵，体现了强烈的爱国思想。

在文学创作上，曾国藩也强调“情”。但他更强调从理出情，说：“凡作诗文，不得不一倾吐之时，然必须平时积理极富，不假思索，左右逢源，其所言之理足以达其胸中至真至正之情。”（《曾文正公日记》）曾国藩所说的“理”，正如他在《圣哲画像记》中所说的，是“周、程、张、朱”的“义理”，“皆法韩氏之气体以阐明性道”。曾国藩以理出情的理论，正反映了清朝统治阶级用理学统治文学的本意。但他在具体论述诗文创作时，也提出了一些积极的主张。

曾国藩打出中兴“桐城”的旗号，选辑《经史百家杂钞》，用以扩充《古文辞类纂》之界域。但他并不很看重门户，他认为，桐城派所说的义理、考据、词章，是“学问之途”，他也据此列出32名圣哲名单，认为学有所长，人有专工，“此三十二子者，师其一人，读其一书，终身用之，有不能尽。若又有陋于此，而求益于外，譬若掘井九仞，而不及泉，则以一井为隘，而必广掘数十百井，身老力疲，而卒无见泉之一日，其庸有当乎？”（《圣哲画像记》）这无异是说不要受桐城义法的束缚，可以专攻义理，也可以专攻词章，或攻考据。他和其弟子的文章，也的确不完全墨守桐城义法，广泛吸取经史及秦汉之文，有的强调文章“一以意为主，而辞气与法胥从之矣”（张裕钊：《答吴挚甫书》），有的则强调“以气为主，才由气见者也”（吴汝纶：《与杨伯衡论方刘二集书》），并认为：“桐城诸老，气清体洁，海内所宗，独雄奇瑰玮之境尚少”，“说道说经，不易成佳文。道贵正，而文者必以奇胜”（吴汝纶：《与姚仲实》）。薛福成则褒扬曾国藩“以理学经济，发为文章”，“早尝师义法于桐城”，但不名一家，自成风格（《寄龛文存序》）。这都在一定程度上改变了桐城“才气薄弱”的弊病。在诗学方面，近人认为“宋诗运动”是在曾国藩的鼓吹推动下发展起来的：“自姚姬传喜为山谷诗，而曾涤生祖其说，遂开清末西江一派。”（钱仲联：《梦苕庵诗话》）其实曾国藩也并不专宗宋诗，他认为诗不必专宗于一家，应根据自己性之所好。他自己就推崇自魏、晋至清十九家诗，而于十九家诗中，“又笃守四人焉：唐之李、杜，宋之苏、黄，好之者十有七八，非之者亦且二三”（《圣哲画像记》）。在创作方法上，其提倡为文则提倡散骈相济，为诗则主张韵语与散文笔意结合；在道与文方面，作文反对崇道贬文，主张“道与文俱至”，“道与文兼至交尽”，作诗则鼓吹理与情通。同时，他还总结前人关于“气”的理论，发展了前人“阳刚阴柔”的学说，这些对于诗文创作都有一定的促进作用。

三、刘熙载的文学思想

刘熙载是与宋诗派同时代的著名文学批评家，他的文学思想主要体现在晚年所写的《艺概》中。《艺概》全书共分六个部分：《文概》、《诗概》、《词曲概》、《赋概》、《书概》、《经义概》。除《经义概》外，其他都是有关文艺的专论。

刘熙载一生主要从事经学研究，深受程朱理学思想熏陶，因此，他的文学思想渗透着浓厚的经学气味。他论诗，认为：“诗要超乎空欲二界……发乎情，止乎礼义。”（《诗概》）他强调文学要表现性情，但是把“忠臣孝子，义夫节妇”誉为“世间极有情之人”（《词曲概》）。这就使他的文学思想与“宋诗运动”、湘乡派的文学思想同属于封建统治阶级倡导的理学思想的范畴。但刘熙载的文学思想中，正如同时代的封建文学流派一样，也表现出要求变革的强烈愿望，其中，刻意探求艺术创作规律的论述尤有价值。

首先，他针对当时文坛上复古、摹拟的文风，大力提倡艺术的独创性。他认为：“明理之文，大要有二：曰阐前人所已发，扩前人所未发”（《文概》），创作贵于“独抒己见”（《文概》），“文莫贵于深邃自得”（《游艺约言》）。他十分鄙夷专事模拟之作，认为：“词要清新，切忌拾人牙慧。盖在古人为清新者，袭之即腐烂也。拾得珠玉，化为灰尘，岂不重可鄙笑。”（《词曲概》）刘熙载在强调独创的同时，也强调继承古代优秀传统，他认为“诗不可有我而无古，更不可有古而无我”（《诗概》），有我，即作家的独创精神；有古，即继承前人传统，将“有我”与“有古”看做一对矛盾而又有机联系的整体，并指出“有我”在二者关系中起着主导作用，这是完全正确的。其次，他强调作家的人品对于创作的重要性，他认为：“文，心学也。”

(《游艺约言》)所谓“心学”，指的是作家的思想感情、品格、个性等。他从“文学即心学”的思想出发，非常注重作家的品格对于文艺作品的决定作用，所谓“诗品出于人品”，“论词莫先于品”，“赋尚才不如尚品”等。最后，刘熙载很看重创作的真实性，认为“诗有借色而无真色，虽藻绘实死灰耳”(《诗概》)，所谓真色，是指客观事物本质的美；借色，是指人工雕饰的美。因而，他强调作家进行创作“言此事必深知此事”(《文概》)的重要性，“事莫贵于真知”(《词曲概》)，只有对事物有了深刻入微的了解，才能写出“确凿不可磨灭”(《文概》)的作品。刘熙载还继承了苏东坡说的“诗外尚有事”的思想，强调作家必须在诗外的“事”上下工夫，深入“闾阎”中去，了解百姓的疾苦，感同身受，“直与疾病之在身者无异”(《诗概》)，才能超越自我的生活圈子，写出“代匹夫匹妇语”的佳作，这无疑体现了其对创作与生活关系的正确认识。刘熙载在上述探索艺术规律时所提出的主张，体现了艺术辩证法的思想，对于当时文坛产生了一定的影响，对于我们今天也有借鉴的价值。

戊戌变法失败后，文坛上又相继形成以邓辅纶、王闿运为代表的汉魏六朝诗派，以陈三立、陈衍等为代表的“同光体”诗派，以张之洞、樊增祥、易顺鼎为代表的中晚唐诗派和以李希圣、曾广钧为代表的西昆派。其中以“同光体”诗派影响最大，这是步“宋诗运动”的印迹，而又比“宋诗运动”更有影响的诗派。

四、“同光体”诗派的文学思想

所谓“同光体”，是指同治、光绪年间出现的诗派。最早提出“同光体”的是陈衍，他于光绪二十七年在《沈乙庵诗序》中说：“吾于癸未(1883)、丙戌(1886)间闻可庄(王仁堪)、苏堪(郑孝胥)、诵君(沈曾植)诗，相与叹赏，以为同光体之魁杰也。”又说：“同光体者，苏堪与余戏称同光以来诗人不墨守盛唐者。”这一诗派的代表诗人有陈三立、夏敬观、陈衍、郑孝胥、沈曾植、袁昶等。陈衍的《石遗室诗话》是这一诗派诗学理论方面的专著。

这一派诗人，从政治上看，在年轻时大都参加维新变法运动，是当时思想倾向进步的知识分子；戊戌变法失败后，虽然维新救国之志未泯，忧心国事，但都是时代的落伍者，强烈反对民族民主革命；民国以后，则以遗老自居，反对共和，诋谤革命。沈曾植还参加过张勋拥宣统复辟，郑孝胥后来堕落为汉奸，出任伪满洲国总理，声名狼藉。从诗作的内容看，民国以前，其作品较多的是写个人身世、山水咏物，追求艺术，脱离政治，时人批评说“同光诗人什九无真感”(林庚白：《丽白楼诗话》)。也有部分诗人诗作，特别是陈三立的作品，反对侵略，鼓吹富国强兵思想，在一定程度上反映了时代的风云变幻和爱国情怀，于平淡中寓风雷之气。戊戌变法失败后，他们思想渐趋颓唐，所谓“凭栏一片风云气，来作神州袖手人”(陈三立残句)。其民国后的诗作，满怀遗老情愫，则是他们诗作的基调。在艺术上，他们死抱宋诗魂灵，以“三元说”作为写诗、品诗的准绳，说：“盖余谓莫盛于三元：上元开元，中元元和，下元元祐也。”(陈衍：《石遗室诗话》)他们倡言“三元”，虽推本李、杜，或推本杜、韩，其实重点在宋，有的看重黄庭坚，有的看重王安石，有的看重杨万里、姜夔、陈与义。沈曾植晚年又将“三元说”改为“三关说”，删去唐代开元，增加南朝“元嘉”，将诗上溯晋宋，重在宗颜（延之）、鲍（照）、谢（灵运），要诗人着意通此关，做到“活六朝”，也就是说，要诗人通经学、玄学和理学，认为只有通此关，才能因诗见道。此外，他们继承宋诗派以考据入诗的主张，强调诗关学问，大力提倡学人之诗，陈衍在《庱唵诗序》中说：“严仪卿（羽）有言：‘诗有别才，非关学也。’余甚疑之：以为六义既设，风、雅、颂之体代作，赋、比、兴之用兼陈，朝章国故，治乱贤不肖，以至山川风土草木鸟兽虫鱼，无弗知也，无弗能言也。素未尝学问，猥曰‘吾有别才也’，能之乎？汉魏以降，有风而无雅，比兴多而赋少；所赋者眼前景物，夫人而能知而能言者也；不过言之有工拙，所谓‘有别才’者，吐属隐，兴味足耳。……故余曰：诗也者，有别才而又关学者也。少陵、昌黎，其庶几乎！然今之为诗者，与之述仪卿之言则首肯，反是则有难色；人情乐于易，安于简，‘别才’之名又夐绝乎丑夷也。”后来他在《近代诗钞》中，更明确地提出“合学人诗人之诗二而一”的说法。“同光体”诗人强调学人之诗，强调诗关学问，引导诗人在故纸堆中求学问，在学问中出诗。“同光体”诗人倡导学人之诗，也就更强调学古，认为只有学古，“体会渊微”，诗才不会浅俗。“何谓浅，人人能道语也；何谓俗？人人能喜语是也”（《石遗室诗话》），追求语言的典雅、出奇、精炼。“同光体”诗派的诗学观，无疑是与梁启超、黄遵宪所倡导的新派诗的诗学观针锋相对的。这一派诗人，由于大多是学者，进入民国后，又多在高等学府任教，再加上陈衍的《石遗室诗话》为其诗学大肆张扬，影响颇大。民国初年，同光诗风风靡一时，南社也因此掀起过一场赞成与反对“同光体”的论争。曾为“同光体”诗人的林庚白也不无感慨地说：“民国诗滥觞所谓‘同光体’，变本加厉，自清之达官遗老扇其风，民国之为诗者资以标榜，展转相沿，父诏其子，师勖其弟，莫不以清末老辈为目虾而自为其水母。门户既张，于是此百数十人之私言，浅者盗以为一国之公言，负之而趋。其尤不肖者，且沾沾自喜，以为得古人之真，其实不惟不善学古人，其视清之江湜、郑珍、范当世、郑孝胥、陈三立，虽囿于古人之藩篱，犹能屹然自成其一家之诗，盖又下焉。”（《今诗选自序》）

第二节　鸦片战争时期进步的文学思想及其走向

鸦片战争时期进步的文学思想，包括太平天国文学思想和以龚自珍为代表的爱国诗人的文学思想两大部分。前者是劳动人民文化层的文学思想，由于战争关系，还未能形成理论体系，产生较大影响；后者是封建地主阶级文化层的文学思想，他们的文学思想以“缘情”为核心，具有中国近代早期反殖和反封建的社会特点，是中国文学思想进入近代社会在性质上与封建社会的文学思想有了质的变化的标志。后来，资产阶级维新派倡导文学革新运动，将近代文学推向一个新的阶段，正是在鸦片战争时期文学思想的基础上的继承和发展。

一、太平天国的文学思想

在封建社会急剧败落的时候，中国南方爆发了一场震天撼地的农民大暴动——太平天国革命运动。太平天国革命是继清嘉庆年间的白莲教起义之后又一次规模巨大的农民革命。这次农民革命战争，延续了16年，建立了太平天国政权。太平天国革命虽然在国内外反动势力的围剿下失败了，但它从根本上动摇了清帝国的封建政权根基，为后来资产阶级发动的革命斗争起了先驱者的作用。

太平天国存在的十余年，是在激烈的战火中度过的。以洪秀全为首的太平天国的领导者把主要精力放在建立政权、巩固政权的斗争上，无暇致力于文学建设，但他们从革命一开始就注意运用文学形式宣传革命，写出为老百姓所易于明白的通俗诗文，也制作了许多具有诗歌形式的通俗告谕。同时，为了政治的需要，在一些政治文告中，也多少涉及了更新文学的思想。如洪秀全在建都天京后，曾发布《改定诗韵诏》，说："咨尔史臣，万样更新，《诗韵》一部，足启文明。今特诏左史右史，将朕发出《诗韵》一部，遵朕所改，将其中一切鬼话、怪话、妖话、邪话一概删除净尽，只留真话、正话，抄得好好缴进，候朕披阅，刊刻颁行。"据近人考证，洪秀全所说的《诗韵》，就是《诗经》（罗尔纲：《太平天国诗文选序》）。洪秀全在这篇诏书中，已认识到《诗经》能"足启文明"，要编选一部只留真话、正话的诗经选本，体现了他重视文学、要更新文学的思想。太平天国后期，洪仁玕总理朝政，更多次发布涉及更新文学的告谕。洪仁玕在《钦定军次实录》中说："本军师于军次案箧内，每见诗卷，多是吟花咏柳，偶披览之，即与怀肠相悖，乃急吟此以洗之：'诗家多大话，读者喜荒唐；花柳轻浮句，偏私浅嫩肠。薰陶成僻行，习惯变庸常。学业精于择，勉哉性理章。'"明确反对吟花咏柳、脱离社会现实的文学创作倾向。其《钦定士阶条例》中，又涉及了文学的社会功能、作家思想与文学创作的关系以及文学思想内容与形式的关系等问题，说："士之所以异乎庸众者惟在德，德也者行真道而有德于心之谓。幼而学之则因德以裕才，壮而行之则因才以见德；德本也，才末也，古语云：'士先器识而后文艺'。"又说："文艺虽微，实关品学，一字一句之末，要必绝乎邪说淫词而确切于天教真理，以阐发乎新天新地之大观。""读书不在多采佳句，惟在寻求书之气骨暗合于天情者，自有大学问出乎其中，岂必拘于八股六韵乃为读书乎?"以洪仁玕、蒙时雍、李春发三人的名义颁布的《戒浮文巧言谕》，是太平天国定都天京后发表的一篇完整的文告。无疑，此文是就"奏章文谕"、"文移书启"的公文文体而言的，但文中涉及了写文章的文风问题，强调"文以纪实，浮文在所必删；言贵从心，巧言由来当禁"，为文要合"天情"，要符"真道"，要"存真去伪，一洗颓风"，"去浮存实，使人人共知虚文之不足尚"。这篇文告所阐述的思想，不仅对于改变应用文体的文风有积极意义，它的影响也波及当时受八股文、桐城古文统治的文坛，从一个侧面反映了太平天国要求更新文学的思想。

太平天国的文学思想，属于劳动人民的文化思想层次，代表了革命农民要求建立自己的文化思想的意愿。但由于战争的关系，太平天国的文学思想还处于初发阶段，没有形成理论体系，也不可能产生较大影响。

二、反理缘情的文学思想

在鸦片战争前后的文坛上，代表进步的文学思想倾向，并在全国的范围内产生影响的，是以龚自珍等为代表的爱国诗人的文学思想。他们的文学思想，萌动着一种反对侵略的爱国思想与民族忧患意识，呼唤着一个与封建社会文学在性质上不同的新文学时期的到来。以龚自珍等为代表的爱国诗人的文学思想主要体现在他们的诗学思想中。宣扬理学与反对理学一直是明清几百年间政治思想领域的主要斗争，这个斗争尤其强烈地反映在诗学领域。从明代前后七子到清代王士禛、沈德潜、翁方纲，他们在诗学理论中，首先强调的是把诗纳入法祖、敬天、崇尚理学的范畴。正如沈德潜所说："诗之为道，可以理性情，善伦物，感鬼神，设教邦国，应对诸侯，用此其为重也。"（《说诗晬语》）而站在反对理学统治的立场上的诗人，从明代公安派、竟陵派到清中叶以袁枚为代表的性灵派，则重视诗人的主体意识，标榜"性灵"，强调"缘情"在诗中的作用。因此，"重理念"还是"缘情感"的诗学观念，成为明清以来衡量诗人诗作优劣的一个重要标尺。鸦片战争时期的爱国诗人，虽然没有像宋诗派、湘乡派那样形成一个派系，但他们之中不少人都不约而同地站在重理念的宋诗派、湘乡派的对立面上，强调"缘情"的重要性和必要性，如龚自珍、张维屏、魏源、张际亮、林昌彝等。他们都非常强调"性情"在诗中的作用，认为"人有性情，诗于是作"（张维屏：《松心集自序》）"诗以言志，取达性情为上"（魏源：《致陈松心信》）。林昌彝是一位以诗论著称于世的诗论家，他的《射鹰楼诗话》是这一时期代表进步文学思想的诗学专著。他在著作中，对"情"的重要性作了反复的阐述，说："作诗贵情挚，情挚则可以感人。"（《射鹰楼诗话》卷十八）在"情"与"风格"之间，他认为起决定作用的不是风格，而是"情"，说："诗文作也，有性情焉，有风格焉。性情挚而风格高者有之矣，未有性情不挚而风格能高者也。"（《二知轩诗钞序》）张际亮更以横扫诗坛颓风的姿态，猛烈抨击乾嘉以来的文风，说："类多诗干贵显文轻薄，比之于器，则供人玩好者也；比之于声，则荡人心魄者也，此谓失是非，导谄谀，奖贪淫，丧礼义，久之而害于风俗人心。"（《答潘彦辅书》）他尤其突出地强调"情"在诗歌创作中的作用，说："夫诗以道性情，此人人能言之，然而知之者少矣……近与相知言诗，唯进之以积理养气四字。又告之曰：凡为诗须知神骨才情气韵，夫无神则骨轻，无骨则神漓，无才则情滞，无情则才浮，无气则韵薄，无韵则气粗也。诗之至者曰入神，其骨重则神愈永也；曰雄才，其情深则才始完也；曰真气，其韵高则气乃固也。"（《答姚石甫明府书》）他还提出要以"沧浪读书穷理之说"来救海内为诗之弊（《答朱秦洲书》）。所谓"沧浪读书穷理之说"，就是严羽要求作诗要亲躬实证实悟，非傍人篱壁得来的思想，也就是诗人对社会人生的悟妙之情。所以，他强调，诗作应该“原本风骚，歌泣鬼神，宣泄万类之情，震荡一世之气”（《郑云麓诗序》）。稍后的王韬也动情地说：“余不能诗，而诗亦不尽与古合；正惟不与古合，而我之性情乃足以自见。余足不出里巷，目不睹《邱》、《坟》，所与交接者又绝少当世通人名士，方弇鄙自愧，何敢言诗？不惟不敢，更何足以知诗？然窃见今之所为诗人矣，扯挦以为富，刻划以为工，宗唐祧宋以为高，摹杜范韩以为能，而于己之性情无有也，是则虽多奚为？”又说：“性情之用真，而学问亦寓乎其中，然后始可言诗矣。”（《蘅花馆诗录自序》）

这里必须指出，明清时期“性灵”诗人的诗作大都局限于个人的生平际遇、宦海沉浮，缺乏历史感和时代感，而鸦片战争时期强调“性情”的爱国诗人，在鸦片战争的炮火震动下，眼光已从仕宦生活中拓展开来，对“性情”有了新的认识，他们不仅将“性灵”的旗号接过来，而且强调时世变易的“感时”之情，体现了“缘情”诗学观念的更新。魏源一再强调“文章与世道为污隆”（《国朝古文类钞序》），写诗不仅要“寄身世之感”（《观往吟》题后自注），要注重“诵诗论世”（《诗比兴笺序》）。他在为龚自珍诗文集作序时，特别重笔肯定龚氏著作“以六书小学为入门，以周秦诸子、吉金乐石为厓郭，以朝掌（章）国故、世情民隐为质干”（《定庵文录序》）。林昌彝则以继往开来的开拓精神，用“诗话”的形式，在“缘情”观念的指导下，辑录鸦片战争时期反对侵略、揭露时代衰败的诗作，加以评点，借以表现宣传抗敌救国的爱国思想和抨击时弊的社会批判精神。张际亮说得更明确，文学创作应与世运相休戚，要“思乾坤之变，知古今之宜，观万物之理，备四时之气，其心未尝一日忘天下，而其身不能信于用也。其情未尝一日忤天下，而其遇不能安而处也。其幽忧隐忍，慷慨俯仰，发为咏歌。吾自嘲自悼又若自慰，而千百世后读之者亦若在其身同其遇，而凄然太息怅然流涕也”（《答潘彦辅书》）。王韬也非常强调作家的思想应与时代的脉搏连在一起，具有时代的责任感，要“写怀抱，言阅历，平生须眉，显显而在”（《蘅花馆诗录自序》）。显而易见，他们的“缘情”观，已经不再是那种局限于个人宦海沉浮的悲欢哀乐，而是关心国家民族的安危，表现出强烈的时代精神和民族的忧患意识，开启了“慷慨论天下事”的一代新风。如果将他们的文学思想与文学创作联系起来看，他们强调“缘情”所包含的历史感和时代感就更显而易见了。他们的诗作都不同程度地触及了鸦片战争时期两个最为敏感的社会问题：一是封建社会的衰败和解体，二是鸦片的流毒蔓延和殖民主义者的武装侵略，使作品主题与时代同步，以宣泄家国之情、民族之恨。这就使文学的创作从士大夫的狭小生活圈子中走了出来，走上为人生、为社会的道路，也体现了我国诗学从“性灵”说到资产阶级维新派倡导的“诗界革命”新诗学在内涵上的过渡和衔接。

三、龚自珍的文学思想

在爱国诗人中，文学观念更新最为突出的是龚自珍。龚自珍是鸦片战争时期开启一代文风的爱国诗人，他的文学思想正如他的社会思想一样，体现了清醒的时代意识和求实创新的精神。龚自珍较好地继承了“性灵”说的精髓，将诗所重的“性情”放在时代的天平上，以新的视角，赋予新的内涵，有了新的突破。他认为“民饮食则生其情矣，情则生其文矣”（《五经大义终始论》），人的感情决定于社会生活，而人有什么样的感情，就会产生与之相应的文章。他在这里强调了情感的社会性，强调情感对文学的制约性。因此，龚自珍强烈主张文学创作要“尊情”，要畅情。他说：

情之为物也，亦尝有意乎锄之矣；锄之不能，而反宥之；宥之不已，而反尊之。龚子之为《长短言》何为者耶？其殆尊情者邪？情孰为尊？无住为尊，无寄为尊，无境而有境为尊，无指而有指为尊，无哀乐而有哀乐为尊。情孰为畅？畅于声音如何？消瞀以终之。如之何其消瞀以终之？曰：先小咽之，乃小飞之，又大挫之，乃大飞之，始孤盘之，闷闷以柔之，空阔以纵游之，而极于哀而极于瞀，则散矣毕矣。（《长短言自序》）

龚自珍所尊之情，是无住、无寄、无境而有境、无指而有指、无哀乐而有哀乐之情，似乎有点不可捉摸，实际是强调文学创作应表现一种不受社会时流所左右的真情，一种畅于声音、表现个性的真情。龚自珍认为，“言也者不得已而有者也”，如果“胸臆本无所欲言”，而“姑效他人之言”是不行的（《述思古子议》）。好的作品，应是作者“平生蓄于中心，时时露于文采者也”（《江南生橐笔集序》）。那么龚自珍所说“蓄于中心”的情又是什么呢？他曾作诗云：“天教伪体领风花，一代人材有岁差。我论文章恕中晚，略工感慨是名家。”（《歌筵有乞书扇者》）在《上大学士书》中说：“夫人必有胸肝，有胸肝则必有耳目，有耳目则必有上下百年之见闻，有见闻则必有考订同异之事，有考订同异之事，则或胸以为是，胸以为非，有是非，则必有感慨激奋。感慨激奋而居上位者，有其力，则所是者依，所非者去；感慨激奋而居下者，无其力，则探吾之是非，而昌昌大言之。”很明显，龚自珍所说的情就是具有历史感、时代感的“感慨”，也就是说，文学创作应表现出时代的感慨，表现出对时代盛衰的褒贬之情。这就给历史上的“性灵”说所说的“情”，在新的视角上赋予了新的内涵，使其具有鲜明的时代性。

龚自珍在“尊情”观念的指导下，非常注意文学与时代的关系，他认为时代对文学应有一种制约性，什么样的时代就应有什么样的文学。他说：

盛世之盛，唐之开元、元和，宋之庆历、元祐，明之成化、弘治，尚近似之哉！尚近似之哉！其人多深沉恻悱，其文叫啸自恣，芳逸以为宗，则陵迟之征已。夫庄周、屈平、宋玉之文，别为初祖，而要其羡周任、史佚、尹吉甫之生，而愿游其世，居可知也。自珍尝之五都之廛，市诸物，则有内外完好不呰窳者，必五十岁前物，曷尝不想见时运之康阜，民生之闲暇，虽形下之器，与夫专道艺者等。（《四先生功令文序》）

文学反映时代的变化，透过文学作品可以窥见时代的盛衰，正如市场上的商品的完好情况可以反映时运是否康阜、民生是否闲暇一样。在当时文坛上“万喙相因”

(《与人笺》)、“宗唐”或“宗宋”的风尚时流之下，他不同流随俗，强调文学创作与时代的紧密关系，把文学看做是时代的产物，体现了一种反对复古的创新精神。

也是从“尊情”的观念出发，龚自珍还强调文学创作要有“个性”，不应陈陈相因，相互摹仿抄袭。他在《书汤海秋诗集后》中就十分强调“诗与人为一，人外无诗，诗外无人”。文学创作与作家应该是一个完整的整体，作品应体现作者的个性，抒发自己的思想感情。如何才能做到“诗与人一”，既使作品能写实，又能表现作者个性呢？龚自珍对写史曾提出过要“善入”、“善出”的精辟论断，他认为，善入，是指作者对所描写的对象要了解、熟悉，“天下山川形势，人心风气，土所宜，姓所贵，皆知之；国之祖宗之令，下逮吏胥之所守，皆知之。其于言礼、言兵、言政、言狱、言掌故、言文体、言人贤否，如其言家事”；善出，是指对所描写的对象，善于进行客观的评价，“如优人在堂下，号咷舞歌，哀乐万千，堂上观者，肃然踞坐，眄睐而指点焉”（《尊史》）。因而他认为，善入与善出是写史中相辅相成、缺一不可的要素：

不善入，非实录，垣外之耳，乌能治堂中之优也耶？则史之言，必有余呓。不善出者，必无高情至论，优人哀乐万千，手口沸羹，使岂复能自言其哀乐也耶？则史之言，必有余喘。（《尊史》）

不善入，就不能写实，作品中就必有不真实的呓语；不善出，就不能表现作者的“高情至论”，必然拾人牙慧，人云亦云。古人对文与史是相互通论的，龚自珍关于写“史”的主张，无疑也可看做是在文学上强调个性的注脚。总之，龚自珍的文学思想，体现了一种更新时代的眼光、反映时代变化的文学追求，开启了一代诗风、一代文风。

第三节　资产阶级维新派的文学思想及其文学革新运动

一、资产阶级文学革新运动的勃起

中国在甲午战争中的失败在朝野引起的震动，大大超过了两次鸦片战争所引起的震动。事实说明，曾热闹一时的洋务派所鼓吹的“变器不变道”，单纯学习西方声光电化、船坚炮利的工艺之学不足以救中国；而长期与中国有着相同的历史命运的日本，经过明治维新的政治变革，迅速崛起，更加发人深省。洋务派中坚人物郑观应曾对洋务运动作过这样的检讨：“乃知治乱之源，富强之本，不尽在船坚炮利……善夫张靖达公云：‘西人立国，具有本末……中国遗其体而求其用，无论竭蹶步趋，常不相及，就令铁舰成行，铁路四达，果足恃欤！’”（《盛世危言·初刊自序》）维新派领袖康有为说得更明白：“购船置械，可谓之变器，不可谓之变事；设邮电，开矿务，可谓之变事矣，不可谓之变政；改官制，变选举，可谓之变政矣，未可谓之变法。日本改定国宪，变法之全体也。”（《日本变政考》卷七按语）中国只有走日本明治维新的道路，变法维新，才能真正挽救亡国灭种的危机。一时间，“变法而强，守旧而亡”（康有为：《上清帝第六书》）的呼声响彻华夏，以救亡图强为宗旨的维新变法思潮迅速取代洋务运动而成为左右中国政坛的改革思潮。

社会要变革、要开创新局面，就要有效地学习西方，学习日本维新变法思潮勃兴所形成的冲击波涉及社会各个方面，产生了深刻的连锁反应，从而也造成了守旧与维新的激烈的政治斗争。维新派在与包括洋务派在内的守旧派的政治斗争中，努力寻求新的理论、新的学术、新的文学与之相配合，以在理论上、意识形态上摧垮守旧派赖以生存的精神支柱，因此，从属于维新变法思潮，带有明显的资产阶级性质的文学思潮就在龚自珍等人反理缘情的文学思想的基础上迅速崛起，并迅速形成一场中国历史上规模最大的文学革新运动。维新变法运动的政治领袖之一梁启超，是这场文学革新运动的主要倡导者和领袖，黄遵宪、康有为、谭嗣同、夏曾佑、丘逢甲、严复、裘廷梁、李伯元、吴趼人等在这场文学革新运动中起着积极的作用。

二、“诗界革命”

据梁启超在《亡友夏穗卿先生》中的回忆，1894 年秋冬间，他和谭嗣同、夏曾佑都在北京，他们从国家的危机深重、救亡的任务紧迫这一特定的历史环境出发，议论国事，探求救国之道。他们不满几千年中国传统思想对人们思想的桎梏，认为当务之急是要在中国传播西学，要引起人们对西方资产阶级的政治学说及西方的工艺之学的重视，而要引进西学，首先必须破除学以词章为重的不重实学的传统，破除人们对旧学的盲目信仰。当时，他们首先把传统的旧诗列入“旧学”，斥责旧诗为“无用之呻吟”，要“愤而发箧，毕弃之”（谭嗣同：《莽苍苍斋诗补遗自叙》）。他们相约提出写“新诗”（又称“新学诗”）的倡议。这大约是梁启超所发动和领导的文学革新运动的起端。梁启超等人选择诗歌作为文学革新运动的突破口，意义是很大的，因为诗歌在中国文学的四大文体中，渊源最长，影响最大；明清以来，文学领域中复古主义、形式主义泛滥，又以诗歌最为突出。嘉道以后出现了以龚自珍为代表的一些爱国诗人，他们继承了明清“缘情说”的主张，倡言“尊情”，反对复古，以感人为用为依归，给诗坛带来了一股清新气息，开了一代新诗风，但由于他们还缺乏先进的理论指导，还无法冲破复古主义、形式主义势力对诗坛的统治。梁启超等具有维新思想的热血青年，从改革社会的需要出发，着力改变文坛现状，选择诗歌领域作为突破口发起冲击，从而旁及其他文体，在整个文学领域发动了一次文学革新运动，表现出中国资产阶级向封建主义文学挑战的勇气和胆识。

但是早期的“新诗”，却走过一段过多从形式着眼、“颇喜挦扯新名词以自表异”（《饮冰室诗话》）的弯路。经过一段时间的探索，他们自己否定了这种做法，努力探索“新诗”的正道。1898 年，梁启超在他主办的《清议报》上，开辟了第一块公开的诗歌创作阵地“诗文辞随录”，专门发表新派诗诗作，后来在《新民丛报》上又专辟了“诗界潮音集”专栏，作为新派诗的主要阵地。在“诗文辞随录”开辟的次年，梁启超在《夏威夷游记》里又认真总结了“新诗”创作的得失，正式提出了“诗界革命”、“文界革命”的口号，并明确提出了“诗界革命”的理想目标：“欲为诗界之哥伦布、玛赛郎，不可不备三长：第一要新意境，第二要新语句，而又须以古人之风格入之，然后成其为诗。”为了促进“诗界革命”的发展，梁启超还以“饮冰室诗话”的形式，系统阐发他关于诗歌的理论。他在诗话中又突出地强调“意境”的主导地位，将“新诗”概括为“以旧风格含新意境”或是“熔铸新理想以入旧风格”。1902 年梁启超在日本创办《新小说》杂志，又接受黄遵宪的建议，特辟“杂歌谣”专栏，专门发表一些通俗体的诗作，将诗体的改革引向诗文合一的道路。从创作实绩来看，黄遵宪是“诗界革命”的一面旗帜，在诗歌理论上，他也进行了系统的阐发。若说梁启超的诗学思想体现了“诗界革命”的总体构想，则黄遵宪的诗学思想是诗歌革新的创作实践的总结，二人互为犄角，对诗歌的革新起着启发和引导的作用。

三、黄遵宪的诗学思想

黄遵宪的诗学思想，体现了鲜明的时代性和针对性。在古与今的关系上，他针对诗坛上形形色色的拟古主义诗风，明确提出，要学古但要立足于今。他说，学习古代诗歌遗产，必须“弃去古人之糟粕，而不为古人所束缚”，对待古人也不要偏执一隅，要善于从不同流派、不同作家那里吸取艺术营养，为我所用，要“不名一格，不专一体，要不失为我之诗”（《人境庐诗草自序》）。在诗的内容上，他提出了“人”和“事”的概念。他说：“士生古人之后，古人之诗虽专门名家者，无虑百数十家，欲弃去古人之糟粕，而不为古人所束缚，诚戛戛乎其难！虽然，仆常以为诗之外有事，诗之中有人，今之世异于古，今之人亦何必与古人同。”（《人境庐诗草自序》）所谓“诗中有人”，是指诗要有个性，不要“忘我”，应有自己的心声，应对时事荣衰作出自己的褒贬。他在《与朗山论诗》中也明确地说：“诗固无古今也，苟天地、日月、星辰、风云、雷雨、草木、禽鱼之日出其态以尝我者，不穷也。悲欢、忧喜、欣戚、思念、无聊、不平之出于人心者，无尽也。治乱、兴亡、聚散、离合、生死、贫贱、富贵之出于我者，不同也。苟能即身之所遇，目之所见，耳之所闻，而笔之于诗，何必古人？我自有我之诗者在矣。”又说：“夫声成文谓之诗，天地之间，无有声，皆有诗也。即市井之谩骂，儿女之嬉戏，妇姑之勃谿，皆有真意以行其间者，皆天地之至文也。不能率其真，而舍我以从人，而曰：吾汉、吾魏、吾六朝、吾唐、吾宋，无论其非也，即刻画求似而得其形，肖则肖矣，而我则亡也。我已亡我，而吾心声皆他人之声，又乌有所谓诗者在耶？”（转引自 1931 年 7 月《岭南学报》二卷二期）这就是说，作诗必须反映“我”的感遇见闻，体现出“我”的思想、感情和愿望。至于“事”之所指，他曾对梁启超说，他作诗是“愤时势之不可为，感身世之不遇”（《饮冰室诗话》），又说：“吾论诗以言志为体，以感人为用。”（《致饮冰室主人手札》，光绪三十一年正月十八日）很明显，诗人所提出的“事”的内涵，就是“时事”，它与白居易所说的“文章合为时而著，歌诗合为事而作”的“事”是相一致的。所以，他在一些诗文里，很强调要“论当世事”，要“识时”，要“知今”、“阅世”，要“救时弊”（《感怀》），使诗能为现实服务，反映现实的斗争。

在诗歌的表现手法上，黄遵宪主张把古典诗歌的表现方法和古文的表现方法结合起来，说：“尝于胸中设一诗境：一曰复古人比兴之体；一曰以单行之神，运排偶之体；一曰取离骚乐府之神理而不袭其貌；一曰用古文家伸缩离合之法以入诗。”（《人境庐诗草自序》）诗歌格律化，这是我国诗歌传统的结构形式，但自宋元以后，已逐渐走向僵化。自唐韩愈至宋人所谓以文入诗的说法的提出，反映了当时一些诗人探求诗歌新蹊径的愿望和实践。鸦片战争时期就有不少爱国诗人尝试以散文句式入诗，表现出一种向自由化倾向转变的新的诗风。黄遵宪在诗歌表现方法上的革新主张，就是这种诗歌自由化倾向的继承和发展，而从理论上明确提出这种主张的，黄遵宪还是第一人，这种把散文表现方法入诗的主张，有利于把诗歌从严格的格律化中解放出来，使诗的创作进入一个更为广阔的领域。晚年黄遵宪还主张创造一种“斟酌于弹词粤讴之间”的“杂歌谣”体。按照他的解释，这是一种介乎格律诗与民间歌谣之间的新诗体，这种新诗体在内容上“弃史籍而采近事”；在格调上“或壮如陇上陈安，或丽如河中莫愁，或浓如焦仲卿妻，或古如成相篇，或俳如俳伎辞（即骆驼无角，奋迅两耳之辞也）”；在句式上，“或三或九，或七或五，或长或短”（《致饮冰室主人手札》，光绪二十八年八月二十二日）。在语言运用上，黄遵宪更是一贯主张语文合一论者。他在青年时就提出“我手写我口”，在为《人境庐诗草》作序时，对诗歌语言的取材范围又作了理论的阐述，认为不应受到人为的限制：“自群经三史，逮于周秦诸子之书，许郑诸家之注，凡事名物名切于今者，皆采取而假借之。其述事也，举今日之官书、会典、方言、俗谚，以及古人未有之物，未辟之境，耳目所历，皆笔而书之。”就是说，要熔古今语言于一炉，而以“切于今”作为取舍的标准。所谓方言、俗谚，就是人民的口头语言，而古人未有之物、未辟之境，指的当是资产阶级的新思想、新文化。正是由于诗人重视语言的口语化，所以，他很重视对民歌的搜集、整理，赞赏民歌为“天籁”（《山歌题记》），并辑录家乡的山歌，认真琢磨、修饰，将其中九首编入《人境庐诗草》中。他还身体力行，注意从民歌中吸取滋养，以客家方言入诗，以客家的山歌句式韵味写诗，写出了一批具有民歌风味的作品。

四、“文界革命”

早在梁启超、谭嗣同等改革诗歌之前，黄遵宪就在《日本国志》中提出了改造古文，实行一种“适用于今，通行于俗”、语言与文字要求合一的新文体（《日本国志·学术志二·文学》。九年后（1896），梁启超受黄遵宪的委托，主编《时务报》，散文改革就紧鼓密锣地进行起来，《时务报》遂成为“文界革命”的主要阵地。他们进行散文的革新，一开始就旗帜鲜明地站在统治文坛的桐城派的对立面上，公开宣布反对桐城古文，反对经学古文。他们一反“代圣贤立言”的文统，从政治需要出发，“应于时势，发胸中所欲言”（《清代学术概论》），并逐渐形成一种以梁启超的文章为楷模的新文体（又称新民体）。这种新文体，着眼于时务，“必择众人目光心力所最趋注者”选题，具有强烈的政治性和现实性。同时，文章很注重实用，在形式上突破桐城义法的束缚，努力朝着语文合一的方向发展。他们认为文体的更新与社会进步息息相关，正如梁启超所说的：“俗语文体之流行，实文学进步之最关键也。各国皆尔，吾中国亦应有然。……中国文字，衍形不衍声，故言文离，此俗语文体进步之一障碍，而即社会进步之一障碍也。为今之计，能造出最适的新字，使言文一致者上也；即未能，亦必言文参半焉。”（转引自楚卿：《论文学上小说之位置》）这种文体，不同于桐城古文，它文不中律，恣肆议论，句式骈散杂糅，奇偶并举，语言半文半白，时杂以俚语、外国语法，平易畅达，笔锋常带感情。

革新文体的倡议，不仅遭到桐城-湘乡派的反对，斥责新体散文“不足与于文学之事”（吴汝纶：《天演论序》），在维新派内部也有争议，严复就一直坚持以“先秦文”来写作，而且认为新文体仅仅是写给学童们看的：“不佞之所从事者，学理邃赜之书也，非以饷学童而望其受益也，吾译正如以待中国多读古书之人。”（严复：《与〈新民丛报〉所译〈原富〉书》）康有为还尖锐地批评梁启超写的新体散文，认为这类散文，“背经舍史，秽言鄙词，杂沓纸上，视之则刺吾耳目，引之则污吾笔……句不成章，语不成词”（《中国颠危误在全法欧美而尽弃国粹说》）。

在“文界革命”中作出巨大贡献的除梁启超外，当推裘廷梁。裘廷梁，字葆良，江苏无锡人。维新变法前，他积极配合改良派进行文化思想的宣传，尤致力于提倡白话文，编印《白话丛书》，创办《无锡白话报》，是中国近代白话文运动的主要先驱者之一。1897年，他在《苏报》上发表了《论白话为维新之本》，正式提出“崇白话而废文言”的口号。这是近代白话文运动的一篇纲领性的文章。他在这篇文章中，把白话文放在振兴国家民族的高度上，从政治改革着眼，认为“崇白话而废文言”为维新之本。在他看来，白话文与语言实际一致，通俗易懂，用它来宣传变法维新易于为人们接受，能够起到宣传群众、组织群众的作用。文中还以欧美、日本改革文字，促进人才发达和国家振兴为佐证，并从语言和文字的发展历史角度，论证崇白话、废文言是推动社会进步的正道，也是散文发展的正道的观点。裘廷梁在批判文言弊害的基础上，还论证了白话文的八大益处：

请言白话之益。一曰省日力：读文言日尽一卷者，白话可十之，少亦五之三之，博极群书，夫人而能。二曰除骄气：文人陋习，尊己轻人，流毒天下；夺其所恃，人人气沮，必将进求实学。三曰免枉读：善读书者，略糟粕而取菁英；不善读书者，昧菁英而矜糟粕。买椟还珠，虽多奚益？改用白话，决无此病。四曰保圣教：《学》、《庸》、《论》、《孟》，皆二千年前古书，语简理丰，非卓识高才，未易领悟。译以白话，间附今义，发明精奥，庶人人知圣教之大略。五曰便幼学：一切学堂功课书，皆用白话编辑，逐日讲解，积三四年之力，必能通知中外古今及环球各种学问之崖略，视今日魁儒耆宿，殆将过之。六曰炼心力：华人读书，偏重记性，今用白话，不恃熟读，而恃精思，脑力愈濬愈灵，奇异之才，将必迭出，为天下用。七曰少弃才：圆颅方趾，才性不齐；优于艺者或短于文，违性施教，决无成就。今改用白话，庶几各精一艺，游惰可免。八曰便贫民：农书商书工艺书，用白话辑译，乡僻童子，各就其业，受读一二年，终身受用不尽。

裘廷梁提出白话文的八大益处，表明当时资产阶级维新派从理论上阐明了白话文的作用，有助于当时白话文运动的开展。如果说在“文界革命”中梁启超的功绩在于解放了长期为桐城古文所禁锢的散文文体，改变了一代文风，那么，裘廷梁的功绩则在于论证了崇白话、废文言是推动社会进步的正道，使梁启超等维新派作家所企求的白话文运动终于形成，用白话文取代文言写作成为一种空前明显的现象，说明近代文学的语言形式正向近代进化。近代的白话文运动与“五四”时期的白话文运动，虽然性质不同，但它们之间的关系是一脉相承的，胡适的《文学改良刍议》很明显就受裘廷梁《论白话为维新之本》的影响。从文学的继承关系来说，“五四”时期的白话文运动，无疑是近代白话文运动的延伸和发展。

五、“小说界革命”

“小说界革命”也是近代文学革新运动的一个重要方面。“小说界革命”的口号是梁启超于 1902 年在《论小说与群治之关系》中提出来的，但资产阶级维新派重视小说的思想差不多是同诗文的革新同步进行的。早在光绪十三年（1887），黄遵宪就从语言与文字合一的角度提出要注意小说的作用（《日本国志·学术志二·文学》）。梁启超从 1897 年开始也接连发表了要重视小说的文章，如《变法通议·论幼学》等。《国闻报附印说部缘起》更把小说的作用与儒家的经史相提并论，认为小说具有六经所不能替代的教育人的作用，因为小说“人人之深，行世之远，几乎出于经史之上，天下之人心风俗，遂不免为说部所持”。中国小说源远流长，到了清代，出现了《聊斋志异》、《儒林外史》、《红楼梦》等伟大的作品，说明小说创作已到了巅峰状态，代表着中国文学继诗、词、文和戏剧之后达至又一高峰。但是，小说在文学领域中的地位却与它的成就很不相称，一直处于被排斥、歧视的地位，读小说也受到歧视，所谓“言不齿于缙绅，名不列于四部；私衷酷好，而阅必背人，下笔误征，则群加嗤鄙”（黄人：《小说林发刊词》）。中国资产阶级维新派中的某些人以社会改革家的眼光注视着文学领域的变革，他们认为要利用诗、文、小说、戏剧等文学形式去宣传政治革新，首先必须改变社会对文艺的观念，特别是要改变对小说的观念，让人们从认为小说乃小道的思想局限中解放出来，让小说堂堂正正地登上文学大雅之堂。因此，近代小说理论一开始就非常强调小说的社会性、重要性，从而提高小说的社会地位，使小说能直接为资产阶级政治革新服务。关于小说的社会作用的论证，影响最大的当推梁启超的《论小说与群治之关系》。他在文中从四个方面论证小说的社会作用。一是给人以理想，“常导人游于他境界，而变换其常触常受之空气者也”。二是给人以知识，使人对其“所怀抱之想像，所经历之境界”，知其然，亦知其所以然。三是教育人的作用，认为小说有支配人道的四种力，即熏、浸、刺、提。所谓熏，就是熏陶，是指小说的潜移默化的力量；浸，是说“浸入其内”，是指小说的艺术感染力；刺，是给人一种刺激讽喻；提，是指读者自化其身“入于书中，而为其书之主人翁”。四是左右社会人心的风俗好尚。梁启超得出结论：小说不是末道，而是大道；“今日欲改良群治，必自小说界革命始，欲新民，必自新小说始”。梁启超夸大小说的作用，倒因为果，这是唯心的，当时亦已有人对这种理论的唯心倾向提出批评，认为“劣社会为恶小说之因”，而非“恶社会为劣小说之果”，小说与社会，是“形之于模，影之于物”（曼殊：《小说丛话》）。但梁启超从社会效益的角度说明小说的重要性，强调小说为政治服务的社会作用，并将小说与群治的关系、与政治的关系紧密相连，这在当时的历史条件下，显然有着叛逆“非圣不道”的文坛风尚、促进文艺与时代相结合的进步作用。梁启超《论小说与群治之关系》发表后，其影响遍及全国，在一个很长时间内社会上形成一种时尚：欲救中国，当以改革社会为起点；欲改革社会，当以小说为前驱。后来有人干脆提出“小说救国”的口号，说：“吾以为吾侪今日，不欲救国也则已，今日诚欲救国，不可不自小说始，不可不自改良小说始。”（天僇生，即王无生、王钟麒：《论小说与改良社会之关系》）中国近代“小说界革命”，正是在这种理论的指导下得到蓬勃发展的，小说被誉为文学之首，誉为“文学之最上乘”，新小说也从才子佳人、公案、讲史中脱颖而出，针对社会现实的社会小说、政治小说大量出现，正如鲁迅所说的：“揭发伏藏，显其弊恶，而于时政，严加纠弹，或更扩充，并及风俗。”（《中国小说史略》）他们特别称誉那些暴露社会弊端、鼓吹改革时政的“政治小说”，称之为“社会之X光线”，充分肯定小说作为文学形式的社会意义，使小说终于冲破几千年封建文学的桎梏，登上了文学的“大雅之堂”。

在“小说界革命”中，资产阶级维新派还从欧美和日本文学运动中看到了小说的社会影响，从而非常重视小说的政治性，强调小说创作要为“改良社会，开通民智”服务。李伯元主编的《绣像小说》发表《本馆编印绣像小说缘启》，开宗明义地宣告：“欧美化民，多由小说；榑桑崛起，推波助澜。其从事于此者，率皆名公巨卿，魁儒硕彦。察天下之大势，洞人类之颐理，潜推往古，豫揣将来。然后抒一己之见，著而为书，以醒齐民之耳目。或对人群之积弊而下砭，或为国家之危险而立鉴，揆其立意，无一非裨国利民。”梁启超更明确地提出新小说与新道德、新宗教、新政治、新风俗、新学艺、新人心、新人格等的关系，要求要效法西欧日本等国，运用小说宣传政治，自觉为政治革新服务（《论小说与群治之关系》）。天僇生则从作家创作动机角度来谈作品的政治性，认为古代杰出作家创作的动机有三：一是愤政治之压迫，二是痛社会之混浊，三是哀婚姻之不自由，总之“皆有深意存其间”（《中国历代小说史论》）。中国近代小说创作正是在这种强调小说的思想性、政治性的理论指导下，大多直面人生，抨击时政，向民众灌输民主思想，显示出非常强烈的政治色彩。

对小说创作理论的探索、阐发，也是近代“小说界革命”的一个重要方面。对于小说创作理论的探索，并不是从近代才开始的，据现有资料来看，至少从明代李贽、叶昼、冯梦龙时就开始了，他们已开始接触到小说的真实性、形象性，小说语言的艺术美，以及悲剧问题等，但他们的论述仅仅是在小说的序跋或点评中提及，多是片言只语。近代小说的创作理论，则是在前人的基础上，又吸收了西方文艺、哲学的观点，从多方面对创作原理进行探索、阐发，使之理论化、系统化。比较突出的有如下几个方面。

一是形象性问题。他们注意到小说形象性的表现，并将形象性问题作为小说的艺术本质去探讨，已接触到艺术形象美的欣赏和启迪、形象地反映社会生活的概括、集中的典型化等问题（徐念慈，亦称东海觉我、觉我：《小说林缘起》）。王国维在《红楼梦评论》中，对典型化问题尤有精辟的见解，他说：“自我朝考证之学盛行，而读小说者，亦以考证之眼读之，于是评《红楼梦》者，纷然索此书主人公之为谁。此又甚不可解者也。夫美术之所写者，非个人之性质，而人类全体之性质也。惟美术之特质，贵具体而不贵抽象，于是举人类全体之性质置诸个人之名字之下……善于观物者，能就个人之事实而发见人类全体之性质。……故《红楼梦》之主人公谓之贾宝玉可，谓之子虚乌有先生可，即谓之纳兰容若，谓之曹雪芹亦无不可也。”

二是创作方法问题。近代的小说理论已接受了西欧文学中现实主义和浪漫主义的创作方法的理论。梁启超在《论小说与群治之关系》中，明确指出理想派小说与写实派小说的类别，他认为理想派小说作者按照自己的理想将读者带进理想的境界；写实派小说的作者注重客观地描写现实，“和盘托出，彻底发露之”。王国维在评论《红楼梦》时，还进一步论述了理想派与写实派两种创作方法与现实生活的关系，他认为不论写实派还是理想派，都必须植根于生活，写实要合乎自然，理想亦不能凭空捏造虚构，都是在现实的基础上提出的，所谓“其材料取诸人生，其理想亦视人生之缺陷逼仄，而趋向于其反对之方面”（《红楼梦评论》）。

三是艺术创造问题。他们对小说是否容许虚构问题，总结了前人的理论，进行了深入的探求。他们认为，虚构是小说的特点之一。所谓“虚构”，是指不是“人身所作之史”，而是“人心所构之史”，“或则依托姓名，或则附会事实，凿空而出，称心而言，更能曲合乎人心者也”。但“虚构”必须有前提，用他们的表述语言说：“今日人心之营构，即为他日人身之所作。”（《国闻报附印说部缘起》）。侠人则明确指出，小说的“虚构”是借形象来表现作者的理想：“吾有如何之理想，则造如何之人物以发明之，彻底自由，表里无碍，直无一人能稍掣我之肘者也。”又说：“小说作，而为撰一现社会所亟需而未有之人物以示之……故为小说者，以理想始，以实事终，以我之理想始，以人之实事终。”（《小说丛话》）

四是作家思想与创作的关系问题。对此夏曾佑写的《小说原理》阐述最为透彻。他认为，写小说有五易、五难、五忌：写小人易，写君子难；写小事易，写大事难；写贫贱易，写富贵难；写实事易，写假事难；叙事实易，叙议论难。其原因在于，这需要作者的生活经历、思想水平和生活积累。因此，他非常强调作家进行小说创作必须要有生活体验，必须有文化素养，必须以一定的生活为依据，设身处地去想象，才能写出名于世的小说。

五是小说的语言问题。近代小说理论家们提倡小说，目的是启民智、新国家、新政体，因此，他们一开始就非常注意小说语言的通俗化。他们认为，小说的语言不同于正史的语言，它应是民族的语言，接近口语，能叙述详尽、描写细微的语言，为读者所易了解的“日习人事”、风俗人情，受群众欢迎、喜闻乐见的语言（《国闻报附印说部缘起》）。梁启超、黄遵宪等还从文学的发展与语言的关系角度论述用通俗语写小说的必要性（《小说丛话》、《日本国志》）。楚卿更提出以方言为小说语言的主张（《论文学上小说之位置》）。由于近代小说理论家们大力提倡用通俗语言写小说，近代小说创作绝大部分是用白话文写作的，有的还用方言写作。正是小说语言的通俗化，促进了中国文体的变革，为白话文运动起了积极的推动作用。

六是关于古典小说的批判继承问题。对如何对待古典小说，近代存在着两种对立的观点。作为“小说界革命”的倡导者的梁启超，对古典小说采取全盘否定态度，而且表现出比较浓厚的封建意识，认为《水浒传》、《红楼梦》，“不出诲淫诲盗两端”，古典小说是“中国群治腐败的总根源”（《译印政治小说序》）。但大多数作家对古典小说持肯定的态度。天僇生反问否定派：“今试问革新小说数十种，能有一焉如《水浒传》、《三国演义》影响之大者乎？曰无有也。萃西洋小说数十种，问有一焉能如《金瓶梅》、《红楼梦》册数之众者乎？曰无有也。且西人小说所言者，举一人一事，而吾国小说所言者，率数人数事，此吾国小说界之足以自豪者也。”（《中国历代小说史论》）王国维对《红楼梦》研究的贡献，更为世人所推许。他力辟考据派、索隐派对《红楼梦》的歪曲，认为《红楼梦》是一部描写人生的大著作，而且从悲剧论中发现《红楼梦》“大背于吾国人之精神”，即“乐天”精神，一反中国崇尚大团圆的旧传统，是一部具有彻头彻尾“悲剧美”的悲剧小说（《红楼梦评论》）。不过，王国维是以老庄厌世哲学和叔本华的悲观主义悲剧观来剖事析人的，因而认为《红楼梦》对人生的描写是一种“自犯罪、自加罪，自忏悔、自解脱”的过程，从而走向了悲观主义。

六、资产阶级文学革新运动的评述

总之，资产阶级维新派发动和倡导的文学革新运动，是在宣传政治维新的历史背景下，有纲领、有阵地、有队伍、有创作的自为的文学运动。这场运动涉及文学的主要文体，影响极其深远。首先，它自始至终都非常强调文学的社会功能，接触了文学为改造社会服务的问题，强调文学为社会、为人生的现实主义创作道路，使近代文学出现了崭新的面貌，为“五四”新文学运动的产生起了催生作用。其次，文学革新运动是在西方和日本的文化思想影响下发展起来的，并自觉地以西方和日本文学为楷模，这也使近代文学以崭新的内容和形式从古代文学中脱颖而出，不仅反映了向西方寻求真理的时代要求，也促进了西方科学文化对中国的输入，加快了文学革新的进程；最后，无论是诗、文还是小说，都注意了通俗化问题、语文合一问题，并形成了颇有声势的用白话代替文言的白话文运动，这在当时不仅是新的文学观，而且为“五四”时期的白话文运动起了承前启后的推动作用。当然，资产阶级维新派发动和倡导的文学革新运动，发端于维新变法之前，但其形成运动、产生影响是在维新变法失败以后，随着维新变法思潮的背逆走向，这场文学运动也表现出明显的时代和阶级的局限，它在理论上或创作上的成功与不足，也体现了资产阶级要将中国文学从封建主义的桎梏中解放出来的努力和尝试，它的最大功绩是加速了中国文学的近代化进程。

第四节　资产阶级革命派的文学思想

1905年，在孙中山的倡导下，中国同盟会在日本东京成立。同盟会的成立，标志着中国资产阶级民主革命从变法维新阶段进入民族民主革命阶段。随着中国民族民主革命运动的发展，革命派的文学思想也有了较大的发展，他们继承和发展了维新派革新文学的思想，在诗歌、戏剧等方面把文学革新运动推向一个新的阶段。

革命派的文学思想，较多地体现在南社的文学思想上。

一、南社的成立、性质

南社是随着中国同盟会的成立、资产阶级民主革命高潮的到来而出现的革命文学团体。1907年开始酝酿，1909年11月13日在苏州虎丘张东阳祠正式宣告成立。柳亚子、陈去病、高旭是主要发起者和组织者。参加成立大会的有17人，其中14人是同盟会会员，可见南社的革命色彩。为什么取名南社呢？陈去病说：“南社，对北而言，寓不向满清之意。”（《南社长沙雅集纪事》）高旭说：“于同盟会后更倡设南社，固以文学革命为职志，而意实不在文字间也。”（《无尽庵集序》）柳亚子对南社的性质说得更明白：“旧南社成立在中华民国纪元前三年，它底宗旨是反抗满清，它底名字叫南社，就是反对北庭的标帜了。”“我们发起的南社，就是想和中国同盟会做犄角的。因为民族主义，本来是中国历史上的产物，赵宋、朱明的末代，更有鲜艳的血史，在文学界上占重要位置。”（《新南社成立布告》）。从1909年始至1923年（新南社成立）止，南社共举行雅集24次，出版南社丛刻22集（另2集已编好，未印行）。丛刻以诗为主，词、文为次，也出过《南社小说集》1册。据1911年《南社社员通讯录》载，南社社员有193人，辛亥革命后发展至1100余人，遍布16个省市，参加成员主要是知识分子。南社还有分支，如辽社、粤社、越社、淮南社、长沙南社分社等。

南社是一个松散的文学团体，是在反清的旗帜下建立起来的，它以提倡民族气节相号召，实际上是配合民族民主革命，反对清王朝的种族压迫和专制统治的。其成员相当复杂，有资产阶级、小资产阶级革命派，也有地主阶级反清分子，从另一个意义上说，它是一个反清文学联盟。因此，社员的思想比较复杂，可谓五花八门，政治上的封建性和妥协性、文化思想上的复古性都有。作为一个团体，它也没有明确的政治纲领和文学纲领，社员一般能接受反帝反封建思想，但带有比较严重的大汉族主义思想；在对待西方问题上，大多数社员有向西方学习的要求，但不具有从根本上动摇封建主义的文化思想体系。由于南社是一个在反清的旗帜下建立起来的文学团体，因此，辛亥革命后分化很大，有的退隐，有的颓废，有的高升，甚至有“劝进”袁世凯称帝的。鲁迅曾经指出：“属于南社的人们，开初大抵是很革命的，但他们抱着一种幻想，以为将满洲人赶出去，便一切都恢复了‘汉官威仪’，人们都穿大袖的衣服，峨冠博带，大步地在街上走。谁知赶走满清皇帝以后，民国成立，情形却全不同，所以他们便失望，以后有些人甚至成为新的运动的反对者。”（《对于左翼作家联盟的意见》）大约在1916年以后，南社就处于萎靡不振、分崩离析的状态了。

尽管如此，南社前期的功绩是不容抹杀的。作为清末“鼓吹革命的文学团体”（鲁迅：《现今新文学概况》），它的部分社员投身于革命实际活动，作出过贡献，有些人为革命牺牲；在文学上，他们接过维新派倡导的文学革新运动的旗帜，将文学革新运动推向一个新的阶段。

二、南社的诗学思想

南社在文学创作方面主要是诗，因此南社的诗学思想是南社文学思想的主要方面。

南社诗人在政见上大多与维新派诗人不同，但在诗学思想上却大多接受了“诗界革命”的主张，并在“诗界革命”的基础上，将诗歌革新推向前进。

在文学与政治的关系上，南社诗人比维新派诗人更强调文学的现实性和战斗性，他们大声疾呼："诗坛请自今日始，大建革命军之旗"（宁调元：《太一诗存》卷一），要求诗歌成为"鼓吹新学思想，标榜爱国主义"（《马君武诗稿自序》）的号角，成为"唤醒国民精神之绝妙机器"（《漱铁和尚（顾忱庵）遗诗自序》）。在文学与时代的关系上，南社诗人更强调时代的特征，诗歌应因时而变（周实：《无尽庵诗话序》）。在文学的对象上，他们又在维新派所强调的"启民智"的基础上，突出诗歌的民众性，公开号召诗歌要面向"下等社会"，面向"贩夫走卒"，柳亚子更明确号召谱写"布衣之诗"（柳亚子：《我与朱鸳雏的公案》）。在文学的形式上，他们反对守宗派，强调诗人的自我主体意识，保持"己之本色，己之气概"（高旭：《愿无尽庐诗话》），要"以我为诗而不以诗缚我"（高燮：《漱铁和尚遗诗序》），要敢于突破传统形式的束缚，"偭规越矩"（柳亚子：《笠泽词征序》），提倡"噌吰镗鞳，足以惊天地泣鬼神"（柳亚子：《天潮阁集序》）的风格。南社的诗学思想，具有鲜明的革命倾向性，正是在这种诗学思想的指导下，南社刚一成立，就展开了比维新派诗人更激烈地反对同光体的斗争，并在斗争中促进了南社诗学的发展。

南社反对同光体的斗争，首先是在内部引发的。在南社内部，不乏同光体的崇拜者，如庞树柏，姚锡钧、胡先骕、朱玺等。在南社的成立会上，以柳亚子为一方，以庞树柏、姚锡钧等为一方，就诗歌"宗唐"还是"宗宋"问题展开了激烈的争论。这种论争，表面看来是"宗唐""宗宋"之争，实际上是反对同光体的斗争在南社内部的反映。会后姚锡钧等公开写诗作文为同光体唱赞歌，姚锡钧写诗号召向同光体诗人学习："高君善歌诗，健笔自天纵。嚣然笑群儿，强烈唐与宋。我常夸闽人，瘦句与秋耸。郑（孝胥）陈（衍）尤平澹，高调谁与共？橄榄得回味，嚼冰愁齿冻。此外有散原（三立），万象恣嘲弄。君能用我言，吐语更惊众。"（《题吹万近诗》）闻宥则在《民国日报》上发表诗话，盛赞同光体的好处，胡先骕也写信来恭维同光体，朱鸳雏则大言道："反对同光体者，是执蝘蜓以嘲龟剑也。"（柳亚子：《我和朱鸳雏的公案》）朱玺为了给同光体捧场，还对柳亚子、吴虞等进行人身攻击，说他们是"狗党狐群，物以类聚"，并作诗云："当年诗派未分明，折烛原来是一盲。如此厚颜廉耻丧，居然庸妄窃诗盟。"（《论诗斥柳亚子》）以瞎子折烛以为得太阳之形来攻击柳亚子等人对同光体的批判。在这场论争中，大部分社员都卷了进去，以柳亚子为代表的比较进步的诗人，大多旗帜鲜明地站在反对同光体的立场上。发生在南社内部的以"宗唐""宗宋"之争为发端的反对同光诗派的斗争，实际上是维新派在"诗界革命"中所进行的反对复古主义、形式主义的斗争在新的形势下的发展。正如柳亚子所说的，"从晚清末年到现在，四五十年间的诗坛，是比较保守的同光体诗人和比较进步的南社派诗人争霸的时代"（《介绍一位现代的女诗人》）。在这场斗争中，柳亚子是中坚人物。他一贯认为，作诗为文，要用以宣传革命，他直截了当地说诗歌"是我的武器"（《我的诗和字》），"诗人要有气节，诗人要有思想"（《旧诗革命宣言书》)。他坚决反对同光体诗，他参加创立南社，目的就是要和同光体对抗，提倡“不事王侯”的“布衣之诗”(《胡寄尘诗序》)。柳亚子反对同光体首先从政治着眼，一再痛骂同光体诗人是“以遗老孤忠自命”的“亡国大夫的遗老们”(《我和南社的关系》)，斥同光体诗为亡国之音，他说：“政治坏于北洋派，诗学坏于江西派。欲中华民国之政治上规道，非扫尽北洋派不可；欲中华民国之诗学有价值，非扫尽江西派不可。”(《答野鹤》)又说：“若身为中华民国之人，而犹袭同光之体，日为之张目，岂以亡索虏之不足，复欲再亡我中华民国耶。”(《斥鸳雏》)在艺术上，他反对摹拟、复古，猛烈抨击以王闿运为代表的崇尚汉魏六朝的拟古诗派的作品：“古色斓斑真意少，吾先无取是王翁”，对同光体诗人郑孝胥、陈三立，斥之为“郑、陈枯寂无生趣”，对于崇尚中晚唐的樊增祥、易顺鼎讥之为“樊、易淫哇乱正声”，并用阮籍的“世无英雄，遂使竖子成名”的话说道：“一笑嗣宗广武语，而今竖子尽成名。”(《论诗六绝句》)柳亚子反对同光体的思想，体现了南社文学的倾向性，因而也受到南社大多数社员的赞同与支持。陈去病作《论诗三章》，鼓励柳亚子“挥斥异己，挽狂澜于既倒”(1917年7月1日《民国日报》)；马君武积极响应柳亚子，写诗抨击同光诗风的复古倾向：“唐宋元明都不管，自成模范铸诗才。须从旧锦翻新样，勿以今魂托古胎”(《寄南社同人》)；高旭则强调文学创作的创造性：“无古无今，无人无我，纵横六合，惟我创造。”(《学术沿革之概论》)南社以柳亚子为代表的革命诗人，也正是运用诗歌这一武器，实践了他们诗歌为民主革命服务的理论，写下了大量充满革命激情的诗篇，使诗歌朝着为社会、为人生的正确方向发展。

三、资产阶级革命派的戏剧理论

戏剧改良，这是梁启超所倡导的文学革新运动的组成部分。梁启超曾大力提倡戏剧改革，主张戏剧要面向现实，强调反映时代生活的真实，对戏剧创作的艺术特征也作过一些探讨，如说：“以结构之精严，文藻之壮丽，寄托之遥深论之，窃谓孔云亭之《桃花扇》冠绝前古矣。”(《论桃花扇》)在《小说丛话》中，他还提出戏曲“优于他体之诗者，凡有四端”的独到见解，认为“唱歌与科白相间”，可淋漓尽致地展示人物的性格和行动；“曲本内容主伴可多至十数人或数十人”，可“各尽其情”；唱词(曲)可写成数折乃至数十折，为剧作家多方面描绘生活以“极自由之乐”的天地；曲本使用音律较为自由，“可任意缀合诸调”而不为病。梁启超也身体力行，创作了《劫灰梦》、《新罗马》、《侠情记》等传奇。但资产阶级维新派在倡导文学革新运动中，主要致力于诗、文和小说的革新，戏剧方面还未显示出可观的成绩。随着资产阶级民族民主革命运动的高涨，以柳亚子、陈去病等为代表的南社诗人，大力提倡“戏曲改良”，并于1905年创办《二十世纪大舞台》，鼓吹利用戏曲“灌输文明思想”，“唤醒国民精神”。在他们的提倡下，京剧和地方戏空前活跃，出现了一批宣扬民族民主革命的古装戏、时代戏，文明戏——话剧也应运而生，从而形成了颇有声势的戏剧改良运动。戏剧理论也空前活跃，深刻地体现了民族民主革命斗争的现实生活对创作的要求。

近代的戏剧理论，有一个显著的特点，就是摒弃了封建思想的羁绊，为了适应民族民主革命的需要，努力强化戏剧的社会功能。三爱（陈独秀）在《论戏曲》一文中，对戏剧艺术的通俗性、普及性和社会教育作用，作了深刻的论述，这也是近代一篇较早提倡改良戏曲的专文。文中说："戏曲者，普天下人类所最乐睹，最乐闻者也，易入人之脑蒂，易触人之感情。故不入戏园则已耳，苟其入之，则人之思想权未有不握于演戏曲者之手矣。"认为在国势危急、内地风气不开的情况下，只有改良戏曲，才足以感动全社会，达到改良社会之目的，因此提出了"戏园者，实普天下之大学堂也；优伶者，实普天下人之大教师也"的论断。天僇生在《剧场之教育》中，也明确强调戏剧的社会教育作用，说："今日欲救吾国，当以输入国家思想为第一义。欲输入国家思想，当以广兴教育为第一义。然教育兴矣，其效力之所及者，仅在于中上社会，而下等社会无闻焉。欲无老无幼，无上无下，人人能有国家思想，而受其感化者，舍戏剧末由。盖戏剧者，学校之补助品也。"为了提倡戏剧改良，陈去病、柳亚子等创办了《二十世纪大舞台》戏剧杂志，他们把"改革恶俗，开通民智，提倡民族主义，唤起国家思想"作为编辑该刊的"唯一之目的"。曾孝谷、李叔同、欧阳予倩等人所制订的《春柳社演艺部专章》，亦规定演戏应"以开通民智，鼓舞精神"为宗旨，强调戏剧与宣传爱国主义思想相结合，借以"灌输文明思想"。陈佩忍（即陈去病）在《论戏剧之有益》中，号召有志的爱国青年向历史上的爱国艺人学习，"对同族而发表宗旨，登舞台而亲演悲欢，大声疾呼，垂涕以道"，用戏剧这个武器去普及革命思想，教育和鼓舞民众。广东粤剧在辛亥革命时期也很活跃，成为宣传革命的重要力量，据说在"八和会馆"门前，曾出现过如下对联："借古代衣冠，实行宣传党义；娱今人耳目，尤应力挽颓风。"

戏剧是熔文学、音乐、表演于一炉的综合性艺术，演员凭借舞台，在声、色、形俱美的穷神尽相中，给观众以形象化的美的艺术感受。近代戏剧理论继承了前人的艺术思想，对戏剧艺术特点和规律进行了一些有益的探索。首先，阐述了戏剧艺术的舞台特点。1906 年成立的春柳社就十分重视戏剧必须在"声色俱佳"的生动直观中动人以情。他们在《演艺部专章》中一开始就指出："报章期刊一言，夕成舆论，左右社会，为效迅矣。然与目不识丁者接，而用以穷。济其穷者，有演说，有图画，有幻灯（即近时流行影戏之一种）。第演说之事迹，有声无形；图画之事迹，有形无声；兼兹二者，声应形成，社会靡然而响应，其惟演戏欤？"有人誉戏剧为"一有声有色之小说"，"善演者淋漓尽致，可歌可泣，最足动人感情"（铁：《铁瓮烬余》）。这些理论，较好地揭示了戏剧艺术是通过具体生动的直观形象，给观众以审美感受的艺术创作规律，也从一个侧面阐明戏剧的演出和舞台性特点。其次，阐述了戏剧艺术务须以情动人、以形象感人的特点和规律。三爱指出，戏剧最足以移人性情，“使人观之，不能自主，忽而乐，忽而哀，忽而喜，忽而悲，忽而手舞足蹈，忽而涕泗滂沱”（《论戏曲》）。最后，近代戏剧理论还论述了戏剧描写现实问题。他们强调戏剧不但要发现历史上“轰轰烈烈的英雄气象”，编演我们“民族千数百年前的确实历史”，而且要再现生活的真实，“及于夷狄外患，以描写征讨之苦，侵凌之暴，与夫家国覆亡之惨，人民流离之悲”，达到“发其感慨悲愤之思”，使观者“是非了然于心”的艺术效果（陈佩忍：《论戏剧之有益》）。蒋观云还提倡编演“能启发人广远之理想，奥深之性灵”的悲剧，而反对“以舞洋洋，笙锵锵，荡人魂魄而助其淫思”的戏剧（《中国之演剧界》）。因此，在题材上，他们大力提倡以现实生活为题材，主张编演时事新戏，用以“唤起国民精神”，宣传“民族大义”，激发人民群众的爱国斗争热情。正如柳亚子所说的，要“以《霓裳羽衣》之曲，演玉树铜驼之史，凡扬州十日之屠，嘉定万家之惨，以及虏酋丑类之慆淫，烈士遗民之忠荩，皆绘声写影，倾筐倒箧而出之，华夷之辨既明，报复之谋斯起，其影响捷矣”（《二十世纪大舞台》发刊词）。在提倡写现实生活的理论影响下，辛亥革命后，戏剧舞台上出现了许多反映当代生活题材的新剧目，这些作品，“或破除迷信，或讽刺时政，或表扬忠义，或排斥异族，均为有益世道人心之作”（冯自由：《革命逸史》）。在题材问题上，他们还主张编演历史题材，通过歌颂历史上的英雄人物，对群众进行爱国主义的思想教育，或编演欧洲近代历史题材，以“详其历史，摹其神情”用以激发民众，振兴精神。

诚然，资产阶级革命派的文学思想，如同维新派的文学思想一样，存在严重的片面性。他们往往过分夸大文学的社会作用，所谓“感之爱国则爱国，感之亡国则亡国”（佚名：《观戏记》），“惟戏曲改良，则可感动全社会”（三爱：《论戏曲》），把中华振兴同文学改革等同起来，把文学的社会功能夸大到可以“兴国”与“亡国”的地步。同时，他们片面强调文学的社会宣传作用，对文学艺术的特点和规律重视不够，致使许多诗作和剧作形象性和典型性不强，缺乏感人的艺术力量。

小　结

近代文学思想，一直处于动荡变化之中。随着时代的变化，随着资产阶级维新变法思潮、民族民主革命思潮的兴起，文学终于以运动的形式开始了文学发展史上规模最大的全面的革新，使中国文学从封建主义文学中脱颖而出，形成了具有近代社会、近代思潮特点的与封建主义文学在性质上不同的新的文学思想和新的文学。而导致中国近代文学思想和文学变化的，除了时代的要求和政治思潮的影响外，西方资产阶级文艺思想的导入，也是一个很重要的因素。近代各派民族资产阶级作家，都不同程度地接受了西方文学思想，用不同于传统的资产阶级文学观点来批判、扬弃中国传统文学的封建主义思想和不利于文学发展的形式束缚，以适应新时代、新形势的要求。在这种变革中，最有成效也最能显示近代文学思想特色的，是强调文学与时代政治斗争紧密结合，以文学来启迪国人思想、改造国民精神、变革中国现状的主张。但近代资产阶级作家对文学特点重视不够，形而上学地看待文学的社会作用，也大大地局限了近代文学的发展。但近代文学思想的变化，却为“五四”新文学运动的形成和发展，在理论上和创作实践上都起了开路的作用，成为从封建主义文学向新民主主义文学过渡的新的文学理论的滥觞。

参考资料

阿英. 晚清文学丛钞·小说戏曲研究卷. 北京：中华书局，1960

郭绍虞. 中国历代文论选（第四册）. 上海：上海古籍出版社. 1980

华南师范大学中国近代文学研究室. 中国近代文学评林. 第一辑. 郑州：中州古籍出版社. 1984

黄霖. 近代文学批评史. 上海：上海古籍出版社. 1993

简夷之等. 中国近代文论选（上、下）. 北京：人民文学出版社. 1962

第四章　中外文艺思潮的交汇融合及翻译文学

中国近代中外文艺思潮的交汇融合开始于甲午战争前后，这是近代历史与文学艺术的转捩点。在近代社会激变的年代里，随着外来文化的大量涌进，传统文化与外来文化发生了全面的冲突与交汇，如西方进化自然观，卢梭的天赋人权论，康德、黑格尔的美学，叔本华、尼采的唯意志论等等，被介绍到我国，逐渐形成了以进化论为主线的中外哲学思想杂糅的哲学氛围；特别是戊戌变法前后兴起文学翻译热潮，西方的文学思想和作家作品开始被近代作家所了解和接受。中外哲学、文艺思潮的相互撞击，既引起了中国政治思想的巨大变化，也推动了我国文学观念的更新和艺术思维方式的变革。

第一节　西方哲学思潮对中国近代文学的影响

一、西方哲学思潮大量涌入之前的近代学风及文坛状况

鸦片战争前夕，随着中国社会的变化，风行于乾嘉时期那种脱离现实的考据学派的学风，日益暴露出它窒塞思想、戕害民族精神的弊端。封建士大夫和知识分子群中的一些开明之士，开始不满于“汉宋之学”的学风，多少敢于正视社会政治现实的黑暗面，并表达了要求改革社会的愿望，从而出现了与“汉宋之学”相对立的具有某些近代意识的“经世致用”之学，学风为之一变。龚自珍、魏源、林则徐都是为这一思潮开风气之先的代表人物，他们开始重新认真评估中外文化各自的历史价值。在龚自珍身上，隐伏于“理欲之辨”的思辨外衣下的个性解放思想，以前所未有的亮色显示其生命的力度。龚自珍不再是泛泛地议论“欲”的合理性，而是以明确的语言宣告了自我意识的诞生。他那一组《胎观》的文章表面上看来充满着一种极端唯心主义的宇宙观，如果放到那个尊“圣”重“道”的传统文化大背景下去看，却是个性觉醒的第一声响亮的呼号。在他之前，历史上固然也不乏重视个性自由的言论和行为，但大多数表现为个人对社会的超脱，带有洁身自好的消极色彩，而龚自珍却把“自我”理解为创造天地的主体，是促使世界走向完善的本源。他说：“众人之宰，非道非极，自名曰我。我光造日月，我力造山川，我变造毛羽肖翘，我理造文字言语，我气造天地，我天地又造人，我分别造伦纪。”（《壬癸之际胎观第

一》）这是一种不同于封建时代、具有近代意义的个性意识，它把长期以来囿于哲学范畴的“理欲之辨”，开始提到社会本体论的高度，并由此派生了作者在历史观、社会观、文学观等方面的一系列主张，尽管其理论形态还显得相当朦胧。与此同时，龚自珍从皓首穷经的封建学术牢笼里走出来，承继明清以来“经世致用”的传统，采取了今文经学这种古老形式的“非常异议可怪之论”（何休：《春秋公羊传解诂序》），以古喻今，影射现实，曲折地表达了他要求变革社会的思想，对形而上学的不变论提出挑战。他以清新瑰丽的诗文，于传统的汉学、宋学之外另辟蹊径，对现实社会的揭露和鞭挞，达到了前所未有的强烈程度，从而深刻地触动了晚清许多先进知识分子的灵魂。“语近世思想自由之向导，必数定庵。吾见并世诸贤，其能为现今思想解放光明者，彼最初率崇拜定庵。”（梁启超：《论中国学术思想变迁之大势》）诚然，龚自珍既不想推翻封建制度和封建政权，也没有想象过迎接资本主义的出现。龚自珍思想的历史贡献在于他通过对黑暗现实的批判而最早地透露出新时代的消息。其思想的深刻性，并不在于他提出或解决了多少具体的社会问题，而在于他十分贴切地把握了危机四伏的“衰世”中那惨淡的气氛和苦闷的心态。与其说这是理智地分析客观社会状况的产物，毋宁说这是主观心灵的直感，而这种直感也正是来源于他的浪漫化了的个性意识。据此看来，龚自珍出现于文坛，确实体现出一种“狂飙突进”式的崛起，尽管在当时力量孤单而且并不成熟，但仍足以昭示社会心态的某种变异，标志着中国文化与文学走出传统困扰的可贵的第一步。

鸦片战争以后，林则徐、魏源看到，旧的封建制度的老一套办法显然已不能再适应新的时代和新的形势了，所以，他们便把眼光从古文献的狭小范围转向广阔的现实世界，注意研究外国的历史和现状。魏源不但从正面提出了变法的要求，而且最早从正面提出了向西方学习的理论，他在林则徐编纂的《四洲志》的基础上扩充增补而成的《海国图志》这一有关世界知识的书籍，使一些先进的知识分子逐渐认识世界并认识自己。这些先进知识分子的目光转移，也促进了文学思想和文学创作的转变，文学作品由作家独特的心态变异刻画而转向题材的开拓和文风的改革。魏源以公羊家法议论时政的文章，已远远超出文学的领域，他的眼光已经不是朝着过去而是朝着未来，其中包含有后胜于前、今胜于古的进化观。他在作品中的一些主张，也在一定程度上体现了一种在外来思想影响下，要求改变封建社会、发展商品经济的朦胧思想。作为早期维新派的王韬，长期生活在香港，也去过日本，接触西学更多，其文学创作大量用于介绍西方科学及经济情况。他的散文更摆脱了传统古文的影响。他和冯桂芬等一批早期维新派散文作家，抛开桐城派及其他古文派的束缚，使散文成为服务于社会变革的重要工具。但是，鸦片战争前后的作家们所使用的哲学武器，主要还是带有中国文化传统特色的“经世致用”的“古方”，只有随着历史变革的纵深发展，文化的革新才终于由器用、制度等浅表和中间层次，逐渐下移到深层的文化观念，促使传统文化的核心开始发生裂变。这一裂变约产生于戊戌变法前后，并有一个逐步扩大和深化的进程。因为只有戊戌变法前后，才是中外文化自觉交流的时代，也是中国文化全面变革的时代。

二、西方进化论促进了文学观念的革新

甲午战争前后，一向抱有经邦济世之志的严复第一个较为系统地介绍和传播西方资本主义文化和科学思想，并猛烈地抨击封建的文化学术。他通过对《天演论》的翻译，大力阐述了“变”的哲学观点，认为天演进化是“贯天地人而一理”（《译〈天演论〉自序》），是事物发展不可抗拒的规律。它帮助人们彻底地打开了久闭的眼界，看清了在这光怪陆离的世界上，新旧事物和新旧思想在迅速地交易和交替着，许多原来被认为亘古不移的观念现在却激烈地分崩瓦解。作为西方文艺思潮理论基础之一的西方哲学思潮，对中国士大夫阶层传统的思维模式产生有力的冲击。其直接的结果，是首先促进他们自身观念形态的转化，导致了他们传统价值观的动摇和新价值观的萌生。数千年来传统的封建主义的社会思想体系，终于在最后一批封建士大夫身上开始崩溃。谭嗣同、夏曾佑等“挦扯新名词”的“新派诗”的出现，正反映了人们的这种精神面貌和思想状态，表明了人们渴望艺术革新的勇气。

诗人黄遵宪超越了他的前辈。他学习到西方以机械唯物主义为基础的资产阶级进化论，强调事物的演变进化，这一思想在《日本国志》和《日本杂事诗》中得到明确反映。不过，黄遵宪对于西方进化论的吸收，是糅合了中国传统的历史变易观点的。所以，在这基础上产生的文学思想，便是以“旧瓶装新酒”为指归的。还在青年时期，黄遵宪就针对诗坛的复古诗风，提出了“我手写我口”的进步主张，尝试着所谓的“诗界改良”。他在1891年所写的《人境庐诗草自序》中说：“诗之外有事，诗之中有人，今之世异于古，今之人亦何必与古人同?”反映了当时维新派面对现实求新、求变，反对空虚无物的封建复古主义的倾向。他的一些诗作，别具风味地表述了自己幼稚的社会和自然科学见解，如《以莲菊桃杂供一瓶作歌》等。这不仅扩大了诗的题材，而且表现了人们物质生活的愈来愈科学化、社会化，是包含了浓厚的积极浪漫主义色彩的。他的积极浪漫主义的特征，在于接受了资产阶级启蒙者维新变法思想的指导，在于相信社会是在不停地前进的进化论思想。他的《锡兰岛卧佛》诗，最后也落脚在“治则天下强”的变法呼吁上，努力不把自己的前途和佛国的乐土相联系。直到晚年，他还在一首诗中写道：“乱草删除绿几丛，旧花别换日新红。去留一一归天择，物自争存我大公。”（《己亥杂诗》）当然，黄遵宪没有也不可能用历史唯物主义观点去观察世界，但他努力摆脱唐宋以来文人失意逃禅的陋习，渴望新的社会制度的心情至衰不竭，无疑给近代文坛带来了新的气息。

康有为是维新运动的领袖人物，他的社会历史观点，主要是受了西方资产阶级自然科学进化论思想的影响。不过，他的进化论思想却又是中西哲学的复合体。梁启超在见到《天演论》译稿后，在1896年写给严复的一封信中谈到：（严复翻译的《天演论》）“书中之言，启超等昔尝有所闻于南海，而未能尽。南海曰：‘若等无诧为新理，西人治此学者，不知几何家几何年矣。’及得尊著，喜幸无量。启超所闻于

南海有出此书之外者，约有二事：一为出世之事，一为略依此书之义而演为条理颇繁密之事。”（《与严幼陵先生书》，见《饮冰室合集·文集之二》）这说明，在严复翻译《天演论》之前，康有为已了解到一些西方资产阶级的进化论思想；在《天演论》尚未译成之时，康有为已在宣传一些变易进化思想了，只是不系统、不完整而已。康有为将他当时所获得的一些不完整的变易进化思想应用到社会历史中，“演为条理颇繁密”的“三世说”的历史进化观。后来，他才把哲学观念、政治观念、道德观念统一为一个和谐的有机整体，并把哲学上的变易进化观与文学的发展紧紧地联系在一起，促使文学观念的变化。如果说在文学和现实的关系上，康有为的主张和创作首先是对古代“为社会、为政治、为人生”的精神的继承，是在国难当头、大厦将倾的危机意识下，积极把文学推向了为政治、为现实服务的一端，那么，为适应新时代的要求，就要进一步从根本上冲破中国文学的封闭体系，以世界的文学为参照系，给传统文学注入新鲜血液，更好地适应世界大势，更好地为政治维新服务。康有为从自己的审美体验中，提出了一个改革文学的方向性问题，那就是“采欧美人之长，荟萃镕铸”（《人境庐诗草序》），“更搜欧亚造新声”（《与菽园论诗，兼寄任公、孺博、曼宣》）。作为诗人，康有为在清醒认识现实的基点上，盛赞黄遵宪的诗作“精深华妙，异境日辟”（《人境庐诗草序》），更加体会到黄诗“吟到中华以外天”的必要性，并站在世界的高度，看到世界的新异，体会到文学走向世界的迫切性。所以，他极力强调文学创作要博采西方、日本诸国文学之长，为我所用。他要求作家要自觉地反映新世界，扩大诗的领域，创造诗的“异境”和“新声”。康有为所要求的“新声”，其深远意义不仅在于文学本身观念的更新和作家视野的广阔，而更在于使几千年来封闭型的中国封建文学开始面向世界，使中国文学在广阔的世界文学的历史背景下得到发展，并由此发轫，中国文学必将最终在完整的意义上融入世界文学的格局。

如果说，严复、黄遵宪、康有为等以进化论的世界观和他的文学创作激起人们救国自强的热情，那么，梁启超当年的大量诗文与论著则把这一观念更为具体地、生动活泼地贯彻和灌注到各个方面。诚然，梁启超接受的西方哲学思想不仅是多元的，而且是随着时代的发展而不断变化的。总的来看，梁启超在戊戌政变之前，基本上是以康有为的忠实追随者而出现于政论之坛的，连他自己也承认：“启超之学，实无一字不出于南海。”（《复汪康年（1897 年）》，中国社会科学院近代史所藏手抄本《梁启超书信》）戊戌政变后，康有为的思想趋于凝滞，而梁启超却“不惮以今日之我与昔日之我挑战”（《政治学大家伯伦知理之学说》，见《饮冰室合集·文集之十三》），并称：“自东居以来，广搜日本书而读之，若行山阴道上，应接不暇。脑质为之改易，思想言论与前者若出两人。”（《夏威夷游记》，见《饮冰室合集·专集之二十二》）这样，梁启超的思想开始在某些方面突破康有为学说的藩篱。他丢开了公羊、孟子不讲，而大讲卢梭、孟德斯鸠和伯伦知理，不仅不讲保教尊孔，而且高唱“保教非所以尊孔”。他曾用诗歌热情地歌颂资产阶级的民主自由，歌颂资产阶级的政治家和启蒙家，华盛顿、拿破仑、卢梭、孟德斯鸠等人都出现在他的诗歌中并被热情讴歌。在文学上，他也像政治思想一样，在接受进化论思想的同时，糅合了多元的西方哲学思想，形成具有近代思想意识的文学观，见解新颖，影响了整整一个时代文学理论和文学创作的走向。

三、卢梭、孟德斯鸠的民主、平等学说对文学思想的影响

与主要受西方进化论思想影响的戊戌运动前后的维新派作家们相比，辛亥革命前后革命派的文学家们更多的是从卢梭、孟德斯鸠的学说中吸取营养，他们在维新派注重文学的功利性、强调用文学这一武器进行思想启蒙的基础上，进一步把文学当做唤起民众、推翻清朝统治、争取民主自由的革命武器。在最基本的艺术精神和生活、道德态度方面，卢梭给革命派作家们提供了一种民主、自由、平等的理论依据。他们把卢梭的《民约论》作为资产阶级民主革命的理论基础。1903年邹容在他所写的《革命军》这部小册子中，便把“吾同胞”能“得卢梭《民约论》，孟德斯鸠《万法精理》，弥勒·约翰《自由之理》、《法国革命史》、《美国独立檄文》等书译而读之”，称为“大幸”。他认为：“卢梭诸大哲之微言大义，为起死回生之灵药，逐魄还魂之宝方，金丹换骨，刀圭奏效，法、美文明之胚胎，皆基于是。”他痛感“我祖国今日病矣！死矣！”因此，必须“执卢梭诸大哲之宝幡，以招展于我神州土”（《革命军·第一章绪论》），要用这副“灵药”来疗治中国沉疴。秋瑾、柳亚子也在其诗作中大赞卢梭。柳亚子在诗中写道：“我思欧人种，贤哲用斗量。私心窃景仰，二圣难颉颃。卢梭第一人，铜像巍天阊。《民约》创鸿著，大义君民昌。胚胎《革命军》，一扫秕与糠。百年来欧陆，幸福日恢张。”（《放歌》）同时，资产阶级革命派作家们从卢梭和孟德斯鸠的学说中，也吸取了浪漫主义的创作精神，他们的创作中鲜明地表现了一种革命理想主义和反对封建专制的抗争思想。

四、康德、尼采、叔本华等的哲学思想，促使近代美学观、悲剧观的形成

作为学者的王国维，其文艺观则与资产阶级维新派和资产阶级革命派恰恰相反。严复的译著《天演论》的问世，开创了中西文化交流的新纪元，但对王国维没有产生多少重大影响，唯一在他早年（1894～1898）所作的一首读史诗中，流露出一句“僭僭生存起竞争”（《读史二十首》，载《学衡》杂志1927年第66期，于作者姓名下，注明“未刊遗稿”）的说法。而康德、叔本华这些西方贤哲，却对王国维一生所走过的学术道路，产生了极其深刻的影响。

王国维主要从康德、叔本华、尼采那里接受了唯心主义的文艺观。在他看来，哲学与美学是绝对不能与政治、社会的活动相联系的，康德在理论上为他提供了依据。“伟大之形而上学，高严之伦理学与纯粹之美学”（《自序二》，见《静安文集续编》），都是作为非政治功利的学术思想而出现的。他与康有为、梁启超、谭嗣同等人以学术

为维新变法的政治目的服务的倾向不同，认为他们“不重文学自己之价值”，而视文学“为政治教育之手段，与哲学无异”，有“亵渎哲学与文学之神圣之罪”（《论近年之学术界》）。他主张“唯美之物，不与吾人之利害相关系，而吾人观美时，亦不知有一己利害”（《叔本华之哲学及其教育学说》）。对美学本质的理解，对美的非功利性与独立价值的维护，也可看做是中国第一代资产阶级知识分子对初步觉醒的个性的维护。在“文以载道”的文学观念下，传统的中国知识分子一向认为个性唯有寄植于政治价值中方能得以高扬，文学创作通常只是作家政治抱负的另一种宣泄形式。“致君尧舜上，再使风俗淳”（杜甫：《奉赠韦左丞丈二十二韵》），方是文学的至善至美。从孔子的“诗可以观”至梁启超的“欲新民，先新一国之小说”，是一脉相承的。然而，王国维的美学思想则不同，他对文艺作用的强调与叔本华纯粹的“解脱”意义也不尽一致。在他看来，个性在外界的种种束缚之下，无以实现，只能通过自己的活动以求自娱。但在毫无个性自由可言的封建社会背景下，软弱的知识分子也唯有求诸艺术这一块自由意志的小小领地。王国维超功利的、脱离政治的、任意夸大审美的独立价值的文学观，导致他与时代的隔膜与背离。他抛开美的物质性、自然性、社会性等内容，抛开美的实践斗争的理想，并以脱离生活寻求解脱的观点为出发点来判断文学艺术美，必然产生与现实不相协调的悲观主义美学观。

五、进化论学说对鲁迅早期文艺观的影响

在爱国主义与民族主义氛围下成长起来的青年时期的鲁迅，从严复所译的《天演论》中接受了达尔文、赫胥黎、斯宾塞（1820～1903，英国社会学家、哲学家）等人的进化论学说。当然，他当时还难以分清斯宾塞学说中的精华与糟粕，只是认为进化论“究竟指出了一条路，明白自然淘汰，相信生存斗争，相信进步”（引自冯雪峰：《回忆鲁迅》）。从进化论而入现代哲学，鲁迅一开始就没有离开过社会改造的目的。进化论不但改变了鲁迅对文学艺术的基本理解，更重要的是逐步改变着他对社会、对人这一文学艺术所表现的重要对象的根本观念，促成了他新的“人”观念的形成。他在1907年所作的《文化偏至论》一文中写道：“个人一语，入中国未三四年，号称识时之士，多引以为大诟，苟被其谥，与民贼同。意者未遑深知明察，而迷误为害人利己之义也欤？”（《坟》）就是说，在这个当时连现代概念中的“个人”也尚未被理解的中国，鲁迅主张尊重个人精神，通过“个人的确立”来建设作为其联合体的“人的国家”。以固定不变的道德标准，表现人、表现人的思想面貌，判断人、判断人的善恶美丑，这是一切形式的封建文学的主要特征之一，同时也是封建主义文学中表现人物、判断人物的主要艺术原则。到了近代，“人”的观念发生了根本的变化，但对资产阶级思想学说而言，人性的要求成了判断人的思想行为的最基本依据。封建主义文学中关于“人”的基本表现原则被新的“人”的观念代替了，作为鲁迅，一旦他把进化论的学说与其后来的反封建思想的斗争实践结合起来，便很快形成了社会思想和社会伦理道德的进化发展的观念。正是这种观念，使他不但

彻底否定了中国封建伦理道德的具体内容，而且建立了与之完全不同的“人”的观念以及表现人、描写人的艺术原则。

鲁迅在他的早期一方面深深扎根于所谓“改造国民性”、“改良社会”的民族民主主义传统对现实的明确认识中，另一方面却立足于所谓文学（小说）应排除一切功利观点这一相互矛盾的基点之上。他在美学思想上也受过康德、尼采的影响。他曾强调新诗歌应“自振其精神而绍介其伟美于世界”，却又认为美学的本质是“使观听之人为之兴感怡悦”，而“与个人暨邦国之存，无所系属，实利离尽，究理弗存”（《摩罗诗力说》）。这种矛盾态度在其1913年作的《拟播布美术意见书》中说得更清楚：“美术诚谛，固在发扬真美，以娱人情，比其见利致用，乃不期之成果。沾沾于用，甚嫌执持，惟以颇合于今日国人之公意，故而从略述之。”（《集外集拾遗补编》）从非功利的观点上说，鲁迅与王国维没有什么大的相背之处。但王国维执著于康、叔美学体系，并极力完善和维护这一体系的严密性；而鲁迅在接受外来观念时，其取舍标准仍在精神主体上，是服从其为了改造社会这一大目标的。他在改造社会的同时，也不断进行自我更新和自我突破，这就使其精神历程总是与时代的步伐紧紧扣在一起，使他始终处于开放、发展、前进的精神状态之中。不然，鲁迅就不可能用《狂人日记》如此激烈而准确地击中“人吃人”的封建制度的本质，从而显示出鲁迅文学独特的现实主义观点。

从以上所述中我们可以看到，达尔文的“进化论”、卢梭的“民约论”，康德、叔本华、尼采等人的学说，都为近代部分学者、文学家们所称道，因而给当时的哲学思想与文学思想以巨大的影响。“进化论”否定了中国儒道两家的“今不如昔”的复古主义；“民约论”以“天赋人权说”否定了儒家的封建等级如三纲之类的谬论；至于康德、叔本华、尼采等人的美学观，则使近代中国学者、文学家耳目一新，对中国文学重新予以估价，形成了强调人的意志、强调人在艺术中的主体性、强调艺术的本义，使中国文学终于从“文以载道”中得到解脱的新的审美观念。但是由于各个作家、批评家所处的时代不同，就是同一时期的作家、批评家也有他们各自的政治思想素质、文化素养和审美心态的差异，这决定着他们对近代哲学思潮都有各自不同的选择与吸收。

第二节　东方文化交流与中国近代文学

一、东方文学的概念与东方文学的发展

中国近代文学的发展不仅受西方文化的影响，而且与东方文化交流也关系极大。随着东方各国之间文化交流的不断加强，从而也就发生了文学上的相互影响。但是这里需要说明的是，由于过去对“东方”这一名称在使用上常常是在单纯的地理概念中加入了政治内容，即指过去的殖民地半殖民地等被压迫民族，所以，造成了

“东方文学”的含义既单纯又复杂。这里使用的“东方文学”这个名称，主要是一个地理概念，是亚洲和非洲文学的总称。

东方文学，历史悠久，成就辉煌，是世界文学宝库中的重要遗产。古代的东方创造了丰富多彩、种类繁多的文学名著，开创了世界文学的先河，对古希腊、罗马文学产生了明显的影响。在中古时期，当欧洲的文化被束缚在宗教的黑暗王国之中时，东方文学已异彩缤纷，取得了辉煌的成就。只是到了近代，由于殖民主义和帝国主义的侵扰，东方文学的发展遭到了野蛮的摧残和严重的破坏，造成近代东方各国的文学发展极不平衡。在一些具有古老文化传统而民族民主运动发展较快的国家中，其文学则较为发达；有些国家或地区，由于种种原因，文学发展缓慢，有的甚至还处于民间口头创作阶段。因此，近代中国与近代东方各地的文化交流，实际上主要在朝鲜、越南、新加坡、日本等国和地区之间进行，而又突出表现在中日文化交流上。虽说张维屏的诗被朝鲜文学家所重视，“高丽国人……诵先生之诗，此与唐时鸡林国人诵白香山诗同为艺术佳话”（《松心十集·李长荣序》）；康、梁等维新派的著作亦影响过越南的革命家和作家，特别是梁启超的文章，给越南读者留下了深刻的印象，甚至对当时越南知识分子，在思维方式和写作方法上起着解放的作用（邓泰梅：《在学习与研究的道路上》），但近代的中日文化交流远远超越了其他东方各国。近代中国一大批先进的知识分子都曾为中日文化交流作过不懈的努力。龚自珍很早就注意到中日文化的交流情况，魏源在林则徐《四洲志》的基础上编著的《海国图志》也曾在日本产生过影响。同时，在维新变法前后，中国先进的知识分子对日本也进行过一系列的研究和介绍，了不少研究日本的著作先后出现，如《谈瀛录》（王之春）、《扶桑日记》（王韬）、《游历日本图经》（傅云龙）、《日本新政考》（顾厚焜）、《东槎见闻录》（陈家麟）等，特别是何如璋的《使东述略》、《使东杂咏》二书是中日建交后研究日本并被当做赴任后送呈北京总理衙门的著作。康有为、黄遵宪、梁启超、秋瑾、陈天华、章太炎、孙中山、鲁迅等都为中日文化交流作出过贡献。而在文学上黄遵宪、梁启超、鲁迅尤为突出。

二、中日文学关系的变化

日本是近代亚洲地区唯一走上资本主义道路的东方国家，是近代“亚洲民族复兴的前驱国家”（韦尔斯：《世界史纲》）。日本有着与中国近代相似的受帝国主义凌辱的境遇。1858年，日本在西方列强的炮口下分别与美、俄、荷、英、法等国签订了通商条约，被迫实行门户开放，但10年以后，即1868年，日本成功地进行了“明治维新”，30年后，“它已是一个完全西化了的民族，同最先进的欧洲列强立于同等水平上，并且比俄国还先进得多。它彻底清除了亚洲是不可挽救地、无望地落后于欧洲的信念。它使欧洲的一切进步相形之下显得是缓慢和暂时的”（韦尔斯：《世界史纲》）。而中国，却依然饱受帝国主义的侵扰，国难频仍，危在旦夕。中日两国之间形成上述历史差异的原因固然是多方面的，但究其与文学的发展具有重大关系者言之，则不能不涉及中国广袤的封建疆土、自给自足的自然经济，悠久的文化传统以及闭关自守的社会政治体制。几千年来，中国人习惯于认为中国是普天下的“中央之国”，是世界的中心、宇宙的中心，而难以对中华民族的文化在人类文化中的地位作出恰如其分的判断，特别是那种以自给自足的自然经济所派生出来的狭隘的、自私的、排外的、因循守旧的小生产者心理，更无法理解各民族之间的相互依存关系以及“各民族的精神产品成了公共的财产”（《马克思恩格斯选集》第一卷）这一时代现象。因此，“中国人恒认为中国具有卓越文化，西洋人亦因此而来中国，故不赏识西洋文化”。这是封建统治者所长期推行的以闭关锁国、盲目排外为特征的专制主义和愚民政策的恶果，它使得近代中国人难以习惯与其他民族进行平等的、自由的、不但乐于“施与”而且勇于“接受”的交流，而“新文化的种子在中国被埋葬了，到了日本才发芽、开花”（实藤惠秀：《中国人留学日本史》）。因此，中日文学关系在近代发生了引人注目的变化，中国一大批先进的知识分子都通过日本这个“窗口”打开了眼界，缩短了中国与世界各国之间的文学艺术相隔的距离。毋庸讳言，近代中国的许多知识分子受日本的社会氛围和艺术空气的影响不可能不对西方文学有所选择，逐渐接受西方思想的启蒙，尤其着重汲取欧洲浪漫主义中的积极的（甚至革命的）精神，如崇尚感情、相信民主、解放个性、追求自由等等。同时，日本明治末年至大正初年间知识界普遍存在的悲观幻灭感以及颓唐风气，也对中国近代一些知识分子及其文学创作有所影响。

三、中日文学的相互交流

黄遵宪是在促进中日文化交流中作出显著成绩的重要人物之一。作为政治活动家、外交家、诗人的黄遵宪，在出使日本的四年多时间里，积极致力于中日友谊和文化交流，在公事之余，常与日本各阶层人士交游，他的朋友有政治家、学者、诗人，有书法家、医生，还有旧藩主和一般平民。黄遵宪积极向日本友人推荐中国古典文学和古代诗词。他高度评价《红楼梦》，认为“论其文章直与《左》、《国》、《史》、《汉》并妙”（《黄遵宪与日本友人笔谈遗稿》），把它介绍给日本人，并谓“恨贵邦人不通中语，不能尽得其妙也”（《黄遵宪与日本友人笔谈遗稿》）。当时，日本出现一股崇拜西学热潮，“鄙夷汉学，唱废汉学之风说日炽”（黄遵楷：《先兄公度先生事实述略》）。黄遵宪对此进行批评，指出：“今朝野上下通行之文，何一非汉字？其平假名，片假名，何一不自汉文来？”“而明治中兴之功，则已明明收汉字之效矣。”（《日本国志》，见卷三十二《学术志》）由于他大力宣传汉学，日本汉诗作者“近来纤靡成风”，他还建议他们多读杜甫、韩愈等大家之作，以“广其识，壮其气”（《黄遵宪与日本友人笔谈遗稿》），中日文化交流又出现了盛况，正如王韬所指出的那样：“公度，岭南名士也。……既副皇华之选，日本人士，耳其名仰之如泰山北斗，执贽求见者，户外屦满。而君为之提倡风雅，于所呈诗文，率悉心指其疵谬所在，每一篇出，群奉为金科玉律。此日本开国以来所未有也。日本文教之开，已千有余年，而文章学问之盛，于今为烈。又得公度以振兴之，此千载一时也。”（《日本杂事诗序》）黄遵宪虽不懂日文，但他常与日本人士笔谈，其内容涉及中日两国的政治、风俗、学术、文艺、语言等方面。在笔谈中，黄遵宪的见解往往高人一筹，博得友人称赞。他和日本汉学家合作，撰写书文，其中有《日本名家经史论存》、《日本文章轨范》，还与友人和赠诗作，书赠字匾。

黄遵宪既是中国文化的积极传播者，又是日本文化的介绍者。他于1879年和1887年先后完成的《日本杂事诗》和《日本国志》，是向国人介绍日本文化的精心杰作，也是研究日本历史和风土人情的主要著作。前者从各个不同的侧面形象地描绘出明治维新时期日本社会的风貌；后者则系统地叙述了日本的历史和现状，尤其着重指出了明治维新的改革措施和成效，以及政令沿革、典章制度等。他在《日本国志·凡例》中指出："日本变法以来，革故鼎新，旧日政令百不存一。今撰录皆详今略古，详近略远，凡牵涉西法，尤加详备，期有用也。”他借古论今，借日论中，结合中国实际，从政治、经济、文化、军事等方面提出改革意见，明确指出“万国强由法变通”（《己亥杂诗》），从而得出中国要富强，不但要采“欧美之长”，而且要学习日本“维新之利”的结论（《日本杂事诗自序》）。黄遵宪的《日本杂事诗》和《日本国志》，对国内维新派以日本明治维新为蓝图实行变法有启发意义。康有为说《日本杂事诗》于日本“维新之昌图”，“用意尤深”（《日本杂事诗序》）。梁启超说《日本国志》使他“乃今知日本，知日本之所以强”，“乃知中国，知中国之所以弱”（《日本国志后序》，见《饮冰室合集·文集之二》）。这两本书，对中国资产阶级维新变法运动的酝酿与发动有直接的影响。

与此同时，黄遵宪还创作了许多反映日本历史、歌咏名胜古迹、描写风俗习惯的诗篇，它有助于我国人民对日本的认识和了解。如《西乡星歌》就反映了日本明治维新前后的一些历史情况；《不忍池晚游诗》、《樱花歌》、《都踊歌》都从某个侧面反映了日本的风土习俗。这些生动形象的诗作，不仅是人们研究明治维新历史和日本风土习俗的重要资料，而且为近代诗歌创作探索了新的途径。他的诗作，对当时的许多新鲜事物给予了热情的抒写和描绘，写出了“古人未有之物，未辟之境”，有利于诗歌从严格的格律化中解放出来，反映新世界的奇异风光及新的思想文化，使诗歌创作进入了一个更为广阔的领域，这对“新派诗”的形成和发展起着巨大的启导作用。

梁启超在中日文化交流史上的地位也是不容忽视的。与黄遵宪极力向日本输出中国文化不同，他是不断向本国输入新的观念。其新的小说观念的形成，便主要得力于日本。梁启超到日本之前，虽然也曾在《变法通议》“论幼学”中谈及小说问题，但他的小说革新的理论体系是到日本以后才形成的，并在《论小说与群治之关系》一文中充分地体现出来。该文发表在《新小说》第一号上，显然有代发刊词之意。刊物的取名则直接借用了日本1889年和1896年两次创办的同名杂志的名称，明显是受日本文学的影响。梁启超切实从文学创作方面全力推进“小说界革命”的

“新民之道”，虽然与日本自由民权运动理论家倡导的“小说改良”的具体出发点不同——后者以培植自由思想为中心，目的是配合民权派反对专制政府、要求开设国会的斗争，而梁启超则以比较宽泛的新理论为基础，仍然属于维新派开通民智的总体努力之中——但二者在精神上又是完全相通的。他们都反复强调小说改良的重要性与迫切性，并把它看做改良群治，也即改良社会不可或缺并且必须优先考虑的大事。这种本质上的相同，使梁启超有可能借鉴日本的小说改良的经验。如日本自由民权运动的理论家一样，梁启超也觉察到小说有巨大而神奇的感化力，即“小说有不可思议之力支配人道”。在对旧小说的批判中，梁启超也使用了与日本民权派理论家几乎相同的说法。梁启超以取法西洋的日本小说为学习范本，开始了“小说界革命”的尝试。这种直接学习日本、间接学习西方的小说革新，也经历了与日本相似的进程。以提倡和创作“政治小说”为鲜明的标志与开端，中国近代小说从此走上了近代化道路。

正是在“载道”（指宣传维新思想）小说的层面上，梁启超把日本的政治小说选为中国“小说界革命”的范本，期望从政治小说入手，改变小说家的创作意识和小说的创作内容。梁启超的政治家身份，也决定了他必然效法明治政治小说的作者，走政治小说的创作道路。这与日本明治年间的情形是基本相同的，由此可以窥见中日文学家的共同心态，也因此决定了中日小说在转折期必然经历类似的演变过程。明治时期日本民权派作家模仿西方政治小说模式，创作出一大批政治小说，不但卓有成效地宣传了自由民权运动的精神，而且以“小说改良”的第一批成果为小说观念的革新、小说创作的发展开辟了道路。梁启超从翻译日本的政治小说中也得到了启悟，进而效法创作出中国第一部标明为“政治小说”的《新中国未来记》，演述维新派的政治理想，并选择政治小说样式，开始发动中国的“小说界革命”。明治年间小说观念的逐步转变过程，在梁启超身上也重演过一遍。以明治小说为中介，梁启超最终获得了与日本文学界相同的认识。

除黄遵宪、梁启超外，曾孝谷、李叔同等也为中日文学的交流作出过贡献。他们于1906年在日本东京创办我国早期话剧（新剧）的演出团体——春柳社，其宗旨是“以研究各种文艺为目的”。但“创办伊始，骤难完备，兹先立演艺部，改良戏曲，为转移风气之一助。……无论演新戏、旧戏，皆宗旨正大，以开通智识，鼓舞精神为主”（《春柳社演艺部专章》，原载《北新杂志》1907年第30卷，转引自阿英编《晚清文学丛钞・小说戏曲研究卷》）。他们在我国多年戏曲改良的基础上，受日本新派剧的影响，借徐淮告灾，举行赈灾游艺会，公演名剧《茶花女》第三幕，这是我国公演话剧（又称文明戏）的开始。接着欧阳予倩、陆镜若等入社，春柳社又上演了《黑奴吁天录》。

鲁迅早期的文学创作与中日文化交流关系也极为密切。他自己就说过：“记得当时最爱看的作者……日本的，是夏目漱石和森鸥外。”（《我怎样做起小说来》）夏目漱石从正面来考虑社会人生和森鸥外从社会习惯的角度结合当前的现实和历史来观察伦理以及道德行为的文学观，给鲁迅以极大的影响。他的《阿Q正传》中消融着夏目漱石作品的“轻妙笔致”和轻松的幽默。鲁迅推崇像夏目漱石那样的日本作家，同样地，他也为日本作家所推崇。他的作品在日本也是极受欢迎的。根据现已发现和掌握的史料，鲁迅的作品被翻译成外国文字，最早的是日文，而最早给予鲁迅以关注和评价的，也是日本著名的中国文学研究者青木正儿。他早在一九一九年的《大正日日新闻》和一九二〇年的《支那学》上，就把中国的文学革命运动介绍到日本，并通过胡适同鲁迅、周作人兄弟建立了“书信之交”（见日本《现代人物事典》和发表在大阪《大正日日新闻》上的《觉醒了的中国文学》），而且预言“在小说方面，鲁迅是位有前途的作家”（青木正儿：《以胡适为中心涡旋浪涌着的文学革命》）。这说明早期鲁迅在日本学者、作家的心目中已有相当重要的位置。他为近代中日文化交流所作的努力，不仅影响着近代文学，也开创了现代中日文化交流的先河。

第三节　翻译文学的兴盛及其影响

一、翻译热潮与文学翻译

在历史上，一个大的文化运动往往有一个翻译热潮伴随或作为前驱。中国在19世纪至20世纪之交酝酿着一个文化上的巨变，也有一股翻译热潮应运而生。中国近代的翻译是由传教士发端的。甲午战争以前，传教士是西方科学文化输入的主要桥梁，教会活动是一部分有见识的中国人借以瞭望世界的主要窗口。诚然，教会是列强打开中国大门的工具和武器，其作用不亚于鸦片与炮舰，但传教士活动是同时作为麻醉剂和惊醒剂起了作用的。不过，这一时期所译书籍大多是关于西方科学基础知识的，而文艺翻译的兴起却是在维新思潮兴起前后。

甲午战争以后，饱受帝国主义列强侵略之苦的忧国忧民的中国知识分子，痛感中国“执政贪黩，军阀专横”（曾朴：《给胡适的复信》），不断寻求救国革新的真理，因此，对西方的新理论新学说产生好奇心，纷纷大量翻译介绍西方的政治、经济、哲学、文学等方面的著作，作为自己战斗的武器。许多资产阶级上升时期的著作，都带有不同程度的要求个性解放、反对封建压迫的民主主义思想，这在当时中国反对封建专制统治和要求变法维新的斗争背景下，有积极的进步意义。1897年严复在天津创办《国闻报》，后又办《国闻汇编》（旬刊），他所译述的《天演论》便是在《国闻汇编》（旬刊）第二期上开始连载的。虽然当时只刊登了部分内容，却让中国的知识界接触到当时最新的西方思想（原书出版于1893年，2年后就出现中译本）。特别是戊戌变法失败后，维新派中坚人物流亡东瀛，同西方文明直接接触，藩篱既撤，眼界大开。自此，维新派以日文为媒介和工具，如饥似渴地学习并翻译西方社会科学名著。1899年后，报刊、书局大盛，开办新式学堂和留学欧美、日本之风大兴，翻译队伍激增，外国历史书籍、西方理论著作以及科学幻想小说被大量译介，如潮水般地涌进国内。翻译外国文学作品的风气此时开始盛行，这是因为“自西风东渐以来，一切政治习尚，自顾皆成锢陋，乃不得不舍此短以从彼长，则固以译书为引渡新风之始也”（为世：《小说风尚之进步以翻译说部为风气之先》）。与此同时，翻译家们也试图寻求理论的指导，发表了一些关于翻译的见解。严复译述的《天演论》卷头凡例中提出信、达、雅“三点论”，这可以说是近代中国最早的翻译理论。用严复的实践来检验他的理论，我们便会看到：他之所谓“信”是指为读者准确传达原作的内容；“达”是指尽量运用他们所习见的表达方式；“雅”是指通过艺术再现来加强原作风格以吸引读者。这是很有见地的。而曾以白话翻译外国文学作品的著名翻译家伍光建，在严复翻译理论的基础上提出了自己的见解：“翻译总共是理解和表达这末两件事。对原文懂多少，不一定就译出多少，也有人懂而译不出，因为中文很差。译者如有外文表达力，对原作者在遣词造意上的功力和妙处，自然领会较深，加上中文根底，在这些地方不会轻轻放过，译文也就高明多了。为了译文准确，先得正确理解原文。正确理解，就是通过原文字面看原作精神，这样，可以避免在字句上锱铢必较，仅得其貌而失其神。反过来说，也不宜望文生义，故作铺张。例如《天演论》一开头那段从书斋遥望的描写，原著并没有，这样的译法是不宜提倡的。此外，为了译文准确，也不妨把‘信、达、雅’搞搞清楚。这个标准，来自西方，并非严复所创，但我们对于洋人的话，也未可尽信。这三个分量并不相等，倒是‘信’或者说忠实于原文的内容和风格，似应奉为圭臬。至于译文是否达、雅，还须看原文是否达、雅；译者想达、雅，而有些原文偏偏不达不雅，却硬把它俩译出，岂非缘木求鱼。例如英国著名的文学批评家圣茨伯雷（George Saintsbury）文笔拖沓晦涩，念不几段就遇到一个疙瘩，很难说得上‘达’，而且也未必‘雅’，译这位先生的著作，恐怕有些地方首先摸清原意，再加以改写，这样还可以保持一个‘信’字。又如小说中人物有时说话俚俗、粗野，如译到此处也要‘雅’一下，未免多事，而且也太不‘信’了。”（《〈伍光建翻译遗稿〉前言》，转引自马祖毅《中国翻译简史·五四以前部分》）这些理论对后来的文学翻译产生了极大的影响。因此，文学作品的翻译迅速兴盛，如周桂笙、陈冷血、吴梼、包天笑、马君武、吴趼人、李伯元、苏曼殊、曾朴、鲁迅、周作人等，就翻译了不少外国作品。据不完全统计，自戊戌变法到辛亥革命的十几年间，仅翻译小说就有600多部（据阿英《晚清戏曲小说目》翻译之部统计），这些翻译作品，虽不能说是完璧，但它带来了许多新鲜的东西，对促进中国近代文学的发展起了一定的作用。

二、诗歌、戏剧文学的翻译

文学作品的最早译述要数诗歌的翻译。据《清外史》载，清政府的官员董恂于1864年以前就曾改译过美国诗人朗费罗（Long Fellow）的《人生颂》（*A Psalm of Life*），并将这改译的九首七绝亲自书写在扇面上，托人转送给朗费罗本人。这可以算是我国最早翻译的英语诗歌（转引自马祖毅《中国翻译简史·五四以前部分》）。

此后，早期维新派代表人物之一的王韬曾翻译过法、德诗歌。在1871年（同治十年）作序的《普法战纪》卷一中收有他翻译的《法国国歌》［相传为鲁实·棣·厘士(Rouget de Lisle)，今译鲁热·得·和尔，作于1792年，共四章］和《祖国歌》（德国人作，作者不详，共六章）两篇。兹节录如下（转引自马祖毅《中国翻译简史·五四以前部分》）：

法国光荣自民著，爰举义旗宏建树。
母号妻啼家不完，泪尽词穷何处诉？
吁王虐政猛于虎，乌合爪牙广招募。
岂能复睹太平年，四出搜罗因奸蠹。
奋勇兴师一世豪，报仇宝剑已离鞘。
进兵须结同心誓，不胜捐躯义并高。（其一）

我民秉政贵自主，相联肢体结心膂。
脱身束缚在斯时，奋发英灵振威武。
天下久已厌乱离，诈伪相承徒自苦。
自主刀锋正犀利，安得智驱而术取？
奋勇兴师一世豪，报仇宝剑已离鞘。
进兵须结同心誓，不胜捐躯义并高。（其四）

——《法国国歌》

谁是普国之土疆兮？
将东顾士畏比明（Schwabenland）兮，
抑西瞻礼吴（Rhine）河旁？
将礼吴河北葡悬纠结兮，
抑波的海白鸥飞翱翔？
我知其非兮，
我宗邦必增广而无极兮，
斥远而靡疆。（其一）

此为日耳曼奄有之土疆，
长邀鉴顾于穹苍。
俾我侪心志雄兮膂力强，
尽心爱此宗邦兮志之衷藏。
此乃日耳曼之祖国兮，
渺渺兮余怀望。（其六）

——《祖国歌》

由此可见，近代翻译家们很早就已经注意到文学作品的翻译了。连严复这样一位理论翻译家，也曾翻译过英国诗。就在《天演论》中，他译了赫胥黎所引的一段诗：

元宰有秘机，斯人特未悟。
世事岂偶然，彼苍审措注。
乍疑乐律乖，庸知各得所。
虽有偏沴灾，终须其利溥。
寄语傲慢徒，慎勿轻毁诅。
一理今分明，造化原无过。

这首诗的作者是英国18世纪的重要诗人亚历山大·蒲柏（Alexander Pope）。译诗很有原文那种肯定、自信的口气。蒲柏每一行诗中有一反一正两个意思，严复也照样译出，对照分明，干净利落，可见其翻译的功力。

马君武和苏曼殊也是近代在文学翻译上取得了突出成绩的作家。马君武是我国最早（1905）翻译英国拜伦《哀希腊歌》全篇诗作的作家，另外还译有英国虎特的《缝衣歌》。他特别喜欢德国诗人歌德的诗作，译有《米丽客》、《阿明临海岸哭女诗》等，"推歌德为德国空前绝后的大文豪"。马君武的译作激发了人们反帝反封建的爱国热情，其主旨在于以涓滴的细流汇成滚滚的革命洪波，在民主革命中起到宣传鼓动的促进作用。他还曾翻译过德国作家席勒的《强盗》、俄国作家托尔斯泰的《心狱》，并选译了歌德的《少年维特之烦恼》等小说。而作为精通中、日、英、梵几种语言的苏曼殊，曾把英国拜伦、雪莱、彭斯，德国的歌德以及印度诗人陀露·多等人的作品译成中文，介绍给国内读者。由于当时我国现代的新诗还没有诞生，这些诗都是用古诗的体裁翻译的，但他的译作对传播资产阶级民主自由思想起了重要作用。他在译述中遵循着"按文切理，语无增饰，陈义悱恻，文辞相称"（《〈拜伦诗选〉自序》）的准则。从现存的译诗来看，他有时虽还未能完全实践这一点，不过却的确译出了一种迥异于中国传统诗歌的异国风味，无怪乎受到当时读者的欢迎和赞赏。但是，他的翻译也存在好用古奥生僻字眼的缺点，正如鲁迅所评论的那样，曼殊的"译文古奥得很，也许曾经章太炎先生润色的罢，所以真象古诗，可是流传倒并不广。后来收入他自印的绿面金签的《文学因缘》中，现在连这《文学因缘》也少见了"（《坟·杂忆》）。苏曼殊也译过小说。据章士钊（行严）介绍，曼殊1903年起在《国民日日报》任职时，"学译嚣俄（雨果）小说"，熔翻译与创作于一炉。

曾朴也是一位致力于外国文学翻译的作家，曾与丁祖荫（初我）、徐念慈（觉我）一起被视为"清末介绍西洋思潮的常熟三巨子"（唐弢：《译书过眼录·〈孤儿记〉和〈侠女奴〉》）。他主张，"要完成新文学的事业"，"非注重翻译不可"，认为输入外来新血液，"可以扩大我们文学的旧领域"，而提倡介绍外国文学于华土，目的在于"把世界已造成的作品，做培养我们创造的源泉"（曾朴：《给胡适的复信》）。诚然，曾朴主张把外国的文学作品作为创作源泉，是颠倒了创作的源流关系，但主张从外国文学中汲取新的养料来滋养中国文学事业，这又是可取的。曾朴特别喜欢法国浪漫主义派的作品，他是介绍和翻译法国文学的拓荒者和奠基人。1904 年，曾朴与丁祖荫、徐念慈在上海创办《小说林》月刊，在此期间，以“东亚病夫”的笔名译嚣俄（雨果）的《马哥王后佚史》，译撰长文《大仲马传》。此后，曾朴还译过雨果描写法国革命的长篇小说《九三年》和《笑面人》，先后刊载于 1913 年的《上海时报》与 1931 年的《真美善》季刊上，《笑面人》因刊物停办而未译完。曾朴也译过雨果的散文《歌那尼出幕的自述》、《恋书的发端》及其诗歌《童》、《愤激》、《我的恋书》等篇，均在《真美善》刊载。对左拉、莫里哀、福楼拜、戈恬、乔治·顾岱林、蒲莱孚斯德、李显宾等的作品，曾朴亦有过翻译。直到晚年，曾朴还乐于译事，1927 年卜居沪滨创设真美善书店，就大量出版法国文学名著译品，他主编的《真美善》杂志介绍法国文学也不遗余力，还出版过法国浪漫主义运动百年纪念专号。然而，从曾朴的整个文学翻译活动来看，他还是以介绍法国戏剧文学为中心的。据现有资料统计，曾朴所译雨果剧作最早以单行本形式问世的，是 1916 年有正书局刊行的剧本《枭欤》，阿英将这个译本与马君武译席勒的《威尔退尔》、陈嘏译易卜生的《傀儡家庭》并列，被称为“清末到五四运动时期最足代表的翻译剧本”（《晚清文学丛钞·叙例》），一并列入《晚清文学丛钞——域外文学译文卷》。曾朴译的雨果剧本还有《吕克兰斯鲍夏》、《项日乐》、《吕伯兰》、《钟楼怪人》、《欧也尼》，皆于 1927 年至 1928 年间由真美善书店出版。曾朴的翻译目的是很明确的。他认为：“凡作品的产生，没有无因而至的，没有无病呻吟的，或为传宣学说，或为解决问题，或为发抒情感，或为纠正谬误，形形色色，万有不同，但综合着说，总希望作品发生作用。不论政治上、社会上、道德上、学问上，发生变动的影响，这才算达到文学的最高的目的。”（曾朴：《〈真美善〉发刊词·编者的一点小意见》，《真美善》创刊号）他译雨果浪漫主义戏剧代表作《欧也尼》，就是由于它赤裸裸地揭露与批判了封建统治阶级的残忍和卑污。又如翻译雨果另一名著《吕伯兰》，曾朴就明示其契机是因为痛感中国“执政的贪黩，军阀的专横，比起西班牙查理第二代很有几分相像，我被这种思想驱迫着，再拿吕伯兰反复的诵读，觉得嚣俄（雨果）说的话句句是我心里要说的”（曾朴：《〈吕伯兰〉自序》），所以译此剧本公之于世以针砭黑暗的现实政治。按《曾朴所叙全目》载，他还译过雨果不少戏剧作品，譬如《克林威尔》、《玛莉韵妲洛姆》、《嬉王》、《玛丽丢陶》、《弼格拉佛》、《自由戏剧》、《双生子》等七种，可惜未见梓行。

三、长篇小说的翻译

小说方面的翻译，据目前所能看到的资料，最早的是由自称蠡勺居士的译者于 1872 年（同治十一年）译介的英国小说《瀛寰琐记》中的《昕夕闲谈》，但“惜仅译上半部”（徐维则：《小说书录》）。当然，就严格意义上和影响的广泛深远上的文学翻译来说，它应该始于 1895 年，由王寿昌口述、林纾笔述，刊行于 1899 年的法国小仲马的小说《巴黎茶花女遗事》。这是林纾参与翻译的第一部小说，也是我国第一部有影响的长篇翻译小说。林纾对外国小说的看法有过人之处，晚清的士大夫阶层大多鄙薄小说，而且盲目自大，认为中国文学便是世界上最高最美的文学。林纾则不为传统观念所囿，走在一些能读外国小说原文者的前面，大量介绍外国小说。自《巴黎茶花女遗事》这部译作与中国读者见面之后，林纾在20余年的译书生涯中翻译外国文学作品有184种之多（包括未刊22种），大多是长篇小说。就国别而论，其包括英国105种，法国29种，美国24种，俄国12种，还有希腊、德国、挪威、比利时、瑞士、西班牙、日本等国作家的作品。在这些翻译作品中，世界名著有40多种，“在中国，恐怕译了40余种世界名著的人，除林先生外，到现在还不曾有过一个”（郑振铎：《林琴南先生》）。若以原作者而言，最多的是英国（60位），其次为法国（21位），再次是美国（15位）、俄国（2位）。所译作家的情况依次为哈葛德（英国，25种）、托尔斯泰（俄国，11种）、科南达利（今译柯南道尔，英国，7种）、莎士比亚（英国，6种）、小仲马（法国，6种）、克雷夫人（美国，6种）、狄更司（英国，5种）、司各德（英国，3种）、欧文（美国，3种）、大仲马（法国，3种）。其余均为1～2种。可见其中既有属于一流水平的名家佳作，也有一批二三流的作家作品，林纾能把“一流水平”和多学派、多流派的“多流水平”的作家作品综合地度量，较为客观地介绍，这既是林纾的一种水平，又是真正追随精英文化创造行列的一种优秀心理素质，同时也反映出林纾思想上自觉或不自觉的某些辩证因素。当时有人将他和另一著名翻译家严复并列，誉为“译才并世数严林”（康有为：《琴南先生写〈万木草堂图〉，题诗见赠，赋谢》），并非溢美之词。

林纾的长篇小说翻译大致可以辛亥革命为界分为前后两个时期。

林纾前期的译述，目的很明确。他并非仅仅是向人们介绍外国名著，更重要的是为了“唤醒国人，起而救国”。他想通过翻译小说向中国人民介绍外国的政治、经济、社会状况，以警醒同胞，使人们认识到亡国灭种的危险，从而发出怒吼，奋起救国。所以，他前期的译作在内容上反映了妇女的不幸遭遇，表现出对封建制度的不满，如《巴黎茶花女遗事》和《迦茵小传》等；表达了反帝爱国热情，如《黑奴吁天录》、《雾中人》及《埃司兰情侠》等；体现出倡科学、重民主的因素及向西方学习的思想，如在《〈英孝子火山报仇录〉译余剩语》、《〈滑铁庐战火余腥记〉序》、《〈斐洲烟火愁城录〉序》等文字中表现得极为充分，其倾向性也是相当明显的。总之，林纾的早期译作，所介绍的大多数是接近于批判现实主义的，或者向社会的不平挑战的作家，如莎士比亚、托尔斯泰、狄更斯、塞万提斯、雨果和仲马父子等，差不多都属于广义上的近代（由市民社会发生期起至衰落）的著名作家。因此，林纾翻译的西方资产阶级文学，不只如《巴黎茶花女遗事》、《迦茵小传》具有冲击封建礼教的主题，也不只如《黑奴吁天录》促进反帝热潮，不少译作都具有反帝反封建的价值。例如，林译莎士比亚剧本（已被译成剧情概要），以及兰姆根据莎氏原作改写的《吟边燕语》等，充满着对腐朽的封建制度的深刻批判，在资产阶级新文化和封建旧文化的斗争中，起过或大或小的作用。狄更斯的作品收纳五虫万怪，揭示了英伦强邦的社会矛盾。林纾精心翻译了狄氏的《滑稽外史》、《孝女耐儿传》、《块肉余生述》、《贼史》和《冰雪因缘》，也使读者了解了资本主义制度下上层社会的腐败和下层社会的贫困，有助于人们对黑暗现实的认识，给处于半殖民地半封建社会的中国人民反抗外来侵略、挽救民族危亡以有益的启示。

辛亥革命后，林纾终因跟不上历史前进的步伐，成为时代的落伍者。思想的倒退不可避免地引起了他译书态度的变化。早期曾为唤醒国人做“叫旦之鸡”而译述的林纾，在后期却把译述当成“笃志无事”的“自娱”手段。1916年至1921年这六年是林纾译书的第二个兴盛期，出书的数量也是惊人的，仅1921年就有14种之多。这位“木强多怒”（林纾：《冷红生传》）的老人，在译述后期的前一段可谓“鬼”迷了心窍，《炸鬼记》、《僵桃记》、《鬼窟藏娇》、《洞冥记》、《厉鬼犯跸记》、《西楼鬼话》、《鬼悟》等一哄而出，简直是活见了“鬼”。一个与时代乖违的人丧失了继续前进的力量，他的心情和处境都是可悲的。他的“后期翻译所产生的印象是，一个困倦的老人机械地以疲乏的手指驱使着退了锋的秃笔，要达到‘一时千言’的指标。他对所译的作品不再欣赏，也不甚感兴趣……形式上是把外文作品转变为中国货币”（钱钟书：《林纾的翻译》）。事实上，林纾在达到他译书的第二个兴盛期时正走的是他的下坡路；盛期中，他以自己的低调的译品败坏了读者的口味，盛期一过，他的译品很快到达了生命的衰竭期。他那用以“自娱”的后期译著，对社会的作用和青年人的影响与他前期的译著是不可同日而语的。

林纾是一位不懂外语的翻译家，他翻译小说几乎全是采取与人合译的方式进行的。他自己曾说过：“予不审西文，其勉强厕身于译界者，恃二三君子为余口述其词，余耳受而手追之。”（《〈孝女耐儿传〉序》）在林纾的译书历程中，先后有20多位合作者，其中帮助合作最多的是魏易、曾宗巩、陈家麟、毛文钟和王庆通。这些合作者除了向他推荐并帮助他译出许多有意义的书外，也从趣味出发，帮助他译出许多通俗小说，如哈葛德的作品和科南达利（今译柯南道尔）的《福尔摩斯侦探案》中的多部作品，同时还译了一些格调不甚高的作品。20多年来，林纾就坚持用这个别开生面的方法，从事翻译工作，并形成了一种独特的译文风格。

运用“古文”来意译西方文学，正是林纾性格的表现，也是他译述风格的突出方面。林纾对“古文”相当娴熟，他用以译书的“古文”是“经过桐城派廓清、变成通顺明白的文本”（胡适：《建设理论集导言》），也是“他心目中认为较通俗、较随便、富于弹性的文言。它虽然保留了若干‘古文’成分，但比‘古文’自由得多；在词汇和句法上，规矩不严密，收容量很宽大”（钱钟书：《林纾的翻译》），表现力很强，描情写态，委曲逼真，有时他还能借助自己的诙谐，或对原文进行补充润饰，使所译作品富有艺术魅力。在《巴黎茶花女遗事》这篇译文中，林纾发挥了古文的简洁概括的特点，古代散文的情景交融、渲染意境的特长和唐宋传奇好铺垫情节等笔法，“以华文之典料，写欧人之情性，曲曲以赴，煞费匠心；好语穿珠，哀感顽艳，读者但见马克之花魂，亚猛之泪渍。小仲马之文心，冷红生之笔意，一时都活，为之欲叹观止”（邱菽园：《客云庐小说话》）。《巴黎茶花女遗事》原著非常注意人物形象和个性的塑造，很多地方运用了文学描写、形象化的语言。但林纾用他那流畅的译笔，从文字到意境都不违背原文的主要意思，能比较准确地传达出原文的精华，充分显示出他运用古文的文字功力。所以邱菽园说：“《茶花女遗事》，如初写《黄庭》，恰到好处。”（《新小说品》）另如《撒克逊劫后英雄略》，茅盾说它除了几个小错处外，颇能保有原文的风格情调，译文中的人物也描写得与原文中的人物一模一样。《块肉余生述》、《孝女耐儿传》、《黑奴吁天录》和《拊掌录》等，也都是经心的译作。另外，林译“英国诗人《吟边燕语》，如夏云奇峰，闲处作态。足本《迦茵小传》，如雁阵惊寒，声声断续”（邱菽园：《新小说品》）。苏曼殊读了林译《金塔剖尸记》、《鲁滨逊飘流记》后，亦“甚为佩服”（苏曼殊：《与高天梅书》）。钱钟书认为，林纾的中文文笔比哈葛德的英文文笔高明得多。他宁可读林纾的译文，而不乐意读哈葛德的原文。《迦茵小传》本来“在世界文学史上，并没有甚么地位，但经林琴南的那种简洁的古文译出来，真是增了不少的光彩！”（郭沫若：《我的童年》）

运用序、跋等对原作的意义或艺术进行阐明或赏析，是林纾译述风格的又一个方面。这在林纾前期的译本中表现得尤为突出，可以说几乎每本书必有序和跋，并有《小引》、《达旨》、《例言》、《译余剩语》、《短评数则》之类，甚至有些还有自己或旁人所题的诗词，在译文中还时常附加按语和评语。这些文字，除对作品进行一些艺术赏析之外，更多的是借题发挥，抒发爱国之情，“冀以诚告海内至宝至贵亲如骨肉尊如圣贤之青年学生读之，以振动爱国之志”（林纾：《〈爱国二童子传〉序》）。林纾在翻译过程中还将外国小说与中国古典作品进行比较研究，例如，他把哈葛德的《斐洲烟水愁城录》与《史记·大宛传》相比，对狄更斯《孝女耐儿传》与《红楼梦》相比，把《块肉余生述》与《水浒》相比，对这些民族不同、历史背景不同而体裁相同的作品进行了比较分析，从而不只让我们看到了我们民族文学的世界历史地位，也看到了不同民族文学创作中某些具有普遍性的规律。然而，在他后期的译作中，题诗和题词完全绝迹，卷头语和评语也极少出现了。林纾不像以前那样亲热慎重地对待他所译的作品了，他的整个翻译态度显得随便，竟可以说是冷淡、漠不关心。这是不能不令人感到遗憾的。再则林纾也受口译者的文学修养的限制和自身的文学理解与思想的局限，这反映在对译本原著的选择上，又因为林纾用古文翻译外国文学作品，所以，有些极好的剧本却被译成了小说和剧情概要，可以说有些小说与戏曲不分（林纾：《小说杂考》）；另外，在翻译时也存在一些错译与删改之处。特别是用今天的眼光来看，林纾的翻译有些地方不免带有我国早期翻译文学的稚气，但这都丝毫不影响林译小说在近代文学史上的地位和作用。

四、短篇小说翻译——中国“直译”文学的开始

“五四”以前，绝大多数的文学译作都是采用意译的。马君武、苏曼殊、曾朴、

林纾等莫不如此。不过，曾朴也曾主张“直译”，但他不赞成生搬硬套、晦涩难懂的翻译方式，而是赞成既忠实原著又明白晓畅的直译，强调忠实地传达出原著的神韵。他对林纾以古文译述世界名著尚有微词，曾当面指出林纾这种做法只是制造“外国材料的模仿唐宋小说”（曾朴：《给胡适的复信》）。这些见解虽然趋向进步，但是曾朴却未能在自己的翻译中实施。就以被认为最早用白话介绍外国小说的周桂笙来说，他那尽力“照译之，以介绍于吾国小说界中”（《新小说》第一卷第八期）的《毒蛇圈》，虽然被认为是“最早一部直译的小说”（马祖毅：《中国翻译简史》），但其最基本的架构还是我国章回体的旧程式。而真正开中国直译文学先河的却是鲁迅兄弟。据周作人日记记载，鲁迅在南京求学时便接触到英、美、法诸国文学作品的林纾译述本，他阅读了柯南道尔的《福尔摩斯侦探案》、哈葛德的《长生术》和小仲马的《巴黎茶花女遗事》等书（周遐寿：《鲁迅小说里的人物》）。许寿裳也说，林纾的翻译，“出版之后，鲁迅每本必读”（许寿裳：《亡友鲁迅印象记》）。鲁迅后来也追述说：“我们曾在梁启超所办的《时务报》上，看见了《福尔摩斯侦探案》的变幻，又在《新小说》上，看见了焦士威奴（Jules Verne，今译儒勒·凡尔纳，法国小说家——引者）所做的号称科学小说的《海底旅行》之类的新奇。后来林琴南大译英国哈葛德的小说了，我们又看见了伦敦小姐之缠绵和非洲野蛮之古怪。”（《祝中俄文字之交》）1902 年，鲁迅东渡日本，在留日初期，也先后译述了《斯巴达之魂》、凡尔纳的《月界旅行》和《地底旅行》、路易斯·托仑的《造人术》、雨果的《哀尘》和《北极探险记》等作品。在翻译初期，鲁迅基本承袭林纾的译述方法，对外国的小说作品，不是按照原作的基本结构形式，而是将其改译为中国古典小说的情节结构样式，以适应中国读者的习惯。从 1907 年起，鲁迅开始翻译北欧和东欧的现实主义作品，如俄国安德列耶夫的短篇小说《谩》、《默》和迦尔洵的短篇小说《四日》。这些作品收在 1908 年先后出版的两册《域外小说集》中。他与周作人合译的《域外小说集》共收短篇小说 16 篇和一些童话、寓言等短篇文学作品。它的问世，不仅标明东欧、北欧、俄国现实主义文学占据了鲁迅文学兴趣的中心，而且标志着中国“直译”小说的开始。在中国小说的翻译史上，《域外小说集》具有划时代的意义。其主要意义在于保留了原作的基本面貌，为中国读者提供了外国短篇小说的新样式，较之林纾的翻译更具有文学价值，所以阿英说：“晚清翻译小说，林纾影响虽是最大，但就对文学的理解上，以及忠实于原作方面，是不能不首推周氏兄弟的。”（阿英：《晚清小说史》）可是，由于当时人们看惯了一二百回的章回体，短篇小说尚不合他们的口味，因而《域外小说集》只售出 21 本，未产生什么直接影响，但鲁迅却获得了一个巨大的成果——他的新的小说观念的建立，从而促进了其对中国短篇小说的艺术革新。

五、翻译文学的地位与影响

近代的翻译文学在我国文学史上占有极其重要的地位，它的影响是十分深远的。

首先，近代翻译文学促使我国传统的文学观念发生了变化。它使中国知识阶层开阔了视野，增进了对世界的了解，冲破了中国人向来以为传统的中国文学在世界上“首屈一指”的封闭体系，使人们看到，在我们这个文明之邦以外，世界上还有优秀文学作品的存在，“亦有所谓可与太史公相比肩的作家”（郑振铎：《林琴南先生》）；同时，基本确立了外国文学在中国的地位，也为中国译界带来了蓬勃的朝气，给后来的文学翻译提供了丰富的经验和教训。“五四”运动之后，我国很多人从事外国文学的译介，可以说大多数都是受了近代翻译文学的“感化”与触发。

其次，近代翻译文学输入了许多新事新理，既为我国文化战线提供了思想战斗的武器，又为近代文艺家们提供了创作的新题材和新内容。不管翻译家们的主观意愿如何，通过翻译文学所传播的个性解放、自由、平等、博爱思想，在反帝反封建的斗争和新文化运动中起过积极作用。许多翻译文学中所介绍的西方婚姻自由、男女平等的思想，对推动我国妇女解放运动产生过良好的影响。翻译家们对欧洲弱小民族的文学和俄国批判现实主义文学的介绍，也使广大读者“从文学里明白了一件大事，是世界上有两种人：压迫者和被压迫者”（鲁迅：《祝中俄文字之交》）。

再次，近代翻译文学不但输入了新的内容，而且输入了新的表现方法，使中国传统文学的形式和体裁向前进了一步。它打破了中国传统小说的艺术格局，为近代小说的繁荣和新文学的健康发展提供了借鉴。晚清小说的繁荣，虽根植于中国社会的现实土壤，但与西方文学的输入也不无关系。我国自宋元以来小说章回体这一平铺直叙而又呆板的固定形式，是林纾将《巴黎茶花女遗事》译介到中国之后才被打破的。林译小说促使当时的小说家们学习外国文学作品，对中国小说的发展起过积极作用。中国小说创作在新文化运动时期所发生的根本性变革，“一方面是由于社会要求的，一方面则是受了西洋文学的影响”（鲁迅：《〈草鞋脚〉小引》）。鲁迅取法外国的作家所实现的现代短篇小说艺术的革新，便是他在翻译外国短篇小说的基础上的重大创获。中国古代的短篇小说，长期被排斥在文学的庙堂之外，主要是附丽在“说话人”的“说话”上发展起来的，这决定了它的一系列优点，但也限制了它的自由发展。鲁迅把它从这单一的表现形式中解放出来，为更多样地反映社会生活、更自由地选择题材、更有力地塑造复杂多样的人物性格、更细致地融入作者的感情态度和审美评价，开辟了无限的发展前景，从而也奠定了短篇小说在中国文学中的重要地位。另就“五四”前后产生的新剧种——话剧来说，其中也有一些脱胎于翻译文学。中国较早的话剧团体春柳社最初上演的剧目就是根据翻译小说改编的剧本《茶花女》和《黑奴吁天录》。

最后，近代翻译文学也为“五四”前后掀起的白话文运动，为中国新的文学语言的形成起了催化剂的作用。近代翻译家们把外国文学的精华部分用民族语言再现出来，使其成为我国广大人民群众所乐于接受的东西。许多外来词语都大量为近代文学所吸收，不仅使近代文学语言显示出特异的风采，而且丰富了我国的语言。

小　　结

19 世纪下半叶中西文化的相互撞击、相互交融，是促进中国近代文化发展的一个不可忽视的重要方面。作为西方文艺思潮理论基础之一的哲学思潮，对中国士大夫阶层传统的思维模式产生了有力冲击，促进了他们自身观念形态的转化，导致了他们的传统价值观的动摇和新的价值观的萌生。

维新运动中大批的文学家们，受西方进化论思想的影响，文学观念和思维方式发生了深刻的变化。黄遵宪强调事物演变进化，在这一基点上产生的文学思想，虽然以“旧瓶装新酒”为指归，但他那表述自己幼稚的社会和自然科学见解的一些诗作，无疑给近代文坛带来了新气息。康有为提出作家要自觉地反映新世界，扩大诗的领域，创造诗的“异境”和“新声”的主张，其深远意义不仅在于文学本身观念的更新和作家视野的广阔，而更在于使几千年来的封闭型的中国封建文学开始面向世界，使中国文学在广阔的世界文学的历史背景下得到发展。梁启超更是把进化论观点具体地、生动活泼地贯彻和灌注到各个方面，在接受进化论思想的同时，又糅合了多元的西方哲学思想，形成具有近代思想意识的文学观，见解新颖，影响了整整一个时代的文学理论和文学创作的走向。

资产阶级民主革命运动中的文学家们更多的是从卢梭、孟德斯鸠的学说中吸取营养，他们在维新派注重文学的功利性、强调用文学这一武器进行思想启蒙的基础上，进一步把文学作为唤起民众、推翻清朝统治者、争取民主自由的革命武器。在最基本的艺术精神和生活、道德态度方面，卢梭给民主革命运动中的作家们提供了一种民主、自由、平等的理论依据。

王国维从康德、叔本华、尼采那里接受了唯心主义文艺观。作为中国近代美学的奠基者，王国维对美学本质的理解、对美的非功利性与独立价值的维护，可以看做是中国第一代资产阶级知识分子对初步觉醒的个性的维护。

早期鲁迅则把进化论的学说与他后来的反封建思想的斗争实践结合起来，形成了社会思想和社会伦理道德的进化发展观念。正是这种观念，使他不但彻底否定了中国封建伦理道德的具体内容，而且建立了与之完全不同的“人”的观念及表现人、描写人的艺术原则。

近代东西方文化的交流，对中国近代文学也产生了深刻的影响。王韬、康有为、黄遵宪、梁启超、马君武、苏曼殊、秋瑾、林纾、曾朴、鲁迅等都在东西方文化交流中作出过贡献。王韬、马君武、苏曼殊等的诗歌翻译，译出了一种迥异于中国传统诗歌的异国风味，受到了当时读者的欢迎和赞赏，对传播资产阶级的民主自由思想起了重要作用。特别是曾朴翻译的戏剧文学和林纾的长篇小说译述以及鲁迅直译的短篇小说，使人们看到了中国以外的五彩缤纷的文学世界，冲破了固有的文学封闭体系，并从中吸取文学素养，学习外国小说的表现手法，从而打破了中国传统小说的艺术格局，促进了晚清文学的革新和发展。

参考资料

韩迪厚．近代翻译史话．香港：香港辰冲图书有限公司．1969
吉田精一．现代日本文学史．齐干译．上海：上海人民出版社．1976
马祖毅．中国翻译简史．北京：中国对外翻译出版公司．1984
蒲梢（徐调孚）．汉译东西洋文学作品编目．上海：上海真美善书店．1929
钱钟书等．林纾的翻译．北京：商务印书馆．1981
陶德臻．东方文学简史．北京：北京出版社．1985
王佐良．中外文学之间．南京：江苏人民出版社．1984
伍蠡甫．现代西方文论选．上海：上海译文出版社．1983
曾小逸．走向世界文学（中国现代作家与外国文学）．长沙：湖南人民出版社．1985

第五章　近代资产阶级文学批评及其影响

中国近代资产阶级的文学批评，是在新的历史条件下，在批判地继承我国传统文学批评，以及吸收西方资产阶级文化思想的基础上形成和发展起来的。它的形成和发展，体现了封建社会旧文学批评的衰落，表现为近代文化意识的扩展，以及文学批评观念和方法的更新，具有鲜明的时代特点。

第一节　近代资产阶级文学批评的形成和特点

一、近代资产阶级文学批评的形成和发展

近代资产阶级文学批评，是伴随着资产阶级维新思潮的兴起而形成和发展起来的。19 世纪中叶以后，以康有为、梁启超、谭嗣同、黄遵宪、严复等为代表的忧国忧民的有识之士，在传播西方资产阶级文化思想的同时，高举文学革新的旗帜，或者通过对同时代诗人诗作的评论，或通过翻译作品的介绍，把文学作为思想启蒙和促进维新变法运动的重要武器，进而明确地提出了“诗界革命”、“文界革命”和“小说界革命”的口号，使资产阶级文学批评得以形成和发展，促进了新的文学观念、思维方式和批评方法的形成。随着 20 世纪初资产阶级民族民主革命运动的高涨，以柳亚子、章太炎、陈去病、高旭等为代表的资产阶级革命派作家、批评家，继承了近代资产阶级维新派文学革新运动的传统。他们组织了进步的文学团体南社，在和以“同光体”为代表的封建守旧文学思想的激烈斗争中，强调以民族的刚强之气评论诗文，提出“以改革恶俗，开通明智，唤起国家思想为目的”的戏曲改良口号，有力地冲击了封建文学的统治和传统文学批评模式，表现出近代资产阶级革命性的文学批评的蓬勃生机。王国维认为，文学研究与批评要打破中西学术的界限，说：“不论西洋哲学自己之价值，而欲完全知此土之哲学，势不可不研究彼土之哲学。异日发明光大我国之学术者，必在兼通世界学术之人，而不在一孔之陋儒。”（《奏定经学科大学文学科大学章程书后》）他首先运用西方近代资产阶级哲学、美学和文学观，对我国古典文学名著《红楼梦》以及古代诗词、戏曲进行了系统的研究和总结，从而拓展了文学批评的视野，集古今中外于一身，促进了近代系统性的文学理论批评的形成，丰富了近代资产阶级文学批评的内容和科学的研究方法。

辛亥革命之前，鲁迅已经步入文坛，他一开始就站在激进的民主主义立场上，

密切注视中国社会和人生，主张以文学为武器，倡言刚健伟美之力，呼唤国民的觉醒。他早年发表在《河南》杂志上的一系列论文，如《摩罗诗力说》、《破恶性论》、《人之历史》、《文化偏至论》等，“求新声于异邦”，提倡学习西方浪漫派诗人的“摩罗”精神，呼唤精神界之战士的出现，作至诚之声和善美刚健之作，用以反对封建专制主义的统治，积极探索文学的社会作用和艺术价值，对促进近代资产阶级文学批评向现代化转变作出了积极的贡献。

二、强烈的时代意识和社会政治倾向

为使文学成为改革社会和宣传资产阶级政治主张的有力武器，近代资产阶级的文学批评都十分重视文学的社会政治作用，使之具有鲜明的时代意识和强烈的社会政治倾向。他们论诗，提出“儒生不出门，勿论当世事，识时贵知今，通情贵阅世”（黄遵宪：《感怀》），强调以现实生活斗争为题材，表现“忧时感事，悲愤伊郁之情”（梁启超：《嘉应黄先生墓志铭》），创造出能拯救时弊、治国安邦的诗歌。资产阶级革命派的作家、批评家提倡以诗文激励人心、鼓舞士气，以“遘晦盲否塞之秋、国仇家恨，耿耿胸臆之情”寄之于诗，使之“噌吰镗鞳，足以惊天地泣鬼神”（柳亚子：《天潮阁集序》）。他们提倡积极浪漫主义创作精神，“思以淋漓慷慨之音，一振柔软卑下之气，所作诗都鸣钟代鼓，激烈铿锵，有惊四座、辟万夫之慨”（周实：《无尽庵诗话》），即要求通过慷慨淋漓之作，激发民族的刚毅之气，为资产阶级民族民主革命运动服务。他们从振兴国家民族的角度提倡小说，认为“欧、美、东瀛，其开化之时，往往得小说之助”（严复、夏曾佑：《国闻报馆附印说部缘起》），倡言“彼美、英、德、法、奥、意、日本各国政界之日进，则政治小说为功最高焉”（梁启超：《译印政治小说序》），视小说为改革社会、改造国民之利器（《论小说与群治之关系》），从小说与社会的联系的角度进一步揭示了小说的社会政治特点。他们注重文体改革，倡导“论白话为维新之本”，高举“崇白话，废文言”的旗号（裘廷梁：《论白话为维新之本》），把提倡白话文与国家命运联系起来，声称一个国家的兴亡征兆在于“民智”，即民众文明的程度，文言乃“愚天下之具”，只有白话才是“智天下之具”，把提倡白话文、反对文言文作为变法维新的一项重要任务。他们提倡戏曲改良，强调“以输入国家思想为第一义”（天僇生：《剧场之教育》）。总之，一方面，近代资产阶级文学批评处处着眼于文学与政治和现实生活的联系，注意发挥文学的巨大的社会政治功能，使之从传统的宗经明道、模拟复古或“宗唐”“宗宋”的束缚中解脱出来，体现了为推进社会的改革对文学创作的新要求，带有鲜明的时代意识。但另一方面，近代资产阶级的文学理论批评又片面地夸大了文学的地位和作用，把文学看成救国救民之本，所谓“有新世界乃有新小说，有新小说乃有新世界”，“小说势力之伟大，几乎能造成世界矣”（《新世界小说社报发刊词》），“中国不振兴则已，欲振兴可不于演戏加之意乎？”“感之爱国则爱国，感之亡国则亡国，演戏之移易人志，直如镜之照物，靛之染衣，无所遁脱”（佚名：《观戏记》），颠倒了文学与社会政治经济的关系。有的理论批评还存在着政治上的急功近利，以及对文学创作的特征重视不足等缺点。

三、在冲破旧的文学传统中确立文学观念和批评方法

近代资产阶级文学批评的另一特点，是在冲击旧的文学传统中形成发展，并确立自身的文学观念和批评方法。如本书第三章所述，清代中叶以后，桐城派把持文坛，提倡古文义法，宣扬封建的道统、文统，严重桎梏着文学创作的发展，在嘉（庆）道（光）年间，虽然受到龚自珍、魏源、冯桂芬、王韬等人的反对，但没有从根本上丧失其统治地位。待至同（治）、光（绪）年间，又出现了以曾国藩为代表的湘乡派，起而鼓吹桐城派守旧的文学传统，严守桐城家法，宣称以雅洁论文，反对通俗文体，力图为封建王朝和传统的旧文艺重振门楣。桐城派这种代圣贤立言的文统，于中日甲午战争之后，遭到黄遵宪、梁启超、谭嗣同、蒋智由、裘廷梁等人的强烈反对。他们继承了龚自珍、魏源等主变敢逆的创新精神，借鉴西方文化学术思想，着眼于时务和变革社会的要求，指出桐城派“以文而论，因袭矫揉，无所取材；以学而论，则奖空疏阏创获，无益于社会”（梁启超：《清代学术概论》）。他们以《时务报》、《清议报》、《新民丛报》为阵地，一反脱离实际的文风，提出了诗界革命、文界革命、小说界革命的要求，进而提出了“论诗以言志为体，以感人为用”（黄遵宪：《致饮冰室主人手札》），作诗必“忧时感事”，叙“悲愤伊郁之情”（梁启超：《嘉应黄先生墓志铭》），以“发扬蹈厉之气”和“理想之深邃闳远”为贵，以及“熔铸新理想以入旧风格”（梁启超：《饮冰室诗话》）、“白话为维新之本”（裘廷梁）、作文“务必平易畅达”，使“笔锋常带感情”（梁启超：《清代学术概论》）等新观念和文学的审美创作要求，倡言诗歌要有尚武精神，保持民族的艺术风格。辛亥革命前后，章太炎、南社诗人的文论及其批评实践，同样是在和“同光体”、“湘乡派”，和所谓“晚唐派”、“汉魏派”的宗经学古、抱残守缺，以及以考据入诗、以诗取欢作乐的斗争中发展起来的。他们指出，桐城派文人的诗文和理论毫无价值可言，只不过是“空谈义理，俚浅不根，浮光掠影，如痴人说梦，呓语满纸”而已（陈去病语，见《国粹学报》丁未二号）。柳亚子指出，“同光体”中的许多作家以倡宋诗为高名，却心怀利禄，“既不得逞，则涂饰章句，附庸风雅，造为艰深以文浅陋”（《胡寄尘诗序》），这些人“守宗派，讲格律，重声调，日日役于揣摩盗窃之中，乃文章、诗歌之奴隶”（周实：《无尽庵诗话》），他们的“杂凑摹仿”之作，“枯寂无生趣”，“枯瘠其语，蹇涩其音”，实为“亡国之妖孽耳”（柳亚子：《紫云楼诗序》）。资产阶级革命派的文论家从宣传种族革命、动员群众的需要出发，倡言以气节和人格论文，力求把文学和政治上的革命与拯救中华联系在一起，提出更为激进的文学主张，即强调运用文学这一武器“鼓动一世风潮”，以“张吾民族之气而助民国之成……获共和之幸福”（陈去病：《大汉报发刊词》）。他们提倡通俗的小说戏曲，思振盛唐之音，崇尚积极浪漫主义精神和“跳踉搏跃”的艺术风格。所有这些，扩大了文学批评的

视野，显示出近代资产阶级革命时期文学理论批评的蓬勃生机。但是，这种冲击旧文学传统的文学批评，又时常带着极大的偏激和混乱。例如，为了冲破旧文化，他们把传统文化中的合理成分也否定掉，而为了反清和激发群众的民族情感，有些批评家又提出了所谓“保存国粹”、“复兴古学”等主张，主张“国有魂，则国存”，“欲存国魂必自从存国学始”（高旭：《南社启》），反映出资产阶级文学理论批评的矛盾性和片面论。

四、注意借鉴和吸收西方资产阶级的哲学和美学思想

近代资产阶级文学批评在冲击封建旧文学的斗争中，还注意吸收西方资产阶级哲学、美学和文艺思想论文，这成为我国近代文学批评的又一个重要特点。例如，资产阶级维新派的作家、文论家，在致力于介绍西方文化、借鉴外国经验以推进中国社会改革的同时，都十分注意吸收、运用西方资产阶级的社会学说和自然科学知识，如达尔文的进化论、孟德斯鸠的三权分立说、卢梭的天赋人权论和民约论、斯宾塞的理性直觉说，以及康德与叔本华哲学、近代自然科学中的磁电声光等知识去评诗论文。梁启超说：“若以泰西说部文学之进化，几合一切理想而治之，又非英雄、男女、鬼神所能限耳。”（《小说丛话》）他们运用西方资产阶级人性论的观点，分析和揭示了文学的“公性情”的特质，所谓“自倍根创学，欧人进化以来，于是人之为物，其聪明智虑，始得显明其在万物之上”，“此公性情者，原出于天，流为种智”（《国闻报馆附印说部缘起》），把物种起源的进化论引进文学批评领域。梁启超还说，随着海禁既开，西学输入，“忽穴一牖外窥，则烂然者皆昔所未睹也；还顾室中，则沉黑积秽，于是对外求索之欲日炽，对内厌弃之情日烈”，“于是以其幼稚之‘西学’智识与清初启蒙期所谓‘经世之学’者相结合，别树一帜，向于正统派公然举叛旗矣”（《清代学术概论》）。梁启超虽从学于康有为，但由于吸收了西方学术文化，又在许多方面突破了康有为学说的藩篱，远弃传统的公羊、孟子学说，而大讲卢梭、孟德斯鸠、斯宾塞学说，并运用西方资产阶级的进化论、民权论思想宣传变法维新和探究文学问题。如他说：“斯宾塞尝言：‘宇宙万事，皆循进化之理，惟文学独不然，有时若与进化为反比例’云云”，进而认定中国文体的变迁由抒情到叙事、由简单到复杂，乃“进化之运”和“时代所使尔”（《小说丛话》），并预言：“今日者，革命之机渐熟，而哥伦布、玛赛郎（麦哲伦）之出世，必不远矣。”（《夏威夷游记》）辛亥革命前夕的文学评论家，如蒋观云、王国维等人则借鉴西方的悲剧论，提出中国演剧界也应该有悲剧，用以“启发人广远之理想、奥深之性灵”（蒋观云：《中国之演剧界》），阐述了借鉴和传播悲剧的意义。随后，王国维、徐念慈、柳亚子、陈去病、王钟麒、黄人、林纾、吕思勉等在撰写的一系列文学论文中，较广泛地吸收和运用康德、黑格尔、叔本华、尼采等的哲学和美学观点分析文学作品，于20世纪初的文学批评领域，提出了如“小说者，文学之倾于美的方面之一种”、小说“务合社会之心理”、“美术之特质，贵具体而不贵抽象”、“善于观物者，能就个人之

事实，而发见人类全体之性质”，以及壮美与优美、理想美学与感情美学、“合于理性之自然”、理想派与写实派、“理想主义与写实主义”，“凡一美之制作，必须经过模仿、选择、想化和创造等四个阶段而后成”等新观念和理论批评的新方法。有的评论家还尝试以气质和西方医学中的“热、冷、郁、浮”等概念，去分析作品中的人物形象和剧本中的角色等。

诚然，近代文学批评家在吸收运用西方学说评论文学作品时，存在着不加区别就兼收并蓄的缺点，存在着“只宜以极端之议论出之”（梁启超：《敬告我同业诸君》）的偏激、片面性，从而影响了他们的文学批评的科学性。但近代资产阶级文论家所作的努力进一步丰富了我国文学批评的内容和方法，而且他们在运用西方理论从事批评的实践中提出了“博采欧美人之长、荟萃熔铸而自得”（康有为：《人境庐诗草序》）、“吸彼欧美人之灵魂，淬我国民之志”（由葭：《十五小豪杰序》）、“斟酌于古今，熔铸于中外”（姚华：《曲海一勺》），以及“以彼新理，助我行文”、“合中西二文熔为一片”（林纾：《洪罕女郎传跋语》）、“以他国文学之长，补我文学之短”（管达如：《说小说》）等观点，对吸收和借鉴西方文学提供了好方法，反映了近代文论家对融会贯通中西文化的重视。

五、文学比较方法的运用

近代资产阶级文学批评的又一个明显特点，是较为普遍地运用了中西文学的比较方法。许多评论家在吸收西方资产阶级文学、美学思想分析文学现象和评论中国文学名著的过程中，往往采取中西文学比较法，进一步扩展了文学的价值观、审美观和评论思维方式。其主要方法大致有三。

第一，从社会政治和文学的联系中作中西文学比较，提倡学习西方，在文学界打破了我国长期自我封闭的文化心理，进一步深化了文学的政治性、社会性和国民性等社会功能。如康有为在接触西方文化和游历欧美各国的行程中认识到，只有“考欧美、日本政变之次第，鉴其行事之得失，去其弊误，取其精华”，方能使“欧美之新法，日本之良机，悉发见于神州大陆矣”（《欧洲十一国游记》）。在文学创作上，他强调继承我国古代的诗骚传统，并提出了“新世瑰奇异境生，更搜欧亚造新声”，“意境几于无李杜，目中何处著元明”（《与菽园论诗兼寄任公、孺博、曼宣》）的革新诗歌的创作要求。又如，小说理论家天僇生在《论小说与改良社会之关系》中取中西小说比较方法，指出：“东西同时，遥相辉映，而结果则各殊者。吾尝谓《水浒传》，则社会主义小说也；《金瓶梅》则极端厌世观之小说也；《红楼梦》则社会小说也，种族小说也，哀情小说也。”他还认为像《红楼梦》这样一部“悲剧中之悲剧”，即使与欧西的仲马父子、谢来（雪莱）、雨苟（雨果）诸人相比，也毫无逊色（《中国三大小说家论赞》），把我国古代优秀小说置于世界名著行列，在文学的比较中高度肯定了我国古代作品的社会价值。

第二，广泛运用西方美学、文学思想分析印证中国作家作品。例如，王国维提倡“当破中外之见”，主张学贯中西，熔中西二学于一炉。他将欧洲近代文学名著《浮士德》同我国文学巨著《红楼梦》作比较，用中国文论中从未出现过的叔本华关于生活即痛苦的悲观厌世哲学，去剖析和印证《红楼梦》的美学价值，指出《红楼梦》是一部“示人生之真相，又示解脱之不可已”的“悲剧之悲剧”，并就《红楼梦》的性质、文学的形象性和艺术审美创作的概括化、典型性等，作了有益的探索。而黄摩西的《小说林发刊词》以促进时代文明的高度，取中西小说之比较，探讨了小说感人心的审美意蕴，认定小说的价值在于给人以“审美之情操”，如果只“秉立诚明善之宗旨”，只不过是“一无价值之讲义”而已，见解非常精辟。

第三，通过对作家作品和文学创作原理的比较，发表批评见解，进而建构自己的理论批评体系。其中有作家作品的比较，也有文学体裁的比较，有文学创作经验的比较，还有艺术表现方法和文学审美范畴的比较。例如，王钟麒在《中国三大小说家论赞》中曾将中西作家相比较，认为：“施耐庵而生于欧美也，则其人之著作，当与柏拉图、巴枯宁、托尔斯太、迭更司诸氏相抗衡。”高度评价了施耐庵的创作精神和《水浒传》的社会政治意义。林纾在翻译小说时，曾把哈葛德（歌德）、迭更司（狄更斯）等人的作品与我国司马迁、班固、韩愈等人的作品相比较，指出哈葛德的文章“亦恒有伏线处，用法颇同于史记”（《洪罕女郎传跋》），但在长篇寻绎妇人琐事和人物描写方面，狄更斯的作品又要胜出司马迁一筹，别开生面。梁启超曾经把西方的荷马、但丁、拜伦、弥尔顿等人的诗，和我国古典长诗《孔雀东南飞》、《北征》、《南山》作比较，主张从广义上理解诗歌的概念，提出了“凡词曲之类，皆应谓之诗”（《小说丛话》）的观点。侠人运用文学比较的方法考察了中西小说的分类、情节结构和篇幅短长等特点，指出：“准是以谈，而西洋之所长一，中国之所长三。然中国之所以有三长，正以其有此一短。故合观之，而西洋之所长，终不足以赎其所短；中国之所短，终不足以病其所长。吾祖国之文学，在五洲万国中，真可以自豪也。”（《小说丛话》）不仅有助于认识中西文学的特点，也告诉人们要看到自己祖国文学的长处。林纾在介绍译作时，也曾经以《水浒传》、《红楼梦》和英国迭更司作品的描写相比较，指出：“施耐庵著《水浒传》，从史进入手，点染数十人，咸历落有致”，而迭更司乃“能化腐为奇，撮散作整，收五虫万怪，融汇之以精神，真特笔也”（《块肉余生述叙》），从比较中窥见作家作品的特点与创作个性，等等。近代资产阶级文学批评中中西文学比较方法的运用，不仅发展了文学批评的方法，也丰富了我国文学美学的审美范畴，开拓了人们的视野和文学思维空间。

六、对文学创作原理和艺术特征的进一步探索

在前人论述的基础上，进一步总结和探讨文艺特征，是近代资产阶级文学批评的又一特点。随着文学革新运动和理论批评的发展，近代的文论家在更高层次上深化了对文学创作原理和文艺审美特征的认识，使近代文学批评更趋于理论化和系统性。

以小说理论批评为例，梁启超在《论小说与群治之关系》中除了论述小说具有“熏、浸、刺、提”四种力，以及小说具有“文字移人”和“导人游于他境界”的艺术特征外，还从人们的感情和审美心理着眼，提出了“惮庄严而喜谐谑”说（《译印政治小说序》）、“浅而易解，乐而多趣”说（《论小说与群治之关系》）、艺术的审美心理移情说等。蜕庵从小说创作的概括化角度论述了艺术境界与读者情感的联系，指出：“小说之妙，在取寻常社会上习闻习见、人人能解之事理，淋漓摹写之，而挑逗默化之，故必读者入其境界愈深，然后其受感刺也愈剧。”（《小说丛话》）徐念慈在《小说林缘起》中，则从艺术美创作的五个方面探究了小说之美在“醇化于自然”、在“具象理想”，以及具形象性、理想化和给人以“美之快感”等特点。

以戏曲理论批评而论，王国维创以“境界”论戏曲，揭示了宋元戏曲和审美创作特征与研究方法。戏曲家吴梅则以“真”“趣”“美”相统一的戏曲理论进行论曲评剧（《顾曲麈谈》）。许多剧家评者认为，戏剧乃“有声有色，衣冠面目，排场节拍，皆能辅助正文，动人感情”（觚庵：《觚庵漫笔》）。剑云在《戏剧改良论》中提出：“我由是断定，戏剧之佳良者，一‘肖’字已足尽之”，戏剧之编演务求形神相兼，即既要“如摄影之不差毫发，又要顾及剧中人之神情”，在“绘声绘色惟妙惟肖”中创造舞台形象，展示“神似”的艺术境界。欧阳予倩说：“戏剧者，必综文学、美术、音乐及人身之语言、动作组织而成。有其所本焉，剧本是也。”（剑云：《戏剧改良论》引）有的评论家还从戏剧的舞台演出角度探讨戏剧文学的艺术特征，如说戏中“演事实在传其神，如画家之有写意，故扬鞭则为骑，划桨则为舟，而马、舟之形物不必备也”（马二先生：《论戏答客难》）。戏剧演出务求合乎“情理”，即“演之舞台，能得观众‘有道理’三字之评语足矣”，认为只有合乎情理的演出才能“使观者如身历其中，不知为戏，斯为上品”（啸庐：《孤灯聆雁楼剧话》）。“演戏之要素有二，曰情，曰身份。凡不近人情，不中事理，不合身份之剧，虽有佳嗓，亦何足贵。”（剑云：《谭鑫培之哭灵碑》）“新剧第一要讲究身份。扮到何等样人物，当即用何等样演法，用何等样说法。”（正秋：《新剧经验谈》）戏剧的编演力求个性化、性格化，因为“一剧有一剧之宗旨，一剧有一剧之言论，一人有一人之身份，一人之态度”，演员不但要“明剧中人之身份”，“发言出语，非但须遵守剧情，尤当顾及身份”等等（昔醉：《新剧家读剧本之讨论》）。这些均体现了近代资产阶级文学批评对文学创作原理和艺术特征的重视。

第二节　梁启超的文学批评

在中国近代资产阶级文学批评的建树方面，梁启超著述甚丰，声名显赫，他的文学理论批评影响了近代文学思潮的走向，是我国近代文学批评方面的杰出代表之一。

一、梁启超文学批评的前后期

综观梁启超的文学理论批评，大致可以分成前后两个时期。第一时期，是戊戌变法前后，即19世纪末至“五四”运动之前。梁启超为了推动中国的资产阶级政治维新，和康有为、黄遵宪、谭嗣同、严复、夏曾佑等人一起，大力倡导“诗界革命”、“文界革命”和“小说界革命”，并以其创办的《时务报》、《新小说》、《新民丛报》等报刊为阵地，在广为宣传政见的同时，大力张扬文学主张，开展文学评论活动，推动近代文学革新运动的进程，也促进了文学观念的变革和创作事业的发展。这一时期，梁启超的文学批评论著主要有《蒙学报演义报合叙》（1897）、《译印政治小说序》（1898）、《广诗中八贤歌》（1902）、《论小说与群治之关系》（1902）、《饮冰室诗话》（1902～1907）等。其中以发表在《新小说》杂志创刊号中的《论小说与群治之关系》影响最大。第二个时期，是五四运动后的几年间，梁启超离开了政坛，致力于学术研究和讲学，加上第一次世界大战结束之后，梁启超游历欧洲一年，直接体察和接受西方文化思想的熏陶，因此，他这一时期的文学批评，更多地运用西方的文艺美学观考察、研究文学现象，评论我国古代作家作品，在深入探究过程中提出了许多富有创造性的文学见解。这一时期，梁启超的主要文学理论批评著作有《晚清两大家诗钞题辞》（1920）、《中国韵文里头所表现的情感》（1922）、《美术与科学》（1922）、《情圣杜甫》（1922）、《美术与生活》（1922）、《科学精神与东西文化》（1922）、《什么是新文化》（1922）、《屈原研究》（1922）、《什么是文化》（1922）以及《桃花扇·注》（1925）等。

二、梁启超文学批评的内容和评论方式

梁启超的文学理论批评，广泛涉及诗歌、小说、散文、戏曲等各种文体。其评论方式，既有对同时代诗人诗作的述评，也有对我国古代著名作家作品的分析，还有对外来文化的吸收，以及对文学审美创作现象的探索等，内容丰富，方法多样。

（一）强调文学的社会政治作用

在文学与社会政治的关系上，梁启超非常强调文学的社会作用。他曾自诩“委身于文界”，“喜摇笔弄舌，有所议论”，乃是“归于政治而已”（《清代学术概论》）。关于文学与社会政治关系的论述，比较集中反映在梁启超的小说评论方面。还在戊戌变法之前，他就注意到“日本之变法，赖俚歌与小说之力”（《蒙学报演义报合叙》），提出用“说部书”宣传变法维新的主张，说：“今宜用俚语，广著群书，上之可以借阐圣教，下之可以杂述史事，近之可以激发国耻，远之可以旁及夷情，乃至宦途丑态，试场恶趣，鸦片顽癖，缠足虐刑，皆可以穷极异形，振厉末俗，其为补益，岂有量耶。”（《变法通议·论幼学》）戊戌变法失败后，梁启超更感运用文艺“新民”、“灌输常识”、“开通民智”的重要性，认为这是一条“新民”的重要途径，

他明确指出："读泰西文明史，无论何代，无论何国，无不食文学家之赐，其国民于诸文豪变顶礼而尸祝之。"（《饮冰室诗话》）又说："在昔欧洲各国变革之始，其魁儒硕学，仁人志士，往往以其身之所经历，及胸中所怀政治之议论，一寄之于小说。""彼美、英、德、法、奥、意、日本各国政界之日进，则政治小说为功最高焉。"（《译印政治小说叙》）他从小说创作所产生的巨大社会影响中论述小说与政治的联系，充分肯定了政治小说的社会价值。此后，他在《论小说与群治之关系》、《小说丛话》等论文和杂说中站在时代的高度，从更高层次论述小说与新道德、新宗教、新政治、新风俗等方面的联系，从小说的"感人之深"和"支配人道"的力量上，显示出小说易于普及的特点和强大的社会功能。梁启超的这些见解，对于提高小说的地位、推进文学革新运动的发展，无疑产生了积极的影响。但是，梁启超却片面地夸大了小说新政治的社会功能，他把封建社会一切腐败现象都视为旧小说的罪过，显然是形而上学的。但是，联系梁启超所处的时代，又不难看到，他强调文学的社会作用，乃是在中国近代社会的巨大变革中在祈求以文学启蒙群众、开通民智的思想指导下提出来的。它与封建正统文人利用小说"劝善惩恶"或宣扬儒道教化的观念截然不同。梁启超的文学社会功能论，密切了文学与时代和社会生活的联系，有鲜明的时代色彩，饱含着强烈的爱国爱民意识。这种强烈的情感意向，在梁启超倡导的"文界革命"和"诗界革命"的理论中，同样得到了充分的体现。

（二）从评论作家作品中表述文学见解

梁启超的文学批评，力避一般的空泛论述，在评论具体作家作品和探讨文学现象的过程中表述自己的文学见解。

例如，在《饮冰室诗话》中，他就是通过对同时代诗人黄遵宪、康有为、谭嗣同、夏曾佑、蒋智由、丘逢甲的诗歌评论，指出诗歌必须反对"以堆积满纸新名词为革命"的错误倾向，倡言诗歌革命必须以内容为主，提出"以旧风格含新意境"的创作审美要求，体现了梁启超对新理想、新意境的崇尚和追求。这种立足于具体作家作品的批评方法，在梁启超后期撰写的《晚清两大家诗钞题辞》、《中国韵文里头所表现的情感》、《情圣杜甫》、《屈原研究》等论文和讲演中，表现得尤为突出。例如，他评论杜甫说："象情感恁么热烈的杜工部，他的作品，自然是刺激性极强，近于哭叫人生目的那一路"，"但要知道，他的哭声，是三板一眼的哭出来，节节含着真美"，其叙写了人生的苦痛，"其中价值最大者，在能确实描写出社会状况，及能确实讴吟出时代的心理"（《情圣杜甫》）。从诗人创作与读者审美感受的联系中，深刻地阐述杜诗的真美思想和现实主义的时代精神。又如他评论屈原说："屈原是情感的化身，他对社会的同情心，常常到沸度，看见众生苦痛，便和身受一般。"（《屈原研究》）指出诗人在融情于景的"客观意境"的创造中，"有一半哭诉人生冤苦，有一半是寻求他理想的天国"（《中国韵文里头所表现的情感》）。作者在分析屈原作品的创作和审美意蕴中，提出"从想象中活跳出实感来，才算极文学之能事"，以及"能令自然之美和我们心灵相触逗，才算是有生命力的文学”（《屈原研究》）等文学的审美创作命题。梁启超的文学理论批评，正是从实际出发，从总结具体作家作品的创作经验中，较为广泛地论述了文学创作和美感性质等特点，见解极其深刻、精辟。

（三）对西方文学思想和美学思想的吸收、运用

随着西方文学思想的传入，梁启超非常注意吸收、运用西方资产阶级的文学思想和美学观去分析作家作品、探讨文学创作现象，在比较中丰富了他的文学批评思想和评论方法。

一是善于借取西方文论探究我国文学的创作方法。如说天下之境有二：一曰现在，二曰未来，现在之境狭而有限，未来之境广而无穷，表现在文学创作中则“由前之说，则理想派小说尚焉；由后之说，则写实派小说尚焉。小说种目虽多，未有能出此两派范围外者也”（《论小说与群治之关系》）。无论理想派还是写实派作品都能给人“高尚”的审美教育，在我国古代文学中“将这两派划然分出门庭的可以说没有，但在各大家作品中，很有些两派倾向的”（《中国韵文里头所表现的情感》）。这些论述，初步触及了在与西方文艺思想交融中对现实主义和浪漫主义创作方法的认识和理解。

二是善于把游历欧洲之所感、所触化于他的文学批评实践中。如说：“现代西洋文化是从文艺复兴时代演进而来。”他从考察西方文化以及探究文艺复兴时期的美术和名画中，认识到文艺复兴所带来的现代西方文化与精神文明，提出了“美即真”、“求美先从求真入手”等理论，并极其深刻地指出：“真正的艺术作品，最要紧的是描写出事物的特性。然而特性各各不同，非经一番分析的观察工夫不可。莫泊三的先生教他作文，叫他看十个车夫，做十篇文来写他，每篇限一百字。晚餐图里头的基督，何以确是基督，不是基督的门徒；十二门徒中，何以彼得确是彼得，不是约翰；约翰确是约翰，不是犹大；犹大确是犹大，不是非卖主的余人。这种本领，全在同中观异，从寻常人不会注意的地方，找出个人情感的特色。”（《美术与科学》）体现了艺术个性化的创作要求。

三是运用西方资产阶级美学的心理学知识去剖析文学的审美创作现象，在我国近代文学史上开拓了对文学创作和审美感受的心理分析。如说：“人类之普遍性，嗜他文终不如其嗜小说，此殆心理学自然之作用，非人力之所得而易也。”（《论小说与群治之关系》）而“人类心理，凡遇着快乐的事，把快乐状态归拢一想，越想越有味，或则替我指点出来，我的快乐程度也增加”，善于刻画“心态”的作家通过“心态之抽出与印契”把人的心理看穿了，喜怒哀乐都跳在纸上，把“本来是日常习见的事”“写得惟妙惟肖”，其所创造的种种美境，增加了人们生活的“赏会资料”，引起感觉器官的“诱发机缘”，使之“不知不觉间把我们的心弦拨动，我快乐时看他便增加快乐，我苦痛时看他便减少苦痛”（《美术与生活》）。梁启超从文学创作与审美情感效应中，论述文学审美创作活动的心理特点，显然吸收和运用了西方美学、心

理学和自然科学等方面的知识。

（四）强调文学情感因素重视审美移情作用

强调文学艺术的情感因素，注重审美创作移情和作家观察力的培养，是梁启超文学批评的又一重要内容和特点。梁启超说，艺术是“情感教育最大的利器”。为了更好地发挥文学艺术的教育作用，梁启超广泛论述了文学情感性和审美移情问题：“艺术的权威，是把那霎时间便过去的情感捉住他，令他随时可以再现，是把艺术家自己个性的情感，打进人们的情阈里头，在若干期间内占领了他心的位置。”（《中国韵文里头所表现的情感》）他通过对作家作品和文学感化力的评析，深刻地揭示了动情力是文学创作和审美活动的主要因素的原理。为什么屈原的作品能引起我们心灵的共鸣？为什么杜甫的诗歌能给人以强烈的刺激？又为什么人类嗜他文不如嗜小说？是因为小说通过艺术形象的创造，以其动情力感化读者，既反映在作家以其怀抱之想象对人们“行之不知，习矣不察”的种种情状的摹写上，更表现为小说具有支配人的“熏、浸、刺、提”四种力，所谓“熏也者，如入云烟中而为其所烘”，“浸也者，入而与之俱化”，“刺也者，刺激之义也”，“提之力，自内而脱之使出”，“若自化其身焉，入于书中”。也就是说，作家通过小说形象的创作为审美主体提供了审美感受的对象，以诱发读者的机缘，为此才出现：“凡读小说者，必常若自化其身焉，入于书中，而为其书之主人翁。读《野叟曝言》者，必自拟文素臣。读《石头记》者，必自拟贾宝玉。读《花月痕》者，必自拟韩荷生若韦痴珠。读梁山泊者，必自拟黑旋风若花和尚。……文字移人，至此而极。”（《论小说与群治之关系》）梁启超这一论述，不仅形象地概括了“烘”、“化”，以及“骤觉”、“脱之使出”等文学欣赏活动中的情感心理因素，而且从读者自化其身以及化己之情为书中主人公之情的心理反应中，论述了文学的审美移情作用的特点。梁启超还探究了人们心态复现和情感的变化，以及审美主客体的相互联系，深入地揭示出文学审美移情的心理状态。如说：

同一月夜也，琼筵羽觞，清歌妙舞，绣帘半开，素手相携，则有余乐；劳人思妇，对影独坐，促织鸣壁，枫叶绕船，则有余悲。同一风雨也，三两知己，围炉茅屋，谈今道故，饭酒击剑，则有余兴；独客远行，马头郎当，峭寒浸肌，流潦妨毂，则有余闷。“月上柳梢头，人约黄昏后”与“杜宇声声不忍闻，欲黄昏，雨打梨花深闭门”，同一黄昏也，而一为欢憨，一为愁惨，其境绝异。“桃花流水杳然去，别有天地非人间”与“人面不知何处去，桃花依旧笑春风”，同一桃花也，而一为清净，一为爱恋，其境绝异。“舳舻千里，旌旗蔽空，酾酒临江，横槊赋诗”与“浔阳江头夜送客，枫叶荻花秋瑟瑟，主人下马客在船，举酒欲饮无管弦”，同一江也，同一舟也，同一酒也，而一为雄壮，一为冷落，其境绝异。（《自由书·惟心》）

梁启超的上述论述，从“惟心所造之境为真实”的观点出发，受佛教“三界唯心”思想的影响，显然无法从现实与生活的审美关系中对审美移情作出符合科学的阐释，但梁启超从主体对客体审美感受的差异性中，精辟而形象地阐述了艺术审美活动中意与象通、情与境偕、景同情异的审美创作原理，在审美心理分析上，具有一定的合理性。

在文学批评中，梁启超十分注重作家的情感修养和观察力的培养。他认为在促进社会文明的进步中，作家、艺术家担负着情感教育的责任，因此必须认清自己的地位，“最要紧的工夫，是要修养自己的情感，极力往高洁纯挚的方面，向上提絜，向里体验。自己腔子里那一团优美的情感养足了，再用美妙的技术把他表现出来，这才不辱没了艺术的价值”（《中国韵文里头所表现的情感》），又说：“艺术是情感的产物，科学是理性的产物。”从表面看来，两者好像不相容，但它们统一于“观察自然之真”。真正的作品，最要紧的是描写出事物的特性。为此，作家“非经一番分析的观察工夫不可”。科学的根本精神，全在养成观察力。“艺术家所以成功，全在观察自然之美。怎样才能看得出自然之美，最要紧的是观察自然之真。能观察自然之真，不惟美术出来，连科学也出来了。”（《美术与科学》）梁启超说“美术能产生科学”显然是片面的，但他提倡“真美合一”的美学思想，强调作家艺术家要培养科学的观察力，要善于“同中观异”，强调个性创造，并在热心和冷脑的结合中创作第一流文艺作品，这些观点是可取的。

第三节　王国维的文学批评

王国维是近代著名的学者、文学家和美学家。他在中国古代史学、古文字学、文学和美学等各个方面，都有卓越的建树。他一生著述颇丰，有《观堂集林》、《观堂别集》、《苕华词》、《静安文集》等。合刊其他学术著作为《海宁王静安先生遗书》，文学批评著作主要有《红楼梦评论》、《人间词话》、《宋元戏曲考》、《文学小言》、《屈子文学之精神》等。

一、王国维文学批评形成的思想基础

王国维的文学批评是在继承我国文化传统和吸收外来文化观念的基础上形成和建立起来的。王国维说过：“甲午之后，始知世界尚有新学。”（《静安文集续编・自序》）西方新学的传入，引起了王国维对西学的极大兴趣，他有感于中国的落后贫穷，欲求取学习西方用以发展祖国的学术和文化事业。他孜孜不倦地研读西书，特别是西方近代哲学、自然科学著作。他说：“余之研究哲学始于辛壬（即1901～1902年）之间。癸卯（1903）春始读汗德（康德）之《纯理批评》，苦其不可解，读几半而辍。嗣读叔本华之书而大好之。自癸卯之夏以至甲辰（1904）之冬，皆与叔本华之书为伴侣之时代也。其所尤惬心者，则在叔本华之知识论，汗德之说，得因之以上窥。然其于人生哲学观，其观察之精锐与议论之犀利，亦未尝不心悦神释也……今岁之春，复返而读汗德之书，嗣今以后，将以数年之力研究汗德。”（《静安文集・自序》）此后，王国维用了七八年时间研读叔本华、康德思想学说，一方面，大力介

绍他们的哲学观念，写了如《叔本华之哲学及其教育学说》、《叔本华与尼采》、《论新学语之输入》等论著和评论，同时又着力运用康德的审美超利害关系说、席勒的游戏说和叔本华的唯意志论，去分析美学问题，评论作家作品，撰写了如《古雅之在美学上之位置》、《红楼梦评论》、《屈子文学之精神》、《论哲学家与美术家之天职》等论文，首次把西方近代资产阶级哲学、美学原理以及科学分析方法引进中国的文学批评。在《红楼梦评论》等文学批评中，他以比较完整的逻辑思辨体系，突破了我国传统诗话、词话和小说评点的格局，提出许多新人耳目的文学见解；另一方面，他又受中国道家和禅宗的超尘脱俗、自然无为等哲学思想的影响，在文学批评中比较注重对文学自身规律的探索，强调文学创作中主体与自然的融合，宣扬了超政治、超道德的文学观。王国维提倡学习西方，但又指出："西洋人之特质，思辨的也，科学的也，长于抽象而精于分类，对世界一切有形无形之事物，无往而不用综括及分析之二法，故言语之多自然之理也。吾国人之所长，宁在于实施之方面，而于理论之方面，则以具体的知识为满足。至分类之事，则除迫于实际之需要外，殆不欲穷究之也。"然而"抽象之过，往往泥于名而远于实，此欧洲中世纪学术之大弊，而今世之学者犹或不免焉"（《论新学语之输入》），认定中西学术各有所长。因此，当王国维用西方资产阶级哲学评论《红楼梦》而陷入困厄之时，为了解脱思想和研究方法上的矛盾，他从中西学术的比较中，看到自己民族的学术文化之所长，转为潜心研究中国古代诗词和戏曲问题。王国维自1907至1912年间所著的《人间词话》、《宋元戏曲考》等著作，则在民族文化传统的背景上，把吸取西方美学熔铸在对本民族文学的研究中，力图融会中西，贯通古今，因而自成体系，颇多创见。在中国近代文学史上，王国维的文学批评是"取外来之观念与固有之材料，互相印证"（陈寅恪：《王静安先生遗书序》）的产物，无论在内容上还是在批评方法上，都表现出完整性和独特性。如果说梁启超的文学批评体现了我国中世纪文艺观念向近代资产阶级文艺观念批评及方式的转变进程，那么，王国维的文学批评则是中国文学批评近代化成熟的重要标志。

王国维从事文学的研究和批评活动，是在1902～1912年这10年间。他广泛吸收了西方资产阶级文艺美学的新观点、新研究方法，通过对我国古典名著《红楼梦》，对我国古代诗词、戏曲的评论、分析和研究，比较系统地阐述各体裁文学的特点、创作与演变规律，进而丰富了文学理论与批评的方法。

二、首次揭示出《红楼梦》的社会性和悲剧美学价值

王国维的《红楼梦评论》发表于1904年，是作者运用叔本华的美学观，通过哲学的思辨比较系统地研究《红楼梦》的专论。它虽然宣扬了悲观消极的人生哲学，但透过对作品内容和艺术形象的剖析，首次揭示出《红楼梦》的社会性和悲剧的美学价值，从而批判了"以考证之眼"读《红楼梦》的错误方法，道及了小说艺术审美创作的一些基本原理。

《红楼梦评论》共分5章。第1、2章题为“人生及美术之概观”与“红楼梦之精神”，主要表达作者对人生和艺术的基本观点，论述《红楼梦》之所以成为一部“绝大著作”的基本精神与文艺的任务。王国维认为，生活之本质是“欲”而已，而人生乃是“欲与生活与苦痛”三者的结合，《红楼梦》的伟大正在于描写了这种“生活之欲”和“人生故”。他说，

鸣呼！宇宙一生活之欲而已。而此生活之欲之罪过，即以生活之苦痛罚之，此即宇宙之永远的正义也。自犯罪，自加罚，自忏悔，自解脱。美术之务，在描写人生之苦痛与其解脱之道，而使吾侪冯生之徒，于此桎梏之世界中，离此生活之欲之争斗，而得其暂时之平和，此一切美术之目的也。

把文艺的任务和目的，归结为描写人生的痛苦及其解脱之道，以摆脱生活之欲得到暂时的平和，显然，这是王国维运用叔本华“人生即是痛苦”（《作为意志与表象的世界》）的悲观主义人生观和老庄厌世哲学审视《红楼梦》一书所作出的论断。在王国维看来，《红楼梦》的基本精神就在于“以生活为炉，苦痛为炭，而铸其解脱之鼎”，即作家以悲剧之笔，展现出生活之欲所产生的巨大痛苦和为拒绝一切生活之欲的“解脱之道”。王国维推崇《红楼梦》的价值和贾宝玉等形象的原因在此，他肯定歌德《浮士德》以及描写主人公苦痛和解脱的意义也在此。

《红楼梦评论》第3、4章，分别为“红楼梦之美学上之价值”和“红楼梦之伦理学上之价值”，这是王国维根据叔本华的审美观和意志论，从比较中探索《红楼梦》悲剧内涵和伦理价值的部分。王国维探究到，《红楼梦》以其悲剧形式揭示人生之真谛，它“大背于吾国人之精神”，与那种“始于悲者终于欢，始于离者终于合”的乐天精神相反，是一部彻头彻尾的悲剧，有其最上乘的美学价值，他说：

故吾国文学中，其具厌世解脱之精神者，仅有《桃花扇》与《红楼梦》耳。而《桃花扇》之解脱非真解脱也。……故《桃花扇》之解脱，他律的也；而《红楼梦》之解脱，自律的也。且《桃花扇》之作者，但借侯、李之事，以写故国之戚，而非以描写人生为事。故《桃花扇》政治的也，国民的也，历史的也；《红楼梦》哲学的也，宇宙的也，文学的也。此《红楼梦》之所以大背吾国人之精神，而其价值亦即存乎此。

所谓他律的与自律的、政治的与宇宙的、历史的与文学的分别，是说与《桃花扇》相比，《红楼梦》未受历史和政治观念的束缚，而是依据生活的自主逻辑，在形象直观描写中展现出人生的本质与解脱痛苦之道，以其高度的艺术概括，真实地再现了第三种悲剧的壮美之情。他有感于亚里士多德关于悲剧感发人的精神理论，从创作与审美关系上沟通了悲剧与伦理学之间的联系，指出《红楼梦》是一部反映了人生最惨、最美的悲剧，“可谓悲剧中之悲剧也”。

在《红楼梦评论》第5章“余论”中，王国维以悲剧论批评前人“以考证之眼”（烦琐的历史考证）读《红楼梦》的错误倾向，进而论述了小说艺术创作的一些特点和规律。如说：

夫美术之所写者，非个人之性质，而人类全体之性质也。惟美术之特质，贵具体

而不贵抽象。于是举人类全体之性质，置诸个人之名字之下，譬诸“副墨之子”，“洛诵之孙”，亦随吾人之所好名之而已。善于观物者，能就个人之事实，而发见人类全体之性质；今对人类之全体，而必规规焉求个人以实之，人之知力相越，岂不远哉！

上述论述，实际上提出了文学创作中的想象、虚构和典型性等问题。但是，王国维用以阐述《红楼梦》悲剧美学的武器，却是叔本华的唯意志论和悲观论，自然没能从文学与社会生活的联系中深究《红楼梦》悲剧的真正的社会性质，相反宣扬了悲观消极的人生观和“美术之源，出于先天”的错误思想，并且在对人物形象的分析上存在着牵强附会之处。

三、以“境界说”为中心的《人间词话》是中国诗学近代化的标志

发表于1908年的《人间词话》，是王国维继《红楼梦评论》之后又一部重要的文学批评专著，是作者继承我国古代诗论传统并融合西方某些美学观念，在研究中国古典诗词方面取得的巨大成果。

《人间词话》最早单行本为64则，现通行本已加入王氏未刊稿和其他论词资料。全书以“境界”说为中心，内容大致可分为两部分：一是论述境界的内涵与美学范畴；二是以境界为标准，评论具体词人词作，重在体味和审美分析。作者以诗话方式论词，篇幅虽然不长，但论析精深，自成体系，艺术思辨性强，影响深广。《人间词话》一开始就提出：“词以境界为最上。有境界自成高格，自成名句。五代、北宋之词所以独绝者在此。”又说：“境非独景物也，喜怒哀乐亦人心中之一境界。故能写真景物真感情者，谓之有境界。否则谓之无境界。”“境界有大小，不以是而分优劣。”王国维以境界为标准，探求的是文艺特性及创作规律，从而极大地丰富和发展了历代论“意境”和“情景交融”的文学思想，如说求真、求深、求沁人心脾的感人力量艺术：

大家之作，其言情也必沁人心脾，其写景也必豁人耳目。其词脱口而出，无矫揉妆束之态。以其所见者真，所知者深也。诗词皆然。持此以衡古今之作者，可无大误矣。

王国维从创作与感人的相互联系中，把创作的真与境界美紧密结合在一起，以真作为判断境界美的认识基础，并表达了反对形式主义风气的主张，传达出他对自然真趣的艺术美的向往和追求。他说：“古今词人格调之高无如白石，惜不于意境上用力。故觉无言外之味，弦外之响，终不能与第一流作者也。”他不满南宋姜夔，特别是张炎、吴文英雕章琢句的词风，但又不弃“弦外之音”、“味外之味”的含蓄美。为此，王国维从情与景、物与我以及主客观的相互联系中，多层次、多角度地阐述和发展了“意境说”的内涵。

一是造境与写境。所谓造境与写境，实质是受西方文学创作方法论的启迪，讲的是现实主义与浪漫主义的创作方法问题。他说：“有造境、有写境，此‘理想’与

'写实'二派之所由分。然二者颇难分别，因大诗人所造之境必合乎自然，所写之境亦必邻于理想故也。"这里所说"造境"，是指作家依照生活作艺术的想象、虚构，以抒发自己炽热的情感；而"写境"，是指作家对生活作真实描绘而创造的艺术意境。王国维从文学艺术创作中认识到，作家对现实生活进行艺术的概括和加工时必然会熔铸自己的理想，"故虽写实家，亦理想家也。又虽如何虚构之境，其材料必求之于自然，而其构造，亦必从自然之法则，故虽理想家，亦写实家也"，辩证地揭示了写实派与理想派创作方法，即现实主义与浪漫主义创作方法的某些特点。

二是有我之境与无我之境。王国维说：

有有我之境，有无我之境。"泪眼问花花不语，乱红飞过秋千去"，"可堪孤馆闭春寒，杜鹃声里斜阳暮"，有我之境也。"采菊东篱下，悠然见南山"，"寒波澹澹起，白鸟悠悠下"无我之境也。有我之境，以我观物，故物皆著我之色彩；无我之境，以物观物，故不知何者为我，何者为物。

所谓"有我之境"，是指作家在所描写的景物上寄托有我之情。冯延已《鹊踏枝》中的落花、飞絮，秦观《踏莎行》中的孤馆、杜鹃、斜阳，原来都是自然景象，而词人对之洒泪发问，于自然景物中生发迟暮之感，寄托伤感之情。所谓"无我之境"，是指宁静的自然景物使作家身与物化，心境与物境浑为一体。陶渊明《饮酒》诗中"采菊东篱下，悠然见南山"，表现了隐逸之士与南山俱化的悠然适性心情。元好问诗《颍亭留别》，写诗人临水远眺，心境随微波寒水、白鸟悠悠而变得平淡舒缓。王国维又说："无我之境，人惟于静中得之；有我之境，由于动之静时得之。故一优美，一宏壮也。"显然王国维这种文学审美观，同样受了叔本华的"忘利害关系"和"离意志之关系"（《叔本华之哲学及其教育学说》）思想的影响。他提倡审美静观，所谓"吾人观美时，亦不知一己之利害"，但又和《红楼梦评论》中阐述优美和壮美之说有所不同，而更注重诗词的求真求实精神。因此在具体作家作品评论中，王国维不仅喜爱自然适性的作品，而且着眼于作品的真意，推崇表现"真"精神和那些忧生忧世之作，如说："词人者，不失赤子之心者也。""《诗·蒹葭》一篇最得风人深致。晏同叔之'昨夜西风凋碧树，独上高楼，望尽天涯路'，意颇近之。但一洒落，一悲壮耳。"又说："'我瞻四方，蹙蹙靡所骋'，诗人之忧生也。""'终日驰车走，不见所问津'，诗人之忧世也。"等等。

三是隔与不隔，入乎其内与出乎其外。王国维以冷静的科学态度，透过艺术的审美直观，在《人间词话》中揭示出诗歌创作中隔与不隔的特点。他说：

问隔与不隔之别？曰：陶、谢之诗不隔，延年则稍隔矣；东坡之诗不隔，山谷则稍隔矣。"池塘生春草"，"空梁落燕泥"等二句，妙处唯在不隔，词亦如是。即以一人一词论：如欧阳公《少年游》咏春草上半阕云："阑干十二独凭春，晴碧远连云。二月三月，千里万里，（按：原作为：'千里万里，二月三月'。）行色苦愁人"，语语都在目前，便是不隔。至云："谢家池上，江淹浦畔"，则隔矣。白石《翠楼吟》："此地宜有词仙，拥素云黄鹤，与君游戏。玉梯凝望久，叹芳草萋萋千里。"便是不隔。至“酒祓清愁，花消英气”，则隔矣。

从王国维所举词人词作看，所谓不隔，是指“语语都在目前”，作品展示出的艺术形象自然、鲜明、生动，给人以“真切”的感受；反之，矫揉造作，缺乏形象的观感，就是“隔”了。

王国维还提出了“入乎其内”与“出乎其外”的主张，说：“诗人对宇宙人生，须入乎其内，又须出乎其外。入乎其内，故能写之，出乎其外，故能观之。入乎其内，故有生气，出乎其外，故有高致。”所谓“入乎其内”，是说作家对生活了解得愈深、愈真，才能高瞻远瞩，写出富有生气的作品来；但又要“出乎其外”，不为世俗所诱惑，对宇宙人生采取静观的态度。王国维正是以这种隔与不隔、内与外的理论，颇有见地地阐述了客观之诗人与主观之诗人的分别，对“古今之成大事业大学问者，必经过三种之境界”的论述，对“苏、辛词中之狂”以及“旷”、“豪”风格的赞美，对词人词作的“神秀”、“骨秀”和“气象”等意蕴的总结，等等，充分显示了王国维重视对文学意境美的创造。但是，王国维在探求文学境界的过程中，把政治家之眼与诗人之眼对立起来，否定了“为时”“为事”而作的现实主义的文学创作，显然这是对梁启超等人强调社会作用的“意境”说的矫枉过正，失之片面。

总之，《人间词话》是王国维诗学理论的代表作，它以求真求美的境界说为中心，是立足于我国文学批评土壤并吸收西方文艺美学的一些观点建立起来的文学理论批评体系。它评古而创新，用新的观念和方法总结诗词创作经验，在我国近现代文学批评史上具有重要的意义。

四、具有拓荒和权威性成就的《宋元戏曲考》

从1907至1912年，王国维致力于中国古代戏曲的研究。他继承清代乾嘉学派的治学经验并吸收西方美学的新观点、新方法，对我国古典戏曲的源流、演变、分期，以及戏曲的社会意义和艺术特征等，都作了比较系统深入的探讨，先后撰写有《曲录》、《戏曲考原》、《录鬼簿校注》、《优语录》、《唐宋大曲考》、《录曲余谈》、《古剧脚色考》和《宋元戏曲考》等曲论与专著。其中以《宋元戏曲考》最具总结性和学术性价值，被誉为“不仅是拓荒性的工作，前无古人，而且是权威的成就，一直领导着百万的后学”（郭沫若：《鲁迅与王国维》），为我国古典戏曲研究开创了一个新格局。

王国维说，余之所以有志于戏曲者，乃有感于“吾中国之最大不振者莫戏曲若”。他决心通过戏曲研究发扬民族文化优良传统，以改变我国戏剧“比之西洋之名剧相去尚不能以道里计”（《静安文集续编·序》之二）的落后状况，促进戏曲创作的繁荣。《宋元戏曲考》就是作者花了近五年时间精心研究的学术成果。书中论述了“上古至五代之戏剧”、“宋之滑稽戏”、“古剧之结构”、“元杂剧之渊源”以及“元剧之文章”、“元南戏之文章”等大小十余个专题，不仅论述了戏曲艺术的内容及审美特征，而且开创了戏曲史研究的新领域，为中国戏曲史研究奠定了坚实的基础。

在《宋元戏曲考》中，王国维通过对我国古典戏曲源流的考察、比较和分析，第一次揭示了“真戏曲”的概念及其构成要素。王国维认为，古代的巫戏、俳优、滑稽、歌舞、百戏等各种伎艺虽然与戏曲的形成和发展有密切关系，但还不能算是真正的戏曲。他指出“真戏曲”必须具备两个基本标志：一是“由叙事体变为代言体”；二是“必合言语、动作、歌唱，以演一故事”。而元代杂剧不但具备了这些特征，而且在语言运用上完成了“于科白中叙事，而曲文全为代言”的演变，在乐曲上也突破了唐宋大曲和诸宫调的局限，比较自由地适应了剧中叙事和人物抒情、状物的需要。“此二者之进步，一属形式，二属材质，二者兼备，而后我中国之真戏曲出焉。”王国维把“代言体”和“必合言语、动作、歌唱，以演一故事”作为我国戏曲成熟的重要标志，不仅阐述了中国戏曲发展的历史过程，抓住了戏曲艺术的基本特点，而且揭示了中国古代戏曲具有说白、歌唱和舞蹈因素完美结合的特征。

王国维的戏曲理论批评，还通过戏曲源流演变的探讨，揭示出戏曲的特征，对元剧的文学价值作了充分肯定，如他说：“追原戏曲之作，亦实古诗之流。所以穷品性之纤微，极遭遇之变化，激荡物态，抉发人心，舒轸哀乐之余，摹写声容之末，婉转附物，惆怅切情。……”（《曲录自序》二）他认为戏曲文学同样能把“物态”“人心”声容俱美地展现在读者的面前，而元杂剧的成就，在于“但摹写其胸中之感想，与时代之情状”，具有自然美的特征。他在《宋元戏曲考·元剧之文章》中说：

元曲之佳处何在？一言以蔽之，曰：自然而已矣。古今之大文学，无不以自然胜，而莫著于元曲。盖元剧之作者，其人均非有名位学问也；其作剧也，非有藏之名山，传之其人之意也。彼以意兴之所至为之，以自娱娱人。关目之拙劣，所不问也；思想之卑陋，所不讳也；人物之矛盾，所不顾也；彼但摹写其胸中之感想，与时代之情状，而真挚之理，与秀杰之气，时流露于其间。故谓元曲为中国最自然之文学。

王国维继承和发扬中国古代文论中崇尚自然的文学思想，把“自然”说引进戏曲理论批评并作为评价戏曲文学成就的一个主要标准，这对反对摹拟雕琢的文风，对戏曲作品表现真切的情感及描绘情状，是有积极意义的。

王国维还吸取了西方的悲剧美学观，在《宋元戏曲考》中论述了我国古典悲剧的性质及其意义等问题。例如，他在“元剧之文章”中说道：

明以后，传奇无非喜剧，而元则有悲剧在其中。就其存者言之：如《汉宫秋》、《梧桐雨》、《西蜀梦》、《火烧介子推》、《张千替杀妻》等，初无所谓先离后合，始困终亨之事也。其最有悲剧之性质者，则如关汉卿之《窦娥冤》，纪君祥之《赵氏孤儿》。剧中虽有恶人交构其间，而其赴汤蹈火者，仍出于其主人翁之意志，即列之于世界大悲剧中，亦无愧色也。

王国维认为“明以后传奇无非喜剧”，这不符合戏曲文体发展的实际。但他经过考察、分析和比较，不仅从剧情结构、人物性格冲突以及主人公的“赴汤蹈火”意志等方面，揭示了关汉卿《窦娥冤》和纪君祥《赵氏孤儿》的悲剧性特征，并视之为我国传统悲剧的典范，而且指出它们可以和世界大悲剧相媲美，见解深刻而新颖。王国维在戏曲批评中还注意了中外文化交流以及外来文化对我国戏曲的影响，如说，还在1762年《赵氏孤儿》就被译成法文传到欧洲，半个世纪以后，《汉宫秋》、《老生儿》、《灰阑记》、《连环计》、《看钱奴》等戏曲也相继在欧洲译出，而《元戏曲选》百种中，译成外文者就有30多种。

王国维的《宋元戏曲考》，系统地总结和发展了我国戏曲理论，它第一次清晰地勾勒出我国戏曲发展演变的脉络，成为中国戏曲史研究的开山之作。在研究方法上也有新的突破，他善于运用分析综合和纵横贯通方法，在广阔的历史文化背景上观察和研究戏曲文学的历史演变，为后人在研究方法上提供了借鉴。

第四节 鲁迅早期的文学批评

鲁迅是在辛亥革命前步入文坛的，早年受孙中山民族民主革命思想的影响，1902年留学日本，为了拯救中国，启发国民觉醒，他于1906年弃医从文，不久即撰写了《摩罗诗力说》、《文化偏至论》、《斯巴达之魂》、《人之历史》、《科学史教篇》、《破恶性论》（未完稿）等宣传科学和文化思想的重要论文。其中，《摩罗诗力说》和《文化偏至论》所论述的文学思想和理论主张，体现了中国近代文学理论批评的近代化和向现代化过渡的革命性和战斗精神。

一、关注中国的社会和人生重视文学的社会价值和教育作用

20世纪初，鲁迅还是一个激进的民主主义者，但他一开始就以追求思想解放的巨大爱国热情，关注着中国社会和人生，重视文学的社会价值及其教育作用。表现在文学与现实生活关系问题上，他提出文学必须道“人生之诚理”，“启人生之閟机”（《摩罗诗力说》）的创作要求，如说：“盖诗人者，撄人心者也。凡人之心，无不有诗，如诗人作诗，诗不为诗人独有，凡一读其诗，心即会解者，既无不自有诗人之诗。无之何以能解？惟有而未能言，诗人为之语，则握拨一弹，心弦立应，其声彻于灵府，令有情皆举其首，如睹晓日，益为之美伟强力高尚发扬，而污浊之平和，以之将破。平和之破，人道蒸也。”（《摩罗诗力说》，下引文未注明者均见此文）诗人（作家）是民众心底的代言人，其创作不仅是作家思想感情的表现，而且反映了民众的要求。“文章之于人生，其为用决不次于衣食、宫室、宗教、道德。”作家的职责就是用诗（文学）反映人生的“事实法则”，道“人生之诚理”，以激励人们的“自觉勇猛发扬精进”精神，发挥“益人生”的社会作用。鲁迅从作家的创作与激励读者心灵和改造人生的相互联系的角度，阐述了文学的社会功能。1913年，鲁迅又写了《拟播布美术意见书》，认为：“盖凡有人类，能具二性：一曰受，二曰作，受者譬如曙日出海，瑶草作花，若非白痴，莫不领会感动；既有领会感动，则一二才士，能使再现，以成新品，是谓之作。”“美术者，有三要素：一曰天物，二曰思理，三曰美化。”上述文学思想，体现了鲁迅早期文学理论批评的现实主义创作原则，这对“五四”新文学运动中提倡文学为人生、为社会以及大众化的文学创作思想，无

疑也产生了积极的影响。

二、提倡文学上的“摩罗诗派”

青年时期的鲁迅为了拯救祖国的命运和冲击黑暗封建势力，积极提倡文学上的“摩罗诗派”，即积极浪漫主义的反抗精神。这是鲁迅早期文学批评的又一重要特点。鲁迅指出，只有那些“立意在反抗，指归在动作”的摩罗诗派，才能“动吭一呼”，使“闻之者兴起”，起到“争天拒俗，而精神复深感后世人心，绵延至于无已”的作用。他首次把19世纪欧洲资产阶级上升时期的积极浪漫派诗人，如裴伦（拜伦）、修黎（雪莱）、密克威支、裴象飞（裴多菲）、普式庚（普希金）等介绍到中国来，并高度评价了他们的爱国主义和反抗黑暗、追求光明的进取精神，称赞这些诗人为“精神界之战士”，如赞美拜伦的精神时说：“故其平生，如狂涛，如厉风，举一切伪饰陋习，悉与荡涤，瞻顾前后，素所不知；精神郁勃，莫可制抑，力战而毙，亦必自救其精神；不克厥敌，战则不止。”鲁迅这种主张荡涤一切伪饰陋习、“不克厥敌，战则不止”的思想，和他《文化偏至论》中“立人”的思想相一致。鲁迅认为，要改变国家贫穷落后的面貌，首要的任务是“立人”：“人立而后凡事举；若其道术，乃必尊个性而张精神，假不如是，槁丧且不俟夫一世。”（《文化偏至论》）所谓“尊个性而张精神”，就是说对广大群众进行思想启蒙，改造愚劣的国民性，改变“麻木”、“愚弱”的精神状态，尊重人的个性，充分发挥主体的能动作用，使之在冲决封建思想的罗网中创造崭新的精神。鲁迅认为，欧洲浪漫派诗人的“求索而无止期，猛进而不退转”的热诚勃然的战斗意志，他们的“无不刚健不挠，抱诚守真；不取媚于群，不随顺旧俗；发为雄声，以起其国人之新生，而大其国天下”的求真求新思想，正体现了刚健的创造精神。对比中国当时的现状，鲁迅十分感慨地说：“今索诸中国，为精神界之战士者安在？有作至诚之声，致吾人于善美刚健者乎？有作温煦之声，援吾人出于荒寒者乎？家国荒矣，而赋最末哀歌，以诉天下贻后人之耶利米，且未之有也。”鲁迅从中国当时的现实出发而借鉴西方文学的抗争进取精神，提倡雄健伟力之美，希望中国也有精神界战士的出现，顺应了历史发展的潮流，是具有进步意义的。

三、主张有选择地吸收和借鉴西方文化

鲁迅在青年时期便开始接受西方文化，还在戊戌变法期间就熟读了严复翻译的《天演论》，并常常阅读梁启超主编的《时务报》。因此，鲁迅早期的文学批评还深刻体现了他对中西文化所持的正确态度。鲁迅指出，中国长期实行闭关锁国政策，缺乏对西方文化的了解和比较，而满足于固有的一切，“屹然出中央而列校仇，则其益自尊大，宝自有而傲睨万物，固人情之所宜然，亦非甚背于理极者”（《文化偏至论》），不思进步发展，因而停滞不前。因此，一旦“海禁既开”，中国受帝国主义列强的侵凌，看见“有新国林起于西，以其殊异之方术来向，一施吹拂，块然踣竟，

人心始自危”（《文化偏至论》）。长期的闭关守旧导致民族文化心理上的危机，因此，鲁迅主张要积极介绍和吸收西方文化。但他对于洋务派和一些维新人士的生搬硬套、一知半解地学习和模仿西方提出了分析和批评，认为，“近不知中国之情，远复不察欧美之实，以所拾尘芥，罗列人前，谓钩爪锯牙为国家首事，又引文明之语，用以自文，征印度波兰作之前鉴”（《文化偏至论》），指出洋务派的所谓富国强兵之论，是在不了解本国情况、不分析欧美实际的情况提出的，并不能真正救国。鲁迅主张要根据本国实际情况以及在了解西方文化本质的基础上，有选择地吸取和借鉴西方文化。他弃医从文，他宣传西欧“摩罗派”诗人如拜伦、雪莱等人的反抗战斗精神，就是根据当时中国的实际情况，吸取“摩罗”诗人的精神，以抨击中国几千年来的封建统治、呼唤群众觉醒的。鲁迅指出：“中国之立于亚洲也，文明先进，四邻莫之与伦”，为什么不可出现一个“卓立宇内，无所愧逊于他邦，荣光俨然”的局面呢？他希望我们中国有精神界之战士出现，像西方浪漫派诗人一样发出至诚之声，“致吾人于善美刚健”之中，“破中国之萧条”，创造一个光明的新中国。

四、强调文学创作的“诚、善、美”的统一

在文学创作以及对待古代文化的态度上，鲁迅反对“古态永存”的国粹主义复古主义倾向。他主张文学创作上的“诚、善、美”的统一，说：“以诗移人性情，使即于诚善美伟强力最为之域。”他强调“诗言志”而反对“强以无邪”之说，而赞美屈原善于“抽写哀思郁为奇文”和“放言无惮，为前人所不敢言”的精神。鲁迅提倡创作上的真实和理想相结合，“按其真状，则光明希望，实伏于中”，诗人不但要“活动于现实之区”，而且要神驰于“理想之域”，即文学创作既要真实地反映现实，立意于对旧世界的反抗和斗争，又要展示对理想和光明的追求，所谓“以反动破坏充其精神，以获新生为其希望者是”（《文化偏至论》）。鲁迅认为，雪莱诗歌之所以可贵，在于既勇敢地冲击了旧的现实，又能表达“崇信之境”，以“妙音”和“神思”喻一切未觉，令人“奔神思之乡”，“使怀大希以奋进，与时劫同其无穷”。鲁迅强调，对待文化遗产不能一味怀古，而应该“如鉴明镜，时时上征，时时反顾，时时进光明之长途，时时念辉煌之旧有，故其新者日新，而其古亦不死”，指出为了振兴民族文化，不仅应该继承自身民族文化的优良传统，而且应该学习和借鉴外国优秀文化。因为“国民精神之发扬，与世界识见之广博所属”有关，“外之既不后于世界之思潮，内之仍弗失固有之血脉，取今复古，别立新宗”（《文化偏至论》），而要“别立新宗”（即革新创造），就必须善于选择“善美而可行诸中国”而用之。

总之，鲁迅早期的文学批评，体现了青年鲁迅炽热的爱国主义精神和革命民主主义思想，他从中国当时的现实出发，善于把中国文学革新的实际与介绍外国进步文艺思想相结合，把我国近代文学理论批评提高到一个新阶段。但由于时代和作者世界观的限制，鲁迅早期的文学思想中也接受了尼采、叔本华“任个性、非物质”的超人主义思想的影响。然而，鲁迅早期的文学理论批评，是适应反封建思想统治

和民族民主革命斗争的需要的。道“人生之诚理”和“立意在反抗”的创作思想，贯串在他早期的文学创作实践中，他的为社会、为民众、为人生的文学理论批评观，伴随着“五四”新文化运动的兴起，以及他对马克思主义的学习与运用，在以后的革命和文学实践中得到了更为光辉的体现。

小结

中国近代资产阶级文学批评，是伴随着维新思潮的勃兴而出现的。它具有如下特点：强烈的时代意识和社会政治倾向；在冲破旧的文学传统中确立文学观念；文学比较方法的运用；对创作原理和艺术特征的进一步探索等。

梁启超是中国近代文学批评方面杰出的代表之一。他的文学理论批评涉及诗歌、小说、散文、戏曲等文体，内容丰富，方法多样。其文学思想，影响了近代文学思潮的走向。

王国维的文学批评是在继承我国文化传统和吸收外来文化观念的基础上建立起来的。他首次揭示出《红楼梦》的社会性和悲剧美学价值，写作了以“境界说”为中心的《人间词话》，撰写了具有拓荒和权威性成就的《宋元戏曲考》。他在中国文学和美学等方面都有卓越的建树。

鲁迅早期的文学批评，体现了中国近代文学理论批评从近代化向现代化的过渡。鲁迅关注中国社会和人生，重视文学的社会价值和教育作用；提倡文学上的“摩罗诗派”；主张有选择地吸取和借鉴西方文化；强调文学创作的“诚、善、美”的统一。鲁迅从当时的现实出发，把中国文学革新实践与介绍外国进步文艺思想相结合，把我国近代文学理论批评提高到一个新的阶段。

参考资料

郭绍虞．中国历代文论选（第四册）．上海：上海古籍出版社．1980

华南师范大学近代文学研究室．中国近代文学评林．第二辑．广州：广东高等教育出版社．1986

梁启超．饮冰室诗话．饮冰室合集·文集．第十三册之三十七、三十八，第十四册之三十九．北京：人民文学出版社．1981

鲁迅．鲁迅全集第一卷．坟．北京：人民文学出版社．1981

舒芜等．中国近代文论选（上下册）．北京：人民文学出版社．1981

王国维．红楼梦评论，人间词话．见：周锡山编校．王国维文学美学论著集．太原：北岳文艺出版社．1988

王国维．宋元戏曲考．见：王国维戏曲论文集．北京：中国戏曲出版社．1984

下　编

第六章　诗歌创作的发展和演变

中国传统诗歌的发展，元明以降，迄于清初，诗派繁多，门户各异。但就其实质而言，不外乎是求“虚”与求“实”、“宗唐”或“宗宋”两大流派而已，不为唐、宋所囿的为数甚少，无论诗学或诗作，都不曾有什么重大的突破，诗学理论日趋僵化，诗歌创作缺乏对现实生活的反映。随着近代民族矛盾、社会危机的加深，时代和社会的变化，传统诗歌向何处去，也走到了一个极为重要的关口。

第一节　近代诗歌的发展概况

传统诗歌发展到近代，无论是内容还是形式都发生了深刻的变化。围绕着救亡与启蒙、反帝与反封建、变革与开放这一时代的主旋律，诗歌与近代中国历史现实保持着相当密切的联系，亦与中国近代社会进程、文化思想的变革形成了一种共感共振效应，呈现出极为明晰的发展轨迹。

鸦片战争前后的近代诗坛，主要有两部分诗人的活动：一部分是以程恩泽、何绍基、郑珍、莫友芝等人为代表的“宋诗运动”诗人的活动；另一部分是以龚自珍、魏源、张际亮等人为代表的提倡“尊情”的爱国诗人的活动。他们对于明代以来诗坛存在的严重形式主义和拟古主义风气有共同的认识，希望以变革来拯救窳弱的诗风。然而，由于政治态度和对传统诗歌的认识上的差异，在企图变革诗风的过程中，他们分别采取了不同的途径，取得了不同的效果。

一、道咸以降的宋诗运动

在经过明代中晚期前后七子大力提倡“诗必盛唐”，公然声称“宋无诗”（李梦阳：《潜虬山人记》）后，宋诗长期处于一种被否定的地位。但是，从诗歌理论方面看，明代江西诗派的理论影响是依然存在的。万历年间，公安“三袁”在反对前后七子的复古主义文学主张的同时，就提出文艺家当以器识修养为本，认为“文之不传，非曰不工，质不至也”，主张文艺家要走“从学生理，从理生文”（袁宗道：《论天下》）的先器识而后文艺的道路。这些主张，显然与宋代江西诗派的理论是一脉相承的。

到清代初年，在严酷的思想禁锢，文字狱、科举考试以及汉宋之学盛行的背景下，士大夫埋头于经籍，墨守程朱，逃避现实。这为宋诗理论和宋诗的复兴提供了气候和土壤。康熙年间，浙西诗派的朱彝尊、厉鹗等人就提出以学识代替才情的主张，提倡宋诗，认为："天下岂有舍学言诗之理?"（朱彝尊：《楝亭诗序》）"有读书而不能诗，未有能诗而不读书。……书，诗材也。"（厉鹗：《绿杉野屋集序》）宋诗又成为清初的时尚。乾嘉之间，翁方纲倡"肌理"之说，强调以"经籍之光"来充实诗歌的内容，要求诗与政事合、与事境合。翁方纲的"肌理说"，成为道咸之际颇有影响且其影响及于清末的宋诗运动的先导。

早期宋诗派的出现，主要是希望以改变学习的对象，来抵制明代诗坛"诗必盛唐"的口号之下形成的浓厚的拟古风气，希望以另辟蹊径来拯救诗风。但是，早期宋诗派的作家们也多是官僚士大夫，他们在思想上和接触社会生活实际方面并不比明代诗人和同时代的"宗唐"派高明，他们之所长在于学问，在于训诂考证，因而难免"误把抄书当作诗"（袁枚：《仿元遗山论诗》），诗歌创作依然与现实生活脱节，从另一方面又走到摹拟复古的形式主义道路上去了。因而，宋诗派在清初至清中叶，虽然为人们所注意，但尚未成为一个具有规模的文学潮流。

道咸之际，程恩泽和稍后的何绍基、郑珍、莫友芝等人继承翁方纲的"肌理说"，把宋诗派发展成一场颇具规模、影响及于清末民初的"宋诗运动"，使宋诗取得了正统诗坛的盟主地位。这种文学现象的发生不是偶然的。道咸之际空前严重起来的民族与社会危机，使一切内容空洞、无病呻吟的东西，不论是崇尚典雅的"神韵"派，还是注重格调声律的"格调"派，或者是提倡抒发个人性灵的"性灵"派，都显然不符合社会各个阶层的要求。严峻的世变，要求诗风有相应的变革。加以急剧发生的社会变乱，不少诗人也身受波及，现实从各个方面给他们的精神上、心理上及肉体上以种种具体的刺激，他们也需要通过诗歌来描述遭遇，抒发身心的感受，表达对现实的评价。因此，以强调事境、强调义理和质实为特征的宋诗，自然引起人们的重视，广泛为文人们所接受，如刘大杰所说："及于世变，诗风趋新，作者身经艰苦，颇多愤世哀时之音，爱国革新之意，较之那些专讲格调声律的前期诗歌来，无论形式内容，都起了很大的变化。"（《中国文学发展史》下卷）

对道咸年间的"宋诗运动"的评价，是应当与清初宋诗派和清末的同光体有所区别的。这不仅仅是因为"宋诗运动"代表人物的诗歌理论有其合理的部分（见第三章第一节），还因为他们身受变乱现实的刺激，在创作实践中也往往不能恪守"温柔敦厚"、"扶持纲常，涵抱名教"之类的说教。如郑珍一生不得志，官卑家贫，辗转西南，饱受乱离之苦，常常是"有蔬苦无盐，有水复无米"，陈衍说他是"历前人所未历之境"，因而能"状人所难状之状"（《近代诗钞》）。就连较为顺利的何绍基，也终因屡陈时务，被朝廷斥为"肆意妄言"，于 1853 年被降官调职，从此弃官以讲学、校勘古籍终其一生。因而，在他们的创作中也产生了一部分与现实联系紧密的作品，这些作品抨击了列强的殖民侵略，揭露了清廷的腐败卖国，反映了民生疾苦，表达了诗人们的忧国忧民之心，如程恩泽的《粤东杂感》，何绍基的《沪上杂书》，金和的《盟夷》、《印子钱》，郑珍的《江边老叟诗》、《经死哀》，莫友芝的《有感二首》等都属于这一类。同时，文学现象、文学流派也有其复杂性，艺术上的追求也具有多向性。道咸间“宋诗运动”的代表作家的作品，除了相当大部分的学问诗显得呆板枯燥、佶屈聱牙之外，也不乏艺术成就较高的作品。何绍基的一些山水景物诗，或轻灵流丽，或粗犷自然，形象生动，饶有韵味，如：

几处渔村欸乃歌，轻烟染就万峰螺。
乌篷摇入潇湘路，才信春江是绿波。

（《春江》）

山转滩正拗，滩吼风又作。风力胁滩起，百丈不可落。声喧百雷霆，白舞千鹳鹤。扁舟赴的猛，不费半篙著。十里一瞬间，瞥似轻燕掠。念彼上滩人，何处稳船脚？

（《滩行》五首之一）

通俗明净，脱口而出，于写景之中刻画出诗人的主观感受，实在是情景交融的好诗。又如郑珍，除描写流民生活的作品有很强的现实性之外，他的写景诗也达到了很高的水平，如他的《闲眺》诗：

雨过桑麻长，晴光满绿田。人行蚕豆外，蝶度菜花前。台笠家家饷，比邻处处烟。欢声同好语，铖水晒秧田。

清新明快，有声有色，表现了“工而淡妙”（郑孝胥：《黎受生遗郑子尹书四种及巢经巢诗钞》）的艺术风格。

“宋诗运动”发展到光绪年间，形成它的末流——“同光体”。“同光体”的代表人物中许多是维新运动的直接参加者，如陈三立、沈曾植、林旭、陈衍等。林旭更是著名的戊戌“六君子”之一。他们在戊戌前后所写的诗歌都有不少可取之作，如林旭1896年所作的《虎邱道上》：

愿使江涛荡寇仇，啾啾故鬼哭荒丘。
新愁旧恨相随续，举目真看麋鹿游。

慷慨苍惊，诗人面对苏州在甲午战后沦为日寇租界，昔日的风景名胜之区如今陷入敌手，变得一派荒凉冷落，表达了一种深沉的不胜今昔之感和洗雪国耻的强烈愿望。陈三立在变法失败之后，也写了不少痛恨外强侵凌、忧心国事的作品，如1901年南归途中所作的《晓抵九江作》：

藏舟夜半负之去，摇兀江湖便可怜。
合眼风涛移枕上，抚膺家国逼灯前。
鼾声邻榻添雷吼，曙色孤篷漏日妍。
咫尺琵琶亭畔客，起看啼雁万峰巅。

虽然流露了个人的身世之感，但斗争的风涛萦于心头，国恨家仇逼于眼前，卧榻之侧强邻侵扰，更多的仍然是对国家民族前途命运的深沉系念。他的《书感》（1901）、《园馆夜集闻俄罗斯日本战争甚亟感赋用前韵》（1903）也都是洋溢着强烈的爱国精神的作品。由此可见，“同光体”的大多数代表人物在他们的前期，还是进步的，只是到了民主革命运动兴起之后，才沦为政治上的落伍者。清亡后，他们又大都成了“赞颂旃裘，诋諆民国”（凌景坚：《近代闺秀诗话序》）的清朝遗老。他们的诗作或诋毁革命，反对共和；或颓丧消沉，超然物外，在艺术上也多死守宋诗圭臬，与诗坛新风形成鲜明的对立。

二、主张“尊情”的爱国诗人的诗歌创作

与宋诗运动基本同时的主张“尊情”的爱国诗人，有张维屏、龚自珍、魏源、张际亮、林昌彝、贝青乔等，他们从社会变革和反对殖民主义侵略出发，从打破思想禁锢、争取个性解放的角度，努力探求诗歌反映社会大变动、适应社会变革要求的途径，开启了一代诗风。他们的诗歌创作不同程度地体现出鸦片战争时期文学在性质上所发生的嬗变和更新。

首先，他们的诗歌创作注意紧密联系社会实际，从社会的总体上揭露封建衰世，呼吁社会变革，给反封建专制的传统主题注入了具有时代特征的新内容。龚自珍是一位思想敏锐的爱国诗人，在他的编年诗中，开篇就是振聋发聩揭露和抨击封建衰世暴虐横行的作品《行路易》，诗人笔下的社会，四山猛虎，江多恶鱼，山不可居，水不可留，一片黑暗。在他的《己亥杂诗》中，揭露封建衰世的主题尤为突出，“万马齐喑”、“虎豹沉沉”、“危如累卵”、“颓波难挽”等等，都是他用来形容封建社会濒临衰亡的词语。“钟簴苍凉行色晚，狂言重起廿年喑”，诗人大声疾呼，要更法改图，要改变死气沉沉、窒息无声的局面。

随着殖民主义侵略战争的一再发生，“变法图强”的思想在这一时期的很多爱国诗人的作品中已初露端倪，他们“思乾坤之变”，关切国家民族的危亡、民生的疾苦：“白骨浩纵横，零残手与足。村荒狗彘饥，矫尾食人肉”（黄燮清：《灾民叹》），“公然社鬼白昼行，家家升屋招魂声”（朱绶：《道殣谣》）。有的诗人还探索社会衰败的原因，把抨击的矛头指向清王朝的黑暗统治：“昔日清风满野，今日雷霆打瓦。稽首北面陛下，小民非昧昧者，奈何驱之如瓮中鲊。”（姚燮：《青天高高董逃行》）龚自珍则热切地期待着时代的“风雷”来荡涤蔽天阴霾，冲洗出一个新世界（《己亥杂诗·九州生气恃风雷》），魏源也盼望着“何时闯天门，亲奏大微言。掀翻凡圣界，跳出阴阳寰”（《偶然吟十八首》）。这些诗作，言词尖锐，感情强烈，具有鲜明的反对封建专制统治的思想，实质上已经突破了传统诗歌中的讽喻的界限。

显示出这一时期爱国诗人作品中现实主义精神新特色的另一标志，是爱国主义在性质上的变化。我国的爱国诗歌，可以追溯到春秋战国时期的《诗经》、《楚辞》。历世而下，爱国诗作经久不衰。但是，鸦片战争以前，我国历史上所发生的民族矛盾和民族战争，大都是在中华民族范围内进行的。而鸦片战争及其以后发生的反侵略战争，则是另一种性质的、内涵完全不同的民族战争，是整个中华民族反抗外来民族侵略、关系中华民族危亡的战争。因此，出现于鸦片战争前后的爱国诗人（也

包括“宋诗运动”中的部分诗人）的反侵略的爱国诗章，既是传统爱国诗歌的继续，又在性质和内容上有了巨大的变化，成为中国近代反殖、反帝斗争的时代和民族的最强音。这些诗作，如魏源的《江南吟》、《秦淮灯船引》、《寰海十章》，龚自珍的《己亥杂诗》，张维屏的《三元里》，张际亮的《食肉叹》、《浴日亭》，金和的《围城纪事六咏》，贝青乔的《咄咄吟》，林昌彝的《杞忧》等，以高昂的民族精神和抗争、救国为基调，以要求禁烟、反抗外来侵略、心忧民族厄运为主题，不仅谴责了殖民主义的野蛮侵略，而且揭露和抨击了封建统治者出卖民族利益的罪行，把反殖民主义侵略和反封建的主题融汇在一起，给人以启迪。

其次，他们的诗歌创作中还表现出个性解放的强烈要求和对美好的理想社会的热烈追求。这里面既有对黑暗现实的不满、对理学禁欲主义和科举取士的用人制度的批判，也有对未来的向往，带有资产阶级启蒙思想的色彩。龚自珍的《能令公少年行》是表现这种主题的代表诗作：

美人十五如花秾，湖波如镜能照容，山痕宛宛能助长眉丰；……春山不妬春裙红，笛声叫起春波龙，湖波湖雨来空濛，桃花乱打兰舟篷，烟新月旧长相从。十年不见王与公，亦不见九州名流一刺通。其南邻北舍与谁相过从？痀瘘丈人石户农，嵚崎楚客，窈窕吴侬，敲门借书者钓翁，探碑学拓者溪僮。……应客有玄鹤，惊人无白骢，相思相访溪凹与谷中，采茶采药三三两两逢，高谈俊辩皆沉雄。……

作品塑造了一个“桃花源”般的境界，在那里有十五如花的美人，有美丽的春山、烟雨空濛的湖水、落满桃花的兰舟；在那里没有王公贵族和“社会名流”，只有山中的高人逸士、楚客村姑、牧童钓叟；日以金石琴书、高谈俊辩为乐，人的个性和才能得到充分自由的发展。作者通过这种“幽情丽想”，描绘出一个与丑恶污浊的现实社会截然不同的世界，以寄托他的美好的生活理想和对自由、纯真、和谐的追求。龚自珍的《西郊落花歌》，也是表现这一主题的代表诗作。诗人以奇特的想象，把衰败的落花景象，写得色彩缤纷，鲜明壮丽，进而赞美落花，向往落花，以落花自况，抒发心中的郁抱，表达对扼杀美好事物、戕害人才的黑暗社会的强烈批判。

此外，在诗歌创作的艺术风格方面，他们都喜用长篇歌行和组诗的形式，也多用言在此而意在彼的“兴于微言”的寓意手法，语言方面则表现为以文为诗的特点，挥洒淋漓，汪洋恣肆，以此适应表达壮阔的思想内容和奔放不羁的感情的需要。

由于道咸之际主张“尊情”的爱国诗人大多要求社会变革，比起同时代的“宋诗运动”中人要先进得多，因此，他们的诗歌创作也就较能抓住诗坛弊端的实质和要害，在推动近代诗坛健康诗风的发展方面也就能作出较大的贡献，对后来的资产阶级维新派的“诗界革命”有较大的影响。

三、资产阶级维新派诗人的诗歌创作

资产阶级维新派的新派诗，是在夏曾佑、谭嗣同等人的“新学之诗”失败之后，在资产阶级“诗界革命”的理论指引下，才逐渐走上正途的。在新派诗人中，黄遵宪成就最大。他的成功，关键在于较好地处理了继承与革新的关系，在诗歌创作中，他着力于如何构造具有新时代气息的诗歌意境和诗歌形象。在他称之为“新派诗”的成功之作中，他凭着渊博的学识、对传统诗歌表现手法的深刻理解和熟练把握，以及外交官生涯带给他的异常丰富的生活经历，往往能收到熔中外古今于一炉的艺术效果，为诗歌创作开了新生面。如他的《今别离》，以电报、摄影、轮船、东西半球昼夜相背等近代科学知识和技术来表现离愁别绪的传统主题，既生动地介绍了近代科学文明，又把惜别和思念之情表现得细腻深刻、淋漓尽致，造成极其强烈的艺术效果。兹录其一于下：

朝寄平安语，暮寄相思字，驰书迅已极，云是君所寄。既非君手书，又无君默记，虽署花字名，知谁箝缗尾？寻常并坐语，未遽悉心事，况经三四译，岂能达人意。只有斑斑墨，颇似临行泪。门前两行树，离离到天际，中央亦有丝，有丝两头系。如何君寄书，断续不时至？每日百须臾，书到时有几。一息不相闻，使我容颜悴，安得如电光？一闪至君旁。

（《今别离》四首之二）

资产阶级“新派诗”在下述三个方面取得了进展：一是在诗歌的内容方面，扩展了诗歌的题材范围，以诗歌来记述时事、人物，评说国政，吟咏历史，模范中外山川、景物、风情、民俗等等，使诗歌题材突破了传统的束缚，增强了时代气息。如康有为的《出都留别诸公》、《东事战败，联十八省举人三千人上书……》，梁启超的《去国行》、《爱国歌》，蒋智由的《有感》，丘逢甲的《春愁》、《汕头海关歌》，夏曾佑的《送汪毅白》，刘光第的《梦中》等，其中又以黄遵宪的诗作表现最为突出。他现存的1000多首诗中大部分是政治诗、时事诗，是记史议政的史诗。读他的诗，犹如读一部诗体中国近代史。特别是反映中日甲午战争的作品，写得尤有特色，《悲平壤》、《东沟行》、《哀旅顺》、《哭威海》、《降将军歌》、《渡辽将军歌》、《马关纪事》、《台湾行》等都是较好反映中日战争的作品。在这些作品中，他强烈地抨击了日寇侵略和清政府的丧权辱国，抒发了为祖国河山残破而忧伤的爱国主义感情。二是在诗歌的形式方面，一部分新派诗冲破了传统诗歌格律的束缚，带有明显的散文化倾向，推动传统诗歌形式向现代新诗过渡，有一些“新派诗”可以说初步具备了现代诗的雏形。三是在诗歌的语言方面，新派诗作者主张以新事物、新名词入诗，在用词上不避方言俗谚，这种主张也展现了新派诗在文字方面的通俗化趋势。

四、资产阶级革命家和南社诗人的诗作

继维新派“诗界革命”之后，20世纪初在资产阶级民主革命高潮中涌现的革命家诗人和聚集于革命文学社团“南社”大旗之下的南社诗人，继承维新派“诗界革命”的主张，在以诗歌为鼓动民主革命思潮服务以及推动白话诗歌的发展、促进诗体解放方面，取得了新的成绩。

革命女诗人秋瑾，是一位具有多方面创作才能的作家，作为一位革命女杰，她

的诗歌完全摆脱了“闺秀诗”的传统基调，具有强烈的时代感。在冲破封建家庭牢笼之前，她是一位不甘忍受世俗束缚、具有强烈个性解放要求、热切希望把握自身命运的女性；在投身革命洪流之后，她是一位把个人命运、国家民族命运结合在一起的勇敢无畏的战士。表现在诗歌作品中，她前期的诗作重在洁身励志，如《梅》十章，以梅自励，表现了积极的人生态度，透露出追求人格独立、维护个性尊严的时代气息。录其一章：

冰姿不怕雪霜欺，羞傍琼楼傍古岑。
标格原因独立好，肯教富贵负初心。

冰心自抱，矢志不渝，表现出诗人对人格的自我完善的执著态度。其后期的诗作则重在为国家民族呼号，热血迸涌，掷地作金石声，成为激进的革命民主主义者的战斗号角。如她的《宝刀歌》：

……我欲只手援祖国，奴种流传遍禹域。心死人人奈尔何？援笔作此宝刀歌。宝刀之歌壮肝胆，死国灵魂唤起多。宝刀侠骨孰与俦？平生了了旧恩仇。莫嫌尺铁非英物，救国奇功赖尔收。……

誓以铁血救我中华，字里行间洋溢着诗人竭忠报国的革命赤忱和英勇无畏的战斗情怀。秋瑾还写了一些文字极其通俗、在形式上有重大突破的政治鼓动诗，如《同胞苦》、《勉女权歌》等，这些作品文字浅显，意思明白，形式活泼，节奏鲜明，对推动近代白话诗的发展，产生了积极的影响。

南社是一个以诗歌创作为主的革命文学团体，辛亥革命前有社员200余人，辛亥革命后，发展到1100余人，而以吴江、吴县、金山的社员居多，活动的中心在上海。辛亥革命前后，南社确实发挥了资产阶级民主革命运动的文化方面军的作用。在当时全国的文化中心上海，各种报刊、杂志多由南社社友主笔，出版社也纷纷约请南社社友担任撰述，局面正如柳亚子所说的：“请看今日之域中，竟是南社的天下。”

南社在近代文学史上，尤其是在近代诗歌发展方面谱写了重要的一页。比较著名的成员有柳亚子、高旭、陈去病、苏曼殊、马君武、宁调元、周实、黄节等。宁调元、周实还为民族民主革命献出了生命。南社社员的诗歌，从总的倾向上说，反映了民族民主革命的思潮，鼓吹民主共和和武装革命是他们诗歌作品的主旋律，言词慷慨激昂，唱出了时代的强音。但由于革命的复杂性、曲折性和资产阶级自身的软弱性，他们的诗作又常常表现出一种脱离人民大众、看不到革命出路的悲凉颓丧的感情，这在辛亥革命后表现得尤为突出。从形式上看，南社诗作主要是旧体诗，但也有一些成员如高旭、马君武等作过创作新体诗的尝试，写过一些通俗、自由的诗或可供配曲的歌词，如高旭的《新杂谣》、《女子唱歌》、《爱祖国歌》、《军国民歌》、《光复歌》、《近事新乐府》，马君武的《华族祖国歌》、《中国公学校歌》、《劳登谷独居》、《惜离别》等。他们在继承“诗界革命”的诗歌创作理论、推动诗体改革方面作出了重要贡献。

但是，南社成员的政治倾向和文学志趣从来就不是完全一致的，当辛亥革命取得名义上的成功，清廷被推翻、“汉官威仪”得以重现之后，南社就迅速走向分化。在南社诗人中，能够跟随时代前进，成绩又最为突出的是柳亚子。

柳亚子是“南社”的领袖，也可以说是近代最末的一位重要诗人。他以其鲜明坚定的民族民主革命立场和卓越的诗歌才华，率领着一批诗人，以诗歌为武器，在推翻清朝、建立民国的伟大斗争中作出了重要贡献。他是一位以诗歌鼓吹革命的歌手。柳亚子的诗作据说多至万首，是一位多产诗人。《磨剑室诗词集》收辑其诗词5000余首。柳亚子在辛亥革命前写的诗，有两类最有特色：一类是政治抒情诗，《放歌》是这一类诗的代表作。这首诗强烈反对封建专制，反对帝国主义侵略，鼓吹资产阶级平等、自由、人权和妇女解放，诗风慷慨，格调高亢，文字比较通俗明白，不拘守格律，直接以新名词入诗，结构上表现出散文化的倾向。另一类是怀人的诗。这类诗多借怀念友人或凭吊先烈，抒发革命思想，比较著名的如《有怀章太炎、邹威丹两先生狱中》、《怀人诗十章》、《吊鉴湖秋女士》等。《吊鉴湖秋女士》写得尤有特色。诗共四首，沉痛悼念秋瑾的牺牲，在赞扬秋瑾为革命牺牲的英雄壮举的同时，寄希望于后人，烈士虽死，革命精神永存，必将如钱塘怒潮激起更大的革命波澜。诗情慷慨淋漓，格调悲壮，运用浪漫主义的手法，通过奇特的想象，塑造了秋瑾的英雄形象，也凸现了诗人自身反对封建帝制的爱国者的形象。柳亚子在辛亥革命后的一些诗批判了这次革命的不彻底性，其中以反对袁世凯称帝的诗写得最有特色。《孤愤》是这一时期的代表作，这首诗抒发了作者与袁氏王朝誓不两立的战斗情怀。但这一时期的诗，较多的还是表现对革命失败的苦闷和彷徨，情调比较低沉。

五、近代诗歌的特点

近代诗歌作为近代历史风云的一面镜子，作为从传统的古典诗歌到现代白话诗的桥梁，表现出如下特点。

产生于国势艰危之时的近代诗歌的第一个显著特点，表现为主变与爱国成为近代诗歌的基本主题。鸦片战争以清政府割地赔款、屈膝求和的形式结束，这种为人们始料所不及的结局，在朝野知识分子中引起巨大的震动，一方面使他们以更大的热情来关心国事，更加留意社会弊端，产生了一种要求变革以适应形势的思想；另一方面，外敌侵略，国难当头，人民反侵略斗争的英雄气概也极大地激发了他们高昂的爱国热情。一部近代中国史，就是一部“先进的中国人”不断寻求探索国家民族前途出路的历史，不断变革以图赶上潮流的历史，也是一部不断抗击外来侵略、争取民族的真正自主独立的历史，知识分子在其中发挥了重要的作用。发而为诗，主张变革和表达爱国情怀这种基本主题也就贯穿了整个近代诗歌，成为近代诗歌的灵魂。这种例证可以说俯拾皆是。如龚自珍《己亥杂诗》中的名篇：“九州生气恃风雷，万马齐喑究可哀。我劝天公重抖擞，不拘一格降人材。”批判了死气沉沉令人窒息的社会现实，表达了对变革风雷的殷切期盼之情，而林则徐《赴戍登程口占示家人》中的名句："苟利国家生死以，岂因祸福避趋之"，则可说是国难当头之时近代诗歌中诗人的爱国情愫最集中生动的体现。

近代诗歌的第二个显著特点，就是诗歌与现实斗争的联系空前密切，诗歌真正成为"诗史"。诗歌以历史为题材的现象早已有之，或借古以讽今，或吊古以抒怀，但直接以本朝史实入诗的文人之作不多，详细记述一件历史事实始末的作品就更少，而这方面则成为近代诗歌的一个鲜明特点。近代史上所有重大的事件，从鸦片战争到戊戌维新，从义和团到辛亥革命，在诗歌中几乎都得到了反映，其记述史实的详细程度，有些甚至不亚于正史，具有重要的史料价值。如黄遵宪《人境庐诗草》中的《悲平壤》、《东沟行》、《哀旅顺》、《哭威海》、《马关纪事》、《降将军歌》、《台湾行》、《度辽将军歌》诸篇，几乎反映了中日甲午战争这一历史事件的全过程，而他的《冯将军歌》一篇，则成为1885年中法战争中镇南关大捷的缩影。

近代诗歌的第三个特点，就是诗歌的题材范围有较大的扩展。诗歌题材的扩展，表现在几个方面：一是以诗歌议论时政的现象极为普遍。以诗歌议论政事，在历代诗歌中都有，但像近代这样普遍、这样广泛的则是空前的。这种例子很多，龚自珍《己亥杂诗》中就有许多首是典型的议政之作，如杂诗第118首："麟趾褭蹄式可寻，何须番舶献其琛？汉家《平准书》难续，且仿齐梁铸饼金。"就是针对殖民主义者以成色不足之银币套取白银，致使中国白银大量外流的现象，提议清廷自铸银元，以供流通的作品。又如王闿运的长篇叙事诗《圆明园词》，也是以名园的兴废，控诉侵略者的暴行、抨击朝政的作品。二是异国的山川风情成为近代诗歌的新题材。随着西方的殖民侵略而发生的近代中国门户开放以及随之而来的洋务运动和提倡西学，中国与外部世界的商务、外交与文化往来大为增加。因而，异国的山川景物、民俗风情也自然在近代诗歌中得到表现。特别是像黄遵宪、康有为、梁启超、苏曼殊、马君武这些较长时间生活海外的诗人，他们的诗作中的异国风情就更为突出，美国华盛顿墓、印度须弥山风云、埃及的金字塔与运河、太平洋的波涛、日本的樱花、锡兰的卧佛、伦敦的重雾、巴黎的铁塔、东南亚的奇产和殊风异俗，在其中都有生动的反映，使得他们的诗歌平添了一番瑰丽迷人的色调和情趣。三是近代的人文科学和自然科学知识也进入了诗歌领域，成为诗歌的题材。维新派诗人以及民主革命派诗人们的大量诗作中都有反映这一事实的例子。

近代诗歌的第四个特点是普遍广泛地采用歌行体，并且，在大量采取古歌行体叙事抒怀的过程中，受民间歌谣和翻译西方诗歌、歌词的影响，严格的诗歌格律受到冲击，出现散文化、歌体化的倾向。这种情况既反映了时代变化对诗歌形式的新要求，也反映出诗人们企图摆脱过于严格的格律束缚的愿望。近代诗人不分流派普遍广泛地采用歌行体，绝不是偶然现象。而且，纵观近代诗歌，成功之作也多是取古风的形式写成的，如龚自珍的《能令公少年行》、《汉朝儒生行》、《伪鼎行》、《十月廿夜大风不寐，起而书怀》，张维屏的《三元里》、《侠客行》，魏源的《江南吟》，黄遵宪的《拜曾祖母李太夫人墓》、《今别离》、《以莲桃菊杂供一瓶作歌》、《番客篇》、《台湾行》，梁启超的《二十世纪太平洋歌》、《志未酬》，秋瑾的《宝刀歌》，以至樊增祥的前后《彩云曲》，王闿运的《圆明园词》等，莫不如是。以上情况说明，由于时代的发展、事物的繁复，人的思想感情更为复杂、细腻，格律谨严而篇幅狭小的近体诗已经无法胜任记事、议政、抒情的需要。同样的原因，大型组诗在近代也有突出的发展。

总之，从近代诗歌变化发展的轨迹可以看出诗歌逐渐进步的过程，它与时代、社会的关系更直接，也更密切，它不再只是诗人个人命运的微吟低唱，而是逐步成为时代和民族的呼声和对历史的记录；而且，由于形式上的某些变化，逐步缩短了与人民大众的距离。

第二节　大型组诗的兴盛

在中国古代诗歌中，组诗的形式出现得相当早。早在公元4～5世纪的东晋时期，陶渊明就有以抒写隐居生活和感受为中心的组诗《饮酒二十首》。此后历代诗歌中，组诗的形式一直为诗家所采用，如唐代杜甫反映安史之乱人民苦难的纪事名篇“三吏”“三别”，王建广泛描写唐代宫廷生活实况、揭露皇室生活的奢靡荒淫的《宫词》100首，南宋初年刘子翚记述汴京为金兵所占后情事的《汴京纪事》20首，南宋末年汪元量的杂写宋亡时母后、幼主、宫女、内侍等为元兵俘虏北行情况的《湖州歌》98首，都可以说是历代诗歌中组诗的代表。

迄于近代，组诗这种形式为更多的诗人所接受，而且有新的发展，成为近代诗歌中的一种突出现象。

一、近代诗歌大型组诗兴盛的表现及原因

近代诗歌大型组诗的兴盛，表现为两个方面：一是在近代主要诗人中，不少诗人采用过大型组诗这种创作形式，如龚自珍的著名组诗《己亥杂诗》，魏源的《寰海十章》、《寰海后十首》，姚燮的《南辕杂诗一百八章》，贝青乔的《咄咄吟》，金和的《围城纪事六咏》，赵函的《十哀诗》，黄遵宪的《日本杂事诗》、《己亥杂诗》，丘逢甲的《离台诗》、《澳门杂诗》以及《台湾竹枝词》40首，梁启超的《爱国歌四章》，秋瑾的《题芝龛记》，苏曼殊的《本事诗十章》、《东居杂诗》，高旭的《爱祖国歌》等。可以看出，不论政治态度，不分诗歌流派，组诗的形式在众多诗人的创作中都有所体现。二是在近代诗歌中，组诗的规模有了大的扩展，大大打破了历史上的组诗记录。如龚自珍的《己亥杂诗》竟达315首之多，都是七言绝句，小结了诗人大半生的经历和思想，规模之大为中国诗史上所仅见。又如贝青乔的《咄咄吟》，这组纪事讽刺诗也有120首之多，创作时间起于1841年（道光二十一年）十月奕经奉命前往浙江抗击英军，止于1842年末奕经于苏州被“拏问进京”，前后达一年多的时间，以诗记史，以史证诗，对军中的腐败情形作了大胆的揭露和讽刺。黄遵宪的《日本

杂事诗》200首，为近代大型组诗中的奇构。诗歌杂写日本国势、天文、地理、政治、文学、风俗、服饰、技艺、物产，以记事为主，侧重介绍日本明治维新的情况，同时也介绍中日两国源远流长的友好传统和文化交流，体现了诗人要求清政府效法日本明治维新、改革时政的强烈愿望。丘逢甲的《牡丹诗》20首，是一组咏物抒怀诗，他在诗前的小序中说："春风醉客，百感丛集。鼠姑（牡丹别名）花信，姗姗来迟。……夫金萱忘忧，青棠蠲忿。草木何知，我闻如是。来者未已，歌匪告哀。亦曰聊借奇花，舒此郁抱云尔。"像这样以20首诗的规模写一种花卉以寄托情怀，在近代组诗中也是不多见的。

从以上两方面的情况，我们可以大致看出大型组诗在近代诗坛兴盛的情形。当然，近代大型组诗所涉及的内容甚广，从叙述个人经历、记录历史事件、揭露社会现象、杂录异国人文风物，到评说历史人物、咏物抒怀，几乎涉及生活的各个方面，从这一点也可以看出大型组诗在近代诗坛被采用的广泛性。

探讨近代诗坛大型组诗出现得如此之多的原因，是一个十分复杂的问题。毫无疑问，它应当是反映了一种客观的需要。近代社会生活中发生了许许多多重大的事件和变化。无论是禁烟与反禁烟的斗争，还是太平天国革命运动；无论是戊戌维新，还是庚子事变；抑或是甲午战争、辛亥革命，这些历史事件都极其繁复，不是一首诗所能容纳得了的。而且，近代诗人对于这些重大政治事件的关注热情也大大增加，希望以诗歌反映它们的全过程或者全貌，表达自己对历史事件、人物的各个方面的品评，因而纷纷采用大型组诗的形式。另外，近代社会的急剧动荡和变化，也对诗人的内心产生强烈的刺激，引起他们感情上的强烈反响和激荡，而一首短诗又往往不足以抒发胸中的郁抱和块垒，因而他们就很自然地采用了组诗的形式。当然，近代诗歌在格律要求方面已经略有放宽，如龚自珍的315首《己亥杂诗》，大部分是七言绝句，其中也有一些不那么严格按照格律而行的古绝。这种情况，也为大型组诗的兴盛提供了某种可能。

二、近代大型组诗的特点

近代大型组诗在结构、形式、内容等方面具有一些共同特点。

近代大型组诗在结构方面，一般都存在一条组织的主线，有些甚至在结构上表现出鲜明的层次，而又形成一个整体。例如龚自珍的《己亥杂诗》，这组诗是龚自珍于道光十九年己亥（1839）辞官南归之时所作，由当年的阴历四月二十三日出京写起，至同年十二月二十六日迎接妻儿抵达江苏昆山县的羽琌别墅止，时间为大半年。作者在道光二十年春给友人吴虹生的信中对组诗的产生背景作了说明："弟去年出都日，忽破诗戒，每作诗一首，以逆旅鸡毛笔书于帐簿纸，投一破簏中，往返几千里，至腊月二十六日抵海西别墅，发簏数之，得纸团三百十五枚，盖作诗三百十五首也。"（《全集·与吴虹生书十二》）

这一组诗是龚自珍从统治集团中被排挤出来的时候，对自己大半生经历的小结，也是一份关于自己的政治见解和变革主张的宣言。这 315 首诗，大致可以分为 11 部分。

第一部分是组诗的开卷诗，相当于组诗的序诗，交代了组诗写作的背景和当时的心情：辞官南归，不甘沉默，卮言夜涌，破戒为诗。

第二部分：第 2～5 首。写辞官南归时的心境，悲愤、孤独、坦然、自信。此时诗人的内心是矛盾和复杂的，挫折带来的失意与不改初衷的顽强意志交织在一起。

第三部分：第 6～10 首。告别京师。

第四部分：第 11～15 首。述志抒怀，兼涉家世。

第五部分：第 16～25 首。途中所见所感。借题发挥，揭露衰世，从政治、经济、文化、军事等多方面指陈危局。

第六部分：第 26～43 首。为一组临别赠友人诗，具体涉及 24 人，另有京师共事诸皇室成员。寄语友朋，抒发感慨，忧心时局。

第七部分：第 44～53 首。写科举和仕途经历，矜不羁之才、述匡时之志，抒才不为世用、行不容于时之愤。

第八部分：第 54～82 首。自述求学、从师、著述的情况、反映了诗人的思想及学术成长的过程。

第九部分：第 83～233 首。记述自江苏清江浦经扬州、镇江、江阴、杭州至昆山羽琌山馆途中的情况及整治修复羽琌山馆的情形。这一部分内容复杂，包括途中所见、友朋聚会话旧、忆念故人、读书心得、追悼前妻、修整别墅等等。

第十部分：第 234～314 首。记北上迎取家眷还至羽琌山馆途中所历。内容包括与扬州妓女小云、清江妓女灵箫的一段接触，至曲阜谒孔林与曲阜令孔门兄弟唱和叙旧以及携眷返抵昆山的经过。

最后一部分是组诗之最末一首，为组诗之结语。“吟罢江山气不灵，万千种话一灯青。忽然阁笔无言说，重礼天台七卷经。”反映了诗人内心对现实的失望和彷徨。

《己亥杂诗》尽管规模宏大，内容庞杂，但是结构却极为完整，层次十分清晰。黄遵宪的《己亥杂诗》89 首，在结构上也具有同样的特色。

在结构方面，还有一点，即相当一部分组诗，在诗前有交代组诗产生的背景、组诗的思想情感主旨等情况的简短序言，或者是以组诗的第一首来承担序诗的职能。如黄遵宪的《己亥杂诗》89 首，第一首：

我是东西南北人，平生自号风波民。
百年过半洲游四，留得家园五十春。

同样也具有这种序诗的性质。通过这首序诗，读者至少可以知道组诗是在其辞官南归故里后所写，内容主要是写家园生活的感受、对半生经历尤其是担任驻外使节经历的回顾。

近代大型组诗在形式方面，也有明显的特征。有用歌行体的，也有用七言律诗的，但较多取绝句的形式，而尤以七言绝句居多，如龚自珍的《己亥杂诗》、贝青乔的《咄咄吟》、黄遵宪的《己亥杂诗》、丘逢甲的《牡丹诗》等均为七言绝句。大抵此种形式，为诗人所常用，一般比较熟悉，虽亦讲求格律，但不及律诗之艰辛，兼且篇幅短小，构思较易，就熟驾轻，述事抒怀均较便利。一些规模较小的组诗，则或取律诗，或取绝句，形式上就不那么一致了。

近代大型组诗在内容方面虽然涉及很广，并不限于某一方面，但也有一些明显的特点。首先，大型组诗或选择比较重大复杂的题材，或为一桩时间较长的历史事件，或为一个内容较为庞杂的问题。其次，一般大型的组诗都通过总题，以地域、时间、性质或事物名称来界定组诗内容的范围，如《己亥杂诗》、《日本杂事诗》、《东居杂诗》、《咄咄吟》、《军中歌》、《牡丹诗》等。

第三节　新派诗的崛起

一、新派诗的定义与“诗界革命”

新派诗是19世纪末，维新派为配合传播资产阶级的新文化和新思想开辟诗歌创作的新道路，倡导“诗界革命”而出现于诗坛的近代资产阶级诗歌流派。黄遵宪在《酬曾重伯编修》诗中说：“废君一月官书力，读我连篇新派诗。”这一诗歌流派的名称也由此产生。

关于“诗界革命”的情况，今天已经很难找到系统的历史资料。梁启超在日本创办的《清议报》和《新民丛报》，曾经先后开辟过名为“诗文辞随录”和“诗界潮音集”的介绍“新派诗”的专栏，刊登了相当数量的新派诗，由此可以窥见当时“新派诗”的大致规模。它的代表作家如黄遵宪、康有为、梁启超、谭嗣同、夏曾佑、蒋观云、丘逢甲等，也大都是当时维新派的社会活动家。虽然无论从诗人的数量上还是从诗作的数量上看，其在当时的诗坛上还处于少数派的地位，但是，由于这些作品相当深刻地反映了当时社会的矛盾和时代的风貌，表达了人民的愿望，抒发了民主主义的意识和反帝爱国的思想情感，而且以崭新的诗料、解放的精神自觉地反映新世界，创造新的艺术意境，因而为晚清诗坛带来了一阵新风，使人耳目为之一新，在晚清诗坛产生了很大的影响，引起了普遍的重视。

近代新派诗的崛起，在实践和认识上大体有两部分：一部分是大约在1896～1897年前后，夏曾佑、谭嗣同、梁启超等人热衷的“新学之诗”。梁启超在戊戌维新失败流亡日本时所作的《饮冰室诗话》中，一针见血地指出了这一阶段的“新学之诗”的严重缺点：“复生自憙其新学之诗。……盖当时所谓新诗者，颇喜挦扯新名词以自表异。丙申、丁酉间，吾党数子皆好作此体。提倡之者为夏穗卿，而复生亦綦嗜之。……当时吾辈方沉醉于宗教。视数教主非与我辈同类者，崇拜迷信之极，乃至相约以作诗非经典语不用。所谓经典者，普指佛、孔、耶三教之经。故《新约》字面，络绎笔端焉。”（《饮冰室诗话》第60则）这段话总结了“诗界革命”初期失败教训的一个方面，即由于尚未真正接触到资产阶级民主主义的社会科学和哲学的系统学说，而只能借某些宗教教义来牵强附会地表达一些维新变革的要求，因而造成“新学之诗”缺乏充实有力的新的思想内容，而在形式上则表现为生硬地堆砌新名词、宗教语汇甚至外国语词译音，使人“无从臆解”的问题。如谭嗣同的《金陵听说法》三首之一：

而为上首普观察，承佛威神说偈言。
一任法田卖人子，独从性海救灵魂。
纲伦惨以喀私德，法会盛于巴力门。
大地山河今领取，庵摩罗果掌中论。

又如夏曾佑约作于1896～1897年间的绝句：

冰期世界太清凉，洪水茫茫下土方。
巴别塔前分种教，人天从此感参商。

这类科学名词、宗教名词、外国语词音译杂糅，内容晦奥，徒具诗歌之形而无诗歌之味的作品，显然是失败的。虽然如此，“新学之诗”的出现仍然体现了维新派放眼新世界的热情和对新文学的追求。

在经历了这种尝试和对“新学之诗”的自觉的批判与否定之后，他们对诗界革命的认识和理解得到了提高。“过渡时代必有革命。然革命者当革其精神，非革其形式。……能以旧风格含新意境，斯可以举革命之实矣。”（《饮冰室诗话》第63则）虽然这里排斥了诗歌形式变革的必要，看不到形式与内容的相互制约作用，在认识上仍然有很大的片面性和局限性，但在当时，毕竟算是对“新学之诗”的一个较好的总结。梁启超又说：“此类之诗，当时沾沾自喜，然必非诗之佳者，无俟言也。吾彼时不能为诗，时从诸君子后学步一二，然今既久厌之。穗卿近作殊罕见，所见一二，亦无复此等窠臼矣。浏阳如在，亮亦同情。”这说明了他们认识和实践上的进步。

近代新派诗的另一部分是黄遵宪、康有为、丘逢甲、胡晓岑等人的创作实践。

早在夏曾佑、谭嗣同、梁启超等人热衷于写作“挦扯新名词以自表异”的新学之诗之前，黄遵宪在1877～1881年出任驻日本国使馆参赞期间就写了著名的系列竹枝词《日本杂事诗》，以竹枝词的形式写新事物而毫不滞碍，已经是相当成功的新派诗作了。录其数首于下：

拔地摩天独立高，莲峰涌出海东涛。
二千五百年前雪，一白茫茫积未消。
（第23首，写日本之富士山）

一震雷惊众籁号，汹汹地底涌波涛。
累人日夜忧天坠，颇怨灵鳌戴未牢。
（第25首，写日本之地震，日本多火山，地震月或数回）

维摩丈室洁无尘，药鼎茶瓯布置匀。
刳肺剖心窥脏象，终输扁鹊见垣人。
（第50首，写日本之医院及近代外科手术）

欲争齐楚连横势，要读孙吴未著书。
缩地补天皆有术，火轮舟外又飞车。
（第57首，写日本之士官学校及武备）

此后，黄遵宪陆续写了许多被梁启超誉为“熔铸新理想以入旧风格”、“独辟境界，卓然自立于二十世纪诗界中”的新派诗作，如用乐府形式，借西方近代自然科学成果来表现传统的男女别离相思主题的《今别离》4首；以“半取佛理，又参以西人植物学、化学、生理学诸说，实足为诗界开一新壁垒”（梁启超《饮冰室诗话》第40则）的《以莲桃菊杂供一瓶作歌》；“读此诗而不起舞者必非男子”、“诗界革命之能事至斯而极矣”（《饮冰室诗话》第54则）的《军歌》等，成为最杰出的新派诗人。

不以诗名的康有为，也写了不少富有新派诗特色的好作品，被人视为可传之作。如其1899年自加拿大渡大西洋赴英国舟中所作的《四月乘船渡大西洋近北极，晓见二冰山，高百丈，自北冰海流来者。船人倾视，诚瑰玮大观也》，1900年所作的《自星坡移居槟榔屿……》、《闻菽园居士欲为政变说部，诗以速之》、《槟榔屿放歌行》，1901年作于槟榔屿的《六哀诗》，1904年游苏格兰首府爱丁堡所作《游苏格兰京噫颠堡，见创汽机者华忒像，感颂神功不可忘也》，1905年南游美国所作《游花嫩冈谒华盛顿墓宅》等等，均洋溢着资产阶级的科学与民主精神，堪称新派诗的丰碑。例如：

汽机创自英华忒，水火相推自生力，
汽船铁轨自飞驰，缩地通天难推测。
万千制造师用之，卷翻天地先创极，
汽机制器日日新，凡十九万五千式，
力比人马三十倍，进化神速可例识。
穷山野人地铺毡，琉璃作杯潋滟碧。
云际峰峦辟园囿，转车骤上无顷刻。
我今周游全地球，足迹踏遍卅余国。
文野诡奇尽见之，吾华前哲无此福。
游苏格兰见公像，惟公赐我生感激，
巧夺造化代天工，制新世界真大德。
华忒生后世光华，华忒未生世暗塞。
美哉神功在地球，永永歌颂我心恻！
（《游苏格兰京噫颠堡，见创汽机者华忒像，感颂神功不可忘也》）

颇他玛水绿沄沄，花嫩冈前草树芬。
衣剑摩娑人圣杰，江山秀绝地萌文。
卑宫尚想尧阶土，遗冢长埋禹穴云。
不作帝王真盛德，万年民主记三坟。
（《游花嫩冈谒华盛顿墓宅》）

康有为对自己的这些新派诗作是颇为自负的。“意境几于无李杜，目中何处着元明”，“新世瑰奇异境生，更搜欧亚造新声”（《与菽园论诗兼寄任公孺博曼宣》），反映了他对新的时代和新的斗争现实的认识，也表现了他变革传统诗歌追求新声的高涨热情。

丘逢甲也是新派诗人之一。梁启超在引录了丘逢甲的《己亥秋感八首》（该诗《岭云海日楼诗钞》卷五、六己亥稿未录）之一“遗偈争谈黄檗禅，荒唐说饼更青田。戴鳌岂应迁都兆？逐鹿休讹厄运年。心痛上阳真画地，眼惊太白果经天。只愁谶纬非虚语，落日西风意惘然”之后，评价云：“以民间流行最俗最不经之语入诗，而能雅驯温厚乃尔，得不谓诗界革命一钜子耶？”（《饮冰室诗话》第39则）黄遵宪对丘逢甲的诗也有很高的评价，说：“此君诗真天下健者。”（1902年给梁启超的信）丘逢甲自己也说，20世纪中必有刻黄、丘合稿者。可见二人在诗歌创作方面的共识。

广东兴宁人胡晓岑，堪称黄遵宪早年新派诗的同路人。胡晓岑不仅在利用民歌形式革新诗体方面与黄遵宪为同调，而且就写作新派诗的时间而言，比黄遵宪更早。他的《湛此心斋诗稿》中有题为《火轮船歌》七古一篇，以新事物入诗，融合时事，笔力奇伟，此诗作于同治十三年（1874），比黄遵宪光绪十六年（1890）所作的《今别离》4首，早了16年。

二、新派诗的特色

新派诗容纳了资产阶级民主主义的思想内容，表现了瑰玮奇丽的新世界，而且在诗歌形式方面也有相当程度的解放，因而形成了鲜明的特色。

（一）民主主义的启蒙思想

维新派诗人提倡新派诗的一个主要目的，就是要通过诗歌宣传西方资产阶级民主、平等、自由的思想，批判传统的封建宗法制度和伦理道德，“吸彼欧美人之灵魂，淬我国民之志”（白葭：《十五小豪杰序》）。因而，表达民主主义的思想意识和理想，就成为近代新派诗的一个鲜明特征：

滔滔海水日趋东，万法从新要大同。
后二十年言定验，手书《心史》井函中。

（黄遵宪：《己亥杂诗》）

一夫奋臂万人呼，欲废称臣等废奴。
民贵遂忘皇帝贵，莫将让国比唐虞。

（黄遵宪：《己亥杂诗》）

……呜呼专制国，今既四千岁，岂谓及余身，竟能见国会，以此名我名，苍苍果何意！人言廿世纪，无复容帝制，举世趋大同，度势有必至。……倘见德化成，愿缓须臾死。

（黄遵宪：《病中纪梦述寄梁任父》）

人道只求乐，天心惟有仁。先除诸苦法，渐见太平春。一一生花界，人人现佛身。大同犹有道，吾欲度生民。

（康有为：《〈大同书〉成题词》）

……却读东史说东故，卅年前事将毋同！……尔来明治新政耀大地，驾欧凌美气葱茏。……

（梁启超：《去国行》）

世人皆欲杀，法国一卢骚。民约倡新义，君威扫旧骄。力填平等路，血灌自由苗。文字收功日，全球革命潮。

（蒋智由：《卢骚》）

民主主义思想在这些诗歌作品中熠熠生辉，使得新派诗在封建末世的诗坛上如同暗夜中的灯火，给人一种精神力量。

（二）炽热的爱国情怀与深沉的忧时忧民之思

表达爱国与忧时忧民的情怀可以说是中国历代进步诗歌的优良传统。在新派诗中，维新派诗人的爱国情怀和忧时忧民之思表现了鲜明的时代和历史特性，那就是反对帝国主义的侵略和对腐败没落的封建专制制度的揭露和批判，而二者又常常交织在一起。

在新派诗作中，黄遵宪和丘逢甲的诗可以说是爱国情怀表现得特别深沉的。黄遵宪多年担任清政府的驻外官员，对中外情形有异常强烈的对照，列强对中国的侵略、弱国之民的惨痛，无时无刻不给他强烈的刺激。借鉴西方，"作匡时之策"（黄遵楷：《人境庐诗草跋》），振中华国威、庇中华子孙成为他毕生的志愿。丘逢甲自号"岭东遗民"，清廷的腐败卖国、日寇的侵略扩张，使得他家亡国破；国势的衰微、民族的灾难，对于他来说，都是非徒闻见，盖亲受之，"如闻鹿耳鲲身畔，毅魄三更哭义旗"（丘逢甲：《夏夜与季平萧氏台听涛追话旧事作》），振兴国力、收复台湾是他梦寐以求的目标。切肤之痛发为深刻沉郁的爱国情思，洋溢于他们的诗歌作品中，催人泪下，令人感奋：

千声檐铁百淋铃，雨横风狂暂一停。
正望鸡鸣天下白，又惊鹅击海东青。
沉阴曀曀何多日，残月晖晖尚几星。
斗室苍茫吾独立，万家酣睡几人醒？

（黄遵宪：《夜起》）

三年此夕月无光，明月多应在故乡。
欲向海天寻月去，五更飞梦渡鲲洋。

（丘逢甲：《元夕无月》）

落落何人报大仇？沉沉往事泪长流。
凄凉读尽支那史，几个男儿非马牛！
（蒋智由：《有感》）

世间无物抵春愁，合向苍冥一哭休。
四万万人齐下泪，天涯何处是神州！
（谭嗣同：《有感一章》）

辜负胸中十万兵，百无聊赖以诗鸣。
谁怜爱国千行泪？说到胡尘意不平！
（梁启超：《读〈陆放翁集〉》）

（三）积极浪漫主义的诗风

作为一种新生的社会力量和阶级力量的代表，新派诗人的精神世界是生动活泼的。他们厌恶停滞腐朽，向往新生发展，不满现状，要求变革；他们充满自信，热情奋发，以天下为己任，常常以殉道者自任，有一种"舍我其谁"的气概；他们有无限的追求理想的激情，对新生事物充满探索精神。这样一种崭新的精神风貌融注到他们的诗歌中，就形成了浓烈的积极浪漫主义的诗风，强烈的主观色彩、美好奇特的想象、昂扬的献身精神、飞动的气势和大笔淋漓的风格。这是新派诗往往能给读者一种浓烈的艺术美感的重要原因。

康有为在《诗集·自序》中曾经主张诗歌应当"泻如江河，舒如行云，奔如卷潮，怒如惊雷，咽如溜滩，折如引泉，飞如骤雨"。他自己的诗就曾被人誉为"直有抉天心，探地肺之奇，不仅巨刃摩天而已也。反虚入浑，积健为雄，惟南海足以当之矣"（汪国垣：《光宣诗坛点将录》）。《出都留别诸公》表现了诗人的神来之笔：

天龙作骑万灵从，独立飞来缥缈峰。
怀抱芳馨兰一握，纵横宙合雾千重。
眼中战国成争鹿，海内人才孰卧龙？
抚剑长号归去也，千山风雨啸青锋！
（《出都留别诸公》选一）

精神翱翔于神奇幻境，幻境又与现实相结合，使诗人的人格和忧国伤时之情在优美嘹亮的歌声中得到淋漓尽致的表现。

黄遵宪的诗较多的是通过细节真实来反映重大历史事件的，但也不乏极富积极浪漫主义情调的作品。黄遵宪诗歌中的积极浪漫主义表现与康有为不同，往往以善于捕捉生活中容易为人忽略的生活情态，发掘出优美的情趣、深邃的思想，以富于哲理见长。《以莲桃菊杂供一瓶作歌》可以为其代表：

……一花惊喜初相见，四千余岁甫识面；一花自顾还自猜，万里绝域我能来；一花退立如局缩，人太孤高我惭俗；一花傲睨如居居，了更妩媚非粗疏。有时背面互猜忌，非我族类心必异；有时并肩相爱怜，得成眷属都有缘；有时低眉若饮泣，偏是同根煎太急；有时仰首翻踌躇，欲去非种谁能锄；有时俯水瞋不语，谁滋他族来逼处；有时微笑临春风，来者不拒何不容。众花照影影一样，曾无人相无我相。传语天下万万花，但是同种均一家。……化工造物先造质，控抟众质亦多术，……质有坏时神永存，安知我不变花花不变为我？千秋万岁魂有知，此花此我相追随。待到汝花将我供瓶时，还愿对花一读今我诗。

（《以莲桃菊杂供一瓶作歌》）

梁启超的一些作品，则表现出另一种气质：激情洋溢、昂扬奋发、对理想不懈的追求。如他的《爱国歌四章》：

泱泱哉我中华！最大洲中最大国，廿二行省为一家。物产腴沃甲大地，天府雄国言非夸。君不见，英日区区三岛尚崛起，况乃堂裔我中华！结我团体，振我精神，二十世界新世界，雄飞宇内畴与伦。可爱哉我国民！可爱哉我国民！

（《爱国歌四章》之一）

（四）清新的时代气息

语言中的词汇，对于时代的变化和进步的反映，常常是十分迅速的。随着近代中国的对外开放、中外交流的增多，西方的先进思想、科学学说和技术成就、异国的山川人情风物逐步被介绍到中国来。维新派得时代风气之先，通过他们的诗文作品对之加以宣传。大量的新思想、新学说、新事物出现在他们的诗歌之中，确实开辟了一个崭新的境界，那种强烈的时代气息、时代色彩也确实使人大开眼界，耳目一新。且看当日顽固派对此是如何加以攻击的：

观《湘报》所制诸作，如热力、涨力、爱力、吸力、摄力、压力、支那、震旦、起点、成线、血轮、脑筋、灵魂、以太、黄种、白种、四万万等字眼，摇笔即来，或则好为一切幽渺怪僻之言，阅不终篇，令人气逆。

（《湘省学约》）

顽固派咬牙切齿的诋毁，正是由于这种种新字眼所代表的新思想、新知识、新技术威胁并动摇了他们赖以生存的《三坟》、《五典》。

作为传统诗歌在新的时代背景下变革的结晶，作为从传统诗歌到白话诗之间的过渡阶段的产物，新派诗在当时所发挥的历史作用和在诗歌发展史上的地位是毫无疑义的，它所取得的进步也是确定无疑的。

第四节 白话诗的雏形

传统诗歌进入近代之后，在时代要求之下，除了在内容方面发生了变化外，其形式也在缓慢地发生变化。从龚自珍开始，诗人们根据内容表达的需要，在诗歌形式的变革方面实际上经历了这样一条道路：从大量采用传统诗歌诸形式中格律相对不那么严格、形式较为自由、篇幅容量较大的古风体，到维新派诗人吸收民间歌谣的营养，提出“杂歌谣”体之说，同时引进西方歌词；从大量创作校园歌曲和军歌，进而到民主革命家诗人和南社诗人大量创作浅显通俗、形式活泼的政治鼓动诗，从而奠定了近代白话诗歌的基础。这是一个由迁就适应，到变化改造，再逐步出新的过程。

维新派诗人的新派诗，在中国传统诗歌的发展中，是一个相当大的进步，除了在思想内容、意境风格方面有别于传统旧诗之外，对传统的旧诗形式也努力作了相当的解放。但是，一种传统的文学样式，在形式方面的稳定性是要比内容强得多的，形式上的变革较之内容上的变革也更加不易。正因为如此，新派诗人不大可能在一个较短的时期内彻底放弃他们已经驾轻就熟的旧诗形式，而只可能努力以文为诗，使诗律不那么严，选韵不那么窄，句子长短参差错落；努力在不彻底突破旧诗形式的范围内使旧的形式与新的内容和谐，使诗的韵律与散文化的笔法和谐，使俗语、新词与典雅的传统诗歌语汇和谐，使诗歌的表现力、诗歌的艺术意境和韵味不至受到破坏。这就是他们所说的“镕铸新理想以入旧风格”，“以旧风格含新意境”，黄遵宪在这方面是做得最成功的。

但是，诗歌的发展，最终不可能不突破旧的形式。实际上，新派诗人在创作的过程中已经感到旧诗形式与新内容之间存在的矛盾，不彻底突破旧诗形式，新思想新内容的表现就受到许多限制。梁启超在《夏威夷游记》中已经认识到了这一点，他说：“时彦中能为诗人之诗而锐意欲造新国者，莫如黄公度。……然新语句尚少，盖因新语句与古风格常相背驰，公度重风格者，故避免之也。”早已留意于民间歌谣的黄遵宪在光绪二十八年（1902）八月致梁启超的书中也说：“报中有韵之文，自不可少。然吾以为不必仿白香山之新乐府、尤西堂之明史乐府，当斟酌于弹词粤讴之间，句或三或九或七或五或长或短，或壮如陇上陈安，或丽如河中莫愁，或浓如焦仲卿妻，或古如成相篇，或俳如俳伎词（即骆驼无角，奋迅两耳之词也）。易乐府之名，而曰‘杂歌谣’。”这说明黄遵宪在诗歌形式的突破方面已经有所考虑。不仅如此，在创作实践方面，随着20世纪初学校教育的发展，唱歌一科得以推行，而用于中小学的通俗校园歌曲因而产生，这种情况也推动新派诗人写出了一些内容更趋通俗、形式更为自由的近代歌词，如黄遵宪的《军歌》24章、《幼稚园上学歌》10章、《小学校学生相和歌》19章，梁启超的《爱国歌四章》、《黄帝歌》、《终业式》4章等。这不仅是为了以乐歌的形式来鼓舞国民精神，培育一代新人，同时也是希望找到一条突破旧诗形式的途径。

20世纪初受西方影响出现的校园歌曲和军歌，作为一种契机，推动了新派诗在语词上进一步通俗化，在形式上进一步自由化，导致辛亥革命前后白话诗雏形的形成。梁启超的《饮冰室诗话》中，有数则文字透露了当时校园歌曲和军歌的这种影响：

上海曾志忞，留学东京音乐学校有年，此实我国此学先登第一人也。今日不从事教育则已，苟从事教育，则唱歌一科，实为学校中万不可阙者。举国无一人能谱乐，实社会之羞也。曾君顷编一书，名曰《教育唱歌集》……皆按以谱，而于教授方法，复恳切说明。

（《饮冰室诗话》第97则）

此则之下复录曾氏《教育唱歌集》的卷首语云：

……诗人之诗，上者写恋、穷、狂、怨之态，下者博渊博、奇特之名，要皆非教育的，音乐的者也。近数年有矫其弊者，稍变体格，分章句，间长短，名曰学校唱歌，其命意可谓是矣。然词意深曲，不宜小学……欧美小学唱歌，其文浅易于读本。日本改良唱歌，大都用通俗语。童稚习之，浅而有味。今吾国之所谓学校唱歌，其文之高深，十倍于读本……以是教幼稚，其何能达唱歌之目的？……与其文也宁俗，与其曲也宁直，与其填砌也宁自然，与其高古也宁流利。辞欲严而义欲正，气欲旺而神欲流，语欲短而心欲长，品欲高而行欲洁。于此加意，庶乎近之。

曾氏的言论，实际上从理论上提出了对诗歌进一步改革的要求。从《教育唱歌集》的内容，我们可以看出其与“五四”白话诗已经是相去无几了，如：

黄河黄河出自昆仑山，远从蒙古地，流入长城关。古来圣贤，生此河干，独立堤上，心思旷然。长城外，河套边，黄沙白草无人烟。思得十万兵，长驱西北边。饮酒乌梁海，策马乌拉山。誓不战胜终不还。君作铙吹，观我凯旋。

（《黄河》，中学校用）

1905年同盟会的诞生，标志着中国资产阶级民主革命高潮的到来。革命派诗人自觉地以诗歌为武器，鼓吹民主革命，标榜爱国主义，近代诗歌在新派诗的基础上，亦有所发展。新学的介绍为铁血的鼓动所取代，思想的启蒙为行动的呼唤所更替。资产阶级革命派诗人以及革命文学社团南社中的众多成员，都写了不少在文字方面大量采用通俗语汇而夹杂少量文言词语、在形制方面极为自由极其散文化可以谱曲以供歌唱的政治鼓动诗，我们称之为中国白话诗歌的雏形，如秋瑾的《勉女权歌》：

吾辈爱自由，勉励自由一杯酒。男女平权天赋就，岂甘居牛后？愿奋然自拔，一洗从前羞耻垢。若安作同俦，恢复江山劳素手。

（《勉女权歌》一解）

又如她的《同胞苦》：

同胞苦，同胞之苦苦如苦黄莲。压力千钧难自便，鬼泣神号实堪怜。吁嗟乎！地方虐政猛如虎，何日复见太平年？厘卡遍地如林立，巡丁司事亿万千，凶如豺狼毒如蛇，一见财物口流涎。我今必必必兴师，扫荡毒雾见青天。手提白刃觅民贼，舍身救民是圣贤。

南社发起人之一高旭，可以说是近代白话诗的代表作家之一，他的《爱祖国歌》、《新杂谣》、《女子唱歌》、《军国民歌》、《光复歌》、《路亡国亡歌》、《海上大风潮起作歌》等，都明显具有这些特征，如：

汝亦世界上无价之产物兮，汝岂不足以骄夸！我愿为祥风兮，恣披拂扫荡而莫我遮，以激起汝自由之锦潮兮，以吹开汝文明之鲜花！

（高旭：《爱祖国歌》一章）

南社中另一位曾以近体诗的形式翻译拜伦、歌德、席勒等人诗作的诗人马君武，曾在《寄南社同人》中，明确提出“须从旧锦翻新样，勿以今魂托古胎”的主张。他的《华族祖国歌》文字浅近，诗句自然流畅，节奏明快，也是近代白话诗的典型，被誉为“海内文章新雅颂”：

地球之寿不能详，生物竞存始洪荒，万族次第归灭亡，最宜之族惟最强。优胜劣败理彰彰，天择无情彷徨何所望！华族！华族！肩枪腰剑奋勇赴战场。

（《华族祖国歌》一解）

由于资产阶级民主革命派诗人的大力提倡，面向大众的歌词的兴起所产生的巨大的推动作用，由维新派的新派诗进一步发展变革而成的近代白话诗，在辛亥革命前后已经初步形成风气，真正彻底的白话新诗已经是呼之欲出，鲁迅、李大钊、陈独秀、胡适、刘半农、沈尹默、康白情、俞平伯等一大批新的时代歌者，已经在酝酿着中国诗歌的一个崭新纪元。

第五节　常州词派和近代词坛

词学在经历了元、明的低谷时期之后，至清代开始出现复兴的局面。清初，出现了以小令见长、被誉为清代李后主的著名满族贵族词人纳兰性德，梁启超说：“容若小词，直追李主。”（《饮冰室文集》卷七十七，《渌水亭杂识跋》）纳兰性德的词主情致，凄清哀婉，既抒发他个人的身世之感，也表达了他对那个时代的凭吊。

纳兰性德之后，嘉庆之前的一百多年间，词坛上是人们称之为阳羡派的陈维崧和以朱彝尊为代表的浙西词派双峰并立。陈维崧词效法苏、辛，他才气纵横，本人并不标榜宗派，所作词抒写自如，不事模拟，不限一格，壮柔并妙，长短俱佳。吴梅称其词“波澜壮阔，气象万千，即苏、辛复生，犹将视为畏友”（《词学通论》）。但其在词坛的势力远不及朱彝尊。朱彝尊词宗南宋，以姜夔为帜，自康熙以来，浙西词派风靡一世，而成为词坛主流。

浙西词派论词，审音守律，琢句炼字，讲求声调和美，重模拟而缺少内在的寄托，就这种情形来看，大致与诗坛上的“格调”派相呼应。由于一味拟古，寄兴不高，至嘉庆前，其末流已是格调日弱，萎靡不振。

一、常州词派的崛起

鸦片战争前后，以张惠言、周济为代表的常州词派，乘浙西词派衰颓之机，以比兴寄托相号召，响应者风从，遂有常州词派的崛起。

常州词派作家多深于经学，而且受常州今文经学主张探索经书的“微言大义”的影响，龚自珍就有“词出于《公羊》”之说（谭献：《箧中词》）。他们论词的旨趣，强调“意内而言外”，强调以比兴寄托为主，而又要有温柔含蓄之情，通过对景物的刻画，抒发家国身世之感，以提高词格，防止淫滥。张惠言说：“传曰：意内而言外谓之词。其缘情造端，兴于微言，以相感动，极命风谣里巷男女哀乐，以道贤人君子幽约怨悱不能自言之情，低回要眇，以喻其致。盖诗之比兴，变风之义，骚人之歌，则近之矣。然以其文小，其声哀，放者为之，或跌荡靡丽，杂以昌狂俳优，然要其至者，莫不恻隐盱愉，感物而发，触类条畅，各有所归，非苟为雕琢曼辞而已。”（《词选·自序》）龚自珍属于这一词派而有所开拓。他的词作借微言而达深意，甚至旁敲侧击以论政事。如他的《鹊踏枝》（过人家废园作）：

漠漠春芜春不住，藤刺牵衣，碍却行人路。偏是无情偏解舞，濛濛扑面皆飞絮。

绣院深沉谁是主？一朵孤花，墙角明如许！莫怨无人来折取，花开不合阳春暮。

“藤刺”牵衣，“飞絮”扑面，行路维艰；孤花墙角，处地不当，暮春而开，逢时不当，联系龚自珍一生的遭遇和追求，那种深遥的寄托也就了然了。又如他的《水调歌头》：

当局荐公起，清望益嵯峨。旌旗者蕃南下，百骑照涛波。帝念东南民瘼，一发牵之头动，亲问六州鹾。宾客故人喜，愁绪恐公多。

公此去，令公喜，法如河？金钱少府百万，挽入鲁阳戈。公是登场鲍老，莫遣登场郭老，辩口尚悬河。猿鹤北山下，一任檄文过。

这一首写朋友王竹屿被起用为江淮盐运使，在送王履新之时，词人用玩笑的口吻对王说：你这回去施政方法是什么呢？恐怕还是千方百计搜刮金钱吧！你可不要徒有一张辩口，以五十笑百步啊！顺手捎带，从侧面暴露吏治的黑暗，对东南民瘼寄予同情。

此后，常州词派取浙西词派的地位而代之，而两派并存，迄于清末。

常州词派兴起之初，与诗坛的宋诗派互为犄角而相互呼应，它的用意也与宋诗派相类似，希望以比兴寄托，一振词坛的羸弱之风。应当说，常州词派的出现，对扭转词坛风气、推动词学的发展是产生了一定的积极影响的。

二、近代词坛与清季四大词人

鸦片战争后，词坛的变化与进步不及诗坛，难以出新。在新派诗崛起之时，极少数作家的词作受其影响，略有反响，词坛虽不寂寞，然而受体裁限制，难以发展。

属于近代范围的词人，除龚自珍外，甲午战争之前当首推不囿于浙西词派和常州词派的蒋春霖。蒋春霖是鸦片战争后成就最高的一位词人，他一生落拓，但却多情善感，处在道光、咸丰的变乱之时，加之境遇困顿，内外交感，发而为词，故创作的态度极为严肃。他不为消闲应酬之作，不为无病呻吟之篇。《水云词》除少数作品叙及身世悲苦之外，大都能面对现实，伤离悼乱，关心战乱之中的世道与民生。例如：

燕子不曾来，小院阴阴雨。一角阑干聚落花，此是春归处。

弹泪别东风，把酒浇飞絮。化了浮萍也是愁，莫向天涯去。

（《卜算子》）

枫老树流丹，芦华吹又残。系扁舟同倚朱栏。还似少年歌舞地，听落叶，忆长安。

哀角起重关，霜深楚水寒。背西风归雁声酸。一片石头城上月，浑怕照，旧江山。

（《唐多令》）

前者写个人身世的愁苦，“落花”、“飞絮”、“浮萍”强烈地衬托出作者内心的身世飘零之感。陈廷焯说：“鹿潭穷愁潦倒，抑郁以终，悲愤慷慨，一发于词，如《卜算子》云云，何其凄怨若此！”（《白雨斋词话》）后者则铜驼沙棘，落寞悲凉，流露出作者对太平军攻占南京的满腹惆怅，从中可以看出他的政治立场。

除蒋春霖外，甲午之前较重要的词人，还有谭献、庄棫，二人同为常州嫡派。谭献除作词外，关于词学的言论颇多，这些言论在其去世之后由门人徐珂辑为《复堂词话》，其中不乏对词人词作的中肯评说，在词坛有较大的影响。此外，能以词作反映反帝斗争、表达爱国情怀的还有邓廷桢、张景祁等。

谭、庄之后，近于常州词派的还有被称为清季四大词人的王鹏运、况周颐、朱孝臧、郑文焯（一说无朱孝臧，存文廷式），均为笃学之士，于作词的同时，也致力于词学研究，词籍的编辑、校勘、整理，成绩卓著，使得晚清十年间词风大盛。龙榆生说：“五十年来，常派风流，未遽消歇。一时作者，遍于东南，而造诣之深，断推王鹏运、文廷式、郑文焯、况周颐四家。此迹承张惠言、周济之遗绪，而益务恢宏，又其致力，或兼校勘，或主批评。意者天挺此才，为词坛作一最光荣之结局欤?”（《清季四大词人》）

王鹏运论词，崇尚体格，其所持的宗旨为“重、拙、大”，为“自然从追琢中来”（况周颐：《餐樱词·自序》）。他在朝廷为官数十年，而与当道不合，担任御史，以直声而闻名，对当时权要他弹劾几遍，几乎因此而遭不测之祸；娶妻而壮年丧偶，生子而不得长成；应科举试而不能为进士。他的心境是极为颓丧的，其词也大抵皆抚时感事、幽忧危苦之作，沉郁凄壮，非吟风弄月者可比。如他的《念奴娇》（登旸台，上绝顶，望明陵）：

登临纵目，对川原绣错，如接襟袖。指点十三陵树影，天寿低迷如阜。一霎沧桑，四山风雨，王气销沉久。涛生金粟，老松疑作龙吼。

惟有沙草微茫，白狼终古，滚滚边墙走。野老也知人世换，尚说山灵呵守。平楚苍凉，乱云合沓，欲酹无多酒。出山回望，夕阳还恋高岫。

（《虫秋集》）

该词作于庚寅乙未间（1890～1895），面对国势陵夷、政治腐败，感慨人世沧桑、王气消沉，吊古伤今，惆怅不已。王鹏运说：“当沉顿幽忧之际，不得已而托之倚声”，“梨之为味也，外甜而心酸”（《味梨集》后序），可见他这一时期词作中的寄托。文廷式、郑文焯、况周颐、朱孝臧诸人均与王鹏运交厚，过从酬唱甚密，论词与作词亦相互多有影响，而王鹏运实为他们中间的核心人物。

文廷式少年居广东，师事番禺陈澧，中进士后，屡上书言事，又曾任珍妃老师，为光绪所信任，而为慈禧所憎，因而在1896年被削职，1898年戊戌政变发生，东走日本避祸。他论词崇北宋而不满于南宋，认为："词家至南宋而极盛，亦至南宋而渐衰。其衰之故，可得而言也：其声多啴缓，其意多柔靡，其用字则风云月露红紫芬芳之外如有戒律，不敢有所出入焉。"（《云起轩词钞》自序）主张藉词以发一己热烈情感而不拘于微茫不可知之律，争一字之短长。其所作词哀怨苍凉，沉酣慷慨，在近代可谓独树一帜。如其《八声甘州》（送志伯愚侍郎赴乌里雅苏台参赞大臣之任……）：

响惊飙越甲动边声，烽火彻甘泉。有六韬奇策，七擒将略，欲画凌烟。一枕瞢腾短梦，梦醒却欣然。万里安西道，坐啸清边。

策马冻云阴里，谱胡笳一阕，凄断哀弦。看居庸关外，依旧草连天。更回首淡烟乔木，问神州今日是何年？还堪慰，男儿四十，不算华颠。

特别要提出的一点是，文廷式的词有一种"白话化"的趋向。如他的《南乡子》（病中戏笔）：

一室病维摩，且喜闲庭掩雀罗。煮药翻书浑有味，呵呵！老子无愁世则那？

莽莽旧山河，谁向新亭泪点多？惟有鹧鸪声解道：哥哥，行不得时可奈何！

情意深切而文字浅近，令人有耳目一新之感。

况周颐除作词外，尤以词学批评闻于词坛。他认为词在文学史上有其独立的地位，不赞成"词者诗之余"的说法。他论词标举"真、重、拙、大"四大要义，对于词律，拘守甚严，认为"'三仄应须分上去，两平还要辨阴阳'诚知音之言"（《二云词》"意难忘"注）。他的词评著作《蕙风词话》，被朱孝臧推为千年以来绝作，可见对词坛的影响。

在近代词坛上，朱孝臧也享有很高的地位，陈三立曾誉之为"近世词宗"。朱孝臧推崇南宋格律派词人吴文英（梦窗），深受其影响。他的词作中有不少是忆旧怀人、写景题画之作，思想显得贫乏，但也有一些词能"声与政通"，如《采桑子·今年归燕花边路》、《夜飞鹊·香港秋眺，怀公度》，前者直叙时事，表现强烈的爱国反帝情怀；后者怀人寄意，抒发家亡国破的哀思。在艺术上，朱词被认为是"独得梦窗神髓的嫡派"，守律极严，且多隐晦，但情味则胜于梦窗，委婉含蓄，"深文而隐蔚，远旨而近言"（张尔田：《彊村遗书序》）。朱孝臧晚年词的风格有所变化，在艺术上愈加成熟，于婉约中显现出苍劲沉着，词风也由隐晦而趋于开朗，但晚期词作思想显得消沉颓丧。

郑文焯在晚近词坛的贡献，突出地表现在他对宫调乐律的考校上，他希望词能够回到宋代声调合一的状态，能够被之管弦，认为词学不能仅仅拘守于阴阳平仄，而必须研求宫调乐律。其《词原斠律》一书，虽然多取自凌廷堪《燕乐考原》的成说，但仍表现了他对声乐的研求精神和注重声乐的卓识。在他的词集中对白石的《自制曲》，凡涉及宫调问题的，也都作了较为详细的讨论。

三、辛亥革命前后革命家的词

辛亥革命前后，革命家的词作以其鲜明的时代内容、昂扬的革命精神，给人留下了深刻的印象。其代表人物首推著名的女词人秋瑾和南社领袖柳亚子。

秋瑾前期词，以咏物述志为主。如她的《吊屈原》、《梅》、《题芝龛记》等均于婉约之中微露刚气，表达了对壮怀未酬、时光流逝的抑郁和忧虑，已非一般的闺中之作可比。当她跳出家庭樊笼，留学日本，接触到新的思想和革命潮流之后，她的词风就完全不同了，如她在留日期间所写的词《鹧鸪天》：

祖国沉沦感不禁，闲来海外觅知音。金瓯已缺总须补，为国牺牲敢惜身？嗟险阻，叹飘零，关山万里作雄行。休言女子非英物，夜夜龙泉壁上鸣！

对国家民族前途命运的忧虑、强烈的责任感和勇敢的献身精神，化为掷地作金石声的铿锵词句，透出一种逼人的雄浑悲壮之气。

南社词的创作，从总体上来看成就不大。但是，革命斗争的要求和生活内容的变化，毕竟促使一些人改变了词风。在理论上和词的意境上，他们提倡自然，推崇词学史上的“豪放”一派。当时有人评论南社的词是“慷慨悲歌，英气勃然，毫无争秾斗纤之气”（碧痕：《绿雨竹窗词话》）。在他们中间，柳亚子可说是佼佼者。

柳亚子的词如同他的诗一样，也堪称“词史”。如他在1904年所作的《满江红》（《自题中国灭亡小史》）：

遍地膻腥，何处是唐宫汉阙？叹底事，自由空气，无端销歇！秋草黄埋亡国恨，夕阳红染伤心血。倩巫阳招得国殇魂，肠千结。

华夷界，畴分析；奴隶痛，空悲戚。问何时唤起，中原豪杰？铁骑凭谁驰朔漠，铜驼见汝栖荆棘。看镜中如此好头颅，拼先掷！

（《磨剑室诗词集补编》）

陈亡国灭种之痛，述驰骋疆场拯救中华之志，苍凉激越，洋溢着爱国的情怀，也是那个苦难时代的写照。从他现存的140多首词来看，长调居多，可见其工力之深，气魄之壮。

梁启超的《饮冰室诗话》中录有新派诗人狄平子《菩萨蛮》一首：

九月十五日，午梦初醒，念我故人远隔太平洋，此时却月影正圆矣。洲别东西，时异昼瞑，然相隔仅一块土耳。戏占一阕，以寄遥思。

故乡日影初停午，邮书电话浑无据；两面总高山，盈盈一水间。

频思穿地脉，一望君颜色；皓月正当天，知君眠未眠？

这首词以新事物、新名词、新知识入词，表达对友人的深切遥思，可谓“新派词”的代表。虽然此类词为数甚少，但它的出现无疑透露了词风变化的信息。

综观近代词坛，词人众多，词作、词话以及词籍的编辑、整理均取得了相当的成绩。但是，数十年间，词除了在内容上、风格上有某些变化，表现出一定的时代特色之外，在形式上几乎没有什么变化。这是因为词较之诗，在形式上更加固定，格律上要求更严，作家们在这方面因袭的包袱也更重，因而要有所突破也就更加不易。由于形式上的这种局限，比起诗歌来，词的发展就显得十分缓慢，在表现现实生活方面，也就显得逊色。

小　　结

从1840年至1919年，短短的80年，如同中国社会政治发生急剧的变化一样，中国传统诗歌从内容到形式也经历了急剧的变革过程。从龚自珍的“予欲慕古人之能创兮，予命弗丁其时！予欲因今人之所因兮，予荍然而耻之。……文心古无，文体寄于古”（《文体箴》），到康有为的“新世瑰奇异境生，更搜欧亚造新声”，到马君武的“须从旧锦翻新样，勿以今魂托古胎”，中国诗歌由传统旧诗发展到新派诗，复又向近代白话诗发展，在很短的时间里走过了一个从量变到质变的过程。从这种急剧的变化中，我们可以悟到一条基本规律，即文学是人民的，它始终要以人民的利益、以为人民大众所接受为其依归，而时代进步与人民大众的觉醒程度以及他们对文学的占有度，三者之间又是互为标尺的。透过文学的种种变化的表象，我们可以感觉到这条潜在的规律和它的巨大力量。

中国诗歌走过了漫长的历史道路，由上古时期之来自民间、诗与乐合，到中古以来的文与言分、诗与乐分，诗歌成为文人士大夫的专利品。梁启超云：“读泰西文明史，无论何代，无论何国，无不食文学家之赐；其国民于诸文豪，亦顶礼而尸祝之。若中国之词章家，则于国民岂有丝毫之影响耶？推原其故，不得不谓诗与乐分之所致也。郑夹漈有言：‘古之诗曰歌行，后之诗曰古、近二体。歌行主声，二体主文……二体之作，失其诗矣。’（《通志乐略》）……顷读杂志《江苏》，屡陈中国音乐改良主义，其第七号已谱出军歌、学校歌数阕；读之拍案叫绝，此中国文学复兴之先河也。”（《饮冰室诗话》第77则）诗歌终于又要返璞归真，回归人民大众了，一个中国诗歌的新时代即将开始。

参考资料

方志钦，刘斯奋．梁启超诗文选．广州：广东人民出版社．1983

龚自珍．龚自珍全集．上海：上海人民出版社．1975

管林，钟贤培，陈新璋．龚自珍研究．北京：人民文学出版社．1984

郭延礼．秋瑾文学论稿．西安：陕西人民出版社．1987

华南师范大学中国近代文学研究室．中国近代文学评林．第二辑．广州：广东高等教育出版社．1986

刘斯翰，徐文烈．柳亚子诗选．广州：广东人民出版社．1981

钱仲联．人境庐诗草笺注．上海：上海古籍出版社．1981

丘逢甲．岭云海日楼诗钞．合肥：安徽人民出版社．1984

秋瑾. 秋瑾集. 中华书局. 1960

张正吾，钟贤培，陈铭，汪松涛选注. 中国近代文学作品系列·诗歌卷. 福州：海峡文艺出版社. 1988

中国社会科学院文学研究所近代文学研究组. 中国近代文学论文集·诗文卷(1949～1979)，北京：中国社会科学出版社，1984

钟贤培，陈永标，刘伟林. 康南海诗文选. 广州：广东高教出版社. 1988

钟贤培，管林，谢华，汪松涛. 黄遵宪诗选. 广州：广东人民出版社. 1985

第七章　散文创作的发展和演变

散文，在中国文学史上，历来被它看成是与诗齐肩的文学的正宗。诗虽然也是文化的一种表现形式，但中国诗歌更侧重于表现创作主体的情感，有“诗言志”之说。散文则主要是进行理性的阐发或理性的批判，即所谓文以载道，文与政通。封建统治者也就更倚重“文”以统一思想，钳制舆论，所谓“文章以发挥义理、关系世道为贵，骚人词客，不过技艺之末，非朕所贵也”（《清实录》，康熙十二年癸丑八月辛酉上谕）。因此，中国古代散文与古代诗词不同，它并非属于纯文学的范畴，散文之所以成为审美对象，大抵并不完全是因为它的形象性，而是因为历代统治阶级政治的需要、社会伦理教化的需要，以及文人雅士表达人生态度的需要，社会的因素、政治的因素极大地左右或影响着散文的发展变化。所以，古代散文发展到了清代，由羽翼道统的桐城古文一统天下，就与清朝封建统治者借理学禁锢人民思想、实行严密的思想统治有紧密关系。

第一节　近代散文的发展概况

鸦片战争以后，随着中国社会发生剧变，散文也随之发生了深刻的变化。这种变化大致表现在两个方面：一是形式主义的桐城派古文，由回光返照，极盛一时，终至失其“流风余韵，沾被百年”的统治地位；二是打破宗派成见，迅速反映现实社会政治问题的各种新体散文，随着资产阶级维新运动向民主革命的发展，声势日益壮大，形成强大潮流，呈现了过渡时代灿烂而复杂的文坛景象。综观散文的创作，一种充满活力的新体散文取代了桐城派及其他复古派散文，代表了散文发展的方向。

一、近代散文创作的基本轮廓

近代散文创作的发展和演变，首先是从一批感觉敏锐的进步知识分子的散文创作开始的。生活在鸦片战争前后的龚自珍、魏源、林则徐，是近代思想史上最早的启蒙思想家。在政治思想上，他们在弘扬“今文经学”的外衣下倡言改革；在散文创作上主张“经世致用”，要求扩大散文的思想内容，解放散文的语言形式，以打破桐城“义法”的枷锁。他们以其“以经术作政论”、“以朝章国故世情民隐为质干”（魏源：《定庵文录序》），并以“御外夷”（魏源：《海国图志》）为主旨的经世散文，首开改革风气。他们敢于面对现实，预见社会危机，提出改革主张，召唤时代风雷，关心国计民生，为散文创作注入了新的血液，不仅反映了新内容，表达了新的思想，而且给散文的形式带来了变化。他们在近代社会发生变化的初期，就把散文创作从桐城派的"阐教翼道"转到"经世致用"的道路上，为近代散文的改革开辟了正确的方向。

在龚、魏开改革风气之后，近代散文随着鸦片战争后社会的剧变，在太平天国到甲午战争期间又获得了发展。进步的知识分子、早期维新派人士逐渐摆脱传统古文的束缚，进一步扩大了散文的内容，运用散文"记事述情"，表达改革社会与御侮图强的思想内容。冯桂芬、王韬和郑观应运用通俗古文写作的近代报刊政论文体，在近代散文的变革上，比龚自珍和魏源向前跨出了一步。他们在龚、魏开创的"经世致用"的基础上，抛开桐城派及其他古文派的束缚，使散文成为服务于社会改革的重要工具。特别是冯桂芬，从文学本身提出散文的改革，他把反对桐城"义法"，同扩大散文内容、突破形式束缚联系在一起，作为散文改革的内容提了出来。他的散文从"筹国用"、"改科举"，到"采西学"、"制洋器"、"善驭夷"，都与社会改革直接相关，对后来的散文改革和变法维新具有先导作用。

与此同时，太平天国的革命家明确提出了文章革新的主张，认为文章的产生本来是为了社会实用，"一应奏章文谕，尤属政治所关"（洪仁玕：《戒浮文巧言谕》），因此，应提倡"实叙其事"、"朴实明晓"的文风，反对"古典之言"，特别是那些饱含着封建色彩的陈词滥调。这些主张对当时的桐城古文乃至封建文学都有摧陷廓清的作用。从实践中看，太平天国领袖们的散文，都自觉地运用较为通俗的语言和形式，体现了革新精神，在文风上显示出"纪实"和"朴实明晓"的特点。他们的散文成为不断发展的新体散文的先驱。

但是，在散文改革不断向深层发展之时，桐城古文也正作着"中兴"的努力。桐城文派在姚鼐之后，随着时代的发展，弱点已暴露无遗，其所笃信的程朱理学不惬人心。鸦片战争的失败、太平天国的革命，使这种官方哲学的统治地位发生了动摇，桐城古文家为文的清规戒律多，语言陈旧，音调僵化，规模局狭，所以日益"浅弱不振"，日益与生活脱节。虽然姚鼐的"正宗"传人，所谓"姚门四弟子"或"姚门四杰"——管同（1780～1831）、方东树（1772～1851）、姚莹（1785～1853）、梅曾亮（1780～1856），在中国从封建社会到半殖民地半封建社会的历史转折时期，受时代大潮的影响，也写出了一些言之有物的文章，如鸦片战争爆发后，梅曾亮写的《与陆之夫书》等一些散文，便抒发了爱国的情怀，反映了中国人民对外国侵略者的敌忾；同时他也创作了一些像《游小盘谷记》、《钵山余霞阁记》、《引虹桥记》等意象鲜明、语言质朴的游记散文。特别是姚莹，鸦片战争中在台湾道任上坚持抗英斗争，屡战皆胜，他有关台湾战事的散文反侵略爱国之情溢于言表，代表着当时一般有正义感的知识分子的精神面貌。这些都是值得肯定的。但是，他们的思想与其大势大体是一致的。总体来看，桐城文派至此已无法掌握它旧有的局面了。

这时，曾国藩的出现造就了桐城文派的所谓"中兴"局面。一批桐城派作家如张裕钊（1823～1894）、薛福成（1838～1894）、黎庶昌（1837～1897）、吴汝纶

(1840～1903）等群集于曾国藩幕中，“从公治军书，涉危难，遇事赞画”（薛福成：《叙曾文正公幕府宾僚》）。曾国藩作为这个时期桐城派的领袖人物，把“义理”的范围扩大到政事（经济），于是葛（诸葛亮）、陆（陆贽）、范（范仲淹）、马（司马光）这些以德行兼政事著称的人，与周、程、张、朱这些理学家一道被他划入“义理”之科，以药救理学空疏的弱点。而在“义理”中他又强调以“礼”为本，以“经济”为纲（曾国藩：《圣哲画像记》），试图用“礼”和“经济”来消弭人民对清朝统治的反抗以巩固日趋衰落的封建统治。这就是他对桐城文派的思想旗帜程朱理学的改造。他对桐城文派的古文风格，也是有所变易的。他说“国藩之粗解文章，由姚先生启之也”（曾国藩：《圣哲画像记》），但在《圣哲画像记》中却又不伦不类地把姚鼐与顾炎武、秦蕙田、王念孙等这些汉学家并列。他在与吴敏树书中说过：惜抱姚氏“不可遽语于古之作者”（附见王先谦《续古文辞类纂》卷十一，吴敏树《与筱岑论文派书》后），又对桐城文派的远祖归有光也痛加讥评（曾国藩：《书归震川文集后》）。可见他对桐城文派并没有亦步亦趋。他写的古文，“从姬传入手，后益探源扬、马，专宗退之，奇偶错综，而偶多于奇，复字单义，杂厕相间，厚集其气，使声采炳焕，而戛焉有声”（李祥：《论桐城派》）。此种古文风格与桐城文人诸作异趣，绝非清淡简朴所能局限的。由此看来，曾国藩“中兴”桐城文派之说，实质上是以“湘乡文派”改造“桐城文派”。随着清朝统治的崩溃与新思潮的兴起，无论是桐城还是湘乡文派的古文都为人所弃，代之而起的是梁启超的“新文体”和稍后的白话文。不过，桐城文派中间也有一些人如王闿运、张裕钊、薛福成、黎庶昌等冲破传统古文的束缚，创作了一些较有现实意义的散文，如薛福成写有《出使英法意比四国日记》、黎庶昌写有《西洋杂志》等，就文体而论，它们都是以散文笔调写成的长篇游记和考察报告，有较高的史料价值和文学价值。这些散文普遍用来陈述变革主张，表现了向新文体的过渡，说明散文的改革、发展已成为不可改变的潮流。

甲午战争以后，近代散文发展成为一种完全摆脱古文家法、自由活泼、富于鼓动性的新文体。“新文体”当时又被称为“时务文体”、“报章文体”（谭嗣同：《报章总宇宙之文说》）。这种“新文体”，无论思想内容还是表达方法与语言形式，是从传统的古文到“五四”时期的现代白话散文过渡的桥梁。

新文体的代表作家有康有为、谭嗣同、梁启超等。康有为是维新运动的领袖，他的散文思想奔放，直抒己见，或散行或排偶，富于想象和瑰丽之词，受龚自珍的影响，但比龚自珍的散文汪洋放纵得多而奇诡较少，打破了传统古文的程式定局，是梁启超新文体的先导。谭嗣同在思想上要冲决一切罗网，在文体上也寻求自己的道路，他认为“所谓骈文非四六排偶之谓，体例气息之谓也”（《三十自纪》）。谭嗣同否定了桐城派古文，创造了自己的新体散文，他的散文确如自己所说是从学习骈文来的，句法谨严整洁，绝少浮语。他颂扬“报章文体”，又曾运用口语的自然句法编写南学会讲义，已倾向散文的通俗化。梁启超是维新运动的杰出宣传家，也是新体散文最著名的代表作家，他办过许多报章杂志，自觉地注意文体的通俗化，大胆地从传统古文的束缚下解放出来。他思想解放，感情充沛，他的文章总要说得详尽，不嫌反复强调，运用语言，既无所顾忌，又不求修饰，只求表达明白为主。这种文章对桐城派古文或传统古文来说，确实是一种“新文体”，一种解放了的新体散文。梁启超的散文从19世纪末到20世纪初产生了广泛的影响，对当时的思想解放和文体解放起到了卓越的促进作用。

辛亥革命前后，资产阶级和小资产阶级民主主义者举起了“驱逐鞑虏，恢复中华”的民族主义旗帜，在这面旗帜下，进行了不屈不挠的推翻清王朝的斗争。他们也用文学作为武器，配合战斗。总的来说，资产阶级在革命政治宣传鼓动和文学改革活动中进一步推动了近代散文的变革。他们比起维新派来，思想进一步解放。作家个性和审美观念的解放、文体样式和语言形式的解放，以及新闻事业的更加兴旺发达，在更大程度上促进了近代散文的变革和发展。他们虽然和维新派一样，使散文创作同社会政治变革、社会思想解放保持着密切的关系，其散文主要是政论文，但又同维新派不同，他们并不是从封建官僚和封建士大夫中分化出来的上层资产阶级知识分子，而是中小资产阶级知识分子的代表；他们并无显赫的政治头衔和社会地位，却有崭新的革命和战斗品格，是崭新的一代人。在思想上，他们抛弃了孔子“托古改制”的招牌，鲜明地举起西方资产阶级的“民主”、“自由”的旗帜；在政治上，他们鄙弃君主立宪，主张建立资产阶级民主共和国。在辛亥革命时期近十年的革命宣传实践中，涌现了一批如章太炎、秋瑾、邹容、陈天华、黄小配、宋教仁、胡汉民、朱执信、郑贯公、于右任、杨笃生、章士钊、柳亚子、鲁迅、陈独秀、李大钊、钱玄同等有影响的报刊政论作者和新闻记者。他们的散文，比起维新派的时务文体来更加矫劲犀利、豪壮激荡，在文字上也更加通俗浅显，朝着语文合一的方向发展。特别是邹容、秋瑾等革命家的散文，已具有现代白话散文的雏形。而散文样式也趋向丰富多样、生动活泼。

由于革命派许多政论散文受梁启超的影响，体制庞大，长风未戢，不能迅速及时地对事件作出反应，为了克服这一缺点，许多报刊上出现了杂文之一体的时事短评，这种新的尖锐犀利的评论形式，是这一时期报刊在评论文之写作形式上的一个新的重要发展。不少报刊辟有时事短评、杂文、随笔、札记、游记、寓言以及略带文艺色彩的新闻通讯、新闻特写和报告文学等读者喜闻乐见的散文专栏，对鼓吹民主革命起了很好的作用。

但是，在资产阶级维新派和革命派中，也有一批专门用传统古文的形式宣传变法、宣传革命的作家，以严复、章炳麟、刘师培为最著名的代表。严复的古文被吴汝纶誉为“骎骎与晚周诸子相上下”（《〈天演论〉序》），后来他翻译《原富》，被梁启超批为“其文章太务渊雅，刻意模仿先秦文体，非多读古书人，一翻殆难索解”，他却辩解说：“不佞之所从事者，学理邃赜之书也，非以饷学童而望其受益也，吾译正如以待中国多读古书之人。”（《与〈新民丛报〉所译原富书》）章炳麟以古奥难懂的文章表达强烈的排满思想，他主持《民报》时，不满意汉文和唐宋文，而以魏晋文相号召。他认为魏晋之文“持论仿佛晚周”，“守己有度，伐人有序，机理有中。孚尹旁达，可以为百世师矣”，因此，“效魏晋之持论者，上不徒守文，下不可御人以口，必先豫之以学”（《国故论衡·论式》）。章炳麟的政论文是以他的渊博学问为基础的。他的古文虽很难懂，但由于有充实的革命内容，在当时也是产生了很大影响的。历史证明，严复的先秦文、章炳麟的魏晋文，都是走不通的。以反帝反封建为主要内容，向着通俗化或大众化方向发展的新体散文，终于代替了长期统治的传统古文。后来裘廷梁正式提倡白话文，秋瑾、邹容等用白话体写宣传革命的文章，又使近代发展起来的新体散文向着白话散文的方向转变，而中国近代新体白话小说的兴盛，又为新体散文的转变起了推波助澜的作用。中国近代白话文的形成和发展，也为“五四”以后的白话文运动打下了坚实的基础。

二、近代散文创作的基本特征

从近代散文的历史发展来看，在“欧风美雨”的吹拂下，近代散文表现出鲜明的特征。

在思想倾向上，散文作家突破桐城古文的封建“道统”和“文统”束缚，密切联系社会现实，逐步走向表现个性、表现真情、表现现实、表现世界的文风，充满深重的危机和忧患意识。随着历史的发展，倡言变革的思想愈来愈激烈。

在文体样式上，随着中西政治交往和文化交流的日益频繁，以及报章的风行，中国传统的古文逐渐被表达新思想和新的说理方式的“新文体”（“报章文体”）取代了；战纪与实录、使外与旅外的日记、游记盛行，报告文学也在这一时期出现，说明中国传统的散文样式在变革和发展，散发着近代气息的散文体式开始出现，并很快就达到极高的成就。叙事、抒情、说理、嘲讽，迅速打破了“白话不能写美文”的偏见，显示出近代散文的实绩。散文是作家个性最自然的流露，因而在个性得到大解放的时代，散文得以繁荣是不足为奇的。近代的散文作家大都有深厚的中国古典文学修养，有些还精通外国文学，有丰富的人生阅历。如果说诗歌是一个时代情感水平的标志，那么散文则是一个时代智慧水平（洞见、机智、幽默、情趣）的标志。

在语言形式上，原来古奥艰涩的古文，显然不能适应启蒙宣传的需要，因而言文一致、语言文字改革的主张被提了出来，出现了部分通俗化的白话报纸和白话文章。

在审美观念上，近代散文在世界文学艺术的影响下，尽力寻找新的思维方式和表达方式，以开掘现代人类丰富复杂的内心世界及其对外部世界的“掌握”。艺术形式的试验令人眼花缭乱，实在是文学的一种自觉意识的表现，与现代自然科学及现代社会生活的发展有着深刻的联系。时代的变化，也为趣味审美范畴的内涵注入了新内容。梁启超就强调审美“趣味”，认为“趣味”是生活的原动力。“没有趣味便不成生活”，美的价值，也就在能使人“常常吸收趣味的营养”（《趣味教育与教育趣味》)。同时，为适应新的社会审美需求、传达亢奋的时代热情，近代散文以那一时代特有的力度和亮色为中国散文添了新的姿态，建立了新的审美规范。近代进步的散文家不愿“规规于神味”(周实：《无尽庵遗集》卷一)，他们追求慷慨议论、元气淋漓的文风。当然，近代散文家作出的审美选择是狭窄的、有很大缺陷的。其作品的气魄、气概、气势都以“粗”、“直”为特色，大气磅礴的粗豪之中，既包含着不可摹拟的风采，又暴露着艺术情感的粗糙、艺术形态的粗犷和艺术构思的粗率，外在的气势压倒了内在的气韵，外在的强度超过了内在的深度。然而，近代散文家正是带着审美观念上的成就与不足，为中国文学开拓新的审美境界的。

第二节 传统古文的变化

近代散文既是传统古文的光辉终结，又是现代散文的先导，它既承继古代散文的优秀传统，也随着社会的发展而发生深刻的变化。

一、经世致用散文的兴起

随着鸦片战争的爆发、民族危机的空前严重，中国的社会基础与上层建筑发生剧变，近代散文发生了大变化。杰出的思想家、文学家龚自珍和魏源是最先以敏锐的眼光和批判的态度看待当时的危机和矛盾的人。他们要求变政治、变思想，也变文章。在近代这一“大变忽开”(龚自珍：《定庵八箴·文体箴》)之际，龚自珍能适应时代潮流，孜孜创新，一空依傍，摆脱传统散文的拘束，横行阔视，不遵矩度，把思想解放和文学解放的新鲜气息带进死气沉沉、萎靡不振的文坛，这在当时整个社会沉滞猥劣、一派僵死的气氛中，意义是巨大的。

龚自珍散文最突出的特点是善于思考，充满强烈的忧患意识。因此，广泛深刻的社会批判构成了他的散文创作最基本的思想内容。龚自珍所处的年代，正是古代中国的回光逐渐淡去而溘然逝去的半个世纪。置身于这个“治世”已去、“乱世”将临的“衰世”之中，龚自珍有感于世人“尽奄然而无生气”，“天下无巨细，一束之于不可破之例”，而渴望“变通”、“更法”(《明良论三、四》)。所以，揭露和批判“衰世”、呼吁改革成为他散文创作的重要内容。作为时代的先觉者，他在不同程度上带有浓厚的时代色彩和研究经史气息的大量散文中，表现出对传统与现实的批判。封建皇帝的专制独裁，吏治的腐败黑暗，士气的陵替衰颓，民生的凋敝困苦，边疆的日趋警急，漕政、盐政、水利、科举诸方面的种种弊端，举凡那个时代的政治、经济、文化、风俗、人心等方面的丑恶和腐败，都在他的议论批判之列。他在二十四五岁时写的“乙丙书”就是一组涉及某些重大问题的杂文、政论文，其突出之处是借用了公羊学的“三世说”，揭示当时“衰世”的现实。如《乙丙之际箸议第九》首先为“三世说”张本，接着在“衰世”上痛发议论，然后把极大的隐忧说了出来：“起视其世，乱亦竟不远矣。……履霜之屩，寒于坚冰；未雨之鸟，戚于飘摇；痹痨之疾，殆于痈疽；将萎之花，惨于槁木。”显然这里已经点出了风雨飘摇的现实和“乱世”的即将降临。在这里，他的散文可以说是假借公羊经义为号角，吹出唤醒人心的高调。不过，龚自珍并非鼓吹改朝换代；相反，他希望当朝统治者从三代更替和清朝兴起的历史中得到启发，奋起改图，扭转衰败的局面。又如在《尊隐》中，他假借古史氏之言说：“君子所大者生，所大乎生者时也。”生不逢时，则失去生的意义，他暗示当时的社会就如“日之将夕，悲风骤至”，政治黑暗，动荡不安，人们昏昏欲睡，“与梦为邻”，一片沉寂的景象。文章暗示说这是由当权者不任用贤才所造成的，其结果是朝廷失道而在野势力兴盛，以至于人们对朝廷失去了最后的希望。这也是在引导人们认识当时“衰世”的现实。文章的结尾对于在野力量的兴起寄予极其热烈的期望，实际上也是对当时“衰世”的谴责。显然，《尊隐》关于“三世说”的思想和对衰世现实的揭露，与“乙丙书”异文同趣。再如他在《己亥六月重过扬州记》中，先点出扬州在人们心目中已是今不如昔，接着用似扬而抑的手法叙写扬州景物的变迁，说世态风习，依然“嘉庆中故态”，表面上似乎还是繁荣，然后用睹今思昔的感慨，含蓄地指出“初秋”的景象，暗示一个衰落时代的到来。

在龚自珍散文中，除了直指现实、述说兴衰这类作品外，还有另一类比较含蓄、隐晦的文章，也是立足于批评“衰世”的。例如“三捕”这组寓言，是对害人虫的谴责，也是对“衰世”的谴责；《明良论》这组政论，重点在论述君臣关系和用人政策，但也包含着对“衰世”的批判。龚自珍在他的散文中广泛地、巧妙地运用“三世说”，这是他的“经世致用”思想在散文创作上的体现，也是他的文章深深地激励了同光年间新学派人物的极其重要的原因。

从龚自珍的政论散文中，可以看到他对当时几乎各种社会问题敏锐而深入肌理的分析和议论。正是基于对这些重大社会问题的清醒深刻的认识，他对当时社会的全貌和历史趋向作出了魄力巨大而又极为准确的概括。思想的深刻和敏锐带来了文章的奇警和深切。总之，龚自珍的散文，从整体上把握和反映了时代的潮流、脉搏、趋向和氛围，足以概括和表现历史的真貌和时代的情绪。

龚自珍的散文在艺术表现手法上也是独具特色的。他努力追求文学表现形式上的解放，散文形式不拘一格。从篇幅上说，有《尊隐》之类的大篇，也有《说居庸关》之类的短篇；从体制上说，有《病梅馆记》等单篇短制，也有如《明良论》、《乙丙之际箸议》、《壬癸之际胎观》、《古史钩沉论》等成组的文章。他的散文，力避陈腔俗调，立意新颖，构思奇特，往往善于想人心中所有、道人口中所无，匠心独运，引人入胜，给人一种艺术享受。如他描述梅花这个传统题目的《病梅馆记》，便是这方面的代表作。他别出心裁，加以创新，用细腻的笔触写梅花受斧斫、约束，不能自然生长，来象征个性、才能受压抑、受摧残的境况：

或曰：梅以曲为美，直则无姿；以欹为美，正则无景；梅以疏为美，密则无态。……有文人画士孤癖之隐，明告鬻梅者，斫其正，养其旁条，删其密，夭其稚枝，锄其直，遏其生气。以求重价，而江浙之梅皆病。……予购三百盆，皆病者，无一完者。既泣之三日，乃誓疗之，纵之，顺之。毁其盆，悉埋于地，解其棕缚。以五年为期，必复之全之。予本非文人画士，甘受诟厉，辟病梅之馆以贮之。呜呼！安得使予多暇日，又多闲田……穷予生之光阴以疗梅也哉！

病梅是由束缚和摧残所造成的，因此疗梅就必须“毁盆”和“解缚”。这种奇特的想象寄寓着易于明晓的道理：人才的受压是由于专制统治，因此解放人才就必须首先冲破专制统治，文章在“病”字上下工夫，对于病梅的研究、同情与疗梅的决心和行动，反映了冲破专制统治、追求个性解放的热切期望。这种托物喻人、以梅议政的新颖的主题和深邃的思想，使《病梅馆记》成为一篇感染力强的脍炙人口的杂文。

龚自珍在他的散文中还注意把直言与曲笔相结合，使文章既充满着一种“狂直”之气，又显现出为表达难言的隐衷而借题发挥的迂回曲折的笔法。龚自珍的许多文章是为经世致用而作的“经济文章”，有些还是廷对或上书，议论朝章国故、世情民隐，是给当权者看的，然而议论之大胆而无顾忌，措词尖锐激烈，显示出一种奇悍的胆气，如《对策》等。对于社会现实中的种种病症，龚自珍却不肯阿世取容，虽备受挫折，依然“狂直”如故，独立不羁；发为文章，或指摘时弊，触目惊心；或援古刺今，发人深省；或怒发冲冠，戟指痛骂；或慷慨陈词，意气淋漓，无指眉画角之态，有悍泼求实之慨，表现出一种战斗的品格。同时，借古讽今、借题发挥也是龚自珍散文的一种手法。作者对经史有精湛的了解，运用史料得心应手，以古诫今，深思熟虑。为了文章的实际需要，他不拘泥于史料的完整性与系统性。例如，他在《明良论二》中，称赞唐、宋、明的皇帝能够待臣以礼，在《京师乐籍说》中，却抨击唐、宋、明诸皇帝施行愚民政策的阴谋。这一褒一贬，显然不是对唐、宋、明诸皇帝的全面评价，而完全出于反衬和影射当时皇帝的需要。作者正是以借古喻今去启发人们正视现实，承认今不如昔、产生奋起改图的思想。除了借古喻今之外，他往往借某事为题做文章，言在此而意在彼，曲折表达隐衷，这种借题发挥也是一种曲笔。如《杭大宗逸事状》是一篇纪传体散文，作者纯用冷笔，客观地记述了杭世骏与乾隆皇帝的两次见面情况，虽未点出杭大宗的死因，但人们已看到了乾隆皇帝的凶狠和残忍。文章写的是杭世骏，却曲折地揭露了专制统治的罪恶。

龚自珍的散文还巧于形象刻画，善用比喻，富于讽喻性的喜剧色彩。龚自珍在的散文创作中，注意运用形象思维，多侧面、粗细不同地描写封建末世的各种形象。如在《明良论》这组文章中，作者抓住了大官们的昏庸、卑微、守旧、自私等特点，进行了多侧面的描绘，既描写他们居官忧贫，失尽体统，又描写他们欺世盗名，骗取远方之士敬仰；既表现他们表面上例行公事、“奉公守法”，又表现他们实际上不顾廉耻，卑微昏聩；既描写他们在皇帝面前阿谀逢迎、卑躬屈膝、唯唯诺诺，又描写他们在妻子、门生面前得意洋洋、自吹自擂，忘乎所以；既表现他们谋划钻营、钩心斗角，又表现他们赓诗作书，附庸风雅；既表现他们占据要职，无所作为而心安理得，又表现他们惧怕罹罪，祸及子孙而战战兢兢……作者通过对这些形象的描写告诉人们：官场必须整顿，吏制必须改革。龚自珍散文具有鲜明的形象性的重要原因，还在于他善用比喻。如"三捕"这组寓言，用蜮、熊罴、狗蝇等"害人虫"来比喻那些两面三刀、损人利己的恶棍，是颇为生动的。在《与人笺五》中，他把那些不学无术、德才低劣而又受到重用、招摇过市的"小人"比喻为"缚草为形，实之腐肉，教之拜起，以充满于朝市，风且起，一旦荒忽飞扬，化而为沙泥"的没有灵魂的行尸走肉，更是入木三分。而《病梅馆记》通篇就是一个比喻，构思新颖而又寓意深刻。比喻的合理使用，使文章的形象感更加强烈，同时也增强了说理的透辟和达意的明晰，以及揭露的犀利，加强了幽默感和喜剧气氛，更使他的散文文情恣肆、气扬采飞。

另外，龚自珍的散文在表达上，竭力摈除套语，刊落肤词，力求把自己的思想感情以最精简生动的语言表达出来，以精简警绝见长。他的文章语言尖刻、含蓄、词锋辛辣，奇悍雄辩，锋颖锐利，句式错落有致。句式的错综变化，适应思想感情的"旁出氾涌"，纵横自如，毫无拘挛，散行中有骈偶，关键之处，则善于铺张扬厉，以表现激奋奔突的情感，呈现出宏肆奇恣、汪洋博赡的风貌。这些都增强了龚自珍散文的艺术魅力。

魏源与龚自珍并为今文名家，一同相信为政之根本在"先平人心之积患"(《〈海国图志〉叙》)。不同的是，龚自珍在鸦片战争爆发后一年抱恨归天，而魏源却看到了鸦片战争的败局，这便使他能在其不着边际遭"媚虏"之讥的《圣武记》告成的同时，写成了另一部堪称洋务运动思想纲领的《海国图志》，从而实现了从经世致用的今文家向富国强兵的洋务派的转变，成为跨时代、开风气的杰出人物。尽管魏源声言《海国图志》所论皆"兵机也，非兵本也，有形之兵也，非无形之兵也"(《〈海国图志〉叙》)，但恰恰是这个有形非本的夷师之术，而不是那个无形之本的身心性命之学，是当时历史所可能接受、所要求实现的时代课题。他的散文在内容上敢于抨击、指斥当时社会政治的颓败，痛庸人之误国，叹人才之被压抑，而更多的是提倡向西方学习，系统地介绍世界历史知识，赞扬资产阶级民主制度，主张"师夷之长技以制夷"。

魏源的著述和文学创作极为庞富，除学术著作外，他的散文大多收在《古微堂内、外集》中。魏源的议论散文注重以史实作论据，论述博大精深，才情横溢，持之有故，言之成理，颇似战国时代荀子的文风。由于掌握了朴素的辩证观点，他对事理的阐发往往非常透彻，有很强的说服力。其读书札记《默觚》是代表作。所以有人比较龚、魏之文后指出："龚氏文，深入而不欲显出"；魏源文，"深入而显出，其为独辟町畦，空所依傍"(黄象离：《重刊古微堂集跋》，见《魏源集·附录》)。

魏源的碑记、信函等应用文字，有的也写得很有文学色彩。如《太子太保两江总督陶文毅公神道碑铭》一文，就远非一般的谀墓文章可比，它深情地赞扬了具有变革思想的政治家、诗坛领袖、研究陶渊明的专家陶澍"力犯群忌，而事未尝不举"的毅力，表示了对陶澍由衷的敬佩；同时揭露了当时官场的腐败透顶、一塌糊涂：

"渐摩既久，以推诿为明哲，以因袭为老成，以奉行虚文故事为得体。恶肩荷，恶更张，恶综核名实。"因循守旧，敷衍推脱，怕负责任、怕变革、怕以名核实，这就将封建末世的官场恶习暴露无遗。这篇墓志铭实质是魏源站在改革派的立场上对保守派、顽固派所作的一次有力的抨击。全文感情充沛，慷慨激昂。

魏源的某些抒情写景小品及山水诗的序文，有的也不失为优秀的写景抒情散文。这些小品、序文明显地受唐代柳宗元《永州八记》的启示，状物写景，形神毕肖。《香港岛观海市歌》诗序中描写海市蜃楼的情景，扑朔迷离，文笔出神入化：

香港岛在广东香山县南绿水洋中。诸屿环峙，藏风宜泊，故英夷雄居之。营廛舍楼观如澳门，惟树木郁葱不及焉。予渡海往观，次晨甫出港而海中忽涌出数山，回顾香港各岛，则锐者圆，卑者矗，尽失故形，若与新出诸山错峙。未几山渐离水，横与空际，交驰互鹜，渐失巉㟧，良久化为雄城如大都会，而海市成矣。自寅至巳始灭。幻矣哉！扩我奇怀，醒我尘梦，生平未有也。其可以无歌。

再如《嵩麓诸谷诗》、《华山西谷诗》、《下盘泉诗》之序等，文笔也简洁生动，堪称游记小品的佳作。

二、桐城派古文的"中兴"

在近代散文的发展变化中，也曾出现过古文复兴的阶段，这就是桐城派古文的"中兴"，其"中兴名主"便是曾国藩。因曾氏是湘乡人，后人又称之为"桐城湘乡派"。

湘乡派崛起于19世纪中叶，既源于其社会及文学发展规律的必然性，也源于曾国藩个人的条件。桐城文派本是适应清王朝统治的巩固需要而形成的，但到了曾国藩的时代，随着封建社会的崩析，桐城文业由全盛而趋衰，已远远不能适应政治形势的变化，其浅弱的形式主义弊端已十分明显，就连宗师桐城、皈依姚鼐的许多散文家也对它进行了猛烈批评。特别是在姚门弟子中年寿最长的姚莹、梅曾亮相继去世后，跟随他们学古文义法的弟子虽众，但大多在文坛默默无闻，不足以担当主坛坫、执牛耳之重任。兴盛一时的桐城事业，由全盛走向了衰微。曾国藩生当历史剧变时刻，对社会的衰败和桐城文派的浅弱都深有所感。他接过桐城的旗帜，标举桐城"义法"，肯定桐城为文家正轨，但实际上却在不少地方对桐城作过改造，甚至还摒弃方、刘、姚的基本观点，而力主"文章与世变相因"（曾国藩：《欧阳生文集序》），以"经济致用"（曾国藩在《圣哲画像记》、《致吴南屏书》中均有表达）相号召，力图以玮瑰之文药桐城派文规模狭小之病，以扩大学习范围，救桐城派文空疏之弊，并新组了一支文学队伍。于是，"一时为文者，几无不出曾氏之门"（姜书阁：《桐城文派评述》），使濒于"文弊道丧"、"浅弱不振"（黎庶昌：《续古文辞类纂序》）的桐城文风发生了较大变化，出现了所谓"湘乡派"中兴桐城文的局面。以曾国藩为领袖并以他为代表作家和理论家的湘乡派古文，对桐城派不仅起了振衰矫弊、"中兴文统"的作用，而且在地主阶级文坛面临强大的新的文学思潮的冲击，祸起萧墙、急剧分化的形势下，使桐城文业稳住了阵脚。

曾国藩的散文大多收入《曾文正公文集》中，里面有不少攻击、诬蔑农民革命的文章，如《讨粤匪檄》之类。此外，他还写了一些表彰被太平军击毙的湘军将士的所谓“昭忠祠记”，如《湖口县楚军水师昭忠祠记》、《金陵军营官绅昭忠祠记》、《金陵湘军水师昭忠祠记》，以及为江忠源、罗泽南、李续宾、李续宜等所写的碑志，都能于记事之中含褒贬之意，其中尽管对农民军颇多诋毁之词，但叙事清晰，文笔简洁，是颇具文采的传记散文。曾国藩的散文，大多能继承桐城派雅洁的特点，薛福成说：“桐城派流衍益广，不能无窳弱之病，曾国藩出而振之……以理学经济发展为文章，其阅历亲切，迥出诸先生上。”（《寄龛文存序》）他的文章，与前期桐城派的文章相比，比较切实具体，内容广阔而不流于浮夸狭窄之病。后人对曾国藩的古文评价颇高。李慈铭称赞为情感“真挚”，叙事质实，笔力苍劲，字字传神，乃“近代之杰作”（《凌霄一士随笔》）。梁启超也说即使没有什么“事业”，单就文章而言，曾国藩亦“可以入文苑传”（《凌霄一士随笔》）。民国文人徐凌霄、徐一士兄弟对曾国藩的文章亦推崇备至，称：“国藩文章诚有绝诣，不仅为清一代之大文学家，亦千古有数之大文学家也。”（《曾胡谈荟》）还说，曾国藩、左宗棠、胡林翼三人的奏议各有所长，“均为有清大手笔”，而“若以文学根柢论”则曾国藩“为独优”（《曾胡谈荟》）。这些评论虽未必恰如其分，但总的来说还是比较客观的。至于有些人出于门户之见或其他动机，称曾国藩的文章足可与桐城派分庭抗礼，甚至说其文“冠绝古今”，“使司马迁、班固、韩愈、欧阳修之文绝而复续”，“自欧阳氏以来一人而已”（《曾胡谈荟》），这就有些言辞过当了。而曾国藩却是有自知之明的，他自认为文章不如桐城派，无法与梅曾亮相比。他说，年轻时与梅曾亮交游，见其以古文名重京师，“心独不肯下之”；后来“复审视梅伯言（曾亮字）之文，反觉有过人之处，往者之见，客气多耳”（《能静居日记》，同治六年八月二十一日），并以自己的文章终始不如梅曾亮而引为终生憾事。

当然，就曾国藩的一生来说，他是一位政治家、朝廷命臣，而他能够成为“桐城-湘乡派”的盟主，固然是由于“国藩功业既焜耀一世，‘桐城’亦缘以增重”（梁启超：《清代学术概论（十九）》），他占据煊赫的政治地位，从而能让桐城这面大旗不倒，但也与他对桐城派因势利导的改造和他在文章写作上所取得的成绩有关。他对桐城派的改造，并不是完全抛开桐城派的基础而另起炉灶，而是在吸收前代学术和文学主张中的某些合理因素的基础上克服自身的弊端，走上更有效地为封建政治服务的道路。不过，曾国藩在桐城“中兴”中的作用和他的文学实践及其理论的历史价值与意义，绝不在于他维护“道统”与继承“文统”，而在于他善于总结认识并利用文学本身的某些规律，这对于丰富和发展我国散文理论起了一定的作用。

曾国藩之后，桐城-湘乡派的代表人物，有所谓“曾门四弟子”，即张裕钊、黎庶昌、薛福成和吴汝纶。黎庶昌和薛福成后来都成为洋务派的著名人物。黎庶昌曾出使英、法、德、日，薛福成曾出使英、法、意、比。他们受西方文化的熏陶，产生了维新思想，后来所写的那些政论、游记散文，连他们自己都说“虽百世不能易”的“桐城义法”也已抛诸脑后了。特别是薛福成的作品，甚至可以说对近代散文内容的改革和形式的解放，作出了积极的贡献。而吴汝纶则坚守桐城阵地，甲午战争之后，随着洋务运动的破产，湘乡派散文走上了穷途，于是起而纠偏，尚醇厚而诎闳肆，反对古文说道说经，重裁剪与雅洁，使湘乡文重向方、姚桐城派文复归。

然而，在近代这样一个复杂的历史条件下，桐城派作家的思想面貌也表现得颇为复杂。虽然在这个时期桐城派作家维护封建统治的正统立场基本没有改变，但在思想上他们除了保守甚至反动的一面之外，还有积极的一面。首先，大多数桐城派作家在民族危机深重的时代，都能坚持爱国立场，鼓吹民族投降者极少。在帝国主义对中国日益加强宰割的情况下，他们的爱国主义思想显然是有积极意义的，这在张裕钊、薛福成、黎庶昌、吴汝纶、马其昶等人的作品中都可看到。其次，在新的形势下，从爱国心出发，许多后期桐城派作家都主张变法图强。在变法图强的问题上，他们反对投降媚外，也反对抱残守缺、闭关自守，大多主张在坚持固有的封建制度的基础上，学习西方的文化科学。诚然，他们所谓“取西人器数之学，以卫吾尧舜禹汤文武周孔之道”（薛福成：《变法》）的思想带有浓厚的封建性，但他们的变法图强思想也多少反映了新兴的民族资产阶级的利益和要求。薛福成振兴工商、吴汝纶开办教育等在一定程度上带有资产阶级色彩的思想，都在他们的文章中得到反映，这无疑是可取的。

三、早期维新派的散文改革

随着近代社会要求变革的思潮进一步发展，文学领域的改革也发展到一个新的阶段。鸦片战争至甲午战争期间，在散文创作上足以代表新阶段的成就和特点的是早期维新派作家冯桂芬、王韬和郑观应。

冯桂芬是中国近代社会政治改革运动历史上的重要人物，也是散文改革的倡导者。他倡导散文改革的目的很明确，就是要为推动社会改革服务，他的名篇《复庄卫生书》便是倡导散文改革的宣言。该文从内容到形式、从理论到实践都彻底否定了桐城“义法”论，表现了要求散文解放的强烈意向。从内容来说，他反对程朱理学的性命空谈，要求把散文从理窟中解放出来，该文中提出“际兹国步艰难，方当拨乱反正，别有经天纬地之大文”，反对空谈性道，反对以“区区翰墨为勋绩”，具有强烈的现实意义。从艺术形式上来说，他否定了桐城之“法”，认为“文成法立”，“称心而言”，“自然有节奏，有步骤，反正相得，左右咸宜”，这也具有从形式上解放散文的意义。如果我们把冯桂芬的反“义法”理论当做梁启超“新民体”散文理论的先声，也并非是牵强附会的。

冯桂芬的散文，以政论为主，《校邠庐抗议》是他政论散文的代表作。他在散文中，极力倡言社会改革，努力引进西学，对正统的旧学表示了某种程度的非难。他说：“桂芬读书十年，在外涉猎于艰难情伪者三十年。间有私议，不能无参以杂家，佐以私臆，甚且羼入夷说，而要以不畔于圣人三代之法为宗旨”（《校邠庐抗议·自序》），主张“以中国之伦常名教为原本，辅以诸国富强之术”（《采西学议》），这代表了早期新学派微弱的学习西学呼声和对中学的背离。他在散文中不但提倡西学，而且强调了基本理论科学的重要性，这与当权者对西学不外船坚炮利的看法是截然不同的。在写作上，冯桂芬的散文立论新颖，语言简洁，结构严密，具有革新精神，说服力很强。

王韬是早期资产阶级维新派的第一个报刊政论散文作家，他的《弢园文录外编》和《弢园尺牍》，是中国历史上最早的报刊政论散文集。王韬论散文创作，极力反对泥古，反对刻意模仿和无病呻吟，他不但强调“文章所贵，在乎纪事述情”（《弢园文录外编自序》），而且把“论事”列入文学创作的范围之内。他说自己“少即好纵横辩论，留心当世之务，每及时事，往往愤懑郁勃，必尽倾吐而后快，甚至太息泣下，辄以不自知其所以然。……故言之无忌讳，知我罪我亦弗计也”（《重刻弢园尺牍自序》）。可见，他为散文创作立下的“自抒胸臆，俾人人知其命意之所在，而一如我怀之所欲吐”（《弢园文录外编自序》）这一创作宗旨，对于政论文来说是颇为适宜的。王韬早年受过儒家传统教育，有较高的文学修养，以后又与外国传教士共事多年，曾两度游历英、法、日等资本主义国家，比较广泛地接触了西学知识，因此，他的政论散文继承了我国古代杰出政论家文章的优点，又有自己独特的艺术风格。他的政论散文主要以变法自强为中心，对西学作了认真探求，考察西方各国现状，并对其经验教训作了总结。在《弢园文录外编》中，所有谈论异国的文章几乎全是讲各国的政治、经济、和战的，不妨说是西方时务和局势的综述和评议。他觉得这样已足以说明西方各国的“盛衰升降之故”，指出必须“尽用泰西之所长”（《变法上》）。因而，他的政论散文每为国内报刊所载，风行海内。其政论风格对戊戌时期的维新派政论家有一定的影响。

除政论散文之外，王韬还创作了《漫游随录》、《扶桑日记》等游记散文。《漫游随录》是我国最早介绍近代欧洲社会和资本主义“文明”的游记散文。它不但第一次向国人介绍了近代西方社会的风貌，而且报道了西方资本主义国家进步的事实，为国人了解西方提供了一份宝贵的资料。《扶桑日记》是王韬应日本友人的邀请，由上海登轮东渡，作为期五个月的扶桑之游而写成的访日见闻。日记中用许多笔墨描写了日本的风土人情和山川景物，表现了王韬对异国风情的浓厚兴趣，同时也反映了他的爱国理想。这两部游记，篇幅较大，内容丰富，文采斐然，燃烧着爱国激情，对比古典散文中篇幅短小、空灵飘逸的山水小品游记来说，显然是明显的变革。另外，王韬根据外国报纸对普法战争的报道并结合自己的欧洲见闻编译成的《普法战纪》，类似后来的报告文学，为当时国人了解西方提供了不少帮助，成为中国戊戌变法时期维新派了解西方的重要著作。此书传到日本后，也给当时日本人了解西方提供了有价值的参考资料，日本人将它与魏源所编的《海国图志》相提并论。

郑观应的散文大多发表在《循环日报》上，后来分别辑入《救时揭要》、《易言》、《盛世危言》等论文集。他的政论散文，笔调清新，语言简朴，以恳挚坦诚的感情陈述救国救民和变法图强的政治主张，有一定的感染力。

在近代散文变革史上，冯桂芬、王韬、郑观应用通俗古文写作的近代报刊政论文体，比起龚自珍、魏源的散文向前跨进了一步。

第三节 新体散文的勃兴

甲午战争之后，随着西方文化的大量输入以及翻译文学的兴盛，近代散文有了重大发展。特别是新兴报刊的兴起，对旧文体的突破具有重大意义。资产阶级维新派和资产阶级民主革命派为了配合当时的思想解放运动，都高度重视舆论的作用，他们首先是以办报来开展政治活动的。因此，他们非常重视散文在舆论宣传中的作用，经常借助散文来开展宣传。他们以变革的精神来进行散文变革，促进了新体散文的勃兴。这里说的新体散文，包括戊戌变法前后出现的"新文体"和辛亥革命前后的早期白话散文与新的散文体式两个方面。

一、新文体的滥觞

"新文体"是资产阶级维新派在近代散文变革中的一种创造。它是适应宣传维新变法主张的历史要求而产生的，也是近代散文发展的必然趋势。这种"新文体"的建立有梁启超所作的独特贡献，同时也包含着梁启超的同代人乃至其前辈的共同努力，康有为便是传统古文向新文体过渡这一转折点上的关键人物之一，而谭嗣同则足可称做开路先锋和最积极的实行者。

康有为是资产阶级维新派的杰出领袖。他站在历史的较高阶段上，从巨大的历史潮流中吸取思想，冷静地观察落后的东方古国，接受八面来风的吹拂，开始突破封建思想与封建文化的藩篱，把外来思想与本国实际结合的任务提上了历史的日程。同时，他也把文学活动与历史发展的主潮相结合，最终从传统古文中走出来，蔚为散文大家。在当时的文坛上，康有为的散文是一种不完全同于几千年传统古文，更不同于当时统治文坛的桐城古文，从内容到形式都起了新的变化的散文。这也为梁启超的"新文体"开了先河。

康有为的散文，大致可以按内容和体裁分为长篇政论文章，包括奏折，如《孔子改制考》、《新学伪经考》、《请废八股试帖楷法试士改用策论折》，《应诏统筹全局折》等；科学论文，如《诸天讲》等；杂文，包括序文、书信之类，如《人境庐诗草序》、《强学会序》等；游记，如《欧洲十一国游记》等，共四大类300余篇。这些散文，以戊戌变法为界，可划分为前后两个时期。前期创作的思想意义与社会作用显然是积极的，对变法的矢志追求和对科学的真挚礼赞成为这一时期的创作基调。然而到了后期，随着其在政治上的落伍，他的散文也逐渐失去了思想光辉与艺术魅力。

康有为的散文，在内容上着意表现饱满的政治热情，在艺术上追求毫无拘束、尽情倾泻的艺术境界，从而形成了自己独特的风格；在表现手法上，则不拘传统古文的程式，融时代精神与科学精神于传统的古文形式之中。康有为的散文虽然不同于梁启超的“新文体”，仍然用传统的古文形式，但他的散文却没有传统散文的温文尔雅和词是理违之弊，也没有按“桐城”格局去讲求“义法”。它既不像桐城派散文的迂拘，又不像文选派散文的偶丽，更不像考据学者散文的朴拙，而是一种新旧结合的散文，或者说是新文体的雏形。他的科学散文《诸天讲》就比较有代表性，体现了这一特色。在此文中，作者为了改变人们的旧意识、老观念，认真探求了宇宙问题。他讲了太阳系的起源，地球与诸行星绕太阳旋转及其原因，解释了月亮的圆缺、日食、月食、彗星、流星、太阳黑子等天象，也说明了地球上发生的潮汐、地震、火山等。康有为在散文中讲近代自然科学知识，意在寓政治于科学之中，对过去某些宗教唯心主义天道观进行批判。

在散文风格上，康有为的散文具有纵横驰骋、豪爽明快的特点。为了适应维新运动的需要，他的文章一无羁束，汪洋恣肆，格调高亢，笔不藏锋，以畅所欲言、直抒己见为指归，且内容充实，言之有物，“每论一学、论一事必上下古今，以究其沿革得失，又引欧美以比较证明之”（梁启超：《南海康先生传》）。如其《强学会序》一开始就说：“俄北瞰，英西睒，法南瞵，日东眈。处四强邻之中而为中国，岌岌哉!”指出中国正处在列强虎视眈眈之下的危险境地；接着举出印度、土耳其等或亡国或丧权失地的例子，说明守旧之国不能瓦全的道理；最后号召国人同心合力，为挽救国家的危亡而奋斗。文末用几个设问句和感叹句作结，更是“激励人心”，发人深省。特别是他那著名的《上清帝第二书》，更是洋洋洒洒，一气呵成，豪放跌宕，很能代表康有为那酣畅淋漓、雄奇瑰玮的独特文风。

康有为的散文语言也是别具一格的，或骈或散，骈散杂糅，无一定格。有时还喜欢在散体中夹杂韵语，运用一连串的排句和偶句，连类引发，如《诗集自序》便体现了这一特色。所以，有人称赞他“发为文章，则糅经语、子史语，旁及外国佛语、耶教语，以至声光化电诸科学语，以冶为一炉，利以排偶，桐城义法至有为乃残坏无余，恣纵不傥”（钱基博：《现代中国文学史》）。虽然康有为还没有完全突破传统的散文格局，但从其散文创作实践可以看出，他已自觉或不自觉地冲破传统藩篱，在为近代散文向新文体过渡开拓道路。

维新变法的杰出志士谭嗣同的散文创作也是颇有成就的。谭嗣同的散文创作可以甲午战争为界分为前后两个时期。由于他前期的思想中几乎全部是中国的“旧学”，而无西学或新学的位置，这一时期的散文，正如他自己说的，“嗣同少颇为桐城所震，刻意规之数年，久自以为似矣；出示人，亦以为似。诵书偶多，广识当世淹通媁壹之士，稍稍自惭，即又无以自达，或授以魏晋间文，乃大喜，时时籀绎，益笃耆之。由是上溯秦汉，下循六朝，始悟心好沈博绝丽之文，子云所以独辽辽焉”（《三十自纪》）。《治言》和《记洪山形势》是这一时期的代表作，它们共同的指导思想是“毋遽求诸变也”（《记洪山形势》）。对于反对变法的人，谭嗣同轻蔑地称他们为“世之自命通人”，批驳他们“见外洋舟车之利，火器之精，刿心铼目，震悼失图，谓今之天下，虽孔子不治。噫！是何言欤？”（《治言》）另外，他早期的文章，尤其是一些人物传记，确实很得桐城“义法”要旨，显得“清淡简朴”。《刘云田传》一文就是代表。此文首先叙述了作者14岁时随父赴甘肃的路上冒暑而行，跋涉山川，“宾从死二人，厮隶死十余人”的艰苦情形，接着选取刘云田黑夜取药这一事件，运用简洁语言和一连串的动作描写，极写夜行的艰难，并把刘云田伤足后仍能把药送回这一情节与其本人“羸瘠弱不胜衣”的体质相比较，塑造了一个“奋发敢任，无择劳辱”的役仆形象。

谭嗣同后期的散文创作，以政论为主。有的着力阐明哲学政治思想及变法理论，如《仁学》、《以太》；有的具体论述了变法措施，如《壮飞楼治事十篇》、《论湘鄂铁路有益》；有的则论及学术及学术风气，如《论今日西学与中国古学》、《论学者不当骄人》等。总的来看，他这一时期的散文贯串着变法思想，洋溢着爱国激情。他猛烈地抨击了汉学和科举，认为在“方今天下多故”、亟于变革的年代，此类与人生无用“汩人性灵”的学术制度、内容及风气必须改革，所以他急迫地大声疾呼：“更张之时，其在斯乎？”（《〈仲叔四书义〉自叙》）特别是他在《仁学》中，更是把中外古今思想熔于一炉，试图为变法维新提供一个比较完整的思想体系。当然这种努力并非是十分成功的，但其仍不失为一部伟大的著作。这部曾被封建统治者封禁的好书，成为许多民主革命者的思想武器。

总之，谭嗣同的散文深刻地反映了他所处时代的社会现实和他所经历的人生道路，记录了他的理想、热情、思辨、学识，同时也为新文体的发展在理论和实践上作了有益的探索。谭嗣同对资产阶级维新运动中出现的浅显平易、富有号召力和煽动性的解放的文体极表赞赏。他在《报章总宇宙之文说》一文中，把天下文章分为三类十体，并盛赞天下文体“未有如报章之备哉灿烂者也”（《谭嗣同全集》）。谭嗣同认为报章文体的好处不仅在于并不囿于形式，更重要的是它能够较多地反映出民众的呼声。他说：“不有报纸以彰民史，其将长此汶汶暗暗以穷天，而终古为喑哑之民乎？”喑民哑民，无疑是视民如禽兽，岂不知“防民之口，甚于防川？”谭嗣同为《湘报》的发行而欢呼，原因是藉“以为湘民庆”，而“国有口矣”（《〈湘报〉后叙（下）》）。他的政论散文《仁学》便是比较典型的“报章文体”，难怪时人惊呼其为“骇俗之文”（皮名振：《皮鹿门年谱》），兹录《〈仁学〉自序》中一段，以见其文章风格之一斑：

以吾之遭，置之婆娑世界中，犹海一涓滴耳，其苦何可胜道。窃揣历劫之下，度尽诸苦厄，或更语以今日此土之愚之弱之贫之一切苦，将笑为诳语而不复信，则何可不千一述之，为流涕哀号，强聒不舍，以速其冲决网罗，留作券剂耶？网罗重重，与虚空而无极。初当冲决利禄之网罗，次冲决俗学若考据、若词章之网罗，次冲决全球群学之网罗，次冲决君主之网罗，次冲决伦常之网罗，次冲决天之网罗，次冲决全球群教之网罗，终将冲决佛法之网罗。然真能冲决，亦自无网罗；真无网罗，乃可言冲决。……今则新学竞兴，民智渐辟，吾知地球之运，自苦向甘，吾惭吾书未餍观听，则将来之知解为谁，或有无洞抉幽隐之人，非所敢患矣。

由此可见，谭嗣同的散文熔各家思想于一炉，取其精华为我所用的论辩方法则使文章呈现出长于雄辩、汪洋恣肆的特点。行文则时骈时散，时古时今，力求文意表达通畅，特别是其以感情之笔说理，情因理发，理因情显，情理相得益彰。谭嗣同本其冲决一切网罗的勇猛精神，为新文体在荆榛丛中开拓了一条大路。

二、新文体的杰出代表

"新文体"的最后完成，以梁启超从《时务报》到《新民丛报》时期所发表的大量散文为重要标志。对这种"新文体"，梁启超有过解释："务为平易畅达，时杂以俚语韵语及外国语法，纵笔所至不检束。学者竞效之，号'新文体'。老辈则痛恨，诋为野狐。然其文条理明晰，笔锋常带情感，对于读者别有一种魔力焉。"（《清代学术概论（二十五）》）梁启超从条理明晰、词句浅显和富有感情色彩三个方面简明而又恰切地指出了新文体的特点，这些特点对于读者来说也正是别有魔力的原因之所在。而最能体现新文体这些特点的是梁启超的散文。

梁启超散文内容上的显著特点，是充分表达了激越的爱国主义情感，反映了当时人民群众和青年知识分子的情绪和愿望。他在戊戌时期以及其后一段时间内（1896～1904）创作的大量散文中，愤怒地控诉了侵略者"无端而逐工，无端而拒使，无端而揽铁路，无端而涎矿产，无端而干狱讼"（《论中国之将来》）的狼子野心。面对这一严酷的现实，作者以哀切沉痛的感情，惊呼亡国灭种的巨祸已迫在眉睫，直陈祖国的命运已危在旦夕，指出："敌无日不可以来，国无日不可以亡。数年之后，乡井不知谁氏之藩，眷不知谁氏之奴，血肉不知谁氏之俎，魂魄不知谁氏之鬼。及今犹不思洗常革故，同心竭虑，摩荡热力，震撼精神，致心皈命，破釜沉舟，以图自保于万一。而犹禽视息息，行尸走肉，毛举细故，瞻前顾后，相妒相轧，相距相离。譬犹蒸水将沸于釜，而鳖鱼犹作莲叶之戏，燎薪已及于栋，而燕雀犹争稻粱之谋，不亦哀乎！"（《南学会序》）梁启超以热烈、浓厚、沉重的感情，把中国当时的险恶处境直言不讳地告诉了读者，目的在于使人们更清晰地认识到，在清政府的反动统治下，祖国的土地财产将成为帝国主义的"怀中之肉"，从而激起人们拯救祖国的坚强决心。他又在散文中怒斥了造成空前民族灾难的反动统治者：

越惟无耻，故安于城下之辱，陵寝之蹂躏，宗祏之震恐，边民之涂炭，而不思一雪。乃反托虎穴以自庇，求为小朝廷以乞旦夕之命。越惟无耻，故坐视君父之难，忘越镐之义，昧嫠纬之恤，朝睹烽燧，则苍黄瑟缩，夕闻和议，则歌舞升平。官惟无耻，故不学军旅而敢于掌兵，不谙会计而敢于理财，不习法律而敢于司李，瞽聋跛疾，老而不死，年逾耋颐，犹恋栈豆。接见西官，栗栗变色，听颜若闻雷，睹颜若谈虎。其下焉者，饱食无事，趋衙听鼓，旅进旅退，濡濡若驱群豕，曾不可为怪。

士惟无耻，故一书不读，一物不知，出穿窬之技，以作搭题，甘囚虏之容，以受收检。袌八股之韵，谓极宇宙之文；守高头讲章，谓穷天人之奥。商惟无耻，故不讲制造，不务转运，攘窃于室内，授利于渔人。其甚者习言语为奉承西商之地，入学堂为操练买办之才，充犬马之役，则耀于乡闾；假狐虎之威，乃轹其同族。兵惟无耻，故老弱羸病，苟且充额。力不能胜匹雏，耳未闻谭战事，以养兵十年之蓄，饮酒看花，距前敌百里而遥，望风弃甲（《知耻学会序》）。

篇中所描述的正是清王朝这个腐朽透顶的反动政权的群丑图，它对清政府从上到下腐朽现象的揭露，应该说是切中要害、痛快淋漓的，在一定程度上表达了人民群众对反动当局的愤懑之情，进一步点燃起人民群众反抗的火焰。所以，他振臂高呼，号召中国青年奋起讨伐专制政体，主张组织大军，牺牲生命，“誓剪灭此（按指专制政体）而后朝食”（《拟讨专制政体檄》，梁启超遗稿），并慷慨激昂地议论变法维新的必要性和迫切性（《变法通议》），为打破现状和实行“民权”与“自由”而大声呐喊。

梁启超的散文不单表现出对丑恶现实的大胆而勇敢的揭露，流露出他如同怒潮般汹涌澎湃的憎恶情感，而且热情地讴歌了新生事物。如《说希望》一文指出：

希望者制造英雄之原料，而世界进化之导师也。……吾国其非绝望乎？则吾人之日月方长，吾人之心愿正大。旭日东方，曙光熊熊，吾其叱咤羲轮，放大光明以赫耀寰中乎！河出伏流，牵涛怒吼，吾其乘风扬帆，破万里浪以纵横五洲乎！穆王八骏，今方发轫，吾其扬鞭绝尘，骎骎与骅骝竞进乎！四百余州，河山重重，四亿万人，泱泱大风。任我飞跃，海阔天空。美哉前途，郁郁葱葱。谁人为豪，谁为国雄！我国民其有希望乎？其各立于所欲立之地，又安能郁郁以终也。

显然，这种对于新中国未来的热情奔放的高歌，必然能够与青年知识分子中那热切的进取精神产生共鸣，必然获得大量的读者。特别是他的《少年中国说》，更是这方面的代表作。在这篇文章中，作者对老大腐朽的封建社会和清朝统治集团作了无情的鞭挞之后，热情地寄托了自己“少年中国”的理想，对理想中的新中国寄寓深切的希冀：

红日初升，其道大光；河出伏流，一泻汪洋；潜龙腾渊，鳞爪飞扬；乳虎啸谷，百兽震惶；鹰隼试翼，风尘吸张；奇花初胎，矞矞皇皇；干将发硎，有作其芒；天戴其苍，地履其黄；横有千古，纵有八荒；前途似海，来日方长。美哉我少年中国，与天不老！壮哉我中国少年，与国无疆！

这是一个觉醒了的知识分子身上爱国热情与民族自信的迸发，文中对“少年中国”的歌颂，显示了中华民族的光明前途。这种热烈而诚挚的情感，感动着一代知识分子，召唤着不甘于被压抑的爱国者为努力改造旧中国而进行战斗，并尽快促进少年中国的诞生。

在梁启超的散文中，另一个极其重要的内容就是积极地介绍西方新的思想学说和新观念。20 世纪的最初几年，梁启超在日本写了不少介绍西学与西方思想学说的文章，其方面之多、内容之广泛和影响之大，是以前罕见的。民主革命派的许多思想资料也可以从他那里找到来源，如《亚里士多德之学说》、《进化论革命者颉德之学说》、《乐利主义泰斗边沁之学说》、《天演学初祖达尔文之学说》、《近世文明初祖二大家之学说》、《论泰西学术思想变迁之大势》等，从柏拉图、亚里士多德到培根、笛卡儿、康德，从孟德斯鸠到达尔文，从边沁到孔德，以及马克思，各种西方思想学说都被梁启超介绍进来，这种大量的新鲜知识开拓了原来只知道“四书”“五经”，老、庄、孔、孟等封建传统文化的人们（特别是青年）的眼界，使人们从封建文化与资产阶级文化的比照中，感到自己民族的落后，更强烈地燃起救国和革命的热情。

在艺术上，梁启超的散文题材广泛，体裁多样，形式自由，不拘一格。他的散文大致可分为政论、时评、序跋、电文、通告、书信、传记、游记、寓言等类。这些文章，“搜罗极博”，“门类极繁”，信笔写来，“或大或小，或精或粗，或庄或谐，或激或随”（《清议报第一百册祝辞并论报馆之责任及本馆之经历》），不受体裁限制，灵活自由。为适应表现内容的需要，梁启超的散文，有的长达万言，洋洋洒洒，有的则是只有几百字的精粹警譬的短文，多方面地反映了现实生活的客观要求。梁启超在散文创作中的革新精神，也使他的散文样式不断地得到扩大和拓展。可以说，在那个时代，这位散文家在体裁形式方面，或创造或在旧形式上进行改造，为我国散文样式的丰富和发展作出了别人无法替代的贡献。

形象性是梁启超散文的重要特征。如他的被人们看做是政论结合、情文并茂的典范之作《少年中国说》，既刻画了一个血肉丰满、激动人心的知识分子形象，同时又勾勒出清朝统治阶级中“老臣、老将、老吏者”的形象。它犹如一幅连环式漫画，画出了他们青少年时期埋头诵八股、写白摺，中年时代当衙役佐杂磕头请安，直到好不容易戴上红顶花翎，却已是眼盲、耳聋、脚跛，如同“立无数木偶”，最后为“赎我一条老命”，竟不惜割地赔款，让人民“作仆为奴”的各种丑陋情态。他运用讽刺笔法，把一群老朽官吏的形象和心理活动勾勒了出来，人物的轮廓很明晰。又如《三先生传》，他把一个地位低下却又敢于向西太后直言进谏，并宁死不屈的寇君写得生动具体，表现出一种“虽九死其犹未悔”的精神，乃至惨遭杀害，仍神色不变：

> 书既上，西后震怒，召而责之，曰：“汝之摺汝所自为乎？抑受人指使乎？”君曰：“奴才所自为也。”后命背诵其词一遍。后曰：“本朝成例，内监有言事者斩，汝知之乎？”君曰：“知之。奴才若惧死，则不上摺也。”……交刑部处斩。临刑神色不变，整衣冠，正襟领，望阙九拜乃就义。

这段文笔洗练的对话，歌颂了寇君临危不惧、视死如归的品格，鞭挞了西太后的专横与残忍。再如其《谭嗣同传》，把谭嗣同这位以鲜血灌溉维新事业、慷慨激昂的爱国志士的形象塑造得栩栩如生；甚至连他那《动物谈》，也把麻木昏睡的鲸鱼写得惟妙惟肖，寄意高远，发人深省。的确，梁启超散文的形象性带来了巨大的艺术感染力量，这也是“新文体”的一个鲜明特点。

梁启超散文的语言，也是富于变化、别具一格的。他善于运用排比、对比、比喻、对偶等多种修辞手法，描摹世态，表情达意。这些修辞手法的运用，往往是根据内容的需要而变化的。梁启超的散文，有时奇为偶，用一连串的排偶句来增强笔势，使人感到文章的一种内在的旋律；有时又奇偶互用，使文章显得跌宕起伏，摇曳多变。梁启超特别喜欢运用排比，简直多得不计其数。排比手法的运用，使他的文章走笔如飞，大开大阖，如天风海涛，浑浑无涯，汪洋恣肆，像脱缰的野马，自由奔驰。如在《少年中国说》中，他把少年与老年作了对比之后，将振兴祖国的希望寄托于少年，热情洋溢地写道："造成今日之老大中国者，则中国老朽之冤业也。制出将来之少年中国者，则中国少年之责任也。……故今之责任，不在他人，而全在我少年。少年智则国智，少年富则国富，少年强则国强，少年独立则国独立，少年自由，则国自由，少年进步，则国进步，少年胜于欧洲，则国胜于欧洲，少年雄于地球，则国雄于地球。"这样的层叠排比，不仅使文章气势畅达，而且大大加强了语言的表情性，增强了腾挪旋宕、激越高亢的抒情气氛。同时，梁启超还巧妙地杂以韵语，使他的散文更显得热情奔放，感情浓烈，气势磅礴，《少年中国说》便是典型的例子。这篇文章节奏鲜明、铿锵入耳，我们简直可以把它当做一首优美的散文诗来读。另外，梁启超还注意吸收群众的语言和外国词语，在不少散文注入了新鲜活泼的口语，从而使其体情状物，真挚可亲，读时流畅自然，饶有风趣。这就一扫过去桐城古文循规蹈矩、陈陈相因的腐朽文风，开创了一种新鲜活泼、接近群众欣赏口味的健康风格。然而，梁启超的散文也有明显的缺点，最主要的是语言上的雷同，行文上的冗长、拖沓，使文章显得不够精练；特别是在一篇文章中，连续作比太频繁，在一定程度上影响了比喻所刻画的事物形象的效果。

总而言之，梁启超的散文不受条框的束缚，内容上锋芒毕露，无所畏忌，字里行间富于情感和蓬勃战斗的朝气，给人以思考，给人以警觉，给人以奋发向上的精神。他那有声有色的文字，绝不是枯槁朽败、死气沉沉的桐城派所代表的古文形式能比拟的。梁启超散文的特殊"魔力"，有力地影响与改变着当时的文章风气，推动文学改革和白话文运动的到来。

三、早期白话散文与报告文学的产生

继梁启超的"新文体"之后，资产阶级民主革命派在维新派散文改革的基础上，为使散文语言更趋通俗化作了进一步的努力。女革命家秋瑾便极力提倡白话文，她在日本创办《白话》杂志"乃仿欧美新闻纸之例，以俚俗语言为文……以为妇人孺子之先导"（悲生：《秋瑾传》）。后来为宣传妇女解放，她曾批评当时中国的《女子世界》杂志"文法又太深了"，"若是粗浅的报，尚可同白话的念念，若太深了，简直不能明白呢！"（《敬告姊妹们》）因此，她排除各种困难，另创一种文字通俗、便于更多妇女阅读的刊物《中国女报》（杂志），并写了不少如《〈中国女报〉发刊词》那样的通俗易懂的白话散文。另外，陈天华的《猛回头》、

《警世钟》，柳亚子的《周实丹烈士传》等都是这一时期白话散文的代表作。特别是邹容的政论散文《革命军》，更是轰动一时，流传甚广，“倘说影响，则别的千言万语，大概都抵不过浅近直截的‘革命军马前卒邹容’所做的《革命军》”（鲁迅：《坟·杂忆》）。《革命军》可以说是一篇表现革命内容的有代表性的新体散文。《〈革命军〉绪论》中这样写道：

吾于是沿万里长城，登昆仑，游扬子江上下，溯黄河，竖独立之旗，撞自由之钟，呼天吁地，破颡裂喉，以鸣于我同胞前曰：呜呼！我中国今日不可不革命。……我中国欲长存于二十世纪新世界上，不可不革命；我中国欲为地球上名国、地球上主人翁，不可不革命。革命哉！革命哉！我同胞中，老年、中年、壮年、幼年、无量男女，其有言革命而实行革命者乎？我同胞其欲相存、相养、相生活于革命也，吾今大声疾呼，以宣布革命之旨于天下。

文中那火山爆发式的革命爱国热情，雷霆万钧、叱咤风云的磅礴气势，催动三军披坚执锐、冲锋陷阵的语言节奏，确实使人热血沸腾，确是震响着“雷霆之声”（章太炎：《革命军序》）的旷世之文，有些像梁启超洒脱奔放的文章风格，但在语言方面却比“新文体”更趋通俗化。

在早期白话散文产生的同时，报告文学——这种新的散文体式也随之出现，随着中国资产阶级登上历史舞台，我国新闻事业在19世纪末20世纪初已经相当繁荣了。那时，无论是资产阶级维新运动，还是资产阶级革命活动，都促使社会生活在各方面发生了急剧的变化。这使人们不但关心报道急速多变形势的新闻，而且渴望看到比简括新闻更详尽、具体、生动，更富于文学性的报道。这中间，革命派为了取得更好的宣传效果，迫切需要改进新闻报道。适应这种需要，报纸上也就出现了一批略具文学性的新闻报道。这种报道有两类：一类侧重记事。如《中国旬报》连续发表的《记营口失陷详情》、《记俄兵陷海城事》、《东三省失守本末记》等，历数俄军的种种暴行。这些报道不仅详尽、具体、生动，并且夹叙夹议，有事、有情、有理。另一类侧重写人。当时，许多报纸都热情赞颂了为资产阶级革命捐躯的仁人志士，不仅登载其遗文、遗诗，发表志同道合者的哀悼诗文，并且还迅速地为烈士们立传。在这方面，《丛报》尤为突出。《万福华传》、《陈天华绝命书·附事略》、《记大通学堂秋瑾被杀事》、《秋女士遗事》、《哀秋瑾案》、《革命党人罗仲霍事略》等文都在《丛报》刊载。全面地考察这两类文字，我们可以看出，它们已经不同于简括的消息、纪实的新闻了。不管是侧重记事的，还是侧重写人的，它们都具备了时效性、真实性、生动性这三个特点，可以说这是报告文学的雏形。

1911年5月开始在广州《南越报》上连载的黄小配的《五日风声》（署名世次郎）就是一篇反映“辛亥广州起义”事件的报告文学，这是目前我们所知的中国最早的报告文学。《五日风声》所反映的“辛亥广州起义”发生于1911年4月27日（农历三月二十九日），它是以孙中山先生为首的资产阶级革命党人发动的武装起义，也是以后不久爆发的“辛亥武昌起义”的先声。这一斗争虽然极为短暂，并以失败告终，但意义是极其重大的，正如孙中山先生所说的“直可惊天地，泣鬼神，与武昌革命之役并寿”（孙中山：《黄花岗烈士事略序》）。作为资产阶级革命派中的一员，黄小配清楚地认识到这一事件的新闻价值。他利用报告文学这一形式，以饱蘸深情的笔触，以火一般的革命热情，及时地反映了革命党人为推翻清朝统治而进行的这场斗争，颂扬了革命党人不屈不挠的牺牲精神，总结了失败的教训。《五日风声》这篇洋洋三万余言的报告文学的问世，距“辛亥广州起义”的失败还不到一个月，可见它的新闻时效性相当强。它把革命党人在广州发动武装起义的斗争真实而艺术地展现出来，为革命党人发展革命形势，提供了非常及时的精神食粮，充分显示了它作为报告文学的新闻价值和时间性特色。就报告文学的纪实性而言，《五日风声》的作者也是遵循着“真实”的原则的。全文共分11章，以事件的发展为主线，从起义的酝酿、事态的发展、起义的爆发和失败，到革命党人的被屠杀及烈士尸骸殓葬于黄花岗，对“辛亥广州起义”作了全过程的描述。作为“辛亥广州起义”的直接策划者和参加者，黄小配以这次起义为题材写《五日风声》，就具有别人所不能替代的身临目睹的有利条件，使作品更加真实感人。如文中对起义酝酿经过的描述，就具有很高的史料价值。倘若把《五日风声》与起义的主要领导人黄兴撰写的《广州三月廿九革命之前因后果》（《革命文献丛刊》第五辑）一文相比较，就不难发现，《五日风声》所描述的“辛亥广州起义”的史实，都与黄兴的记述相吻合，且有些地方更为详尽。黄兴以史家之笔，铺写历史；《五日风声》的作者则以文家之笔，寓激情于铺叙之中，艺术地再现了历史真实。《五日风声》在人物刻画方面，是下了工夫的，也是比较成功的，突出地显示了它的文学特性。譬如作者在叙述起义军勇士们攻占督署这一战斗时，便把黄兴这位大智大勇的起义总指挥的形象生动地展现在人们的面前。文中着力描写黄兴身先士卒，英勇战斗，他只带领130人就一举攻占了督署衙门，充分表现了他的勇敢和机智。后来黄兴率领队伍与数倍于己的清军相遇，右手不幸中弹受伤，断了食、中二指，但他毫不畏惧，指挥若定，数次打退了清军的进攻。黄兴还以熟练的枪法将卫队管带金振邦击毙，使清军指挥无主，赢得了战斗的主动权。待到终因敌我力量悬殊，革命党人死伤较大时，黄兴又及时布置撤退，“乃令其党羽连放炸弹，乘烟火迷漫之顷，率队分逃，盖是时城中营勇已纷纷调动，各向督署赴援矣”（《五日风声》第4章）。笔墨不多，一个置个人安危于不顾、既智且勇的革命领袖形象就比较鲜明地凸现出来。该作品刻画得较鲜明的形象还有不少。在作者笔下，多少热血爱国志士、多少因起义失败而罹难的起义勇士们，为推翻清朝反动统治、缔造民主自由的国家，英勇战斗，宁死不屈。他们不幸被俘，在敌人的法庭上，慷慨陈词，指陈政治，高歌“吾死之日，犹生之年，即千刀万段，身首分张，固非所怨”（《五日风声》第10章），真是浩气长存天地间，作者为他们谱写了一曲曲悲壮的颂歌。

在艺术上，《五日风声》既吸取了我国史传文学和纪实散文描写人物的特点，又运用了近代报刊新闻报道的方式，在报告文学领域作了一次开拓性的可贵尝试。这篇杰出的报告文学的问世充分说明，在国际无产阶级革命运动中出现报告文学之前，我国报告文学这棵幼芽就已经萌发于中国近代文坛，它为“五四”运动以来我国革命性报告文学的大量涌现奠定了坚实的基础。毋庸置疑，它在中国和世界文坛中的作用是不容低估的。诚然，《五日风声》发表之时并没有标“报告文学”之名，而是标“近世小说”，在艺术上也像任何事物在它的初期不可能尽善尽美一样，还存在诸多不足，然而作品本身却客观地证明它仍不失为一篇较为完备的报告文学力作。

小　结

中国近代散文，与整个近代文学一样，处于深刻而巨大的变革之中。它以自己强烈的政治倾向、反帝反封建斗争的内容、爱国与民主的思想，以及散文体式的丰富性，显示出其时代的特色。同时，它也表现出其明显的阶段性：经世散文的出现—早期维新派的散文改革—新体散文的勃兴，并呈现出两个总的趋势：一是近代散文在其发展过程中，为社会变革与政治斗争服务，与现实斗争关系日益密切；二是近代散文的形式不断解放，语言日趋通俗化、口语化。总之，近代散文的变革潮流在传统思想和形式上圈起的堤岸内激荡回流，积聚着冲决旧堤的力量，但在“先觉之士”唱出时代觉醒的歌声中却掺和着杂乱的老调子，尽管他们想拉车向前，却又被阶级的软弱所困扰，因此便导致了他们在艺术革新上的不彻底性。然而，从历史发展的眼光来看，这种变革无疑是对当时居于正宗地位实则僵化空疏的桐城派古文的冲击、批判和否定，是中国散文的新解放和新发展，是通向未来的现代白话散文的桥梁。

参考资料

梁启超．清代学术概论．北京：中华书局．1954

王凯符，漆绪邦．桐城派文选．合肥：安徽人民出版社．1984

郑振铎．晚清文选．上海：上海书店（影印本）．1987

钟贤培，汪松涛，谢飘云选注．中国近代文学作品系列·散文卷．福州：海峡文艺出版社．1993

第八章　小说创作的发展与变化

中国小说在发展史上有两个蓬勃发展时期：一个是从元末明初至清中叶，相继出现了《三国演义》、《水浒传》、《西游记》、《金瓶梅》、《儒林外史》、《红楼梦》等长篇巨著，特别是《红楼梦》的问世，标志着中国小说创作已进入成熟阶段。另一个是清末及民国初年，即20世纪初至辛亥革命前后，这一时期小说，发展迅猛，成绩巨大，正如康有为所说："方今大地此学盛，欲争六艺为七岑。"（《闻菽园居士欲为政变说部诗以速之》）中国近代小说的发展，为"五四"以后新小说的发展起了从古典小说向现代小说过渡的积极作用。

第一节　近代小说发展概况

一、近代小说的低潮

中国小说的发展历史，正如社会发展历史一样，是波浪式地不平衡发展的。自《儒林外史》、《红楼梦》以后，小说发展从高峰突然下跌，好像跌进深谷之中，出现了一个长达100多年的低潮期。在这100多年里，包括了近代前期的四五十年，小说领域大量充斥着《荡寇志》、《儿女英雄传》、《施公案》、《青楼梦》、《品花宝鉴》等封建意识浓厚的作品。

产生于这一时期的《镜花缘》（李汝珍）可以说是《红楼梦》之后出现的较好的小说了。书中写了以唐小山为首100个女子的生死荣辱的奇诞故事，借以抨击专横跋扈、贪赃枉法的封建官场和尔虞我诈、苞苴盛行的社会现实，表达作者反对男尊女卑、主张男女平等的理想追求，也反映了清中叶海外贸易和工商业的情况，具有朦胧的民主主义思想倾向。但在《镜花缘》中，作者赞扬女性，主张男女平等，最终目的也不过是树一块才女匾，作个内廷供奉，陪奉女皇帝，至于妇女婚姻、贞节观，还是跳不出"父母之命"、"男女授受不亲"、"女子殉夫"等封建正统观念，表现出浓厚的封建意识。书中还大量充斥着因果报应、佛教怪诞说教。在艺术上，《镜花缘》继承了《儒林外史》的讽刺艺术传统，诙谐幽默，嬉笑怒骂，讽刺性强烈。该书对奇异的幻想和大胆的夸张手法的运用，也颇有特色。但小说在人物形象的塑造上却显得非常粗糙，经常以平铺直叙的浅薄说教代替对人物性格的刻画，全书100多个人物，除林之洋、多九公两个人物稍具轮廓形象外，其余大都缺乏鲜明的个性，作为该书主人公的唐小山，只是穿针引线、引出故事的人物。书中大多数人物成了作者矜才炫学的传声筒，有些想象，由于缺乏生活依据，讽刺不深，也影响艺术效果。因此，无论是从思想性还是从艺术性来说，《镜花缘》都不仅不如《红楼梦》，也远逊于《儒林外史》。

随着中国资产阶级维新变法思潮的勃兴，沉寂100多年的小说领域开始放出异样的光彩，出现了一个历史上罕见的繁荣局面。

二、近代小说的繁荣

近代小说的繁荣发展，突出表现在如下几个方面。

（一）由于文学刊物的出现，小说有史以来第一次有了自己的阵地

在中国文学发展史上，何时产生专门的发表文学作品的刊物的呢？据现有资料看，同治十一年（1872）创刊的《瀛寰琐记》应是最早的文学刊物了。这是一本以刊载诗文为主的综合性的文学月刊，但在这个刊物上，还只刊登翻译小说。20年后的光绪十八年（1892），上海出现了一个刊登小说的期刊《海上奇书》，这是花也怜侬（韩子云）个人的文学刊物，花也怜侬的长篇吴语小说《海上花列传》（又名《青楼宝鉴》）前30回就是在此刊物上连载的。

从更完整的意义上说，刊登小说的文学期刊是梁启超在日本创办的《新小说》。这个刊物于光绪二十八年（1902）创办，光绪三十年（1904）停刊。所刊以创作小说和翻译小说为主，旁及诗、文、戏曲、歌谣、笔记。创刊号以梁启超的《论小说与群治之关系》代发刊词，表明此刊物的政治倾向性和艺术倾向性。此刊出版前，1902年《新民丛报》在《〈新小说〉介绍》中说："小说为文学之最上乘，近世学于域外者，多能言之，但我中国此风未盛，大雅君子犹吐弃不屑厝意。此编实可称空前之作也。"

继《新小说》之后，以刊登小说和刊登小说为主的文学期刊相继出现，据阿英统计，1902～1910年近10年间，这类刊物达16种之多（《晚清文艺报刊略述》）。影响较大的有《绣像小说》（1903）、《新新小说》（1904）、《月月小说》（1906）、《小说林》（1907）、《小说时报》（1909）、《小说月报》（1910），香港也于1907年出版了《新小说丛》、《小说世界》。其实当时刊载小说的期刊不止此数，比较有影响的还有黄小配兄弟创办的《中外小说林》（1907），1909年以后刊载过小说的期刊就更多了。

（二）小说创作队伍迅速扩大

对晚清小说的数量，从来还没人进行过精确的统计。孙楷第于新中国成立前出版的《中国通俗小说书目》和《日本东京所见中国小说书目》，曾收入晚清时期小说书目40余种，这个数目与小说创作的实际情况相差甚远。1954年阿英编辑出版《晚清戏曲小说目》，收入从光绪十八年至宣统三年（1892～1911）创作的小说书目450余种，作家400余人。从这本书编制的书目看，近代小说取得突破性的发展，是在

《新小说》创刊前后，即1900年至1901年间，创作小说达44种，近代小说中比较著名的作品，如《官场现形记》、《二十年目睹之怪现状》、《老残游记》、《孽海花》都在此期间发表了部分章节。发表于此间的还有《痛史》、《新中国未来记》、《胡雪岩外传》、《负曝闲谈》、《活地狱》、《东欧女豪杰》、《狮子吼》等。阿英所收书目也还不是完备的，有一些刊登在各地报纸副刊上的作品尚未被包括在内。此外，《晚清戏曲小说目》还收入翻译小说600余种，文艺复兴以来西欧、俄国的重要作家作品都有翻译出版。2002年齐鲁书社出版的《新编增补清末民初小说目录》（日本樽本照雄编集）又大大超过《晚清戏曲小说目》所收的小说数目。

（三）小说题材非常广泛，批评时政、反对侵略、振兴中华是这时期小说的主题

中国小说和西欧、日本小说不同，历来不敢直接反映社会现实，多是通过写志怪、寓言、讲史、公案、神魔等方法，迂回曲折地反映社会。就是如《红楼梦》这样的社会言情小说，也抹去了时代的界标，通过隐晦的手法，反映封建社会的衰败。这和封建社会严酷的思想钳制和专制统治有关，写诗作文稍有不慎，就要被满门抄斩，株连九族，何论小说？而近代小说就与此不同，当时作者受西欧的影响，特别是受日本政治小说的影响，再加上清末文网放宽，思想统治松弛，作者在选择题材时，眼光多注重现实，写现实、写政治、直论当今逐渐形成一股潮流，成为人们竞相撰写的时尚主题。在现在看到的近代小说中，写外国的侵略，朝廷、官员的投降卖国，很多是指名道姓的，写社会思潮、革命风暴，写社会变革，写世态人情、道德民俗，都敢于直面，毫不隐晦，从不同的侧面反映了中国近代的时代特点和社会矛盾，体现强烈的爱国思想，体现民族的忧患意识。如从概貌上反映晚清、民国社会的《二十年目赌之怪现状》、《近十年之怪现状》、《文明小史》、《孽海花》、《新石头记》、《廿载繁华梦》；反映官场腐败黑暗的《官场现形记》、《老残游记》、《官场维新记》、《宦海升沉录》；反映维新变法思潮或民族民主革命思潮的《新中国未来记》、《大马扁》、《狮子吼》、《卢梭魂》、《自由结婚》、《洗耻记》；反映工商业的《市声》、《胡雪岩外传》、《商界现形记》；反映华侨生活的《苦社会》、《黄金世界》、《拒约奇谭》、《劫余灰》；反映爱情、婚姻和妇女题材的《黄绣球》、《中国之女铜像》、《断鸿零雁记》、《绛纱记》；以历史为题材反映反抗外族入侵的《痛史》；反映民族民主革命思想的《洪秀全演义》；也有写国外题材的《东欧女豪杰》、《洪水祸》、《血性男子》等。此外，其中还出现了直接描写殖民主义、帝国主义侵华战争的作品，从不同侧面反映了中国近代尖锐的民族矛盾，体现了强烈的反帝爱国精神，如写鸦片战争的《罂粟花》、《蜃楼外史》，写中法战争的《死中求活》，写日俄战争的《中国兴亡梦》，写中日战争的《中东大战演义》、《梦平倭奴记》，写庚子事变的《邻女语》、《恨海》、《救劫传》。

(四) 小说理论批评的兴盛，小说理论文章大量涌现

小说理论在中国古代文论中发展缓慢，也最不充分，维新变法以前，还停留在序、跋、评点或野史笔记中的片言只语阶段。关于中国小说理论，有人认为宋末罗烨的《醉翁谈录》开其端，其中专辟“小说开辟”条，说“夫小说者，虽为末学，尤多见闻”，还谈到小说创作和小说欣赏的一些经验和特点。但这些理论一般来说都比较粗略和零碎。严格来说，建立中国小说理论的应首推明代李贽。他以强烈的反理学思想的“童心说”和人文主义色彩评点《水浒传》，肯定长期被称为末学、稗官野史的小说在文学史上的地位和价值，说：“诗何必古《选》，文何必先秦？降而为六朝，变而为近体，又变而为传奇，变而为院本，为杂剧，为《西厢记》，为《水浒传》，为今之举子业，皆古今至文，不可得而时势先后论也。”（《焚书·童心说》）他还提出了评价小说的现实主义标准：逼真、肖物、传神。对建立小说理论作出过贡献的，还有明代叶昼、清代的金圣叹、毛宗岗、张竹坡、脂砚斋，此外冯梦龙、胡应麟、谢肇制等都对小说的创作和特点进行过理论探讨。但总的来说，还未从序、跋、评点、笔记中独立出来，成为一门小说学，也没有建立完整的理论体系，更不像诗学那样在社会上受到重视。维新变法前后，民族危机日益严重，再加上西欧文化的传入，一些具有爱国思想的知识分子逐渐从西欧的文学运动中看到小说的社会影响，从日本明治维新中看到政治小说的影响作用，正如梁启超在《译印政治小说叙》中说的，他们从中明白一个道理：小说并不是末道，而是“一书出而全国之议论为之一变”，“小说为国民之魂”。梁启超在这里所说的小说，是指“政治小说”而言的。所谓“政治小说”，是日本明治维新前后形成的一个文学概念，是指直接写政治、要求改革政治的小说。因此，这时期的文学家在进行小说创作的同时，纷纷探讨小说理论，而文艺期刊和其他报刊的大量涌现，又为小说家提供了发表小说的园地，也为小说理论家提供了理论探索和切磋的阵地，从而形成了研究小说理论的浓厚风气，出现了一大批专论小说的理论文章。当时经常在报刊上发表小说理论文章或对小说理论有重大建树的，除梁启超外，主要还有严复、夏曾佑（别士）、王钟麒（王旡生、天僇生）、陶曾佑、徐念慈（东海觉我、觉我）、狄平子、黄摩西（黄人）、林纾、王国维、侠人、曼殊、曾朴、吴趼人、李伯元、黄小配（老棣、亚莙）、黄伯耀等，形成了一个颇为壮观的小说理论家队伍。小说理论也从此改变了明清以来所形成的评点、序、跋的品评式的结构形式，形成了以中国传统小说理论为基础、吸收西方小说理论，并以专论为主的新的小说理论体系。小说理论涉及的范围也比较广泛，对诸如小说的社会性、小说的民族化、小说的美学特征、小说的典型性和小说的创作方法等都有涉及。而小说理论文章的大量发表，也促进了传统小说观念的根本改变，使小说终于从“稗官野史”、“末技小道”的“闲说”的旧观念中解放出来，小说在文学上的地位也终于为文学界所承认。同时，小说理论的繁荣，又对小说创作的繁荣起了指导性的作用。

（五）小说创作艺术有了新的变化

这首先表现在小说的结构形式上。中国长篇小说的艺术结构，发展到清代中叶，大致有三种结构形式：一是串珠结构，或称线形结构，由具有相对独立性的情节连缀成整体，并由一根主线贯串发展，《水浒传》、《西游记》属于这种结构形式的小说。二是网状结构。这种结构头绪多，故事情节、人物活动纵横发展，比串珠结构更为复杂，难度也较高，这种结构运用到《红楼梦》中已到了炉火纯青的地步，同时也标志着中国古代长篇小说的结构艺术发展到了高度成熟的阶段。三是块状结构。《儒林外史》属于这种结构形式的小说。这种结构形式的特点是，小说由众多的故事组成，故事就像建筑房屋的砖块一般，为表现同一主题不断地迭现，而一个块状与另一块状之间有过渡，但没有必然联系。近代小说的艺术结构，有属于网状结构的，早期如《儿女英雄传》，后期如《洪秀全演义》；也有串珠结构的，如早期的《荡寇志》，一些狭邪小说、侠义小说等；也有受西洋小说的影响，如《九命奇冤》就采用倒叙法，一开始就把本来应该在第 16 回出现的凌家强徒纵火杀人的场面提前来描写，第 2 回才展开叙述故事的前因后果，在小说的布局上也可以看出模仿西洋侦探小说的痕迹。当然，更多的是运用块状结构形式，也有人称之为蝉联式的结构。这很明显是继承了《儒林外史》的结构形式，但它又有新的变化，大致可分为三种类型：

第一种是以《官场现形记》为代表的类型。这种类型与《儒林外史》的结构形式基本相同。它由许多具有相对独立性、彼此没有必然联系的短篇故事组成。全书没有贯串始终的中心人物和故事，人物随着故事的终结而消失。每一个故事，就像一块块砖头，中间有一些黏连的灰浆，使之组成一个整体，围绕着一个共同的主题。《官场现形记》全书有 20 多个故事，这些故事都是相对独立的，围绕着揭露、抨击官场的腐败黑暗这一共同的主题而展开，先后出现了近百个人物，这些故事、人物没有必然的联系，结构松散，人物招之即来，挥之即去，也没有贯串始终的中心人物，但表现官场腐败黑暗这一主题却是贯串始终的，使人从一个个不同的故事中看到了一个完整的晚清官场众生态，给人以警醒和启迪。

第二种是以《二十年目睹之怪现状》为代表的类型。它也是由众多相对独立的故事连缀而成的，但全书却有贯串始终的中心人物，故事若即若离，相互之间有一定的联系。如“九死一生”是贯串《二十年目睹之怪现状》全书的中心人物，吴继之、文述农、荀才等人物也在故事的发展变化中前后出现，起一种黏连的作用。小说以“九死一生”这个人物的活动为轴心，反映了从 1883 年中法战争到 1906 年 20 年左右中国官场、商场、封建家族的种种怪异现象。在故事布局上，该书以吴继之经商由盛到衰作为松散的线索，但故事的变化发展却有起伏，也有照应。《老残游记》、《官场维新记》、《市声》等都属于这种类型。

第三种是以《孽海花》为代表的类型。这种结构介于网状结构与块状结构之间。

它吸取了《水浒传》、《红楼梦》等的结构特点，全书有中心人物，也有相对独立的短篇故事，故事和人物虽不像《红楼梦》那样严密，但有起有伏，近似网状的安排，可以看出故事、人物的相互照应。如《孽海花》全书以金雯青、傅彩云等人物为中心，把一个个相对独立的故事连缀起来，用近似网状的形式来安排故事、人物的去来，反映了辛亥革命前近30年的历史动向。

上述近代小说块状结构形式的三种类型，由于缺乏网状或串珠型的严密结构，虽然是长篇，但结构松散，形同短制，人物缺乏多层次、多侧面的雕塑和刻画。同时，这些小说不以塑造人物为轴，而大多以事件为轴，人物围绕着事件的轴心转，因而难以塑造有深度的形象，也难以表现典型意义上的广阔的社会生活。但是，这种结构形式适应了近代变化频繁的社会的需要，迅速地传递社会信息，品评社会弊端，因而受到当时读者的欢迎，也使近代小说能在短时期内取得较大的发展。

其次，表现在艺术形象的审美特征的变化上。维新变法以后出现的近代小说，题材广泛，作家反帝爱国的忧患意识也非常强烈，大多数作品都不同程度地触及改变政体、救亡图强的时代症结。但是，在众多小说中，能体现时代精神、在艺术上又称得上文学典型的正面人物形象，除了黄小配的《洪秀全演义》外，几乎再也没有一个，而作者所着力塑造的、又能称得上文学典型的艺术形象，是代表旧制度的主角，作家凭着这种旧制度主角的艺术形象来抨击当时的政治和半殖民地半封建社会的意识形态，使读者看到的是一个烂似毒疮的社会，这个社会到处充满“豺狼虎豹”、蛇虫鼠蚁、魑魅魍魉，令人窒息，从而形成以暴露为特征的新的小说审美意识。这类艺术形象的特征，多以官场为中心，以民族存亡为前提，以资产阶级意识为参照系，旨在暴露、鞭挞封建统治的罪恶和对侵略者妥协投降、卖国求荣的奴性；暴露、抨击封建道德的沦丧和由封建意识造成的国民的愚昧、落后的民情世俗。因此，近代小说的艺术形象：一是较多、较集中地写官僚形象，而官僚形象又主要写他们骄奢淫逸、穷凶极恶的淫虐本性，写他们颟顸无能、不谙事理的昏庸性，写他们对侵略者妥协投降、求荣媚敌的奴性。二是体现社会封建意识的崩溃，道德沦丧、尔虞我诈、相互倾轧的现象层出不穷。这些除了体现在上层官员形象中外，大多集中在下层官吏和无德文人身上。三是写青年男女受封建伦理道德束缚的苦闷、抗争与消沉。

近代小说的艺术形象的价值，不在于给人们指出前途和出路，它给人们更多的是彷徨、苦闷，失望，使人们看到封建制度的罪恶本质、官僚名士的恶劣品性、绵延几千年的封建社会所造成的国民性的劣根丑态，它的客观效果是引起人们对社会的怀疑、否定、抗争，寻求新的出路。

再次，表现在小说讽刺艺术的运用上。我国传统的讽刺艺术为近代大多数小说所接受，成为当时风靡一时的状物叙事和刻画人物形象的重要手段。近代小说对讽刺艺术的运用，有其独到之处，它是在国家和民族处于危亡之际的特定的历史条件下、清政府文网有所放松的情况下的产物，继承了《儒林外史》对封建社会的暴露和讽刺手法，而又在《儒林外史》“旨微而语婉”的讽刺艺术的基础上有所变化发展，“不畏强御，不避斧钺，笔伐口诛，大声疾呼”（忧患余生：《官场现形记》序），形成一个时代比较普遍的讽刺艺术特色。

近代小说的讽刺手法，不以精雕细刻见长，而是粗中见细。比较普遍的有如下几种手法：一是运用一种类似漫画的手法，借助于一定的富有典型意义的细节，粗线条地勾画人物的音容体态，突出地表现人物灵魂的空虚、丑恶。二是抓住人物一些富有典型意义的性格特征，让人物在一些富有戏剧性的场面中行动，让他们丑恶的灵魂自然地暴露出来，从而达到讽刺的目的。三是用戏谑的笔调，通过人物的自白，让人物自我暴露，寓贬于人物、情节的描绘之中。四是运用对比的手法，将人物放置在完全矛盾对立的语言行动中，把那些貌似对立、不协调的东西有机而又和谐地统一在一起，让人物在矛盾的言行中显露出隐藏在内心深处的肮脏思想，从而达到揭露、鞭挞的目的。

近代小说所展示的一幅幅光怪陆离的封建社会末世生活画卷，和我国近代社会民族灾难深重的时代风云变幻，很多时候就是运用讽刺这种艺术表现形式来体现的，这使我国具有悠久历史的讽刺艺术在小说领域得到了新的发展。但是由于近代小说过多地强化政治思想，忽视艺术本体的作用，政治概念化的倾向相当普遍，这就大大限制了讽刺艺术的发展，使作品的讽刺性大多浮在生活的表层上，浮光掠影，辞气浮露，使讽刺艺术陷于概念化、一般化中，有的还故意迎合小市民情趣，热衷于堆砌笑料，追求噱头，使讽刺流于庸俗化。

最后，表现在小说的语言运用上，近代小说的语言也有新的突破，绝大部分都采用语体文，有的还用吴、粤、闽等地方言来写，一般语言比较朴实、浅白、流畅，有较强的表现力，而且很有时代特色。小说的人物姓名，喜借用谐音，根据人物性格特征定名，也是语言运用上的特色。如苟才（狗才）、魏又园（虚伪又圆滑）、刁迈彭（刁钻、出卖朋友）、郦士图（唯利是图）、濮固修（不顾羞耻）、卜士仁（不是人）、单占光（善沾光）等，从人物的名字中就可以看出人物的命运及其性格特征。

三、近代小说繁荣发展的原因

维新变法以后中国近代小说的发展是全方位的发展，小说理论、小说创作、小说艺术水准都有了前人不可比拟的发展，出现了一个历史上从未有过的繁荣局面。近代小说繁荣的原因是什么？这是近百年来学术界感兴趣的问题。鲁迅先生在《中国小说史略》中强调政治上的原因，认为“光绪庚子后，谴责小说之出特盛”，原因是内忧外患，而政府又不足以图治，于是除了从政治上进行斗争外，还利用小说“揭发伏藏，显其弊恶，而于时政，严加纠弹，或更扩充，并及风俗”。这是从反映论、认识论的视角来看文学的发展的，但是，政治上的原因为什么偏偏能促使小说得到长足的发展？正如为什么南宋战争频仍、民族矛盾尖锐，词却有很大发展？同样是政治上原因，元灭了南宋政权，戏剧却有发展？而《儒林外史》、《红楼梦》的出现，却又在清朝处于鼎盛时期？文学受政治的制约，单从政治的角度来看文学的发展，仅仅是看到了其中的一个方面，即文学与政治、社会经济的关系方面。我们还要探索文学本身发展变化的原因。阿英在《晚清小说史》中，以为近代小说繁荣除了政治上的原因外，还有“印刷事业的发达”和当时“智识阶级受了西洋文化影响，从社会意义上，认识了小说的重要性”等原因。政治上的原因是近代小说发展的外助力，印刷业的发达为近代小说的发展提供了物质条件，而从文学本身看，近代小说的繁荣发展，主要原因有四：

一是中国古代小说，经明清两个朝代的发展，在题材、品种、创作方法、创作技巧等方面都已经成熟，并形成具有中国特点和民族气派的小说模式。特别是讽刺小说，从《西游记》到《儒林外史》，已经形成了一种块状的小说构架，形成了一个嬉笑怒骂地批判社会的小说形式，因此，在社会条件和物质条件许可的情况下，近代文学家选择小说作为文学的主要发展对象，就具备了充分的文学素养上的准备。

二是西方文学的影响，从观念上改变了国人对小说的认识。在《瀛寰琐记》上发表的《昕夕闲谈·小叙》，首先辩白的是小说不是“小道”，而论证小说不是小道的论断，是从外国小说中得来的。黄遵宪强调小说的重要性，是因为他在日本、英国看到了日本政治小说、泰西小说的社会作用，特别是启民智的作用，从而在《日本国志》中专门对此作了论述，希冀政府、国人能从外国对待小说的做法中得到启迪。梁启超注意、重视和提倡小说，最初也是从日本政治小说中得到的启发。在维新变法前，他主张用小说来开启民智（《变法通义·幼学》），维新变法失败后，他对小说的观念从能“启民智”上升为能“改良群治”（《论小说与群治之关系》）。黄、梁等人的言论反映出当时国人小说观念的变化。正是这种观念上的改变，才使大批的作者从写诗为文转移到介绍外国作家、译印外国小说方面来。当时的文学期刊，几乎每种都印发外国作家头像，发表翻译小说，也发表一些西方小说理论、美学和哲学理论，做了大量引进西方文学的普及、宣传工作，而达600多种外国小说的译介出版，又给近代小说创作提供了学习借鉴的机会。

三是城市的商业化和作家的职业化。中国古代作家一般都是业余从文的，从来没有将文学作为谋生的第一职业。近代城市商业化迅速发展，特别是像上海、广州、香港等一些城市，城市商业化得到了比较快的发展，这除了能为文学的发展提供较为充分的物质条件外，也提供了较庞大的市民阅读阶层。同时，文学受城市商业化的影响，也逐渐向文学商品化方面倾斜，文学开始从清高自娱之物变为与经济价值挂钩的商品，并形成了逐渐完善的稿酬制度。例如，《小说林》于1907年发表的《募集小说启事》说：“入选者分别等差，润笔从丰致送：甲等每千字五圆，乙等每千字三圆，丙等每千字二圆。”稿酬的实际价值，据包天笑《钏影楼回忆录》载，一个作家如得到一百稿酬，除了可支付到上海的旅费外，还可以供作家以文为生，这也就自然吸引了一批作家将从事创作作为谋生的职业。而在文学诸文体中，最易赚取较丰厚稿酬的当推创作小说和翻译小说，职业化的作家也首先在小说家中出现。著名小说家李伯元、林纾谢绝功名，固然有政治上的原因，也与他们可以依靠著译小说就能有一定的经济来源不无关系。刘鹗写《老残游记》的最初动机，也是为了赚取稿酬来支持朋友解经济之困。因此，小说家选择文学职业化的道路，使小说家的队伍迅速发展，这是创作小说和翻译小说蜂拥出现的一个不可忽视的原因。

四是上面已经论及的，即近代小说理论的崛起和繁荣，它对小说创作也起着促进作用。

总之，中国近代小说的繁荣发展，有政治上的原因，但更主要的是内部原因，是文学自身的诱发，时人对小说的陈腐观念逐渐得以改变，作家以创作小说为荣，这使得小说摆脱“小道”的卑微地位堂堂正正地走入了中国文学的殿堂。

辛亥革命之后，随着资产阶级革命的失败，小说的发展又出现了反复，鸳鸯蝴蝶派小说在这一时期出现。然而，在一潭死水中的小说界，也酝酿着新的生机。青年鲁迅在辛亥革命这一年就创作了文言短篇《怀旧》（1911），描述了封建势力的代表人物在革命风暴中的种种动态，揭露了这些人既反对革命又想投机钻营的卑鄙伎俩，也表现了作者反封建的强烈愿望。他在“五四”前夕创作的《狂人日记》，则在新的民主主义的基点上，表现了青年鲁迅彻底的反封建的战斗英姿，也带来了中国小说迈进一个新的领域的曙光。

第二节　鸦片战争前后小说的发展趋向

自《红楼梦》问世以后，中国小说一直在走下坡路，在100多年时间里，出现了许多带有较为浓厚的封建意识的小说，其中又以如下几类小说最为突出。

一、“公案小说”的思想倾向

一类是侠义公案小说。鲁迅曾说过：“满洲入关，中国渐被压服了，连有‘侠气’的人，也不敢再起盗心，不敢直斥奸臣，不敢直接为天子效力，于是跟一个好官员或钦差大臣，给他保镖，替他捕盗，一部《施公案》，也说得很分明，还有《彭公案》、《七侠五义》之流，至今没有穷尽。”（《流氓的变迁》）鲁迅这段话，指出了侠义公案小说产生的社会原因，以及这类小说的思想倾向及不良的影响。

侠义之士和能秉公断案、持正不阿的清官贤臣，早在《史记》中就有记载，而且被给予很高的评价。以小说的形式歌颂清官贤臣，在宋话本中就有了，金元杂剧亦有歌颂清官贤臣的公案戏。在封建社会里，正义不能伸，冤屈不能诉，于是，人民寄希望于侠义之士和清官良臣，但这种天真善良的幻想，后来为封建统治阶级利用来宣传封建正统思想，把清官和侠客描写成忠心耿耿为封建统治效力的奴才鹰犬。这种变化在明代已比较明显。明代出现了两个公案小说的主人公：一是包拯，一是海瑞。代表作品有《龙图公案》和《海刚峰先生居官公案传》，这类小说除了写包公与海公这类清官为民折狱、为民除害外，还有一个特点，民多是义夫、节妇，清官不仅为他们开脱冤枉官司，也赞扬他们的忠孝节义。

关于侠义公案小说，除鲁迅提到的《施公案》、《彭公案》和《三侠五义》外，流行一时的还有《永庆升平》、《圣朝鼎盛万年青》、《英雄大八义》、《英雄小八义》、《七剑十三侠》、《七剑十八义》、《刘公案》、《李公案》、《小五义》、《续小五义》等。清代侠义公案小说流行，大约是从嘉庆年间开始的。可以说是继《红楼梦》之后，一直到咸（丰）、同（治）、光（绪）年间，都盛行不衰，其中影响最大的是《施公案》、《彭公案》和《三侠五义》。这几部小说大约在嘉道年间问世，最晚也不超过道光初年，其续集一而再地出现，《施公案》曾续至10集，《彭公案》续至17集（也有说续至20集），《三侠五义》续至24集。嘉道年间流行的侠义公案小说，一是侧重写清官的忠君思想；二是增加一群效命清官，为朝廷尽忠，甘当鹰犬奴才的所谓侠义人物。其中心内容总离不开“有道明君，天降良臣”。清官总把“不负朝廷”放在“与民除害”之上，《施公案》中的施仕伦说：“尽忠岂能顾众”（30回），更将尽忠与顾众对立起来。书中还充斥着浓厚的封建迷信色彩，因果报应、宿命论思想比比皆是。

相对来说，《施公案》、《彭公案》和《三侠五义》这三部小说中，《三侠五义》的思想倾向好一些，它通过写包公不畏权势，铡了皇亲国戚，与一些侠客义士除暴安良的事迹，从侧面反映了社会的黑暗和人民的愿望，所以鲁迅说这部书是“为市井细民写心”的。而《施公案》、《彭公案》侧重写出身草泽的绿林人物，如黄天霸、马玉龙，怎样弃逆从顺、改过迁善，归化朝廷，又怎样投降大官僚，翻身来镇压绿林兄弟，表现出更多的封建性。

《三侠五义》是一部经过文人修改、润色的侠义公案小说。原本是北京说唱艺人的《龙图公案》，是一个唱本，后来演变为无名氏编撰的章回小说《龙图耳录》，最后经问竹主人的修改、润色而成今日流行本《三侠五义》。刻本传世始于光绪五年（1879），10年后，俞樾对其进行修订，认为第1回“狸猫换太子”“殊涉不经”，便参考“宋史”等加以删改，认为书中南侠、北侠、双侠已经四人，再加上小侠艾虎、黑妖狐智化、小诸葛沈仲元亦应属侠客，因而改名《七侠五义》。

由于《三侠五义》是一本来自民间、经过文人修改润色的小说，因而，它与其他侠义公案小说不完全相同，思想倾向既有明显的封建性，“大旨在揄扬勇侠，赞美粗豪，然又必不背于忠义”（鲁迅：《中国小说史略》）；又具有一定的人民性，在一定程度上表现了人民群众尚正义、恨邪恶，希望有清官为他们主持公道、游侠义士为他们排忧解难的愿望与企求。

作品这些思想倾向，几乎都集中体现在作品所歌颂的包公、“三侠”“五义”等人物形象上，也包括作品所批判的刘皇后、郭槐、庞吉、庞昱、花冲等形象上。包公在作品中是一个秉正持公，且善于平反冤狱、断案解纷的清官，一切坏人坏事都逃不过他的眼睛，凡是受冤被害的案件无不冤枉得昭雪、坏人受杀戮，博得个人心大快。他刚直廉洁，疾恶如仇，不怕权贵，如铡王侯葛登云、国戚庞昱，敢于为民铲除奸恶；同时，他又是一个求贤若渴的朝廷良臣，“三侠”和“五义”都是经他荐给朝廷而得到重用的。总之，包公这个形象是人民理想中的清官，是民间流传的包公故事的总汇，在包公这个人物身上，体现了人民渴求清明政治的愿望。不过，这个形象在19回以后逐渐为“五鼠闹东京”的内容所掩盖，在白玉堂归附朝廷以后，就基本从作品中消失了，偶尔出现也只不过是为了断案的情节需要。同时，包公这个形象是从孩提时写起的，但他一步入官场，就是一个练达智深、“秉公无私”、敢于与权贵斗争的官员，性格上没有什么发展，流传于民间的敢于对最高统治者斗争的锋芒也大大削弱了，而更多地表现出他对封建统治的维护和对皇帝唯命是从的奴性。他为民除害的行为虽然对封建压迫者有一定的暴露、鞭挞作用，但他是从巩固封建统治的目的出发的，因而这个人物的思想性比较复杂，有进步的一面，又有封建的一面。

“三侠五义”也是作品所大力赞扬和肯定的人物。这些侠客义士，出身于不同的阶层，有封建地主阶级出身的（如南侠、双侠），有行伍出身的（如彻地鼠韩彰），有铁匠出身的（如穿山鼠徐庆），也有客商出身的（如翻江鼠蒋平），他们都有着见义勇为、剪恶除强、扶危济困的品质和技艺高强、来去如飞的技艺等共同特点。他们的行为，在一定程度上暴露了封建社会的黑暗，反映了人民要求铲除奸恶、政治清明的愿望。白玉堂是其中写得比较好的人物形象。这个形象性格比较鲜明，心高气傲，艺高胆大，皇宫内院都不放在眼里，敢于忠烈祠里题诗，敢于盗取包公的三宝（古镜、游仙枕、古今盆），也敢于把钦命的“御猫”四品护卫南侠展昭痛痛快快讥讽一番，这些行为有藐视封建统治秩序的积极意义。同时，他又是个气量狭窄的个人英雄主义者，他大闹东京、对“御猫”的揶揄讥讽，完全是在一种个人英雄主义思想支配下的行为，觉得“御猫”有辱“五鼠”的威风；他欲辱北侠欧阳春反而被辱，于是觉得世上竟有强于己的人，再无脸见天下人竟要悬梁自尽；最后他也因个人英雄主义思想支配，莽撞闯进襄阳王的铜网阵，招致杀身之祸。这个人物在归附朝廷之前富于反抗性，性格比较鲜明，但在归附朝廷满足了个人权欲之后，就变成了一个服服帖帖的封建统治的鹰犬，虽然也偶有扶危济困的行为，但已完全没有以前的反抗性格的光彩了。这是侠客义士的共同特点，也是这部小说封建性的主要表现，侠客义士终于归附朝廷，而且个个高官厚禄。它有一箭双雕的作用：一方面歌颂了皇帝能任用贤臣的英明，维护了封建统治的绝对权威；另一方面，也鼓励人们为朝廷效忠，达到巩固封建统治的目的。

作品描写了各式各样无恶不作的封建统治阶级人物，从各个方面暴露他们贪婪、奸诈、凶残、卑鄙、淫欲等罪恶行径和丑恶面目，如刘皇后的残恶；郭槐的趋炎附势；国戚庞昱的胡作非为，以放赈为名，贪污公款、蹂躏妇女；王侯葛登云抢掠妇女；柳洪嫌贫爱富；郑新忘恩负义；赵大图财害命；苗秀重利盘剥等等，都写得颇有特色，在一定程度上有揭露封建社会黑暗的现实意义。但作者在暴露这些黑暗现象时，只是孤立地把它当做个别事情来描写，因而削弱了作品的思想意义；而在描写惩罚这些恶人时，又往往为一些上层人物开脱，如襄阳王因为是皇叔，皇帝明知他有谋反行为也包涵宽恕；国戚庞吉纵子作恶，而且蓄意加害包公，罪证确凿，也只是停俸三年，而对一些下层的作恶者动则铡杀，严惩不贷。在作品中，皇帝则始终是贤明的化身，能任用贤臣，也能招贤纳谏，而且奖罚严明。人民群众在牢狱般的社会中，希望有贤臣，也希望有仁君，这是在封建社会的历史条件下人民群众的一种理想追求，反映的是一种意愿，但有很大的副作用。作者对皇帝的颂扬，也意味着对整个封建统治政权的肯定，特别是这部小说出现于太平天国失败后不久，其不良影响就更为显著。同时，作品还不可避免地沾染了当时侠义公案小说的不良习气，宣扬了相当多的怪诞离奇、因果报应的思想，如乌鸦喊冤、乌盆说话、阴错阳差等，歌颂封建的愚忠愚孝，宣扬达官显贵的美德，嘲笑劳动人民的愚昧。这些显而易见的封建糟粕，就更应予以批评了。

关于《三侠五义》的艺术性，鲁迅称之为“绘声状物，甚有评话习气”（《中国小说史略》），这是中肯的。这部书的结构、情节铺陈、语言运用，都有浓厚的评话色彩。全书以包公为中心，“三侠”“五义”活动在他周围，故事采取单线发展形式，事件有头有尾，交代清楚，而又一环紧扣一环，高潮一个接着一个，因而故事情节复杂曲折，且富于变化，具有相当的吸引力。语言通俗，干净利落，状物叙事简练朴素，而且有条不紊，娓娓动听，方言土语的运用也很见功力，使作品生色不少。该书对人物的描写也有特色，书中出现的人物相当多，但不论主要的还是次要的，一般都不脸谱化而有自己的性格，如蒋平的机智、艾虎的粗中有细、欧阳春的稳重、赵虎的鲁莽，都写得很好。一些人物的性格发展变化也相当鲜明，如白玉堂归附朝廷做了四品护卫后的性格与在陷空岛上的性格就很不一样；艾虎在马刚家里同离开了马刚家、成为一个小侠时的性格也不同，正如鲁迅说的：“写草野豪杰，辄奕奕有神，间或衬以世态杂以诙谐，亦每令莽夫分外生色。”（《中国小说史略》）小说以包公为中枢人物，统领游侠义士展开故事情节，但到“五鼠闹东京”以后，以包公为中枢这条线就渐渐模糊，使故事的发展不能首尾贯一；另外，作品为了追求故事的离奇曲折，过分琐碎地描写细节，有时甚至故弄玄虚，使人读之生厌，这些艺术上的缺陷，在一定程度上影响了小说的艺术效果。

二、“邪狭小说”的思想倾向

另一类是以写城市娼妓生活为主的小说，鲁迅称之为狭邪小说。最早出现的狭邪小说是道光二十八年（1848）出版的《风月梦》（作者不详），比较流行的还有《品花宝鉴》（陈森）、《花月痕》（魏子安）、《青楼梦》（俞吟香）、《海上尘天影》（邹弢）、《海上花列传》（韩邦庆）、《九尾龟》（张春帆）等。这类小说写的是以上海为主的半殖民地半封建城市的狭邪生活，对殖民地化的畸形城市的社会面貌在客观上多少有其暴露作用，但这类小说糟粕很多，作者大多是具有浓厚封建意识的落拓文人，他们以个人升官发财的欲望得不到满足的哀愁来看待社会，不满自己的坎坷际遇，而又羡慕地主资产阶级的腐朽生活，有的还把淫逸腐朽的生活作为理想来歌颂，因而这类小说大多数对封建统治阶级和文人墨客、商贾纨绔玩弄伶人妓女的糜烂生活抱羡慕的态度，借以发泄官场失意的落拓情思。如《青楼梦》的主人公金挹香，满脑子功成名就、荣华富贵的欲望，他“游花园，护美人，采芹香，掇巍科，任政事，报亲恩，全友谊，敦琴瑟，抚女子，睦亲邻，谢繁荣，求慕道”的种种幻想的实现，其实是作者借以抒发对封建功名富贵的欲望的满足感。又如《花月痕》所写的两位主人公也是如此。韦痴珠风流文采，倾动一时，却怀才不遇，终身潦倒，困顿而死，被人玩弄的妓女秋痕也为他殉情；另一主人公韩荷生的际遇与韦不同，他由于得到达官显贵的扶掖，飞黄腾达，高官厚禄，后来立功封侯，连妓女采秋也做了一品夫人。作者正是以书中两位主人公自况，通过韦、韩的际遇，反映科场失意、幻想破灭的悲哀牢骚和对功名富贵的歆羡情趣。小说最后让韩荷生成了镇压农民起义的英雄，更露骨地表现了作者的封建意识。这类小说大多以嫖妓为风流，流入才子佳人的俗套，把嫖客美化为“才子”、妓女美化为“佳人”，将妓女放在男人的玩物的地位上，像展览丑恶一样写他们的猥亵生活。《品花宝鉴》更为猥琐，写梅子玉和男伶杜琴言同性恋的故事，作者以欣赏、羡慕的笔触，写他们淫奢无度、纸醉金迷的腐朽污秽的生活。后期出现的《九尾龟》一类作品，就更趋颓落，正如鲁迅所说的，专写“才子加流氓”瞒哄妓女的故事（《上海文艺之一瞥》），成了“嫖学教科书”，影响更为恶劣。

在狭邪小说中，《海上花列传》尚可一读。这部小说是用吴语方言写的，全书共64回。小说主要写妓院冶游子弟与青楼女子之间的风流关系和沉浮悲欢，旁及官场和商界的社会生活。小说有十则“例言”，第一则大约代表了作者的创作意图：“此书为劝戒而作，其形容尽致处，如见其人，如闻其声。阅者深味其言，更返观风月场中，自当厌弃嫉恶之不暇矣……”全书以赵朴斋、赵二宝兄妹的遭遇为主干，写了五个并不相互关联的故事。第一个故事写赵朴斋兄妹从苏州到上海后的堕落：赵朴斋沉湎女色不能自拔，结果被争风吃醋的流氓打得头破血流，流落街头；赵二宝来到上海，年幼无知，被人诱骗失身，也自甘堕落打起招牌开堂为妓，说明谁混迹青楼，谁就要沉沦堕落。第二个故事写妓女沈小红与张蕙贞之间的争风吃醋与淫荡。第三个故事写老鸨婆黄二姐的无赖、狠毒。第四个故事写风流少爷陶云甫兄弟的多情与奢侈。第五个故事写赵二宝被金陵名门史家公子欺骗与被“太岁赖头鼋”迫害。五个故事虽然并不完整，而且前后又无必然的联系，但作者“劝戒”警世的用意却贯串其中，它从不同的侧面反映了妓女落入火坑的悲惨遭遇和达官显贵子弟花海狎邪的沉沦堕落，对晚清上海租界畸形的社会生活也有一定的暴露作用，但在五个故事中，鞭挞的不是上层社会、嫖客，而是被迫沦落青楼的妓女。作者对卖淫制度是持否定态度的，但在嫖客与妓女之间，他明显地把同情留给了嫖客，声明写作目的是要暴露娼家的奸谲，所谓“以过来人现身说法”，欲使阅者“按迹寻踪，心通其意，见当前之媚于西子，即可知背后之泼于夜叉，见今日之密于糟糠，即可卜他年之毒于蛇蝎”（第1回）。

《海上花列传》比较重视形象的塑造，作者用流畅的方言，以刻画人情世态的传神之笔，比较形象地描述了众多不同遭遇、不同性格的青楼女性，如赵二宝的幼稚、沈小红的泼辣、张蕙贞的庸懦、黄翠凤的干练、陆秀宝的放荡等等，都写得细腻传神，颇有特色。在艺术结构上，作者在“例言”中说是从《儒林外史》的艺术结构脱化出来的“藏闪之法”。全书五个故事虽然并不相互关联，但故事与故事之间却互相勾连，处处布置悬念，“一波未平，一波又起，随手叙来并无一事完，全部无一丝挂漏”，前后呼应，相互映衬。小说首开以吴语方言写作的先例，虽然受方言限制，难于普及，但运用吴语叙事状物，体贴细微，声情并茂，读来如见其人，如闻其声，表现了作者较强的驾驭语言的能力。

三、讲史和言情小说的思想倾向

还有一类是讲史和言情小说。这类小说美化封建社会，为封建社会歌功颂德。代表作品有《荡寇志》和《儿女英雄传》。

《荡寇志》又名《结水浒传》，是俞万春晚年作品，据说“寒暑凡二十易，始竟其绪，未遑修饰而殁”（俞龙光：《识语》）。咸丰三年（1853），太平军攻下南京，清政府官员逃至苏州，大量印行此书。咸丰十年（1860）李秀成攻下苏州，曾将此书毁版，太平天国失败不久（1871），此书又有大字复刻本问世。

此书为什么深得清朝统治者青睐？半月老人说：“俾世之敢于跳梁，藉《水浒》为词者，知忠义之不可伪托，而盗贼之终不可为。其有功于世道人心，为不小也……仲华功虽不在当时，而《荡寇志》一书，其功非浅，抑亦可以不折矣。”（《〈荡寇志〉续序》）俞万春在卷首谈到写作动机时说：“这一部书，名唤作《荡寇志》。看官，你道这书为何而作？缘施耐庵先生《水浒传》并不以宋江为忠义。众位只须看他一路笔意，无一字不描写宋江的奸恶。其所以称他忠义者，正为口里忠义，心里强盗，愈形出大奸大恶也。圣叹先生批得明明白白：忠于何在？义于何在？总而言之，既是忠义必不做强盗，既是强盗必不算忠义。乃有罗贯中者，忽撰出一部《后水浒》来，竟说宋江是真忠真义。从此天下后世做强盗的，无不看了宋江的样：心里强盗，口里忠义。……真是邪说淫辞，坏人心术，贻害无穷。”因此，他动手写后水浒，目的是“破他伪言，使天下后世深明盗贼、忠义之辩，丝毫不容假借”。

我们知道，清人金圣叹删定《水浒传》时，在梁山排座次之后，改写了第70回书的结局：卢俊义梦见长人嵇康奉皇命来梁山收捕贼人，卢俊义挥刀砍嵇康，很快便被嵇康砍断右臂，被捆缚推至公堂，这时，以宋江为首，带着一百零六位好汉，个个自缚，意欲以此苦肉计救出卢俊义，结果梁山人马全部就擒。嵇康派出216个刽子手，两个对付一个，一齐处斩。一场梦醒，卢俊义吓得魂不附体，微微闪开眼，却见堂上挂着“天下太平”的匾额。《荡寇志》就是从卢俊义梦见嵇康杀绝梁山英雄的预兆、火烧忠义堂开始写起，全书共 70 回，从 71 回至 140 回，另结子一回。书中除《水浒传》70 回出现的人物继续出场外，还写了张叔夜和以云天彪为代表的官军，以及以陈希真为代表的地主武装。张叔夜、云天彪和陈希真都是被作者作为“扶助朝廷，扫除强梁”的英雄来刻画的人物，而梁山一百零八条好汉则是大逆不道、“东抢西掳，杀人不眨眼”的盗贼，最后以一百零八人被云天彪、陈希真这些忠臣义士斩尽杀绝，君臣共宴太平，即所谓“三十六员雷将，齐辅天朝，一百八道妖气，仍归地窟”，天下从此太平结束。

《荡寇志》不是一部全凭说教的艺术平庸之作，作者在抒发对农民起义军的刻骨仇恨、迷惑人心方面是巧穷心计的。作品也揭露以蔡京、高俅、童贯等一班贪官污吏的罪行，描写他们一一被惩处：蔡京、童贯被绑赴刑场正法；高俅也发配沧州，他们的党羽也个个被正法。但蔡京、童贯、高俅的罪行，不在于他们贪赃枉法，而主要是与梁山私通关节。因此，惩处蔡京、高俅这些人，是为了昭彰陈希真、云天彪等忠臣义士对朝廷的忠肝义胆，说明宋天子的英明，这恰恰与《水浒传》写他们的罪行是为了说明水浒结义、除暴安良、替天行道的正义性完全相反。小说还穿插了对西门庆式人物戴春的描写，西门庆是一个与民为仇的地方恶霸，而戴春却是与梁山好汉勾结为奸的恶人，用意也在于说明梁山好汉“替天行道”的虚伪性。在艺术结构上，这部小说故事一个紧接一个，但结构严密，波澜起伏，前后呼应。梁山反朝廷与朝廷剿灭梁山义军两条线索交叉发展，互相勾连，又纵横交错。在人物形象的刻画上，也力追《水浒传》，如作为正面人物的陈希真的智谋勇略，陈丽卿的勇敢、任性和好强，都很有光彩，就是作者笔下的梁山英雄，虽然因带上阶级偏见，被作者极力贬低丑化，却并不脸谱化，如吴用的谨慎机智、宋江的假忠假义及庸碌无为、李逵的鲁莽纯朴、鲁达的勇敢豪放，都写得有血有肉。在语言方面，《荡寇志》也极力仿效《水浒传》的风格，比较注意情节变化和对人物的描写，对农民义军的刻骨仇恨也不是空泛议论说教，而是通过故事的演化、形象的刻画来表现，写得颇有声色，深化了小说宣扬忠义的主题。

《儿女英雄传》，又名《金玉缘》、《日下新书》、《正法眼藏五十三参》、《侠女奇缘》，作者为满族燕山闲人（文康），这是一本针对《红楼梦》、美化封建社会的侠义言情小说。成书时间约在道光中叶。全书共 53 回，现留存下来的只有 40 回。全书以侠女何玉凤、显宦公子安骥和民女张金凤三个人物为主人公，以“金玉姻缘”为线索，描写一个“作善降祥”的封建家庭的兴旺历史。

全书共分五个部分：

第 1 回至第 12 回，写何玉凤因父为权贵纪献唐所害，避居山林，更名十三妹，结交豪杰，出没市井，仗义救难，伺机报仇，偶遇为救父难而被能仁寺和尚所害的安骥，仗义相救，同时被救出来的还有张金凤一家。何玉凤说合安骥与张金凤成亲。

第 13 回至第 20 回，安学海遇救，何玉凤的仇人纪献唐亦已伏诛，何玉凤护送父母灵柩回家守孝。

第 21 回至第 28 回，何玉凤与安骥成亲，完成“金玉姻缘”

第 29 回至第 36 回，安骥在一金一凤的护持下，发奋攻读，成探花及第。

第 37 回至第 40 回，安骥荣华富贵，连升五级，从翰林院编修升至四品侍讲学士、国子监祭酒，成了“天下师”。后又升为内阁学士，兼礼部侍郎。

在这五个部分中，贯串着尽义、尽孝、尽忠、报国这样一条主线，作品以何、安、张三家蒙难开始，否极泰来、荣华富贵为结局，宣扬忠孝仁悌等封建思想，要读者相信，只要行善，仁义待人，全忠全孝，纵使危难缠身，也能逢凶化吉，天赐、君恩、祖德、神祐，最终荣华富贵。

书中的故事情节与人物安排，是与《红楼梦》针锋相对的。作者在第 30 回明确地说：“曹雪芹作那部书，不知和假托的那贾府有甚的牢不可解的怨毒，所以才把他家不曾留得一个完人，道着一句好话。燕北闲人作这部书，心里是空洞无物，却教他从那里讲出那些忍心害理的话来?”在《红楼梦》里，有一个贾宝玉，一个林黛玉，一个薛宝钗。由于“金玉姻缘”，成就了贾宝玉与薛宝钗的婚事，却害了林黛玉魂归地府，而贾宝玉又不是忠臣孝子，最后叛逆出家，使薛宝钗空守闺房。贾家这个封建大家族，也在尔虞我诈、钩心斗角之中，树倒猢狲散，预示着封建社会末日的来临。《儿女英雄传》恰恰相反，他们同样是“金玉姻缘”，成全了二女嫁一夫的所谓美满婚姻，一个张金凤（金），一个何玉凤（玉），护持着安公子，走着一条与贾宝玉完全相反的道路：读书—功名—位极人臣，它预示着，只要作善，自然能降祥，家道必将兴旺发达。在其他的人物安排上，《儿女英雄传》亦与《红楼梦》相对峙，《红楼梦》中有贾政、王夫人、花袭人、薛姨妈，《儿女英雄传》则有安学海、安夫人、长姐儿、张金凤父母。安家不像贾家那么刻毒，而是仁慈孝悌，讲究三纲五常，礼义相处。

《儿女英雄传》前 12 回在民间影响很大，“悦来店遇险”、“能仁寺遇难”历来是戏曲舞台和说书场上盛行不衰的节目，孤立地看，这部分反映了清代官场贿赂风行的政风和科场舞弊的学风，也反映了以能仁寺和尚为代表的黑社会势力杀人越货、凶残狠暴、荒淫无耻的罪恶行径。十三妹何玉凤智勇双全，性格豪爽，仗义勇为，也写得有血有肉。但从全书来看，何玉凤的侠义、纪献唐的暴虐、安骥和张金凤一家的遇难、能仁寺和尚的凶狠淫秽，都是为后半部作品宣扬作善降祥、尽忠报国作铺垫的。

在艺术上，《儿女英雄传》正如《荡寇志》一样，艺术性是比较高的，引线、伏笔、人物情节都能巧作安排，合情合理。虽然线索纷繁，但脉络清晰，交代清楚，也不乏性格鲜明的人物形象。如前 12 回中对十三妹何玉凤的侠骨柔肠就写得很有个性。十三妹的铁弓、安公子的砚台都是各家传家之宝，一弓一砚，像舞台上的道具一样，穿针引线，安排了安、何二人金玉姻缘。在语言运用上，该书采用标准的北京话，很有地方特色，在当时它与《红楼梦》被誉为“绝好的京语教科书”，书中所写的京城旗人的生活风俗习惯也很有参考价值。

第三节　新体小说的勃兴（上）

20世纪初至辛亥革命前后，小说终于从低谷走了出来，迈上了一个新台阶，以揭发伏藏、鼓吹变政、倡言民权自由和表现民族的忧患意识为特点的新体小说得到蓬勃发展。瞿秋白对这时期的新体小说，给予了很高的评价，认为像《二十年目睹之怪现状》、《官场现形记》、《老残游记》等小说是“继《红楼梦》、《水浒传》而成为近代中国文学的典籍”、“的确能够充分表现当时的所谓新思想：排满，反对官僚，反对帝制，改良礼教”，“是那个时候所承认的新文学”（《鬼门关以外的战争》）。这类新体小说，从形式来看，以中长篇小说为主，也有短篇小说、笔记小说；从内容来看，按照当时流行的分类，有社会小说、政治小说、历史小说、言情小说、滑稽小说、科学小说等。它的代表作品有《官场现形记》、《二十年目睹之怪现状》、《老残游记》、《孽海花》和《洪秀全演义》等。

一、《官场现形记》的思想倾向和艺术特色

李伯元是近代最早写新体小说的代表作家之一。他30岁才开始步入文坛，40岁即谢世，在短短的10年间，创作的长篇小说有《官场现形记》、《文明小史》、《活地狱》、《中国现在记》、《海天鸿雪记》，另外还有两部长篇弹词：《庚子国变弹词》、《醒世缘弹词》。

《官场现形记》是李伯元的代表作，也是当时揭露官场最有代表性的一部长篇小说。关于此书的写作和出版时间有种种不同的说法，据近人考证，《官场现形记》当发表于1903～1905年间，全书共60回，首先在作者创办的《世界繁华报》上连载，1906年有单行本出版（魏绍昌：《〈官场现形记〉的写作和刊行问题》，又见《李伯元研究资料》）。

《官场现形记》揭露了官场的腐败和黑暗，这也是近代新体小说比较普遍的思想内容。但《官场现形记》却比同类小说显示出独到的深刻性。这首先表现在它不是一般地描写官吏的贪污枉法、官场的黑暗腐败，而是把批判的锋芒指向了清政府的捐官制度和卖官鬻爵的腐败风气，在一定程度上揭示了封建统治的腐败没落。小说所展示的清末官场，“金钱”主宰了一切，卖官鬻爵之风盛行。官场变成了商场，只要有钱，土匪、流氓、商人、纨绔子弟、刚生下来的小孩子，甚至还在母亲肚里的胎儿，皆可捐官。别号“落地道台”的傅博万，他的“道台”就是其父在其出世尚未满月时捐的（56回）。除了捐官还有卖缺。何藩台卖官，最高标价2万两银子（第4回），而朝廷卖官，一个“上海道”就50万两银子（第25回）。华中堂一语道破了他们卖官的阴暗心理：“甚么财主门生不财主门生，门生不财主，岂不要老师一齐喝西北风吗?”（第27回）第18回写的正副钦差大臣贪污受贿200万两银子的故事，批判的锋芒就直指最高统治者。皇帝说：“某人当差谨慎，在里头苦了这么多年，如今

派了他去，也好叫他捞回两个。”皇太后说：“通天底下一十八省，哪里来的清官？但是御史不说，我也去装糊涂罢了；就是御史参过，派了大臣查过，办掉了几个人，还不是这们一件事；前者已去，后者又来，真正能够惩一儆百吗？”把官场贪污受贿、卖官鬻爵的根子捅到了最高统治者身上。

《官场现形记》还深刻地揭露了封建社会官场中官与钱的肮脏关系。在作者笔下，各级大小官吏，个个都像是从钱窟里爬出来的魔鬼，都是钱迷心窍、官瘾十足的丑类。他们为了刮钱、当官、往上爬，完全撕破了封建道德的遮羞布，不顾羞耻荣辱，连自己的妻子也送给上司玩弄。一个叫冒得官的炮船上的管带，不仅将17岁的女儿送给羊统领做妾，还自己跪在门外对羊统领的“赏光”表示感谢。冒得官的女儿悲愤地说：“罢罢罢！你们既不容我死，一定要我做人家的小老婆，只要你老人家的脸过得下……我敢说得一个不字吗？……但愿从今以后，你老人家升官发财就是了！”（第31回）

第48回至第51回写外交使臣刁迈彭升官记，多侧面描写了这些披着人皮的丑类贪婪凶狠、奸诈虚伪的本性。刁迈彭原是个候补知府，为了取悦新任巡抚，改变受冷落地位，百方钻营、四面巴结，主动地为巡抚偿还了巨额债款，从而一举地博得了主子的欢心，当上了巡抚衙门的总文案，成为炙手可热的“二抚台”。当巡抚因所谓“剿匪”残民案被参时，他又不放过逢迎献媚的机会，用偷换“札子”的卑鄙手段，把罪名全栽到自己的拜把兄弟盖倒运身上，这既为巡抚解了围，也使自己得到主子的推荐，得了一个“特旨道”，爬上了道台的新台阶，当了安徽芜湖道道台。他一上任，就看中了张守财的三百万家财。他首先用拜把手法取得张守财的信任，张守财一死，他便放开手脚，始则怂恿张妻将张家十多位姨太太赶出家门，继则制造借口，将这些姨太太们从张家带走的五六十万家财劫掠一空，接着又以办工厂为名，一笔一笔将张家家财骗到手，最后，还勾结洋人，将张家财产的全部契据据为己有。就这样，张家几百万家财转眼间全部落到了刁迈彭手中。金钱骗到手，从而增加了他买缺的本钱，果然，不久他就买了一个出洋大臣官缺，成为外交上的使臣。作品通过这些深刻的揭露，使读者看到了封建官场上卑鄙无耻、贪赃枉法、巧取豪夺和钩心斗角的肮脏情景。

关于三善士发家史的描写（第34至35回），则从另一侧面揭露了清朝官吏吃人的反动本性。在老百姓连树皮草根都吃光的大饥荒日子里，这些“善士”竟以赈济为名，招摇撞骗，吞吃赈款，捐官买禄，走上为官作宦之途。如浙江道台申义甫就是这样一个官吏。他的曾祖父原来是一个只有十来吊钱收入的小商贩，但是经过曾祖父三代人办赈济，到申义甫父亲这一代，已是拥有“好几十万”家财的财主了。申义甫由于有了雄厚的资本，只不过五六年便连捐带保，由知县升为道台，连他的助手阎二先生也买了同知当了署理知府。后来阎二的师爷何顺，发家更为迅速，他乘山西饥荒之机贪污赈款，贩卖人口，成了暴发户，由一个未入流的知府师爷一直保到道台，还加上了二品顶戴。这些都如当时的民谣所唱：“大官也是官，小官也是官，不论大和小，都是为了钱。”茂苑惜秋生（欧阳巨源）在《官场现形记》的序文中一针见血地指出：“羊狠狼贪之技，他人所不忍出者，而官出之；蝇营狗苟之行，他人所不屑为者，而官为之……种种荒谬，种种乖戾，虽罄纸墨，不能书也。”又说，这些官见了钱，如同狗见了骨头一般，“投骨于地，犬必争之者，是也”。至于官吏的昏庸腐朽、草菅人命，在小说中就更比比皆是了。

小说揭露官场黑暗腐败的深刻性，还表现在对待帝国主义侵略的问题上。它表现了作者反对侵略的爱国热情。

不以丧权辱国为耻，而以奴颜媚外为荣，这是小说中表现官僚卖国行径较多的方面。在小说中，大大小小的官员，上至总理衙门的王爷大臣，下至州县的官员，个个都抱着“衅不我开”的态度，对帝国主义的侵凌一味采取柔媚、迎合、敷衍和搪塞的态度，甚至甘当帝国主义的顺民奴才。六合县令梅飏仁一语道破了官员们的卖国心态，说：“将来外国人果然得到了我们的地方……难道官就不要么？没有官，谁帮他们治百姓呢？所以兄弟也决计不愁这个。他们要瓜分，就让他们瓜分，与兄弟毫无相干。”（第54回）这完全是一副汉奸亡国奴的嘴脸。其实，作者在小说里写的是一个县官的胡话，其批判的锋芒是有所指的，以西太后为首的顽固派，在反对变法维新时就说过：“吾有产业，吾宁赠之于朋友，而必不使奴隶分其润。”还说：“虽分割之后，亦当有小朝廷，吾不失为小朝廷之大臣。”（转引自王介平：《论改良主义者梁启超——梁启超政治思想的批判》）这与六合县令的话何其相似乃尔！作者在这里只不过是借一个县令的口来批判清政府的卖国行径。小说中关于官僚们媚外的描写，也无不渗透着作者反对侵略的爱国思想感情。通过小说的形象描绘，我们看到了帝国主义怎样通过中国大大小小的官员，在中国土地上实行造铁路、开矿山、办工厂和侵犯人权等罪行，也暴露了清政府各级官员与侵略者狼狈为奸的行径。例如第57至第58回写外国人在湖南打死中国儿童的事，作者在叙写这桩激起公愤而外国大使馆又公然出面干预的凶杀案件时，突出地写了总理衙门丧权辱国的行径。堂堂的掌管外交事务的总理衙门，不但不敢维护主权，追查惩办外国凶手，反而听从外国大使的无理要求，撤换了湖南巡抚，换上了经一个外国大使点头同意的山东巡抚赖养仁，完全丧失了一个主权国家的尊严，而赖养仁能得到外国人的器重，是因为他在山东任上出卖国家主权，让外国人造铁路，“还肯把淮县城外一块地方”拱手让给外国人做操场，是个地道的卖国官僚。文制台见洋人（第53回）也惟妙惟肖地暴露了这伙卖国官僚对洋人的奴颜媚骨。文制台对下属骄横十足，而对洋人却低声下气。他定下一条“官规”，自己在进膳时，不论何人造访，一概谢客，但一听是洋人造访，威风顿失，吃饭谢客的官规也忘得一干二净，粗言训斥听差：“混蛋王八蛋……洋大人来了，为什么不早回，叫他在外头等了半天？”“别的客人不准回，洋人来，是有外国公事的，怎么好叫他在外头老等？糊涂！混账！还不快请来！”这时文制台饭也不吃了，赶忙穿上官服，卑躬屈膝地站在滴水檐下恭迎洋人。这位洋人是某国驻南京的领事，因文制台在领事馆附近杀了一名罪犯，找文制台抗议来的，把文制台“骇得一身大汗”，于是把被杀的人说成是“义和拳一党”，是要“扶清灭洋”的，以此讨好洋人。外国兵在中国土地上抓了所谓“强盗”，怎么处置，这位制台也得先问一声洋人；他宁可让洋人在中国的土地上开玻璃公司，进行经济掠夺，却仇恨有气节的中国人反对洋人开公司的正义行为，说：“中国人死了一百个，也不要紧，如今打死了外国人，这个处分谁担得起?”在小说中文制台式的官员不止一个。海州州判到外国军舰上，总兵萧长贵竟以下官见上司的礼仪见洋人，“跪在地上，双手高捧履历，口拉长腔，报着自己官衔名字，一字儿不遗，在那里跪接大人”（第55回）；六合县令梅飏仁审案，一听见“在教”二字即吓得六神无主，马上判“在教”胜诉，后来才弄清楚别人信的不是洋教，而是清真教（第54回）。还有别号琉璃蛋的徐大军机，糊里糊涂地签上名字，把安徽一省矿产卖给洋人（第52回）。

总之，在文制台、海州州判、萧长贵、梅飏仁、徐大军机这些败类面前，什么民族尊严、国家主权，都被他们弃之如破履，以甘于臣侍洋人邀幸为荣，正是由于清政府奉行媚外投降的政策，帝国主义侵略者才能在中国人民面前作威作福，他们的军舰可以在中国领海自由游弋，他们可以在中国土地上“测量地形”、“操练兵丁”，作者通过内阁中书冯彝尊的口，愤慨地说：“谁不晓得中国的天下，都是被这班做官的一块一块送掉的。”（第55回）

《官场现形记》敢于揭露清政府的腐败黑暗，敢于揭露官僚们出卖民族利益、仰仗洋人鼻息行事的奴性，从而触及了当时社会的主要矛盾，在一定程度上反映了人民反封建和反帝的要求，也表现了作者对清政府腐败黑暗的憎恶和反对侵略的爱国感情，这是作品的主流，应予充分肯定。诚然，李伯元毕竟是一个向往维新变革的作家，他既是资本主义的向往者，在思想上又残留着浓厚的封建主义思想意识。因此在《官场现形记》中，作者虽然大胆地揭露清朝官场的腐败黑暗，把它比之牲畜世界，但他并不触及整个封建制度，而且还天真地幻想，大大小小的官僚们读了他这部“专门指摘他们做官的坏处”的书，也就会幡然悔改，“知过必改”，而且还主张像办学校一样，“摹仿学堂里先生教学生的法子，编几本教科书教导他们，并且仿照世界各国普通的教法，从初等小学堂，一层一层的上去……等到到了高等卒业之后，然后再放他们去做官，自然都是好官”，作者期待这样做20年，天下就将太平无事了（第60回）。阶级的偏见使他留恋封建制度，维新思想又使他不敢跨过否定清政府的门槛，这就使他的小说只有令人窒息的时代悲愤，却看不到时代的曙光，看不到广大人民反帝反封建的斗争热潮。而且作品凡涉及人民的革命斗争，如太平天国、义和团等，必然用污蔑性的词语。小说写于1903～1905年间，当时正是资产阶级民族民主革命运动开始高涨的时候，小说留恋封建社会，不敢否定清朝政权，而且对清政权的改弦易辙有所期待、幻想，它的消极影响也不能低估。同时，作者在小说中反对帝国主义侵略，但又往往对帝国主义侵略缺乏本质的认识，有些地方，还以帝国主义分子的文明来衬托清朝官员的腐败，也影响了小说反帝爱国思想主题的深化。

《官场现形记》是近代新体小说中艺术性较高的代表作之一，在结构上，基本上仿效《儒林外史》的块状结构形式，以官场的腐败黑暗为主线，把20多个没有必然联系的相对独立的故事和近百人的活动连缀起来；在故事的安排上，注意交错杂陈，时而地方，时而京城，时而京官，时而地方官员，时而封疆大吏，时而典史佐杂，时而官场的纠葛，时而道德的裁判，这样间杂编排，在一定程度上弥补了故事性质大抵相同、思想内容并无大异的枯燥乏味的不足，颇能引起读者阅读的兴味。

小说最具特色的，是讽刺艺术的运用。作品大多运用漫画式的讽刺手法，寥寥几笔，勾勒出人物的音容体态，在形与神的似与不似之中产生感人的艺术力量。例如，作者要表现傅理堂的虚伪，把他那道学先生的面孔和所谓不徇私舞弊的正直官吏的假面具撕下来，而写了在京城被他骗取过爱情，并为他生下孩子的妓女带着孩子到杭州找他的故事。傅理堂面对被他欺骗过的女人及自己的孩子，在公开场合，矢口否认，而私下里却指使下属用钱把她母子打发走。钱从哪里来呢？他的心腹建议敲诈贾筱芝补偿，傅理堂说出了一段看似冠冕堂皇实则极其贪婪丑恶的话："是啊，只要这钱不是我拿的，随你们去做就是了，但是也只好问人家要六千，多要一个，便是欺人，欺人自欺，那是断断不可。"（第22回）寥寥几笔，傅理堂这个伪君子的面目就暴露无遗了。再如对文制台见洋人的描写，也充分表现出作者漫画式笔法的娴熟，形似神肖。以讽刺的雕刀，借助故事情节的发展，通过具体的细节描写来表现人物的神情心态，也是《官场现形记》运用讽刺艺术的特色之一。刁迈彭就是以这种手法刻画的人物形象。作品从他巴结蒋中丞，到如何陷害朋友，最后欺侮朋友遗孀、骗取钱财，一步一步地将其丑恶灵魂暴露出来，写得有声有色。就人物形象的塑造来说，它一般写中下级官吏比较成功，如文制台、刁迈彭、傅理堂、申守尧等。作者在刻画人物时，态度是有所不同的，对刁迈彭这类官员以及大官僚，笔触毫不留情，尽情地揭露和鞭挞，而对如申守尧这类下级吏卒，作者却带着同情的心情来揭示他们穷困潦倒、寒酸迂腐的性格特征，也表现他们作为官僚制度的牺牲品的不幸和痛苦。

此外，在语言运用上，《官场现形记》是用近代白话文来写的，语言朴实、浅白，也注意人物语言的个性化，表现了近代白话文向语文合一发展的趋势和强大生命力。但是，《官场现形记》在艺术上的提炼是不够细致的，故事枝蔓较多，故事情节往往浮于生活的表层，缺乏深层的开掘，语言亦不够精雕细琢，特别是笔无藏锋，缺乏蕴藉含蓄的韵味。

二、《二十年目睹之怪现状》的思想和艺术特色

吴趼人是一位多产作家，从1903年创作《二十年目睹之怪现状》始到他去世时（1910）止，仅仅七八年时间创作的小说竟多达31种，计有19部长篇小说，12种短篇小说，是近代小说创作数量最多、影响最广的作家。吴趼人的小说，题材非常广泛，有揭露官场黑暗与腐朽的，有抨击清政府媚外卖国的，有暴露封建道德沦丧、

社会风气日益腐败的，有反对封建迷信的，有反映华侨生活和斗争的，还有借古鉴今，或正面描绘作者所憧憬、追求的理想的。而这些题材大都不同程度地触及了中国人民反帝爱国的斗争，在近代小说家中，能够在作品中广泛地描绘近代社会各个侧面的，吴趼人无疑是佼佼者。其比较著名的作品有《二十年目睹之怪现状》、《痛史》、《新石头记》、《九命奇冤》、《瞎骗奇闻》、《劫余灰》、《发财秘诀》、《最近社会龌龊史》、《恨海》等。

《二十年目睹之怪现状》是吴趼人的处女作，也是成名之作，最具代表性。全书共108回，前45回连载于1903～1905年的《新小说》上，1906年以后，分8册由上海广智书局陆续出版单行本，其中第95回至108回是作者去世后于1910年12月出版的。

《二十年目睹之怪现状》成书的时间是1905年前后，这是资产阶级维新派与革命派开始论争的阶段。在这段时间里，维新变法运动由于清政府顽固势力的镇压遭到失败，但维新派的政治力量仍然存在，维新变法在人们的思想上，特别在知识阶层中还有很大影响；而资产阶级民族民主革命运动正方兴未艾，但还没有形成左右政局的力量。民族民主革命运动将要取代维新变法运动，态势正在逐步明朗。《二十年目睹之怪现状》正是在这样一个政治斗争和思想斗争十分复杂与微妙的时期出现的作品，因此，小说的政治倾向尽管是属于维新变法范畴，但它所表现的维新思想还明显地带有维新运动前期反帝反封建的进步性。同时，这部小说写的是从1884年中法战争前后到1905年同盟会成立前这20年的社会现状。我们知道，中法战争前后，中国新兴资产阶级已作为一个阶级出现；中日甲午战争后，资产阶级发动了维新变法运动，登上了政治舞台；1905年中国同盟会成立，标志着中国资产阶级革命开始从维新派领导转由革命派领导。这部小说所写的20年，恰恰就是维新派作为一个进步的政治力量从发生、发展到走向衰落的历史进程。小说一开始就声称："不知此茫茫大地，何处可容身，一阵的心如死灰，便生了个谢绝人世的念头。"（第1回）小说也以九死一生、吴继芝经商破产，蔡侣生被革职查办结局，表现了浓厚的悲观、厌世思想。这样的描写，有较大的消极性，但从反映历史的角度看，它又客观地反映了维新运动走向终结的历史必然性，也说明在帝国主义和封建主义势力统治下的中国，不可能走变法维新道路的必然性。从这个意义上说，《二十年目睹之怪现状》是可以作为历史来读的，它的认识意义也主要表现于此。

九死一生是小说的主人公，小说亦可以他的活动分为前后两大部分。第1回到67回这一部分写九死一生奔丧扶柩，到入官经商。这一时期九死一生以上海为中心，活动范围主要在南方各省，所记全属于南方社会及省、道、府、县的各级官场的怪现状。在这一部分里，前20回写封建家族内部矛盾与封建道德崩溃最有功力，它比较成功地刻画了九死一生的伯父子仁的形象，他外表道貌岸然，在行动上却是一个十足的伪君子，虚伪奸诈，心狠手毒，他乘人之危，拐骗亡弟即九死一生的父亲的钱财，并一再欺侮孤侄寡嫂。书中对封建家族内部的尔虞我诈、钩心斗角也写得有声有色。以族长为首的人，勾结串通其他亲族，借修缮祖宗祠堂为名进行无理勒索，仅仅几十吊钱可以办好的事，却要九死一生的母亲拿出一百两银子，致使九死一生变卖田产，举家离乡，以逃避险恶势力的吞噬。李葭荣在《我佛山人传》中说："《怪现状》盖低徊身世之作……君厌世之思，大率萌蘖于是。"这是很有见地的。书中写的九死一生的伯父及封建家族的内部矛盾和封建德道沦丧，有作者的亲身经历的影子。吴趼人 17 岁丧父，父亲临终时托孤于叔父，不料他叔父竟骗去遗产，"挟金数千，求得为郡佐"（《趼廛诗删剩》）。正由于作者有亲身感受，所以写来感情极为充沛，爱憎之情溢于言表。第 68 回至 108 回为后一部分。这一部分写九死一生到了北方，往来于广州、上海、北京、天津、南京等地。这一部分除继续写省以下官场怪现状外，还接触了清朝中央政府及南京城的时风世尚。后半部对社会的剖析更细，触及的问题更为深广，对九死一生、吴继芝、蔡侣生三个正面形象的刻画也比前丰满细致。

《二十年目睹之怪现状》的主题是对半殖民地半封建社会的揭露和对统治者卖国媚外的痛恨，它的主要价值在于表现强烈的反帝爱国救亡思想。它形象地反映了从 19 世纪末至 20 世纪初中国沦为半殖民地半封建社会的面貌，为我们研究、认识晚清社会提供了丰富的感性材料。在民族民主革命风潮已经兴起的时代，宣扬变法维新思想的作品却赢得了广大读者，它的奥妙即在于它的现实主义的艺术魅力，大大超过作品的消极的因素。

这一作品的思想内容，有如下几个方面。

第一，反帝爱国思想。作者所处的时代，是一个方生未死的时代，国家风雨飘摇、民族灾难深重的时代。帝国主义的魔爪伸向了整个中国，腐朽的清王朝腐败到了极点，大好河山不仅任由帝国主义宰割，而且依靠帝国主义势力维持岌岌可危的动乱局面。《二十年目睹之怪现状》的难能可贵之处在于其将暴露、谴责的矛头首先指向帝国主义，指向投降卖国的清政府和各级官吏，以及半殖民地半封建的怪胎——洋奴走狗的洋场才子。

作者对帝国主义在中国野蛮侵略的狰狞面目和胡作非为的罪恶行径，是通过清政府大小官员对帝国主义的畏惧、乞怜和丧权辱国的卖国行径间接地给予揭露和鞭挞的。一个小小的巡捕，仗着洋人的势力，就可以将过去的上司守备投进监狱，以报私怨（第 10 回）。入了天主教或基督教的"教民"，由于有帝国主义的庇护，也就变成了"太上皇"，霸地坑人，无恶不作，而清朝官员对于"教民"犹如老鼠见猫一般害怕，在办案中一见是"教民"即不问情由，判"教民"胜诉，制造了很多人间惨剧（第 50 回）。对于洋人，官员更出现了一种恐洋症，全是奴颜媚骨。"驭远"号兵轮，在海面上远远发现一缕波烟，兵轮头目即疑为法国兵舰，立即掉头逃窜，后觉来船甚速，遂开放水门，将船沉下，弃船逃命（第 14 回）。中日战争中，清朝在朝鲜平壤驻军首领竟然乞怜日军让开一条路子逃跑，还无耻地说"久思归化，惜乏缘机"一类的胡话（第 16 回）。中法战争中的钦差大臣更是一副投降卖国的丑相，作品是这样描写的："听见一声炮响，吓得马上就逃走，一只脚穿着靴子，一只脚还没有穿袜子呢！""轿子后面，还挂着半只火腿"（第16回）。对政府官员媚外卖国的谴责，还指向了清朝上层统治集团。洋人要霸占江西牯牛岭，朝廷总理衙门的答复是："台湾地方，朝廷尚且拿他送给日本，何况区区一座牯牛岭，值得甚么？将就送了他罢，况且争回来，又不是你的财产，何苦呢？"（第85回）作者通过小说中人物的口无限感慨地说："外国人久有一句话说：中国将来一定不能自立，他们各国要来把中国瓜分了的。你想被他们瓜分了之后，莫说是饮酒赋诗，只怕连屁，他也不许你放一个呢！"

第二，暴露晚清社会的黑暗、官场腐败，是《二十年目睹之怪现状》另一主要内容。作品用大量的事实告诉读者，清政府的官员不是人做的，要做官"头一件先要学会了卑污苟贱，才可以求得差使，又要把良心搁在一边，放出那杀人不见血的手段，才弄得着钱"（第50回）。读过《二十年目睹之怪现状》后，谁也不会忘记书中的二品顶戴花翎、江苏候补道苟才，他就是这种卑污苟贱的典型。苟才原是一个穷得连官服也买不起的小官。为了向上爬，不顾人的起码尊严，两夫妇双双跪在新寡的儿媳妇面前，迫儿媳妇去做制台的侍妾，无耻地对儿媳妇说："这里的大帅，前个月没了个姨太太，心中十分不乐，常对人说，怎生再得一个佳人，方才快活。我想媳妇生就的沉鱼落雁之容，闭月羞花之貌，大帅见了，一定喜欢的，所以我前两天托人对大帅说定，将媳妇送去给他做了姨太太，大帅已经答应下来。务乞媳妇屈节顺从，这便是救了我一家性命了。"（第88回）他这条巴结上司的门路一打开，从此官运亨通，扶摇直上，做了藩台，做了银元总办，使尽种种卑劣手段，搜刮了大量钱财，讨了六房姬妾，最后衣锦荣归上海度晚年。从苟才卑污苟贱的行径，我们看到了金钱是怎样"撕下了罩在家庭关系上的温情脉脉的面纱，把这种关系变成了纯粹的金钱的关系"（《共产党宣言》）的。小说以大量形象感人的故事，暴露出金钱与巴结是晚清官场为官作宦的秘诀，只要心狠、手毒、无耻、敢贪，就可以官运亨通，财源猛进，正如第99回卜士仁说的："至于官，是拿钱捐来的，钱多，官就大点，钱少，官就小点；你要做大官、小官，只要问你的钱有多少。"又说：做官的"第一个秘诀是要巴结，只要人家巴结不到，你巴结得到；人家做不出的，你做得出……上司叫你老婆进去当差，你送了进去，那是有缺的，马上可以过班，候补的，马上可以得缺……你千万记住'不怕难为情'五个字的秘诀。"江苏总督将全省的县名开成手折，写明县官价格多则二三万，少则七八千，到处兜揽，公开卖官，美其名曰"点戏"。地方官员卖官，朝廷也公开卖官，闽浙总督送给朝中太监九万两银子，便调任两广总督。一个被参的布政使，用了一百零八颗朝珠行贿，反而晋升巡抚。小说愤慨地说："拿官当货物，这个货只有皇帝有，也只有皇帝卖，我们这个，只好算是'饭店里买葱。"（第50回）小说把官场的黑暗与清朝最高统治者联系起来，这就大大地深化了作品反封建的思想意义。

官员昏庸无能、草菅人命的罪恶行为在小说中更是触目皆是。上海总巡的女儿因上茶馆吃茶浪漫成性，与一轿班私奔，这位小姐是从家中晒台上搭跳板走过城头离家出走的，总巡就勒令沿城脚的居民凡有晒台的都要拆去。（第 9 回）新上任的苏州巡抚惠福，上任路过镇江，见沿途堆满了濬河的泥土，灵机一动，竟勒令把泥土用麻袋包装运往南京填马路，劳民伤财。（第 93 回）广州官员听说有强盗要挖万寿宫地道杀害官员，就胡乱杀了 20 多人，还自诩为“弭巨患于无形”。（第 58 回）第 27 回，还描写了一个做贼的臬台，这位臬台本来就是贼，因相信算命先生的话，用钱捐了一个大八成知县，后来做了安徽臬台。他已为两个儿子捐了道员知府，为了给第三个儿子捐官，于是又施惯技，到藩库里去偷，一连偷了三次，第三次被捕役打伤了头部，险些儿被捕，但尊容已被捕役认出来了，终于事发。这些描写，不仅揭露了官是用钱买的，同时也语义双关地揭露了官也是贼的官场黑幕。

对军队的腐败，小说中也有所揭露。作品中所描写的军队，包括清政府大肆吹嘘的北洋水师在内，徇私舞弊、侵吞公款、吃缺额都是司空见惯之事，更有甚者，在编军官士兵，很多还是“双枪”将，每人除了有一支手枪或步枪外，还有一支吸鸦片的烟枪。如京都神机营都是“天潢贵胄”，当兵的还带着家人侍候，每次操练，五百人一营，都变成了一千人，五百支枪，都变成了一千支枪。更为荒唐的是，堂堂水师总督府竟把水蛇当做“金龙大天王”供奉，连李鸿章也拈香膜拜。像这样腐败的军队，在帝国主义武装侵略面前不战自溃，也就理所当然了。

对于洋务运动的官员，借办洋务为名扼杀人才、中饱私囊、偷盗贪污种种卑劣行径，作品也作了揭露。上海制造局是当时洋务运动的重要基地，作品多方面写了上海制造局的黑幕。那里从上到下盗窃成风，“总而言之，是个铜铁东西，是局里人用的，没有一件不是私货”，“私货之外，还有一个偷，只要用得着的，无一不偷”（第 29 回）。作品还写了赵小云学成无用的故事，抨击了洋务官员大肆吹嘘兴办实业、培养人才的鬼话。赵小云是一个学绘图的学生，已经当了十年学生了，“照他的本事，大约百把银子一个月，也没请处”，然而他在制造局里却还是一个领四吊钱“膏火”的学生，学无所用，原因是他曾坐过马车之故。作者借此生发开去，联系洋务运动，发表了一番愤慨的议论：“本来为的是要人才，才教学生，教会了，就应该用他；用他了，就应该给他钱；给了钱，他花他的，何必管他坐牛车马车呢？就如从前派到美国去的学生，回来了也不用，此刻有多少在外头当洋行买办，当律师翻译的；我花了钱，教出了人，却叫外国人去用，这才是楚才晋用呢！”还说：“这个岂只一个赵小云，曾文正和李合肥，从前派去美国的学生，回来之后，去做洋行买办，当律师翻译的，不知多少呢！”（第 30 回）造成人才浪费的现象，作者认为问题出在总办老爷身上，这些人身居高位，不学无术，对机器制造一窍不通，有的还只挂个名，天天在家学佛做功课。吴趼人是一个深受西欧资产阶级思想影响的知识分子，他对兴办实业能够救国是笃信无疑的，因此，他对洋务运动的批判，就只停留在官员腐败的表面现象上。所以，他为办工业开出补弊方剂，认为只要有一个懂得“制造法子”的人做总办就行了，中国就有富强的希望了，这在一定程度上削弱了作品的思想性。

第三，揭露社会道德风尚的败坏和堕落，是《二十年目睹之怪现状》的另一重要内容。封建社会是靠宗法制度和道德伦常观念来维持其精神统治的，作品用形象的语言，给我们描绘了一幅封建末世精神统治彻底崩溃的图景。作品披露了种种道德败坏、风尚堕落的“怪现状”：有的家庭内讧，骨肉相残（第35回）；有的族长凌弱欺寡，做伯父的欺孤骗寡，做孙儿的毒打祖父（第73、74回）；有的儿子伙同盗贼抢劫父亲钱财（第29回），或杀害父亲，霸占庶母为妻（第96、101、104、105回）；有的兄占弟妇，为了谋取差事，还将弟妇供同好玩弄（第98、99回）；素负贤名的两广总督少奶奶与和尚通奸（第95回），淫妇建牌坊，色鬼成孝子（第86回）等等。总之，作品中所反映的当时社会形形色色的欺骗、陷害、敲诈、奸淫、凌弱暴寡、巧取豪夺等道德堕落的行为，从上层统治阶级到一般老百姓，旁及医卜星相、三教九流，其反映面之广远远超过了同时代的作家。此外，作品对洋场才子、斗方名士的描绘也是很有特色的，而他们千奇百怪的丑态，又从另一个方面揭露了封建社会精神支柱的崩溃。这些人是中国半殖民地半封建社会的特有产物，在他们身上，可以说是集当时社会奴颜婢膝、尔虞我诈、嫖骗拐偷等社会风尚之大成。这些人混迹洋场，附庸风雅，招摇撞骗，不会作诗的，出钱请人作诗，一角洋钱一首绝诗，两角洋钱一首律诗，然后用自己的名字在报上发表；不会绘画的，请别人代画，自己题诗，有的连题诗也由别人代笔，这些美称为“诗家的画”、“画家的诗”，笑话百出，画了梅花的，抄上咏桃花诗，画上美人的，题上了咏钟馗诗（第9回）。这些自诩“杜甫不死，李白再生”的诗人，却连李、杜的字号也闹不清楚，杜少陵成了杜甫的老子，玉溪生成了杜牧的别号（第35回）。广东一姓林的翰林，一副狂士丑态，仗着闽浙总督是他的晚辈亲戚，跑到福州招摇撞骗，事发后狼狈逃离福州，却又上折参奏李鸿章，被交部议处，降五级调用，翰林是七品官衔，降了五级，就在平民之下，落到娼妓这一等了，他还自以为荣，把“降五级调用”做了衔牌竖在门口（第24回）。总之，离奇怪诞，不一而足。对这类失落者的形象的描述，反映了半殖民地半封建社会文人的畸形心态。但必须指出，作者对封建道德风尚腐败堕落的抨击，是以封建社会的宗法观念和儒家“三纲五常”作为标准的，带着“恢复旧道德”的目的。因此，这些针砭，能启发人们看清封建社会的痈疽，有一定的认识价值和社会意义，但无补于挽救社会思想危机，所以，作者在现实面前，纵使“救世之情切”，而最终不得不“厌世之念生”，处处流露出既嫉恶又悲伤和无可奈何的心态。

作品还触及当时一些新潮思想，主张女子不应是男人的玩物，应该有自己独立的社会地位和人格；同情妓女的痛苦生活，“铜琶铁板声声恨，剩馥残膏字字哀。知否有人楼下过，一腔心事暗成灰”（第49回），展现了妓女供人玩弄的鬼窟生活，喊出了妓女的痛苦心声。作品还从各个侧面写了鸦片的毒害，极力主张严禁鸦片。反对迷信的思想在作品中也有形象的反映。

但是，《二十年目睹之怪现状》是在民族民主革命思潮日渐高涨时期出现的宣扬变法维新思想的作品，它的思想倾向同时代的前进潮流很不合拍，甚至相悖，因此，对社会的批判谴责虽然接触了当时社会的主要矛盾，但总是带着对旧制度、旧思想的眷恋之情；在表现进步的思想时，虽然具有明显的民主主义思想倾向，但消极颓唐的思想也夹杂其中，他要妇女冲破“内言不出于阃，外言不入于阃”的禁区，斥责“女子无才便是德”的谬论，要妇女奋起自强，但唯一的武器却是《女四书》。他反对鸦片，但禁烟的办法却是不准烟民考试出仕，不准烟民经商。特别是在“九死一生”这一人物身上，这种时代和阶级的局限就更为明显。“九死一生”是作者心目中的正面人物，其实这是一个封建社会战败者、落荒者的形象，他对社会现状强烈不满，不肯随波逐流，同流合污，但又无可奈何，意志消沉，最后只好落荒而逃，谢绝人世，“走到深山穷谷之中，绝无人烟之地，与木石居，与鹿豕游去了”，表现了作者消极的人生态度。

《二十年目睹之怪现状》在艺术上有其特色。从结构上看，它与《官场现形记》一样，受《儒林外史》的块状结构形式的影响，由众多的相对独立的故事连缀而成，但又在李伯元的《官场现形记》结构的基础上有了新的变化。作品以第一人称手法，把 20 年“亲见亲闻”之事串联在一起，以吴继之经商由盛到衰作为主要线索，以“九死一生”、吴继之、文述农、苟才等人物时断时续的活动贯串始终，这就使全书起伏照应、前后贯通。其缺点是取材过滥，情节缺少提炼。在人物塑造上，作者善于用漫画式的手法，以神取形，浓淡相间，寥寥几笔，把一个人物的精神面貌描画出来，如对苟才形象的刻画就比较成功，性格鲜明，特别是对他向新寡的儿媳妇下跪的描写，几百字就把这个不知人间羞耻的衣冠禽兽的卑污苟贱行为写得形神毕现。又如第 16 回描写一闻炮声即慌张逃窜的钦差大臣，只用了 70 多个字就把一个贪生怕死的灵魂勾勒出来；又如第 6 回写吃芝麻烧饼的旗人穷愁潦倒而又放不下架子终于当场出丑的窘态，也写得惟妙惟肖。但总的来说，人物形象大多缺少集中概括的典型化创造，往往浮光掠影，人物性格淹没在故事情节之中，缺乏艺术魅力。

继《二十年目睹之怪现状》之后，吴趼人小说创作进入旺盛期，小说一部接一部问世，包括当时流行的社会小说、言情小说、历史小说、滑稽小说等类别，这些小说在艺术上有了一些新特点，大多能克服《二十年目睹之怪现状》那样细大不捐地堆砌材料的缺点，故事单一，小说有中心事件，有与中心事件紧密关联的人物形象，情节围绕着中心事件展开，集中紧凑，如《瞎骗奇闻》写赵泽长一家相信了算命先生的胡言乱语，家败人亡、满门星散的惨剧；《劫余灰》写朱婉贞被拐卖做妓女的悲苦遭遇；《发财秘诀》写买办区丙的发家史，中心事件突出，故事情节都围绕着中心事件展开，前后连贯、呼应。其中又以《九命奇冤》最为突出。这部小说自始至终写梁天来、凌贵兴两家因“风水”争端而酿成九命冤案，官场贪污、徇私舞弊、人情险诈、风水迷信、杀人逞凶等情节都围绕着这个大命案展开。小说还突破了中国古代小说的结构模式，采用了外国侦探小说的倒叙手法，曲折动人，注意人物形象的典型概括，让人物形象通过自己的言行去披露心中的奥秘，语言通俗明快。《九命奇冤》的问世标志着吴趼人小说创作艺术愈趋成熟，也体现了中国小说从古代小说到“五四”以后新小说这个历史性转变的过渡性的特点。此外，吴趼人的短篇小说也代表了当时短篇小说的最高成就。作者以忧时愤世之心、诙诡之词，针砭社会现实，思想倾向非常鲜明，《大改革》、《立宪万岁》揭露了清政府在戊戌政变后以“预备立宪”欺骗国人、抵制革命的阴谋。《无理取闹之西游记》，斥责清廷出卖祖国河山的行径，鞭辟入里，令人深思。《黑籍冤魂》揭露鸦片对国家民族的严重危害，也给人较深的印象。这些作品，篇幅不长，在几百字或一两千字的有限篇幅里，选择和集中现实生活中的某些细节，通过夸张、对比或自白等手法，将鬼蜮世界中的丑类的嘴脸展现出来，或使读者发笑，或使读者憎恶，或使读者啼笑皆非，或使读者无比愤恨。如《立宪万岁》的结尾描写一群畜生围观“天曹官报”的情景，使读者忍俊不禁，但在笑声中，读者却可体会到作者对“预备立宪”骗局的谴责和愤慨之情。

吴趼人的小说，与李伯元的小说一样，无论是思想内容、艺术形式还是表现手法，都在近代小说中产生过较大的影响，它影响了一个时代小说创作的思想倾向和艺术倾向。他们的小说的成功与不足，都体现出中国古代小说向新小说转变过程中的过渡性的特点，从这个意义上说，李伯元和吴趼人，是近代小说创作开一代风气的人物。

三、《老残游记》的思想倾向和艺术特色

《老残游记》的作者刘鹗，是一位实业家，一生留心经世之务，也是一位对考古文字、水利、数学、医学、音乐颇有研究的学者，但其文学家之名却远远超过实业家、学问家之名，著作多达 20 余种。《老残游记》是他晚年所写的一部自传体的未竟之作，成为传世名作，为中外文坛瞩目，新中国成立前后国内出版的《老残游记》版本多达 46 种，日、英、美、苏等国也都有它的译本出版。

《老残游记》共 20 回，另有《老残游记》续集遗稿（9 回）和《老残游记》外编卷一（残稿），创作于 1903～1907 年之间。这期间正是中国政局动荡、新旧思潮相互撞击的时期，时代的风暴要求社会各个阶级、阶层以及每一个关心国家民族的人都必须作出自己的抉择。刘鹗创作《老残游记》初意是以稿费赠诸友人，也不能不打上明显的时代的印记。

表现对社会、国家危亡的担忧和关注，这是刘鹗创作《老残游记》的本旨，他在小说第 1 回自评中就明确地说：“举世皆病，又举世皆睡，真正无下手处，摇串铃先醒其睡。无论何等病症，非先醒无治法。具菩萨婆心，得异人口诀，铃而曰串，则盼望同志相助，心情苦切。”作者在自序中也不掩饰他写《老残游记》的创作意向，他要把《老残游记》写成一部具有爱国思想的警世之作，比之屈原写《离骚》、司马迁写《史记》、杜甫写《草堂诗集》、王实甫写《西厢》、曹雪芹写《红楼梦》……他要用纸代喉舌，诉说千种想思、万种辛酸泪。他希望“海内千芳，人间万艳”

能从中解其作意，与他一起为国之将亡的危难同哭同悲。

《老残游记》对社会、国家的强烈的忧患意识，贯串全书。小说开篇就以“危船一梦”的象征手法表明强烈的救亡意识，作者把中国比做一只在惊涛骇浪中行驶的破船，船上的人“都有民不聊生的气象”，作者把船上的人分为四种：第一种人是管帆、掌舵的，喻为清政府最高统治集团和上层官员，认为这些人“认真的在那里管”的，他们“并未曾错”，他们管不好这只船，一是“他们是走‘太平洋’的，只会过太平日子”，还未适应在大风浪里行走，是“他们未曾预备方针”、缺乏明确的行走的“罗盘”。第二种人是船上的水手，喻为下层官吏，这是作品中所批判的玉贤、刚弼这一类的人，他们在船上搜刮乘客的钱财，“他们不知想法敷衍着早点泊岸，反而在那里蹂躏好人”。第三种人是演说者，喻为当时宣传民族民主革命的革命派，诬蔑他们是“只管自己敛钱，叫别人流血”的“英雄”，是颠覆这只船的“罪魁”。第四种人是乘客，喻为老百姓，作者一方面同情他们的悲惨遭遇，另一方面又对他们当中赞成革命的表示不满，说他们“不懂事”，对于反对革命的就赞扬为“老成持重”。为了挽救这只即将颠覆的船，作者冒着风险，把可指示方向的外国“罗盘”送给驾船的人，要将“这有风浪与无风浪时驾驶不同之处告之船主”，这也就是作者在书中所宣扬的“补残”办法，无奈水手、“英雄”指责他是汉奸，船主、舵手也“犹疑不定”，只好“垂泪”逃归，险些儿丧了性命。在这一回中，作者“剖心自明于人”（胡适：《〈老残游记〉序》），对时势的忧虑溢于言表，对救亡图强的方法也和盘托出。然而，刘鹗在《老残游记》中所开出的治国药方显然已是背时之物，他仍然抱着已宣告破产的洋务派的主张，企图用提倡科学、实业救国的“罗盘”来改变中国岌岌可危的现状，从而招致一片“卖船的汉奸”的指斥谩骂之声，这是理所当然的，作者思想上落后于时代的悲剧也在于此。但是，“危船一梦”的结局又是寓意深远的，老残与两个至交德慧生与文章伯（象征智慧、道德和文章），冒着风高浪险驾着小船去救大船，终于被打得粉碎，最后以南柯一梦来结束。这里既表露了作者对洋务救国的殷殷之恋和惆怅的失落感，也表露了对康梁维新变法、孙中山民主建国的痛恨之情。而其更深的客观意义，是作者以忠于现实的笔触，写出了象征洋务救国理想顷刻之间被历史的浪涛打得粉碎的社会现实。这一回的描写，虽然带有时代和阶级的局限，表现出逆时代潮流、反对革命的消极思想，但作品反对侵略、救亡图强的思想却得到了淋漓尽致的表露，使我们看到了一个具有拳拳爱国心，又带着沉重的时代和阶级枷锁的爱国作家的复杂心态。

对国家的关心，还体现在第 8 至 12 回申子平登山遇黄龙子的描写中。这几回文字，带着浓重的太谷学派的神秘色彩，而拨开神秘的宗教面纱，作品对国事的忧虑也是非常清楚的。不过它的寓意比较复杂，既有对人民革命的恐惧、对清朝政权没落的悲伤，也有对文明新时代的企求。小说中黄龙子曾说：“将来北拳的那一拳。也几乎送了国家的性命，煞是可怕！然究竟只是一拳，容易过的。若说那革呢，革是个皮，即如马革牛革，是从头到脚无处不包着的。莫说是皮肤小病，要知道浑身溃烂起来，也会致命的。只是发作的慢，若留心医治，也不致于有害大事。惟此‘革’字上应卦象，不可小觑了他。诸位切忌：若搅入他的党里去，将来也是跟着溃烂，送了性命的!”这里以推算兴亡来反对人民革命、反对民族民主革命。但小说以《西游记》乌鸡国王的故事来分析当时动荡的政局，却又体现了作者现实地对待时势、要求变法图强的思想。黄龙子说：“《西游记》是部传道的书，满纸寓言。他说那乌鸡国王现坐着的是假王，真王却在八角琉璃井内。现在的天理国法人情就是坐在乌鸡国金銮殿上的假王，所以要借着南革的力量，把这假王打死，然后慢慢地从八角琉璃井内把真王请出来。等到真天理国法人情出来，天下就太平了。”作者要借着革命派的力量，把坐在金銮殿上的假王打死，从八角琉璃井内把真王请出来。何谓真王假王？曾有人认为：“假王象征着慈禧太后，真王即是被幽于瀛台的光绪皇帝。”(林瑞明：《晚清谴责小说的历史意义》）刘鹗忠于清室的思想是根深蒂固的，但社会现实、革命风潮又促使作家面对现实，意识到清朝已走向末路了，必须在不触动皇权的前提下找出治国良方。黄龙子对时势的推断论述，可以看做是作者这种矛盾又执著地要求更新政治的思想的自白。正如黄龙子所说的另一段话：“北拳之乱……其兴也勃然，其灭也忽然，北方之强也。其信从者，上自宫闱，下至将相而止，主义为压汉。南革之乱……然其兴也渐进，其灭也潜消，南方之强也。其信从者，下自士大夫，上亦至将相而止，主义为逐满。此二乱党，皆所以酿劫运，亦皆所以开文明也。北拳之乱所以渐渐逼出甲辰之变法。南革之乱所以逼出甲寅之变法。甲寅之后文明大著，中外之猜嫌，满汉之疑忌，尽皆销灭。”作者在这里宣传“酿劫运，开文明”，即乱中求治的思想。因此，联系小说对有关政局和时政的描写来看，书中说的“假王”，不仅包括篡政的慈禧在内，还包括使几十万生灵葬身黄水、无数冤魂死于清官酷吏之手的各级官员和官场政制，而“真王”也不一定就是当时仍在幽禁之中的光绪皇帝，因为光绪皇帝还不具备作者所要求的条件，作者心目中的真王，应是能主宰他所追求的文明的新时代，能“由欧洲新文明进而复我三皇五帝旧文明，骎骎进于大同之世”的新时代的洋务皇帝，体现了作者更新政治的思想。当然，小说在这里宣扬的思想，脱离了时代的潮流，脱离了历史的轨迹，去企求欧洲文明加封建旧文明的大同之世，所以，它只是建筑在作者心中的“八角琉璃井内”的乌托邦思想，它比康有为的君主立宪思想还要落后于时代。

揭露和抨击官场的腐败、黑暗，是《老残游记》强烈的忧患意识的另一重要表现。关于官场，稍前于《老残游记》写得比较成功的，已有李伯元的《官场现形记》和吴趼人的《二十年目睹之怪现状》，《老残游记》则从当时描写官场尚未涉及的黄河治理和清官虐民两个方面入手，分别见于第1、2、3、13、14等回中，而其立足点在于抨击官场。治理黄河，这是刘鹗一生孜孜以求的大事业之一，罗振玉的《刘铁云传》对刘鹗治河有翔实的记载：

光绪戊子，河决郑州。君慨然欲有以自试，以同知往投放于吴恒轩中丞。中丞与语，奇之，颇用其说。君则短衣匹马，与徒役杂作，凡同僚所畏惮不能为之事，悉任之，声誉乃大起。河决既塞，中丞欲表其功绩，则让其兄渭清观察（梦熊）而请归读书。中丞益异之。时方测绘三省黄河图，命君充提调官。河图成，时河患移山东。吾乡张勤果公（曜）方抚岱方，吴公为扬誉，勤果乃檄君往东河。勤果故好客，幕中多文士，实无一能知河事者。群议方主贾让不与河争地之说，欲尽购滨河民地，以利河身。上海善士施少卿（善昌）和之，将移海内赈灾之款助官力购民地。君至则力争其不可，而主束水刷沙之说。草《治河七说》上之。幕中文士力谋所以阻之，苦无以难其说。

小说关于治河的主张几可看同实录，而小说的价值却在于以形象的语言写出了以张曜为首的官僚的愚昧昏庸，他们采用了不与河争地的主张，"废了民埝，退守大堤"而造成惨绝人寰的黄祸。滔滔黄水冲决了河堤，吞噬了几十万人民的生命，更多的百姓流离失所，或死于沟壑，或像翠环、翠花一样沦为娼妓，过着非人的屈辱生活。小说对张曜这个人物的描写，不同于写玉贤、刚弼，用的是曲笔。正面写来，一再说他身居高位，却能礼贤下士，求贤若渴，对黄河水患"焦的了不得似的"；当他决定采用"南方有名的才子"史钧甫提出的废民埝、退守大堤的建议时，也想到了几十万人的身家性命将被黄河水无情地冲掉，"落了几点眼泪"，对被黄水困在房顶上的群众，他能派出船只去"抢救"，并送馒头充饥，等等。书中还说他"宫保政声，有口皆碑"。但是，一接触到治河所造成的骇人听闻的"政绩"，作者就以犀利的雕刀剖析张曜这类颟顸无能、昏庸迂腐的"清官"给社会带来的危害。作者还以自评、议论来相互参证。一是在13回自评中说："野史者，补正史之缺也。名可托诸子虚，事须证诸实在。"这无疑是说小说并不完全是虚构之笔，而是现实的写照。二是在14回自评中，又补述黄祸的惨状："废济阳以下民埝，是光绪己丑年事。其时作者正奉檄测量东省黄河，睹尸骸逐流而下，自朝至暮，不知凡几。山东村居屋平顶，水来民皆升屋而处。一日，作者船泊小街子，见屋顶上人约八九十口，购馒头五十斤散之。值夜大风雨，耳中时闻坍屋声。天微明，风息雨未止，急开船窗视之，仅十余人矣！不禁痛哭，作者告予云：生平有三大伤心事，山东废民埝，是其伤心之一也。"在第14回中，作者写老残对人瑞的议论，更是画龙点睛之笔："这事真正荒唐！……然创此议之人，却也不是坏心，并无一毫为己私见在内，只因但会读书，不谙世故，举手动足便错。孟子所以说：'尽信书，则不如无书。'岂但河工为然？天下大事，坏于奸臣者十之三四，坏于不通世故之君子者，倒有十分之六七也！"矛头指向了以张曜为代表"不通世故"的高层封疆大吏，指向了封建统治的官场。

《老残游记》对官场的谴责写得最成功的，是对"清官"玉贤、刚弼的描写。作者在似褒实贬中猛烈地抨击这类清官虐民的"德政"。老残冒着杀头的危险，明察暗访玉贤的政绩，一个说："是个清官！是个好官！衙门口有十二架站笼，天天不得空，难得有天把空得一两个的！"一个说："仗着此地一个人也没有，我可以放肆说两句：俺们这个玉大人真是了不得，赛过话阎王碰着了就是个死！"老残也不寒而栗。在玉贤统治下的地方，人民在暴政的折磨中竟然麻木了，"竟是一口同声说好"，只是

"脸上微露出惨淡的颜色"。玉贤在冤杀于朝栋父子时的自白，更深一层揭露了这个"清官"凶残的内心世界："你会慈悲于学礼，你就不会慈悲你主人吗？这无论冤枉不冤枉，若放下他，一定不甘心，将来连我的前程都保不住！"（第5回）老残慨然长叹："苛政猛于虎，真是不错。"书中的玉贤，是影射现实中的官僚毓贤的，据《清史稿·毓贤传》载："光绪十四年，署曹州，善治盗，不惮斩戮。以巡抚张曜奏荐，得实授，累迁按察使、权布政使。"所谓"不惮斩戮"，刘鹗用小说的形式将之具体化、典型化，而其用心，正如老残对申东造所说的：

你想，这个玉太尊不是个有才的吗？只为过于要做官，且急于做大官，所以伤天害理的做到这样。而且政声又如此其好，怕不数年之间就要方面兼圻的吗。官愈大，害愈甚：守一府则一府伤，抚一省则一省残，宰天下则天下死！（第6回）

作者意犹未尽，在第6回自评中又说："有才的急于做官，又急于要做大官，所以伤天害理。历朝国家俱受此等人物之害。"形象地表现了作者对"清官"虐民的深恶痛绝之情。刚弼是另一清官的典型，这是影射所谓"谙悉例案"的刑部郎中刚毅的。刚弼的性格特征又不同于玉贤：他刚愎自用，残民以逞。他到齐海县审理贾家被毒杀案件，既不研究案情，也不听取别人的意见，仅仅根据魏家管家在案发后托情送礼之事，即诬断毒杀的凶手必定是魏氏父女无疑，于是动用刑具，屈打成招，将其打入死牢，旧案没有弄个水落石出，又一手制造了一桩新的冤案。作者写刚弼的暴虐，用意仍在于嫉恶警世："赃官可恨，人人知之，清官尤可恨，人多不知。""历来小说皆揭赃官之恶，有揭清官之恶者，自《老残游记》始。"（第16回评语）关于对官场的谴责，在后来写的《老残游记》续集遗稿中，抨击也很激烈，把"官幕两途"统统看做是"牛鬼蛇神"，"州县老爷们比娼妓还要下贱"，对于老百姓则粗暴凶狠，把人治死了，"还要抽筋剥皮，锉骨扬灰"（第2回）。总之，在刘鹗笔下，整个清朝官场，上至篡政夺权的慈禧太后、封疆大吏，下至州县官佐，无论清官、贪官，都是残民以逞的丑类。而作者刻意写了张曜、玉贤、刚弼三位清官，形象地揭露了"清官"虽然不像贪官那样搜刮钱财，而在"枉法"、"害民"上却与贪官是一丘之貉，这就大大丰富了我国小说的艺术形象，也使揭露封建社会的腐败黑暗达到了一个新的高度。

刘鹗是太谷学派传人李龙川的再传弟子，他的思想受太谷学派影响很深。太谷学派是清道光年间形成的一个神秘而又有宗教色彩的学派，创始人是安徽石埭县人周星垣。这一学派"其学尊良知，尚实行，于陆、王为近；又旁通老佛诸说"（刘厚滋：《黄崖教案质疑补》，见《云在山房丛书·篦醉杂记》）。李龙川继承太谷学派传统，要求弟子们"富而后教"，以养民为本；要以救度全人类为指归（《张石琴与太谷学派》），刘鹗在小说中所表现的强烈的家国存亡的忧患意识，显然有太谷学派思想的影响，但太谷学派的宗教色彩在小说中也有明显的表露，特别是申子平登山遇黄龙子的描写，写得扑朔迷离，神秘莫测。第15回至20回写齐东村十三条人命死而复活的情节，也表现了作者的落后、违反科学的唯心主义思想。至于书中对义和团运动和孙中山领导的资产阶级民族民主革命的反对和诬蔑，把义和团比做“疫鼠”、“害马”，把革命派辱骂为“瘈犬”、“毒龙”，更表现了作者反对革命的封建思想意识，这是应予批判的。

关于《老残游记》的思想倾向和艺术成就，鲁迅先生曾给予颇高的评价：“其书即借铁英号老残者之游行，而历记其言论闻见，叙事状物，时有可观，作者信仰，并见于内，而攻击官吏之处亦多……”（《中国小说史略·清末之谴责小说》）

《老残游记》是一部未完成的长篇小说，在《〈老残游记〉外编卷一（残稿）》中有这样一段话：“在下与老残五十年形影相随，每逢那万里飞霜、千山落木的时节，对着这一灯如豆，四壁虫吟，老残便说，在下便写，不知不觉已成了《老残游记》六十卷书。”这虽然是小说的虚词，但也多少透露了《老残游记》的全篇构想。现在问世的20回本《老残游记》，写的全是老残在山东的游历。后来发现的续集遗稿9回，一开始就透露江南之行的消息。从第7回开始，写老残在家乡淮安的见闻，由于小说是游记的形式，因而在结构上它以老残的游历为线索，老残也就成了小说不可或缺的中心人物。既然写所见所闻，形式就比较自由，以散文的笔法叙事状物，叙述节奏时缓时紧，叙事疏密有间，张弛起伏，富于悬念，形成了《老残游记》独特的结构特色。其缺点是，在叙述中并不很顾及故事之间篇幅长短的比重，有的叙述节奏过于舒缓，往往游离于情节的要求，尽情描摹，给人以冗长之感。最典型的是作者以占全书四分之一的篇幅写齐东村十三条人命的案件（第15至20回），以五分之一的篇幅写申子平柏树峪遇屿姑、黄龙子的故事（第8四至第12回开头）。老残这个人物在书中地位作用也不同，有时是故事情节的中心人物，通过老残的活动展开情节（如对玉贤、刚弼的描写）；有时又是故事起接�派作用的跑龙套的人物（如叙述申子平之事），老残的线索时断时续。

小说在人物形象塑造方面，也很有特色，不仅形象地塑造了作者所熟悉的张曜、玉贤、刚弼这类“清官”形象，还塑造了一些颇具性格的社会下层的小人物，如说鼓书的女艺人王小玉（白妞）、妓女翠花及翠环、董家口客店掌柜老董、马村集的店伙、曹州府城里客店的店家、东昌府的书店掌柜，以及曹州府三班头儿陈仁美、“移赃的强盗”等等，对于这些人物作者着墨不多，却写出了他（她）们善良的品格，也写出了在世道险恶的社会里处世的技巧和虚伪的应付。在人物塑造技巧上，《老残游记》很善于将传统的多种手法融会贯通，综合运用：有侧面烘托，有正面叙事，有内心独白，有心理描写，有巧妙的比喻，有议论评点，有气氛渲染，有神态的细节描绘，五彩缤纷，多姿多彩，人物也在这些多层次、多侧面的描写中显露其性格特征。特别是在描写人物的心理状态方面，本书也有其独特之处，如第17回用近400字的篇幅，写翠环听说老残写信给庄宫保使魏谦父子得取保回家的心理活动，喜、愁、忧、怨，曲折摇曳，绘形绘声，细腻传神，这显然是受外国小说的影响，这对于提高我国小说的表现力作了可贵的探索。

《老残游记》对景物、场面的描写，具有独特的艺术魅力，早为学术界所推许。

胡适曾说："《老残游记》最擅长的是描写的技术，无论写人写景，作者都不肯用套语烂词，总想熔铸新词，作实地的描写，在这一点上，这部书可算是前无古人了。"（胡适：《〈老残游记〉序》）如写明湖居说书（第2回），表现了作者敏锐的观察力、高超的语词表达技巧，使难于捉摸的音乐形象，通过烘托、比喻和人物的形神体态的描绘，上升到一个新的艺术境界，化为有形的艺术形象，使读者随着白妞说书的高超技艺，展开想象的翅膀，具体地感受音乐所给人带来的妙境。作者也深以这些描写自豪，说："明湖景致似一幅赵千里画。作者倒写得出，吾恐赵千里还画不出。""王小玉说书，为声色绝调。百炼生著书，为文章绝调。"（《老残游记》第2回原评）叙景状物有出色描写的还有第8回申子平进桃花山，第10回玙姑与黄龙子、桑家姐妹等弹奏琴瑟、箜篌，第12回黄河打冰等，这些描写，虽然与小说的故事情节没有必然的联系，但《老残游记》是以"游记"的形式说故事的小说，那些看似游离于故事之外，文字优雅、颇具韵味、夹杂于情节的故事之中的描述是别有其艺术效应的，这也是作者有意的，他说："疏密相间，大小杂出，此定法也。历来文章家每序一大事，必来叙数小事，点缀其间，以竭目力，而纾文气。"（第15回后评语）

第四节 新体小说的勃兴（下）

近代新体小说中反映民族民主革命运动的不多，大约占新体小说总数的百分之五左右，约二三十种。这类小说，无论是社会小说、言情小说，还是讲史小说，都具有鲜明的反对封建专制统治、宣扬民主共和的思想倾向，有明确的革命目标——推翻清朝反动统治，建立民主共和政府，而且把资产阶级民主、自由、平等的思想与反帝救国的爱国思想结合起来，形成了这类小说强烈的革命性的基调。在艺术上，它比维新派小说又有新的发展，大多有完整的或比较完整的故事，有贯串全书的中心事件和中心人物，出现了具有资产阶级民族民主革命思想的革命者的形象，作品富于浪漫色彩，着意宣扬革命理想。但其在艺术上比较粗糙，故事情节简单粗略，人物形象不够丰满，概念化宣传多，大多缺乏感人的艺术力量。在革命派小说中，代表作品有曾朴的《孽海花》、黄小配的《洪秀全演义》和陈天华的《狮子吼》。苏曼殊的小说也有一定的影响。

一、《孽海花》的成书过程及变化

《孽海花》的作者曾朴，是近代一位具有民主革命思想倾向的小说家和翻译家，他一生著述甚丰，有诗、文、小说、戏剧、考证、评论、译著等38种，已出版的有15种（见《曾朴所叙全目》），《孽海花》是他的成名之作，是近代利用小说鼓吹民族民主革命的最早作品。

1903年，日俄战争爆发前夕，革命派作家金一（松岑）应《江苏》杂志之约，以"麒麟"笔名发表《孽海花》第1至2回。金一写此书的目的，是以"揭露帝俄侵略野心”为主题的，因此以出使俄、德、荷、奥的洪钧（文卿）为主角（即小说的金雯青），而以洪妾赛金花（小说的傅彩云）的故事为背景，因而两回所写都是真人真事，故自拟广告称之为“政治小说”。金一还写了第3回至第6回（未发表）。1904年9月，金一将已发表的2回及已写好的4回交给曾朴，并与曾朴商订了60回回目，由曾朴续写。曾朴于1904年11至12月间，写成了《孽海花》20回，以“东亚病夫”笔名于1905年由小说林社出版，后又续撰第21至25回，于1907年1月至6月刊于《小说林》第1、2、4期。金一写《孽海花》，并不准备全面地写晚清社会，只是出于革命者反对日俄战争的一种反应，所以金一计划写的《孽海花》从中俄交涉写起，至俄国复据东三省止。而曾朴续写的《孽海花》，是计划“以赛金花为经，以清末三十年朝野轶事为纬”，铺写晚清近30年的历史，因此也改称为“历史小说”。20回本写至中日战争爆发前夕。此本一出，影响很大，从1905年至1906年再版15次，行销不下5万册。

曾朴接手续写《孽海花》，曾手拟小说人物名字，内分六个年代：旧学时代、甲午时代、政变时代、庚子时代、革新时代、海外运动时代。用六个时代草拟的60回目，以歌颂民族民主革命运动为主，兼对堕落为保皇党的维新派有所批判，贯串了一条反对封建专制、鼓吹民主共和的主线，晚清近30年发生的大的历史事件都被包括了进去。第60回回目是“专制国终撄专制祸，自由神还放自由花”，很明显，小说是以推翻清朝政府、建立民主共和政府为终结的。但该计划并没有完成，1907年前只写了25回。

20年后，即1927年，曾朴着手修改已经发表的25回，并新撰第26至36回，到第35回发表时已是1930年4月了。第35回写到戊戌变法前夕。这次改动，不仅调整了章节，对内容也有所增删。其中心思想也变了，由反对君主立宪、鼓吹民族民主革命变成先立宪，后民主共和。小说的布局也变了，把初版本起纲领作用的第4、5回写兴中会的内容，移到了第29回，这一改动，就把革命派只作为一个派别，而不是以民族民主革命运动作为小说的纲来写了。由于中心思想、小说布局的改变，内容也相应有了较大的改动，最能体现小说反帝反封建的革命性的第2回和第4、5回文字都被作了删改，把第2回反对帝国主义蚕食中国、抨击科举制度和清朝封建政体的内容删去了，却增加了曹以表与含英社的一些情节，吹嘘曹以表的八股文在当时“独树一帜，风行全国，没个不知曹公坛的名字”，这样一删一增，就完全改变了小说的基调，从反对帝国主义侵略、批判科举、批判封建专制变成为科举张目、为封建专制张目；将第4回革命者陈千秋批驳“缓进主义”，主张用“霹雳手段”推翻清廷的激烈言论删去了，而在其他回目里，公开提出要走“先立宪后民主”的道路，公开鼓吹“要救国，只有先救皇上”，“辅佐他清君侧，振朝纲”，“造一个虚君位的立宪国家”（第34、35回），同时增加了一些低级趣味的情节。新中国成立后出版的《孽海花》（增订本），就是经作者修订后的版本。因而有的文学史，据此版本把《孽海花》与《官场现形记》、《二十年目睹之怪现状》看做是同一类型的宣传维新变法思想的作品。

二、《孽海花》（初版本）的布局及思想倾向

初版本《孽海花》从帝国主义俄国入侵东三省写到甲午战争爆发。小说对时局的估计很明确，认为帝国主义入侵只是造成民族危亡的外因，科举制度、封建专制才是造成社会黑暗腐败的内因。因此，作者根据这一认识构架小说的情节，突出两个方面：一是充分暴露以金雯青为代表的达官名士在国家内忧外患之际，角逐官场、混迹勾栏妓院的丑恶灵魂和腐朽生活；二是热情地歌颂民族民主革命，指出要拯救国家民族，只有依靠革命党人的艰苦奋斗，希望寄托在这些人身上，因而在第4、5回，写了孙中山领导的兴中会的发展壮大和革命党人的战斗历程，从与维新派、清政府官员的对比中显示出革命党人爱国的高贵品质。如果从作者构想的60回目看，反对帝国主义侵略、反对封建专制、鼓吹民族民主革命的思想倾向就更明显。在第25回以后，作品将要写的历史事件有：戊戌维新变法失败，谭嗣同菜市口就义；章太炎、邹容与《苏报》案；留日学生组织拒俄义勇队；革命党人成立同盟会，发动武装起义。最后，小说以革命党人推翻清政府、结束封建专制结束。

从25回本的《孽海花》的思想内容看，小说开始于日俄战争即将爆发的时候。作者在第1回“恶风潮陆沉奴隶国”中，就将帝国主义比做“恶风潮”，并及时地向国人发出警报：“祸事！祸事！日俄开战了，东三省快不保了！”“岂但东三省呀，十八省早已不保了。”第2回又通过小说中人物，驳斥“列强无野心”的谰言，指出帝国主义是“世界魔王”，都想鲸吞中国这块肥肉，还指出日本吞并朝鲜的野心。对于清政府的妥协卖国，作品还在多处加以抨击。如第6回，帝国主义疯狂侵略，而清朝政府却打着“以夷制夷”的旗号，一再妥协退让，丧权辱国。身为朝廷命官的李鸿章，在中法战争中，正当中国军队节节胜利的时候却与法国侵略者签订城下之盟，作品说：“只可惜，威毅伯（李鸿章）只知讲和，不会利用得胜的机会，把打败仗时候原定丧失权利的和约，马马虎虎着朝廷签字，人不知鬼不觉地把越南暗送。”中法战争失败，国人正愤恨外交的受愚，而达官显贵却醉生梦死，个个兴高采烈，歌舞升平。第25回写中日战争，又明确地指出：“全坏在威毅伯倚仗外人，名为持重，实是失机。外人各有所为，哪里靠得住呢？”而另一朝廷重臣龚和甫，在中日战争局势极为紧张之时，不关心国家命运、筹谋抗战，却为失去白鹤而大做游戏文章，连他的弟子闻韵高也为之感慨道：“由此内忧外患，接踵而来，老夫子系天下人生，我倒可惜他多此一段闲情逸致。”这些揭露帝国主义侵略野心、抨击清政府妥协卖国罪行的描写，比起同时代的小说，头脑清醒，认识深刻，指名道姓，下笔无情，给人振聋发聩的作用。当时就有人认为：“《孽海花》非小说也，鼓荡国民英气之书也。”（林纾：《红礁画浆录·译余剩语》）而故事放在帝国主义侵略、清政府妥协投降这样的大背景下展开，也就为全书反对封建专制、鼓吹民族民主革命定下了爱国救亡的基调。

对清朝政府的抨击，《孽海花》也与同时代的小说不完全相同，作者已注意从制度上下笔、从最高统治集团处着眼，寻根问源。小说一开始就把中国喻为“崇拜强权，献媚异族”的奴隶国，统治这个国家的帝王都是暴王昏君，“暴也暴到吕政、奥古士都、成吉斯汗、路易十四的地位；昏也昏到隋炀帝、李后主、查理士、路易十六的地位”。奴隶国由于受封建专制的统治，虽然山川明丽、花木秀美，却终年天低云暗，半阴不晴，从古不与别国交通，从古没有呼吸世界自由的空气。因而，国民没有一个不是奄奄一息，偷生苟活。从封建专制，进而抨击科举制度，作者以夹叙夹议的笔法深刻地指出，科举制度是历代专制君主束缚我同胞最毒的手段：考试科场，是昏天黑地的牢狱；制义策论，是炮烙桁杨的刑具；举贡生监，是斩绞流徙的罪科。科举制度造成了严重的后果，“一般国民有脑无魂，有血无气，看著茫茫禹甸，是君主的世产；赫赫轩孙，是君主的世仆”（第 2 回）。直到异族凭陵，国权沦丧，还是麻木不仁，还在那里呼声如雷，做他的黄粱好梦。而对处于最高统治者地位的慈禧太后，作品把她写成专横阴险、贪婪自私的女暴君，她公开接受贿赂，收了三万银元就给一个军机要职；为了个人的奢华享乐，将“一国命脉所系”的海军经费建造颐和园。至于官场中的卖官鬻爵，从地方到朝廷已是司空见惯，市上有这样的童谣：“若要顶儿红，麻加刺庙拜公公；若要通王府，后门洞里估衣铺。”喇嘛庙和估衣铺成为朝廷各级官员纳贿的机关，番菜馆则是卖官鬻爵的交易场所。18 万两银子，就可以买一个上海道。写达官名士，也是《孽海花》的一大特色。《孽海花》里的人物，大部分是士大夫、官僚、政客、学者，这是当时的高级知识分子。不管时局的安危、人民的苦难，他们对于科举功名趋之若鹜，从科考场中博取功名荣华，从官场中谋取高官厚禄，这是他们一生的全部生活。这些人有时也赶着时髦，读点西学，热衷于办洋务，但在他们身上，根本就没有一点民主意识，占据他们头脑的，还是“抵抗外国，巩固天朝”的思想。因此，《孽海花》对这些达官名士种种丑态恶行的描写，虽然也多少反映上层知识分子的思想变化，但从总体上都是纳入对官场的抨击的构架中的，金雯青就是小说着力刻画的达官名士的典型代表。金雯青这个人表面上看来道貌岸然，彬彬有礼，学问渊博，其实是昏聩无能、卑劣不堪的伪君子。他未中状元时，混迹勾栏，甜言蜜语骗取妓女梁新燕的信任，与之海誓山盟，但摘取了状元桂冠后就翻脸不认人，寡义绝情地将找上门来的梁新燕拒之门外。他满口仁义孝悌，但母孝在身，却在勾栏寻欢作乐，纳妾寻欢。他出任德、俄、荷、奥四国大使，却十分怯懦、迂腐、无能，在驻俄使馆时，整天埋头搞元史考证，弄得昏头昏脑，一生以研究史地学自诩，竟用巨款从外国骗子手里购买了假造的“中俄界图”，刻印出来，想“叫外人不能占据我国的寸土尺地”，结果反被俄国据为口实，讹去了中国 800 里土地。晚清官场正是因为有无数像金雯青这样的外交官，才使得中国外交上累累受挫，备受欺凌。我们从作者对官场的揭露抨击中，不仅看到了封建统治者的暴虐贪狠、昏庸腐化，而且形象地反映了晚清政治和整个官僚机制的没落。这些关于官场的描写，也是从小说的整体布局着眼的，它为作品宣传民族民主革命思想提供了合理的依据。

《孽海花》与上述三部新体小说的另一不同之处，在于热情地歌颂资产阶级民族民主革命。本书第 4 回介绍了自明亡以后中国的秘密会社，对于这些组织，除了为清廷利用的哥老会，作者都采取一种同情、赞扬的态度，说："他们甘心做叛徒逆党，情愿去破家毁产，名在哪里？利在哪里？奔波往来为著何事？不过老祖宗传下这一点民族主义，各处运动，不肯叫他埋没永不发现罢了。"还称太平天国起义为"金田革命"。作者为什么宣传反清的秘密会社？宣传反清的太平天国革命？用意很明确，就是为了说明被清政府视为叛徒逆党的革命党人，正是这样一些具有民族主义思想的英雄好汉，正如作者说的："如此看来，吾人天天所遇的人，难保无英雄帝王侠客大盗在内，要在放出慧眼看去，或能见得一二分也未可知。"这就为小说标示了民族主义，反映了小说宣扬民族革命思想的总体构想。

同时，革命党人不仅有强烈的民族主义，而且接受了西方的民主共和思想。作品中说："欧洲大西洋内流出两股暗潮，一股沿阿非利加洲小西洋，折好望角直渡印度洋以向广东；一股沿阿美利加南角，直渡大西洋以向香港、上海。这两股潮流，就是载着革命主义。"在广东树起革命旗帜的"支那青年会"，就是受了这股思想的影响而成立的，他们的革命宗旨就是"民族共和主义"，革命的目标是推翻清政府，组织"黄帝子孙民族共和的政府"。在作品中，被清政府视为江洋大盗的孙汶（孙中山）被誉为"眉宇轩爽，神情活泼的伟大人物"，作者把革命党人看做是革命的希望，认为只有像孙汶、陈千秋这样的革命党人才能挽救国家民族的危亡，"洋洋中土，何患不雄飞于二十世纪哉！"（第 4、5 回）尤为难能可贵的是，作者还通过史坚如这位"轰轰烈烈革命军之勇少年"，鼓吹武装革命，所谓"霹雳一声，四方云应，正我汉族如火如荼之国民，执龙旗而跳上舞台之日也"（第 5 回）。

关于《孽海花》的艺术结构，作者曾说虽然与《儒林外史》同是连缀多数短篇的形式，但又有自己的特色。在艺术结构上，《孽海花》既注意横向的一个一个故事的铺排，又有纵向的将众多故事维系起来的中心主干。也就是说，这部小说有网状结构方式的中心人物金雯青与傅彩云，有贯串始终的中心事件：围绕着金雯青出使俄、奥等国的官场活动展开故事，表现几十年的历史画面。正如作者所说，它不是直线穿珠方式，而是围绕主线，"蟠曲回旋"，时收时放，东西交错，但不离中心的"一朵珠花。"（曾朴：《修改后要说的几句话》）这就使比较繁杂的内容构成一个有机的整体，事件互有关联，有起伏，有照应，鲁迅说它"结构工巧"，即指此而言。它的出现说明了近代流行的块状小说结构与传统的网状小说结构开始新的糅合。但是必须指出，《孽海花》是标榜历史小说的，书中的人物都是现实中人，但小说以金雯青与傅彩云作为主线人物，显示了作小说的痕迹，缺乏历史的真实性。因为这二人虽确有其人，但都不是近代政治斗争的中心人物，他们从未处于斗争的中心漩涡之中。金雯青（洪钧）一生言行，与政治有关的是刻印中俄界图一事，他也为此被参，忧郁而死，而由于刻印地图丢失大片国土，还是属于虚构的。

作品中的人物，十之八九是官僚、学者，可以说这是一部描写官僚和高级知识分子的书，描绘了19世纪末20世纪初官僚及知识分子的生活和精神面貌。书中出现的人物很多，有名有姓的多达171人（35回本增至274人），两位主人公都写得比较好，金雯青的迂腐、昏庸、倜傥、虚伪，很有个性，傅彩云写得更为出色，她作为一个妓女，既苦于受人虐待，承欢买笑，后来地位变了，做了大使夫人，又很善于虐待他人。在她身上，处事果断、聪明伶俐、善于揣摩、体贴人意又与心狠手毒同时存在。小说写人物最有特色的是讽刺手法的运用，通过一些典型细节，就能使之神态毕肖。书中人物形象中写得较有血肉的是官场中人，对革命党人则写得很抽象，只是堆砌一些赞美之词，缺乏典型的个性。同时，对傅彩云，作者是把她作为淫妇、祸水和复仇者三位一体的人物来刻画的，而且处于小说的中心位置，使她的进出左右情节的变化发展。在傅彩云身上，一方面体现了资产阶级的个性解放和平等自由思想，另一方面又对她的淫荡作自然主义的展露，表现了作者庸俗的士大夫生活情趣。

在语言方面，小说是用白话文写的，特别是人物的对话很有特色，比较注意人物的身份、性格，在官场上有官场的用语，在交友客宴上，又有不同身份的用语。知识分子，一派文绉绉的文言腔调；彩云、阿福、大刀王五，则用纯白话，市井气甚浓。但由于小说人物多是知识分子和官场中的人，陈词滥调用得过多，也影响了小说语言的通俗化。

三、《洪秀全演义》的思想倾向

《洪秀全演义》的作者黄小配，是晚清资产阶级革命家，又是著名的小说家。他从1901年参加兴中会外围组织中和堂开始，就积极从事革命宣传工作，在前后十年左右的时间中，主编或参与编辑过十多种报刊，创作中长篇小说十余部，比较著名的有《洪秀全演义》、《大马扁》、《宦海升沉录》、《廿载繁华梦》等。他的小说，充满强烈的革命激情，或暴露晚清官场的腐朽黑暗，或揭露抨击维新党人的保皇面目和言论，或歌颂民主革命的主张和理想，其中反映太平天国革命的《洪秀全演义》是他的代表作。

《洪秀全演义》于1906年在香港出版，在此之前曾在香港《有所谓报》和《香港少年报》连载过部分章节，据说1906年出版的《洪秀全演义》是64回本，由章太炎作序。但目前能看到的都是54回本，此版本有两种：一种是未完本，从洪秀全等酝酿、发动金田起义起，写到太平天国内讧、元气大伤，清军四面围攻，仅靠李秀成、陈玉成支撑局面（上海古籍出版社，1981年、广东人民出版社，1982年、人民文学出版社，1984年）；一种是已完本，洪秀全见大势已去，服毒自杀，不久天京失陷，李秀成殉国（长江文艺出版社，1981年）。

《洪秀全演义》是一部宣传民族民主革命思想的长篇历史小说。作者写此书的目的在自序中就明确提出：反对“成王败寇之谬说”，反对史书作为“君主之家谱”，不满“四十年来，书腐忘国，肆口雌黄，‘发逆’‘洪匪’之称犹不绝耳”，要写“洪氏一朝之宝箓”，目的是“传汉族之光荣”。因此，全书围绕着歌颂太平天国革命、鼓吹民族革命这一中心主题展开。小说突出了“史”的线索，形象地反映了太平天国革命从金田起义到定都南京，到最后局势逆转的发展变化过程。小说在反映太平军武装夺取政权的波澜壮阔的斗争中，注意从两个方面交叉展开故事情节：

一是揭露“清廷无道，官吏贪庸”，实行民族压迫政策的种种罪行。小说一开始，就把清朝统治者放在异族凭陵、入主神州的民族统治的地位上。他们专制暴虐，把中国“布得铁桶相似”，到了道光年间，更是“上下溺于晏安，外国纷纷侵伐，以至朝政日非”，而擅权的大臣穆彰阿，则揽权结党、滥杀百姓，在社会上造成一片恐怖气氛，百姓以“生不见穆相彰阿，死不见五殿阎罗”为庆幸。清朝统治者除依靠自身的权势对百姓实行高压政策外，还引狼入室，依靠洋人绞杀革命，如上海道台，向洋人借兵借炮，剿杀太平军（23 回）；李鸿章也借洋兵洋炮，清兵辅之左右，向太平军发动进攻（51 回）。小说对统治者进行揭露和抨击，目的是突出太平天国革命的正义性，突出太平天国能得到人民拥护、革命所向披靡的必然性。

二是热情地歌颂太平天国英雄“戮力同心，共挽山河，救民水火”的英雄业绩，塑造了洪秀全、冯云山、李秀成、洪宣娇、陈玉成、林凤祥、肖朝贵、钱江等一批为革命驰骋沙场、临危不惧的英雄形象。作者对太平天国的歌颂，还表现在广泛地描写了太平天国军民之间建立在共同阶级利益和革命事业基础上的血肉关系方面。太平军所到之处，“秋毫无犯”，打了胜仗，总是开仓赈米，抚恤百姓（27 回）。人民群众视太平军为自己的军队，视太平天国革命为自己的事业。太平军所至之处，乡民无不“纷纷助饷从军”（9 回）。第 48 回写林启荣领导的九江城保卫战，军民关系写得更为感人。当时曾国藩、胡林翼率领的清军如铁桶般围困九江城，但军民同仇敌忾，气势如虹，他们团结战斗，使强大的敌人“攻之不克，困之不能”，“清军死在城下者，又如山积”。城池失陷后，“太平兵犹抵死巷战，城内人民，亦怒清兵乱杀，皆同在街巷相拒”，“惟自军人以至百姓，无人言降者”。连刽子手胡林翼也不能不承认太平军“结得人心”。作者如此深刻、细腻地描写和歌颂太平天国军民唇齿相依、团结战斗的鱼水关系，表现了进步的历史观，对资产阶级革命派发动群众、依靠群众完成资产阶级革命，也很有启发和教益。

黄小配写《洪秀全演义》，并不仅仅是缅怀农民革命英雄的史诗般的业绩，而是借古鉴今，借歌颂太平天国的政治体制，甚至“改造”历史，达到宣传民族民主革命的目的。因此，该书多侧重于平等、自由、民主等方面，正如作者在作品“例言”中所说的：“君臣以兄弟相称，则举国皆同胞，而上下皆平等也；奉教传道，有崇拜宗教之感情；开录女科，有男女平等之体段：遣使通商，有中外交通之思想；政行必行会议，有立宪议院之体裁”，作者认为，太平天国的政治制度，“亦不在欧美诸政治家及外交家之外”。小说中宣传资产阶级政治思想，主要是通过钱江这个人物体现的。

钱江是作者虚构的太平天国的军师，他足智多谋、神机妙算，是一个诸葛亮式的人物。钱江始终处在太平天国革命中举足轻重的位置上。定都天京之前，洪秀全由于完全听从了钱的计谋，所向披靡；定都以后，由于洪不大听从他的计谋，终于导致了天京事变，杨秀清、韦昌辉被杀，石达开出走的剧变。他预见到大势将去，只身离开天京归隐去了。他走后太平天国也就一蹶不振，一步步走向失败。钱江身上的资产阶级民主主义思想，主要表现在他所制定的兴王策十二条上（21回）：在军事上，先取金陵，然后兵分两路，挥师北上，直捣京城；在商业上，设立低率关税，保护商业，与世界各国立约通商，并改革流通货币，以利对外贸易；在官制上，官爵分开，重官权，官位又分开权限，用人论才不分贵贱。此外，优待旅华外人，实行男女平等，开采矿藏，修筑铁路。钱江的思想还表现在主张团结、反对分裂、反对个人野心家方面。他早就看出杨秀清结党营私，闹分裂，阴谋篡权的野心（25回），很早就告诫洪秀全对杨要有所防范，待时机适宜，对他进行处置，可惜洪秀全没有听从他的忠言，优柔寡断，终于酿成内讧，使革命事业蒙受严重损失。

《洪秀全演义》是一部历史小说。历史小说虽然不完全等同于历史著作，容许作家进行艺术虚构，但在主要历史事件和主要人物上，必须符合历史真实，是不容许虚构的，作者虚构了钱江这个关系太平天国事业兴亡的关键人物，显然是违背历史小说的创作原则的。此外，将天京事变的责任完全推在杨秀清身上，却把韦昌辉作为维护太平天国事业的英雄来赞扬，也与历史真实不大相符。但是，《洪秀全演义》从总体上看，肯定和歌颂了反对封建专制的太平天国革命，宣传了资产阶级民主思想，为资产阶级民族民主革命提供了可资借鉴的历史经验教训，还是应予充分肯定的。

与黄小配创作的十多部小说相比，或与同时期资产阶级革命派的小说相比，《洪秀全演义》在艺术处理上是比较好的，它取法于《三国演义》的结构形式，以事件为主线，头绪纷繁，多线发展。在革命阵营方面，洪秀全带领农民建立自己的政权，这是主线；太平天国内部争权谋利，互相倾轧残杀，这是副线，故事沿着团结—分裂—失败的方向变化。在敌人方面，清政府运用政权的力量，调兵遣将，残酷镇压革命，这是主线；朝廷无道，内部矛盾重重，要依靠洋人来维持政权，这是副线，故事沿着失败—镇压—胜利的方向变化。敌我交叉，主副线交叉，相互影响，但线索分明，情节安排有序，较好地展示了太平天国武装夺取政权的波澜壮阔的斗争。在故事情节的描写方面，革命派的小说大都有作者直发议论的通病，而《洪秀全演义》则比较注意通过对人物事件的描写来表明观点，如在反映太平天国军民的血肉关系上，第38回写道：

时附近有孙姓祠，齐邀洪天王至祠中歇马。左右恐有意外，劝洪天王勿往。天王道："朕以至诚待人，他人谁作诈伪相待，又何必以不肖待人？"遂令人马扎下，带数十人毅然而往。既至，乡中男女纷纷拥至，皆以得识天王之面为荣，拥塞祠门之外。洪天王便亲出祠前，劝众人说道："尔等欲见朕耶？亦犹人耳。望尔等为农者勤于耕植，为士者勤于读书，以大义相劝，毋助异族，自不难重见升平也。”………时村民多以一酒一肉相奉。……有名徐仁者，家中有一老母，贫甚，无以敬奉洪天王，因回家对母而泣。其母亲至洪天王眼前说道：“吾儿家贫，无以敬大王，心实不安，愿以小儿随大王左右，使得为国效力。”天王询悉其故，深怜徐仁之孝，命左右赠以白金三百两，遣之归。因此百姓皆颂洪天王仁慈，欢呼万岁。

可见，太平天国事业与人民息息相关，将革命领袖与群众之间、军民之间的血肉关系，展示得何等淋漓尽致。类似这样的动人故事还有不少。

在人物形象的塑造上，作者比较注意通过特定环境、人物的外在活动、人物的言行举止，多侧面地刻画他们内蕴的性格。如在第1回中，钱江首遇冯云山，并以言相试。作者通过描写钱江抓住冯云山心理活动的规律，以不同的言语，层层深入试探，冯云山由坦然相倾，到愤然作怒，连珠炮般怒斥和愤怒的动作，展示了两人截然不同的性格，形象地展示了钱江的沉着善计、冯云山的耿直坦诚，对封建统治阶级强烈的反抗精神和视死如归的革命气魄。又如第33回写向荣往救宿松之战。作品通过描写钱江与“英悍耐战”、狡猾多端的向荣在军事上的周旋，最后大败向荣，展示了钱江非凡的智谋和军事才能。

陈天华的《狮子吼》也是革命派小说中比较有影响的小说。《狮子吼》写于1903年，连载于《民报》一至五号，七至九号。小说以舟山岛的民权村为背景，写革命党人为挽救中国的危亡从事革命活动的故事。可惜此书只写到第8回，故事刚刚展开，作者因愤怒朝廷卖国，在日本投海自杀。

作者在《狮子吼》这部未写完的小说中，表现了强烈的救亡意识和民族民主革命思想。小说以混沌国比喻中国，以蚕食国、鲸吞国、狐猸国比喻帝国主义国家，书中设想在舟山岛上有一个“民权村”，这个“民权村”，实际上是“民主共和”理想的化身，村中有议事厅、医院、警察局、邮政局、公园、图书馆、体育会，有豢养学堂、中学堂、女学堂、工艺学堂，还有工厂、轮船公司，作品通过描述民权村的变化，大力宣传资产阶级民主思想，提出进行资产阶级民族民主革命的主张。

小说对革命派的描写，包括两部分人。一是以文明种为代表，他爱国但守旧，后来到日本留学，受西方资产阶级思想影响改变立场，走上了反帝反封建的民族民主革命道路。文明种的思想变化，反映了当时阶级关系的变化；还有一部分是封建地主阶级分子，受到西方资产阶级革命思想的影响，从地主阶级中分化出来，投向资产阶级，走上民族民主革命道路。另一种人是革命活动家，如耿必攘、孙念祖、审血诚等，他们是文明种的学生，在文明种的思想影响下，成立自治会、强中会，开始革命活动。他们在毕业后，有的出洋留学，寻求救国真理，有的到内地从事革命活动，有人办报纸，为革命大造舆论。作者通过这些革命者的活动，歌颂革命者为革命不怕流血牺牲的革命精神，宣传民族民主革命思想。如审血诚被捕后，在法庭上大义凛然，怒斥审讯官说：“现在国家到了这样，你们这一班奴才，只晓得卖国求荣，全不想替国家出半点力，所以我们打定主意，把你这一班狗奴才杀尽斩尽，为国民流血，这就叫流血党啊。”

这部小说所设想的民权村，完全是作者根据自己对资本主义的认识虚构出来的民主共和政府的蓝图，很富于革命理想的浪漫色彩。由于小说尚未充分展开，在小说里看不到激烈的革命斗争，而人民群众只是一群混沌人，只寄希望在爱国志士和留学生身上，这是作者资产阶级的英雄史观的反映。小说在艺术上比较粗糙，人物性格模糊，且多以议论来体现观点，这也是革命派小说的通病。

在革命派的小说中，苏曼殊的小说又别具一格。他的小说写于辛亥革命后的1912～1917年间，题材都是爱情悲剧，或写开始觉醒的青年知识分子对自己爱情的追求，或写他们的爱情与封建礼教的冲突。如《断鸿零雁记》里三郎的“家运式微”，因而雪梅的父亲悔婚；《碎簪记》中庄湜和灵芳的悲剧，是由于灵芳家贫，故庄湜的叔、婶反对；《非梦记》里海琴和薇香的悲剧，是因为薇香之父为穷画家，因而海琴的婶母百般破坏；《绛纱记》里昙鸾和五姑的悲剧，是因为昙鸾的舅父破产，因而五姑的养父退婚。金钱观念、门第观念，导致了对人的毁灭，对人性的毁灭，金钱、门第决定了人的价值，如雪梅的父亲说：“女子者，实货物耳，吾固可择其礼金再高者而鬻之。”海琴的婶母对海琴说：“薇香但善画，须知画者，寒不可衣，饥不可食，岂知凤娴家累千金，门当户对耶？”

苏曼殊小说的男女主人公，大都具有近代青年人对新生活的渴望、追求和对于旧封建伦理观念的屈从的二重性。如《断鸿零雁记》里的三郎，一方面，他渴望真挚的爱情，珍惜与生俱来不可予夺的个人权利；另一方面，他又用般若的态度来看待这些人生的正当要求，用出世修行来压抑自然情欲。如接到雪梅的情书时，他对家长包办婚姻愤愤不平，但并不采取行动去争取自己的幸福，反而披剃入山，以为这样才能“存吾雪梅”。殊不知他这样既加速毁灭自己，又葬送了雪梅。他对静子的多情引起内心的矛盾，但又藕断丝连：“吾姐盛情殷渥，高义于云，吾非木石，云胡不感？”没有在两者之中作出明确的抉择，而是徘徊于两者之中，该爱不敢真爱，该断又不敢真断，以致两败俱伤，酿成悲剧。作品中的女主人公也是如此。她们大多受过很好的教育，有才华，有思想，而且有较强的自我意识，比男主人公更大胆地去争取自己的人格独立，在心理上大胆自由地渴望得到爱情，因而在行动上显得主动热情而又执著。如《断鸿零雁记》中的雪梅和静子、《碎簪记》中的灵芳、《非梦记》中的凤娴等，她们都能冲破封建礼教的束缚，勇敢地、毫不顾忌地宣布自己的爱。但她们毕竟生活在一个封建意识十分浓厚的环境中，身上还带有许多精神枷锁，因而有时是欲挣扎而不可得，而更多时候还是听命于家长的安排，自己只能以出走、殉情表示软弱的反抗。如《碎簪记》中的莲佩，明知庄湜与灵芳之情很深，不可能得到其爱情，但她还是那样执著地爱着庄湜，认为所爱非他莫属，以致为之殉情。苏曼殊的小说悲剧基调反映了他所处的时代的特点。辛亥革命后的中国处在新与旧的交替之中，一方面推翻了几千年的封建帝制，资产阶级自由、平等、博爱的思想开始在封建废墟上寻找自己的位置，古老的中国出现了新的追求、新的思想；但另一方面，强大的封建势力、封建意识猖狂反扑，军阀割据，旧的意识在泛滥，沉渣在泛起。联系时代的特点来看苏曼殊小说的悲剧性，作者所要表达的是时代的迷惘、时代的徬徨，也是时代的企求，同时，苏曼殊小说人物的悲剧性，又是他这位时冷时热、亦僧亦俗的革命者和僧人对时代的迷惘、徬徨在自己小说人物中的折射。从这个意义上看苏曼殊的小说的悲剧性，虽然它不能给人指出前途和出路，给人更多的是徬徨、苦闷、失望，却揭示了悲剧的时代内蕴和社会性，揭示了封建道德观念带给人的沉重的枷锁，造成社会非人性的劣根，这是苏曼殊小说悲剧性的时代认识价值和审美价值所在。

四、鸳鸯蝴蝶派小说

随着半殖民地化的加深和辛亥革命的失败，中国近代文坛上也出现了一股逆流，“一切腐臭淫猥的旧诗旧赋旧小说复见盛行”（钱玄同：《“黑幕”书》），出现了一些美化帝制、攻击民族民主革命的作品，如小说《袁世凯》、《孙文小传》、《哀滇泪》、《艳情尺牍》、《花月尺牍》、《香闺韵语》等腐败荒谬的书籍充斥书肆，侦探小说、武侠小说也渐渐盛行。其中，影响较大的是鸳鸯蝴蝶派小说和作为这一派小说分支的黑幕小说。

鸳鸯蝴蝶派最早被人称为“滥调四六派”（志希：《今日中国之小说界》，载1919年1月1日出版的《新潮》1卷1号），钱玄同在《“黑幕”书》中称之为“鸳鸯蝴蝶的小说”，大约这是鸳鸯蝴蝶派较早的称谓，后来鲁迅又斥之为“新的才子十佳人小说”（《上海文艺之一瞥》）。

鸳鸯蝴蝶派起源于清末民初（1908年前后），和南社的成立时间大致相同，但它不是一个文学团体，只是一些文学观点、创作态度、作品的题材与风格大致相同或相近的作家群体，全盛期是在辛亥革命后至“五四”运动前后，余波一直延续至1949年，因此中华人民共和国成立后又曾被称为“民国旧派文学”。其成员大多是江浙人，阵地在上海，《民权报》是他们的发祥地，该派轰动一时的代表作《玉梨魂》（徐枕亚）、《孽冤镜》（吴双热）就是在该报附刊上发表的。他们先后创办了许多刊物，几乎控制了整个文坛。“五四”前的主要刊物有《小说时报》（包天笑编辑，1909年创刊）、《小说月报》（王蕴章编辑，1910年7月创刊）、《自由杂志》（童爱楼编辑，1913年9月创刊，后改为《游戏杂志》）、《眉语》（高剑华主编，1914年10月创刊）、《礼拜六》（王钝根、孙剑秋编辑，1914年6月6日创刊）、《小说丛报》（徐枕亚主编，1914年5月创刊）、《上海滩》（编者不具名，1914年冬创刊）、《小说海》（黄山民编辑，1915年元旦创刊）、《小说新报》（由《小说丛报》蜕化而来，李定夷、许指严、包醒独、贡少芹、天台山农等先后任编辑，1915年3月创刊）、《小说大观》（包天笑主办，1915年8月创刊）、《春声》（姚鹓雏编辑，1916年创刊）、《小说画报》（包天笑主编，1917年1月创刊）、《小说季报》（徐枕亚编辑，1915年8月创刊）等。此外，《申报》附刊《自由谈》（后改《春秋》）、《新闻报》附刊《快活林》（后改

《新园林》）也是鸳鸯蝴蝶派的重要阵地。其中以《小说丛报》和《礼拜六》影响最大，这是他们的大本营，因而鸳鸯蝴蝶派又被称为“礼拜六派”。

鸳鸯蝴蝶派的作品以小说（特别是长篇小说）为主，“五四”前多用文言，“五四”后多用白话。这一派作家虽然没有一个严密的组织维系，但他们都是在“趣味第一”的旗号下走在一起的，他们的创作，“无论文言俗语，一以兴味为主”（《小说大观》例言），“以能使读者感得兴趣为标准”（《红玫瑰》编者话：《花前小语》）。他们的文学正如茅盾所指出的“是游戏的消遣的金钱主义”（《自然主义与中国现代小说》），“将文艺当作高兴时的游戏或失意时的消遣”的工具（《文学研究会宣言》）。

鸳鸯蝴蝶派小说的出现，是辛亥革命失败后中国进一步殖民地化和袁世凯复辟帝制、复古思潮泛滥的特有的社会产物，其中部分作品在一定程度上反映了资产阶级、小资产阶级对革命失败的颓丧、彷徨和抗争，也有的反映了反帝爱国和抨击社会现实的积极的主题，如《真假爱情》、《为国牺牲》（周瘦鹃）、《爱国弃妻记》（伤心人）、《体面贼》（觉迷）、《卖花女》（韦士）、《罢工轶事》（匹夫）等。但就这一派作家作品的主导倾向而言，其却是当时社会的消极的产物，是一种迎合封建遗老遗少、资产阶级和小市民的庸俗口味的都市文学。他们为了迎合读者层口味，作品内容经常变化，可谓五花八门，大致可分为社会、黑幕、娼门、言情、家庭、武侠、神怪、侦探、滑稽、宫闱等。其中又以写青年婚姻悲剧最为突出，这是他们的命根子。这类小说中，一般大肆渲染传奇性和趣味性，充满着灰色颓废的情调，着意刻画爱情上的无聊纠葛、迷惘、灰暗和猥琐的心态与哀艳的情怀。如徐枕亚的哀情小说《玉梨魂》，写一个青年寡妇白梨影和家庭教师何梦霞的恋爱故事，梨影深深地爱恋梦霞，但又不敢打破封建礼教的藩篱，为了弥补这个缺憾，也为了日后还有机会与梦霞相见，违心地介绍自己的小姑给梦霞，而梦霞也与梨影一样，深深地爱着梨影，小姑也为这不自主的婚姻而伤心，从而构成爱情的三角纠葛与冲突，梨影在爱情的折磨中痛苦地离开了人间，小姑也在自怨自艾中死去，梦霞则在情场失意中投身军旅，死在战场上。作品所着意颂扬的是主人公为封建礼教而殉情的婚姻观。“五四”以前比较有代表性的作品还有《孽冤镜》（吴双热）、《賈玉怨》（李定夷）等。有的作品还宣扬封建节烈观和一夫多妻制，如李定夷的《廿年苦节记》、悔初生的《英皇福》。

鸳鸯蝴蝶派作家历来没有一份完整的名单，也有人否认自己是鸳鸯蝴蝶派（包天笑：《我与鸳鸯蝴蝶派》；周瘦鹃：《闲话〈礼拜六〉》）据有关史料，经常提到的重要作家，“五四”以前有包天笑、周瘦鹃、徐枕亚、李涵秋、李定夷、吴双热、王钝根等。包天笑、周瘦鹃的作品发表比较早，也比较多，他们写过不少典型的具有鸳鸯蝴蝶派思想倾向和艺术风格的作品，如《碧血幕》、《一缕麻》（包天笑）；《此恨绵绵无绝期》、《恨不相逢未嫁时》（周瘦鹃），再加上他们较长时间主持刊物（周瘦鹃从1921年开始主编《礼拜六》），影响甚大，被列入鸳鸯蝴蝶派“五虎将”（五虎将除二人外还有徐枕亚、李涵秋和后期的张恨水），但他们也写过一些宣传爱国主义、反对侵略和对社会现实不满的作品，就是被称为鸳鸯蝴蝶派“四大说部”之一的《广陵潮》（李涵秋），也涉及青年恋人受严亲或封建礼教所束缚而酿成悲剧的社会问题，小说在写云、伍、田、柳四家婚姻悲欢离合的变化中，也触及了辛亥革命、洪宪丑剧、张勋拥宣统复辟等清末民初的大事。因此，对鸳鸯蝴蝶派作家作品，不可一概而论，要因人因时作具体分析。

鸳鸯蝴蝶派小说在艺术上较多受西方小说的影响，比较注意对人物心理、生活环境的描写，对西方小说经常采用的补叙、倒叙、插叙等结构形式也常有采用。此外，晚清小说以长篇为主，短篇小说发展缓慢，而鸳鸯蝴蝶派作家主持的刊物，多发表短篇小说，有的还几乎全部刊载短篇小说（如《小说画报》），而这些短篇小说又大多初具现代小说的规模，这些都曾对中国小说的现代化起过一定的作用。但是，他们在移植西方小说的结构与手法时，却又多是形式主义地模仿，缺乏创造精神，很快形成了新的形式僵化。如写言情小说，正如当时评论所批评的：“大约开首总是某生如何漂亮，遇着某女子也如何漂亮。一见之后，遂恋恋不舍，暗订婚约。爱力最高的时候，忽然两个又分开了，若是著者要作艳情小说呢？就把他们勉强凑合拢来。若是著者要作哀情小说呢？就把他们永久分开，一个死在一处地方，中间夹几句香艳诗，几封言情信，就自命为风流才子。”（志希：《今日中国之小说界》）

作为鸳鸯蝴蝶派分支的黑幕小说，是从1916年10月10日《时事新报》开辟“上海黑幕”专栏以后才风行起来的。这类小说打着揭露黑暗社会现实的旗号，“自比燃犀铸鼎，奸魅无遁形”，是“学校以外之教科书”（路溪生：《中国黑幕大观》序一），但主要是揭露阴私，摄取种种社会丑恶现象，夸大和渲染这些丑行，并纯客观地介绍其程序，当时就有人斥之为“简直可称做杀人放火奸淫拐骗的讲义”，“是一种复古，即所调‘淫书者’之嫡系”（钱玄同：《“黑幕”书》），也有人不承认它是小说，“在新文学上并无位置，无可改良，也不必改良”（仲密：《再论“黑幕”》），鲁迅先生在《中国小说史略》中斥之为“谤书”，是谴责小说的“堕落”。代表作品是路滨生编的《中国黑幕大观》及续集，其中分政界、军界、学界、商界、党会、匪类、报界、僧道、慈善事业等类。黑幕小说的寿命不长，大约三四年时间，“五四”前后又为思想艺术大多拙劣的侦探小说、武侠小说所替代了。

五、鲁迅早期小说与其他

虽然正当小说又一次走向低谷之际，但小说界也并不是一潭死水。1911年青年鲁迅就开始了他的小说创作，写了以周逴署名的文言小说《怀旧》，1913年发表在恽铁樵主编的《小说月报》上。小说以第一人称手法，通过一个九岁塾童的观察角度，描述了小镇封建势力的代表人物在革命风暴中的种种动态，揭露了这些人既反对革命又想投机钻营的卑鄙伎俩，同时，通过对塾童在旧教育摧残下的日常生活和心理状态的描述，也反映了作者对封建教育制度的强烈憎恨，表达了作者反对封建制度的强烈愿望。鲁迅于“五四”前夕发表的《狂人日记》，更是近代小说的殿军，又是

“五四”新小说的开山祖，它以强烈的反封建的精神为中国小说的发展指明了出路。与鲁迅早期小说同时期还出现了一部分反映工农痛苦生活的小说。如焦木（恽铁樵）的短篇小说《工人小史》，通过工人韩蘖人的悲惨遭遇反映了“五四”前夕工人阶级的痛苦生活，详尽地描写外国资本对中国工人的残酷剥削和工人群众所受到的非人待遇，并描写了工人慷慨仗义、纯朴善良的品质，比较成功地刻画出工头的丑恶形象。又如叶匋（叶圣陶）的《穷愁》，也是一篇比较好的短篇小说。它描写了失业工人的痛苦生活和他们对美好生活的追求，也写了劳动人民之间的阶级友爱和他们真挚纯朴的感情，对黑暗的警察局和整个反动政权作了深刻的揭露。诚然，由于这些作家世界观的局限，不可能创造出现实主义文学的新局面，但他们的作品与鲁迅的作品互为犄角，使人们依稀看到了黑暗中的一线光明，为后来真正冲破黑暗迎来“五四”新小说的文学曙光提供了良好的空气和土壤。

小　　结

中国小说的发展，自《红楼梦》问世至“五四”前后，呈马鞍形的发展态势。19世纪90年代以前，小说领域充斥着大量为封建制度涂脂抹粉和封建意识浓厚的作品，艺术上也多概念化和平庸之作。这是中国小说发展的低谷期。19世纪90年代以后，随着中国资产阶级的崛起，中国小说开始摆脱封建思想的羁绊，逐渐走出低谷。维新变法失败后，梁启超发动的“小说界革命”得到蓬勃发展，中国小说的发展从此发生了具有时代意义的变化，在1900年至1919年短短的20年时间里，小说理论、小说创作和翻译小说等方面呈现出全方位的繁荣，小说占据了文学诸文体中主角的地位，出现了一批具有民主主义思想的作家，产生了一批闪耀民主主义思想的作品，从而开始了中国小说发展的新时代。当然，中国近代小说的发展，是建立在明清小说发展的基础上的，但由于时代的变化、阶级意识的变化，以及西方文化思想的影响，中国近代小说又与明清时期的小说有着性质上的不同，它体现了鲜明的资产阶级的功利观、审美观，使小说终于冲出封建文学的封闭机制，进入具有世界性的文学行列。

辛亥革命以后，随着资产阶级民族民主革命的失败，小说领域也像其他意识形态领域一样，沉渣泛起，出现了相当数量的带有浓厚封建性、殖民性的鸳鸯蝴蝶派小说和黑幕小说等，小说又一次走向低谷。但死水微澜，小说界也酝酿着新生。以鲁迅为代表的作家所写的表现强烈反封建愿望和工农痛苦生活的小说开始问世。这一时期鲁迅的小说，代表了小说发展的新方向，也为“五四”以后小说的发展奠定了基础。

◈ 参考资料

阿英. 晚清小说史. 北京：作家出版社. 1955
刘德隆等. 刘鹗及《老残游记》资料. 成都：四川人民出版社. 1985
鲁迅. 中国小说史略. 人民文学出版社. 1952
魏绍昌.《老残游记》资料. 上海：上海古籍出版社. 1980
魏绍昌.《孽海花》资料. 上海：上海古籍出版社. 1982
魏绍昌. 李伯元研究资料. 上海：上海古籍出版社. 1980
魏绍昌. 吴趼人研究资料. 上海：上海古籍出版社. 1980
魏绍昌. 鸳鸯蝴蝶派研究资料（上、下册）. 上海：上海文艺出版社. 1984
中国社会科学院文学研究所近代文学研究组. 中国近代文学论文集·小说卷(1949～1979). 北京：中国社会科学出版社. 1983

第九章　戏剧创作的革新和演变

中国近代戏剧，是继元、明、清以后又一个较重要发展变化的时期。昆曲的衰落、传奇杂剧的嬗变、地方戏和京剧艺术的蓬勃发展、戏曲改良活动的兴起，以及我国早期话剧（文明戏）的萌芽和成长，构成了这一时期戏剧变化发展的主要内容。近代戏剧打破了传统的戏曲格局，体现了时代变化对戏剧艺术创作的要求，逐步形成了我国近代戏剧鲜明的时代性和向现代戏剧过渡的艺术特点。

第一节　近代戏剧创作概说

我国近代戏剧创作的革新和演变，首先是从昆曲的衰落开始的。明代嘉靖以后，南方杂剧兴起，北曲渐成绝响，唱法也日渐失传，自此杂剧亦采取昆曲形式演出，传奇杂剧基本上是为昆曲舞台的演出而创作的。但到了清代中叶，长期占据剧坛的昆曲艺术，由于题材和内容的狭窄、曲律的森严和体制的典雅，已无法适应变化发展的新形势。鸦片战争之后，在民族危机和社会新思潮的刺激下，许多作家的文学观念和创作倾向均不同程度地发生了变化。还在 19 世纪四五十年代，剧作家黄燮清、李文瀚、范元亨等人，在要求把供声色之娱的戏曲变为唤醒世人的警世钟的戏曲观指引下，以他们的传奇杂剧反映出鸦片战争和太平天国革命时期的一些社会矛盾，预言着“国病难医”的清王朝必然灭亡的命运，在艺术形式上提出曲律的解放和“情文相生”的创作要求。到了 19 世纪末 20 世纪初，梁启超创作的《新罗马》、《劫灰梦》传奇，则以“既创新格，自不得依常例”（《新罗马》第一出·扪虱谈虎客批注）的创新精神，不受宫调和曲牌的束缚，打破了以一生一旦为主人公的才子佳人式的故事格局，显示出近代戏剧的革新意识，新人耳目，产生了极大的社会影响。待至辛亥革命前夕，许多具有正义感和爱国思想的剧作家，目睹清政府的昏庸腐败，深感民族危机日益严重，奔走呼号，鼓吹革命，撰写了《爱国魂》、《风洞山》、《警黄钟》、《悬岙猿》、《海国英雄》、《亡国恨》、《陆沉痛》以及《黄花岗》、《轩亭秋》、《开国奇冤》等剧作。这些剧本，虽仍沿用传奇杂剧的名称，但已经冲破了原有的戏曲体制和格式，以强烈的爱国热情和民族民主意识，审视近代社会和人生，真实地反映现实生活，形成了以宣传爱国主义和民族解放为主的近代戏剧创作潮流。所谓“传奇有益”，“合古今未有之壮剧、怪剧、悲剧、惨剧迭演于舞台，以激励我二百兆柔弱同胞”（萧山湘灵子：《轩亭冤·叙事》），表现出近代杂剧传奇的革新，以及向着现代化、通俗化和国民性方向发展的趋势。

正当昆曲日益衰落之时，近代地方戏和乱弹得以兴盛和发展，成为近代戏剧创作演变的另一重要特点。地方戏曲由于题材内容根植于人民群众的生活土壤中，很能表现群众的思想和感情，因此，这一戏剧形式一经兴起，就以其清新的内容和活泼的形式，博得了群众的喜爱和欢迎。尽管19世纪中叶的戏剧舞台曾经有过由秦腔、吹腔和高拨子演变而成的皮黄戏的兴盛，出现过昆剧与乱弹（主要是皮黄）剧目同台演出等现象，但昆曲这一艺术由于日趋宫廷化，“早就给贵族绅士的文人，填塞了一大堆牛屎似的‘饾饤’进去，成了绅士等级的艺术”（瞿秋白：《乱弹·代序》）。昆曲以其内容的僵化和形式的典雅而处于崩溃消亡的境地。随之而来的，一方面是在清末地方戏繁荣的基础上，各个地方剧种，如弋阳腔、梆子腔、秦腔、皮黄戏，以及山西晋剧、梆子戏、花鼓戏等得以广泛流传，出现了一批定型化的地方大戏和民间小戏；另一方面，由于当时许多演员兼擅昆、乱演出，他们吸收了昆曲的优美唱腔，用来丰富以皮黄为主的京剧艺术，进一步充实发展京剧艺术的表演形式，产生了号称“同光十三绝”的第一代京剧艺术家，编演了一批由京剧艺人集体创作的优秀剧本，从各个方面反映了时代精神，表达着人民群众的要求和愿望。

20世纪初，随着资产阶级民族民主革命运动的高涨，为适应资产阶级政治运动的需要，辛亥革命前后，全国范围内开展了一场戏曲改良活动。这场改良活动包括理论宣传、创作实践、戏曲社团成立等几个方面。当时，一批具有民族民主革命思想的思想家、文学家和剧作家，如陈独秀、王钟麒、柳亚子、陈去病、汪笑侬等人，积极撰写戏剧论文，创办《二十世纪大舞台》杂志，提倡戏曲改良，声称“以改革恶俗，开通民智”为己任，强调用戏曲启蒙教育群众，捕捉“泰东西各文明国”的戏剧演出信息。在近代戏曲改良活动中，不仅有京剧改革家汪笑侬以其不墨守成规的革新精神，编演了如《哭祖庙》、《党人碑》、《受禅台》等剧本，把强烈的民族意识和爱国精神熔铸于时事京剧的改编和演出之中，对推动京剧内容和形式的改革产生了积极的影响，而且出现了如川剧改良公会、陕西易俗社等戏曲团体，以及河北梆子改良、广东粤剧改良和上海的申曲等剧种的改良活动。尽管这种改良活动还存在对艺术创作特性重视不够等缺点，但它密切了戏曲和社会生活的联系，提高了剧种的创作和演出水平，培养了一代有志于改革戏曲的剧作家和表演艺术家。

在西方文化和外来戏剧的影响下，20世纪初期的中国剧坛，出现了以说白和分幕表现现实生活题材的文明戏，这是我国早期话剧的新形式，成为中国近代戏剧创作的又一重要特征。我国早期话剧的萌芽，从戊戌变法失败之后，上海学生演出队编演的剧本中已可见其端倪。但真正话剧形式的出现，是从1907年编演富于反抗民族压迫意识的《黑奴吁天录》开始的。当时，一批留学日本的青年学生，如曾孝谷、李息霜、陆镜若、欧阳予倩等人，看到日本明治维新后出现的新气象，并接受日本新派剧的启发和影响，在日本东京组织春柳社，改编和演出了由林纾、魏易翻译的美国斯托夫人的小说《黑奴吁天录》，以分幕代替古典戏曲的分场，以通俗的口语对白取代了舞台声腔和韵律化的唱词，由程式化的身段表演改变为日常动作性的自然表达。他们的演出，无论是题材、内容还是戏剧表现形式都挣脱了古典戏曲格式的束缚，显示出我国初期话剧的整体性特点。现代剧作家欧阳予倩说，《黑奴吁天录》的改编演出，“可以看作中国话剧第一个创作的剧本。因为在这以前我国还没有过自己写的这样整整齐齐几幕的话剧本”，尽管戏中有些多余的穿插，“但是几场主要的戏，如哲而治和他的妻子意里赛分别和意里赛把被卖的消息告诉汤姆的场面都十分动人，演得十分严肃”（《回忆春柳》）。从 1910 年起，春柳社员陆镜若两次暑假回沪，开始把日本新派戏作家佐藤红绿的作品《潮》和《云之响》改译成《猛回头》和《社会钟》，以话剧形式在上海演出。辛亥革命前夕，春柳社员任天知自日本回国，又在上海组织进化团，团结进步演剧工作者编演了大批剧目，演出和活动在长江南北，以其浓厚的革命色彩，“紧紧地掌握住群众的情绪，说出群众所想要说的话，剧中所表扬和嘲骂的人，都正是群众所想表扬和嘲骂的，也是革命斗争中所友和所敌的，因此，和革命斗争也结合得很紧”（张庚：《中国话剧运动史初稿》）。这些剧团编演的剧目，不死守西洋话剧的格局，而是随着当时群众情绪高涨的要求，因地制宜地发议论，成为我国早期话剧特有的形式。辛亥革命期间，进化团的演出既传播了革命思想，也对话剧的宣传起了促进作用。待至辛亥革命后，春柳社社员纷纷从日本回国，会同进步艺人组织春柳剧场、新剧同志会，编演了许多具有进步意义的剧本。然而，随着革命高潮低落，在近代新剧方面，虽然有过所谓“新剧”的中兴，出现过新民社、民鸣社、开明社、启明社等职业剧团，但这些剧团存在明显的商业化倾向，为迎合小市民观众心理，编演的剧目往往粗制滥造，追求情节的复杂离奇，失去了新剧进步的思想内容，以及慷慨感人的艺术力量。尽管如此，我国早期话剧在吸收外来新戏艺术形式的过程中，注重同我国的革命斗争生活相结合，在自己民族的土壤上，以其直接反映现实生活的表演方式，以及在舞台上创造以前未有的人物形象，令人耳目一新，推动了我国戏剧创作发展演变的进程，“为我们的话剧艺术做了奠基工作，开辟了道路，在一个时期展开了一个新的局面，给了中国的戏曲以新的影响，还帮助了电影的发展”（欧阳予倩：《谈文明戏》）。

第二节　传奇杂剧的嬗变

一、传奇杂剧演变的轨迹

在中国近代的戏剧创作中，社会的急剧变化，以及资产阶级维新思潮的兴起，带来了戏剧的内容和形式的变革。这种变革的重要标志，如第一节所述，是从昆曲的衰落到昆（曲）乱（弹）同台演出，从要求曲律的解放到传奇体制的逐渐消亡，从中显示了近代戏剧新旧交替的过渡性，以及创作发展演变的过程。

鸦片战争以后，中国经历了太平天国革命、第二次鸦片战争、中日甲午战争和戊戌变法运动，一批具有爱国思想的剧作家密切关注国家和民族的命运。还在道

（光）咸（丰）年间，黄燮清、范元亨、李文瀚、刘清韵、魏熙元、陈烺、钟祖芬等戏曲家，就以其忧国忧民之心，编写了如《居官鉴》（黄燮清）、《空山梦》（范元亨）、《儒酸福》（魏熙元）、《燕子楼》（陈烺）、《招隐居》（钟祖芬）、《千秋泪》（刘清韵）等传奇杂剧剧本。这些剧本，或者以鸦片战争后的社会生活为背景，反对外国的鸦片侵略，痛斥清朝官吏的腐败；或者通过对知识分子形象的塑造，以抒写其遭遇和愤懑不平之气；或借取历史上的爱情故事，叙写对被压迫妇女的同情；或者以宣传肃清烟毒，痛陈鸦片对人民的危害；或者谱写封建知识分子的苦衷，以揭露官场的黑暗和考试的弊端，等等，开始触及存在于社会现实的各种矛盾。在艺术表现形式上，他们不墨守成规，不严守宫调格律，所谓“当情文之相生，遂洋溢而莫遏”（《空山梦》传奇·种秫天农题词），“曲成不惜梨园谱，吐属都凭率性真”（《空山梦》传奇·问园向竹主人题词），主张曲文以情真为主，率性而行，已透露出近代传奇杂剧内容与形式演变的进程。

庚子之役以后，民族危机日深，清朝统治者的黑暗腐败更加暴露无遗。而当时许多爱国的有识之士，大多是戊戌变法和庚子事变前后成长起来的青年知识分子，接受外国新学和社会思潮的影响，富于创造和革新精神。他们在提倡“诗界革命”、“小说界革命”的同时，主张以戏剧为武器，反映社会变革中的新题材，并纷纷为戊戌变法之后创办的《中国白话报》、《新民丛报》、《新小说》、《绣像小说》、《月月小说》、《小说林》、《小说月报》等报纸杂志撰写大量戏曲剧本。在黄燮清、范元亨、魏熙元等曲家对曲律的解放和曲文表达作过一些尝试的基础上，梁启超又以《劫灰梦》、《新罗马》、《侠情记》等传奇剧本，从内容到形式都作了新的突破和尝试。如《新罗马》传奇，是根据《意大利建国三杰传》所述的事实谱写而成的。它在我国戏曲史上，第一次以西方资产阶级革命历史为题材，反映意大利半个多世纪的民族斗争的宏伟场面，将“十九世纪欧洲之大事皆网罗其中”（《新罗马》传奇第一出·扪虱谈虎客批注），表达了反对专制主义统治和为争取自由民权而斗争的思想。该剧人物众多，头绪纷繁，其中男主人公三人（意大利三杰），没有一个女主人公。而剧中主人公分别在第四、五、七出才上场，打破了传奇中男女主人公必须在第一、二出就登场的惯例，而第一出写维也纳会议，以净扮梅特涅冲场，以净、丑专用的粗曲［字字双］为引子，云：“区区帝国老中堂，官样。揽权作势尽横行，肥胖。说甚自由平等，混账。堂堂大会俺主盟，谁抗。”定场白不用传统的四六文，而是用非常通俗的长短不一的白话句式，“以极轻薄之笔写之”，真实地描绘出“维也纳会议，为鬼为蜮，有类儿戏”的闹剧场面。虽然梁启超撰写的几个传奇剧本还没有写完，并存在对艺术性重视不够等缺点，但它以全新的姿态和大胆革新的精神，挣脱了传奇体制的束缚，为戏曲艺术的创作带来新气息，开拓了新领域。其余曲家在创作时，或在传奇里夹杂皮黄成分，或词曲与乱弹混为一体，或增减曲词句式。有的作家还宣称：“书中词曲科白，率就个人志趣及平日之言论杂传于外者，摹拟而敷衍之，著者初未容心其间。”“惟旦脚当家排场极少，只得假借用之，亦元人所恒有。”（华伟生：《开国奇冤》）所谓“舍传奇而从梨园名目，以便于派脚色也”，“是编情节甚多，故讲白长而曲转略，以斗笋转接处，曲不能达，不能不借白以传之”（洪楝园：《警黄钟·例言》）。“传奇体制，必兼男女英雄，脚色方为全备，兹编以周弁之妹陪出公主，公主为女中之才，周氏为女中之侠，两两上场，方称全备”（洪楝园：《后南柯》），等等。随着戏曲创作题材的扩大，以及思想内容和演出形式的变化，近代传奇杂剧已开始放弃传统戏曲中的宫调格律。它们以新的格局，在广阔的生活画面上，以较自如的艺术表演形式真实地展现近代社会的时代风貌，拓展了戏曲表现生活的社会功能，焕发出强烈的民族民主意识。

二、近代传奇杂剧的主要剧本

近代传奇杂剧剧本甚多，从现在尚可见到的剧目看，约有200多种。根据反映社会生活的内容和艺术形式的变化，其大致可分为两个阶段。

第一阶段自鸦片战争至庚子事变，这一时期虽然传奇杂剧走向衰落，但一些戏曲作家面对外国列强的侵略和清政府的腐败，仍然写出了一些反映社会矛盾或民族矛盾的传奇杂剧剧本，如《帝女花》、《居官鉴》（黄燮清）、《空山梦》（范元亨）、《儒酸福》（魏熙元）、《天风引》、《千秋泪》（刘清韵），以及徐鄂的《梨花雪》、陈烺的《悲风曲》、朱子期的《红羊劫》、刘竹斋的《花里钟》等等。这些剧本均以社会现实为题材，或宣传禁烟、反对鸦片侵略，或痛陈清朝政府的腐败，或描写封建知识分子的酸态和境况，或演男女爱情之悲剧，或记述太平天国革命的一些事实。尽管一些作品还存在封建意识和对太平天国起义的认识错误等缺点，但它们从各个侧面反映了当时的社会生活，表达了人民的愿望和要求。

近代传奇杂剧中以黄燮清的剧作最为有名。黄燮清著有《帝女花》、《桃溪雪》、《茂陵弦》、《脊令原》、《鸳鸯镜》、《居官鉴》、《凌波影》等七种传奇，合称《倚晴楼七种曲》，另有《玉台秋》、《绛绡记》两种传奇。他少年时以词曲创作为主，早期剧作大多以历史事件和爱情故事为题材，如《茂陵弦》写汉代文学家司马相如的故事，《桃溪雪》谱写清初永康县女子吴绛雪殉节之事等，均工于言情，“一往而深，渺无边际”（陈用光：《〈鸳鸯镜传奇〉序》）。而《帝女花》一剧，更是史事纷呈，情节跌宕，人物形象“哀感顽艳，声情俱绘，一时传览无虚日”（黄际清《〈帝女花〉跋》），很早就流传到了日本。鸦片战争后，黄燮清的观点和创作发生了很大变化，其晚年所作的《居官鉴》传奇，写封建社会的循吏王文旸，在赴任前接受父亲王鼎亨授予的《居官鉴》一书，以此为座右铭，竭力抵御西洋岛国的入侵，并运粮接济坚守待援的舟山守将，不久升任知县等职，最后升任京官，儿子蔚青也获得官职的故事。剧中《海誓》、《解囊》、《议抚》、《愤边》、《匪变》等几场，在一定程度上反映了鸦片战争时期禁烟主战、抵御外侮的思想和情绪，暴露了清政府的腐败和殖民主义的侵略野心，但剧本也存在着仇视太平天国革命军、宣扬封建家教和忠孝思想等缺点。该剧和钟祖芬的《招隐居》题材基本相同，均以鸦片战争后的近代社会生活为背景，表现了禁烟斗争，痛陈吸食鸦片之危害。但《居官鉴》以明确的思想内容见长，而《招隐居》则运用神话故事，富于戏曲表演的艺术特色。

从“庚子事变”后至“五四”运动之前，可视为近代传奇杂剧创作的第二阶段。八国联军入侵和丧权辱国的《辛丑和约》的签订、反美华工禁约爱国运动的兴起、同盟会的多次起义、徐锡麟和秋瑾的遇难牺牲，以及“南社”的成立等重大政治历史事件，都促使这一阶段传奇杂剧的内容和形式发生巨大的变化。如筱波山人的《爱国魂》、署名孤的《指南梦》、浴日生的《海国英雄记》，以及洪楝园的《悬岙猿》、吴梅的《风洞山》、无名氏的《陆沉痛》等传奇杂剧，分别取材于南宋和南明的历史事件，通过歌颂文天祥、岳飞、史可法和郑成功等英雄人物的事迹，表现了反对民族压迫和反对投降卖国的爱国主义精神，颂扬高尚的民族气节；又如吴梅的《轩亭秋杂剧》、啸庐的《轩亭血》、灵湘子的《轩亭冤》、华伟生的《开国奇冤》等传奇，则谱写和表现了秋瑾、徐锡麟等爱国志士为争取独立、自由和民权而献身的精神；而洪楝园的《警黄钟》、《后南柯》、梁启超的《劫灰梦》等传奇，则以反对外国侵略和暴露清政府的反动统治为主要内容，号召人们团结战斗，共同抵御外侮；又如梁启超的《新罗马》、感惺的《断头台》、玉瑟斋主人的《血海花》等传奇杂剧，又取材于外国故事，借其斗争事迹唤起中国人民的爱国之心和振奋民族革命精神；而浴血生的《革命军传奇》、洪楝园的《秋海棠传奇》、挽澜的《同情梦杂剧》、大雄的《女中华杂剧》等，又以反对封建专制统治为主要内容，表现了革命者的坚定信念，以及宣传妇女解放、提倡女权、强调男女平等、主张兴女学等思想。诚然，上述传奇杂剧有的存在对义和团起义的意义认识不足问题，而大多数剧本存在剧情简单、形象缺乏鲜明的个性，以及难于在舞台演出等缺点。但它们产生于民族危亡的紧急关头，以其强烈的反帝反封建的民族意识，表达了时代和群众的要求和愿望，包含着深厚的爱国主义热情，如“惹得奴亡国恨愁深似海，伤心人血涌如泉”，“我是鞠躬尽瘁一腔忱，未扫除胡儿恨不平，便身葬海潮一任狂澜骋”（筱波山人：《爱国魂》）。“破浪越沧溟，只为是祖国陆沉天地瞑，看欧风美雨，人泣新亭。”（萧山湘灵子：《轩亭冤》）“庸臣误国多花样，争权树党乱朝纲”，“乾坤残缺，东南王气竭。家亡国破，老尽豪杰”，“军声壮，阵法多，半壁江山全仗我”（吴梅：《风洞山》）。“怒发冲冠血裂眥。家亡国破，人生第一伤心事。”（无名氏：《亡国恨》）“千年亡国泪，一曲太平歌。文字英雄少，风云感慨多”，“坦荡荡横刀向天笑，颤巍巍旁人何用惊”。“天遥地远，山河大千，风驰云卷，国民少年。便泥犁也有光明线，莫迁延，优胜劣败，猛要著先鞭”（梁启超：《新罗马传奇》）等等。这些感人至深、格调高昂的唱词，在近代传奇杂剧中随处可见。剧作家怀着忧国忧民之情，融情于境，寄满腔义愤于剧作形象的塑造之中，给近代戏剧带来了“皆激昂慷慨，血泪交流，为民族文学之伟著，亦政治剧种之丰碑”（郑振铎：《晚清戏曲小说目序》）的新局面。

《警黄钟传奇》（洪楝园）全剧10出，载《新小说》杂志。作者在剧本《自序》中说：“《警黄钟》者何？警黄种之钟也。”该剧以“动物之中，团结最坚”的蜜蜂生活为喻，“感怀而作”。作者通过艺术描绘，“他日者、梨园子弟弦管登场，使观者恍然于黄种之受制白种，殆如黄蜂之受困胡蜂，而急思有以挽回之，振作之，则忠君爱国之念，油然而生”，号召属于黄种的中国人要警觉帝国主义的侵略：

那强邻，西并东，白地将人弄。一霎时侵凌逼胁，问何人保护黄封？可知道，外交失策兵开衅；可知道，内政谁修莽伏戎？真懵懂，只博得花粮供奉，做一个么么世界可怜虫。（第一出：《宫叹》）

严兵勒阵，提防无异。所有地方诸官吏，行团练各登陴，众志成城，比似金汤百里。诏书来，定有海内英雄，勤王义师。（第五出：《延诤》）

敌忾同仇，韬略如斯真罕有。既听铙歌奏，且喜奇功就，边疆靖，更无忧。（第九出：《计捷》）

作品真实地揭露了帝国主义侵略野心，直斥清政府的腐败，号召人们团结起来抵御外侮。它在表现手法上也打破了传奇杂剧的体式，为便于派分角色，“盖合传奇而从梨园名目”，为适应剧情发展的需要，“故讲白长而曲转略”。

《维新梦》传奇（惜秋、鲫士、旅生、遁庐合撰），全剧 16 出，原载《绣像小说》。写一位有志维新的爱国官吏徐自立，眼见朝纲不振，国事败坏，为官的“一例唯唯否否，全不管参辰卯酉，只盼到腰缠万贯上扬州”（[喜秋风]），异常愤懑。后来，朝廷改由一个开明的外山王主政，起用新党，外山王器重徐自立的为人，授他为巡河都尉，考察兴革利弊，推行新政。在徐的努力下，几年后官制得到改革，废除八股、建筑铁路、开发矿产、训练军队、讲求外交，最后宣布立宪，使中国成了富强发达的国家，出现一派喜人的景象：

驱妖鳄，剪长鲸，又何虑潢池盗弄兵，足伸败绩羞，堪泄同仇愤，早天半落欃枪，那时间平似砥、清如镜！（[锁南枝]）

从今后，除却了野蛮思想，更放出文明气象，何难使五洲鳞介奉冠裳！（[尾声]）

维新愿望实现了，国家没有了内忧外患，取消了不平等条约，文明之花盛开。但正当他庆幸成功之时，忽然有人唤他，惊醒过来时原是“南柯一梦”。该剧为数人所作，规模比较宏大，反映了资产阶级维新派的政治愿望和要求。全剧以梦作结，颇耐人寻味。

《轩亭血》传奇，啸庐著，共 4 出，原载《新小说》杂志，有小万柳堂刊本。本剧布局新异，不作一般事件描写，而是通过秋瑾的灵魂，陪同历史上众多女英雄，到阳春社看演出自己的戏而叙说战斗的一生。作者以丰富大胆的想象，借人物的内心表白，表现出秋瑾为争取女权从事革命的思想，富于浪漫色彩。剧中还用了许多新名词，显示出这一时期传奇戏曲的艺术风貌。

吴梅是后期一位很有代表性的剧作家。他一生致力于戏曲的创作、研究和教学工作。吴梅精通曲律，在青壮年时代就怀着满腔爱国热情，创作了《风洞山》、《血花飞》、《暖香楼》、《无价宝》、《惆怅爨》，以及《东海记》、《双泪碑》、《轩亭秋》等传奇杂剧十余种。其中又以《暖香楼》（后改为《湘真阁》）、《风洞山》、《轩亭秋》三剧最为有名。例如，《风洞山》传奇取材历史事件，根据瞿式耜后人瞿锡元所著《庚寅始安事略》敷衍情节，谱写明末瞿式耜兵败桂林，被执不屈，死于仙鹤岩，杨硕父为他修墓于风洞山的故事。剧中第一出《游湖》云：

问萧条故国，瓦砾荒寒，月满昭阳。禾黍高低，深秋江上，一片凄凉象。嗏，古木朔风，大好河山，破碎成何样！南渡野草香，西陵野花长。空剩我伤今吊古，悲悲切切，这般形状。

叹南朝事业，血溅平原，骨掩沙场；鬼啸燐飞，乌啼花放，不是中兴象。

作者借古喻今，在历史真实的基础上，注意情节的概括和人物形象的典型化，使之更“合乎情理”，以显现革命的英雄气节：“正气凌河岳，不负却平生旧话，把一腔颈血溅黄沙，忠名震天下，忠魂满天下。”（第十三出：《省师》）“念家山添些惆怅，向故国换了沧桑。”“剔银灯，秋梦凉，吹铁笛，边声壮”。（附首折：《先导》）词风惆怅，但不失凛然正气，表现出强烈的时代意识。《轩亭秋》杂剧则以当时的生活为题材，描写秋瑾殉难事，歌颂革命烈士英勇就义的事迹。该剧卷首以秋瑾诗开场白：“炼石无方乞女娲，白驹过隙感年华。瓜分惨祸依眉睫，呼告徒劳费齿牙。祖国陆沉人有责，天涯飘泊我无家。一腔热血愁回首，肠断难为五月花。”剧中叙主人公的斗争生涯，正气凛然，读后令人热血回肠。

辛亥革命前后，还出现了《海侨春》（南荃居士）、《蜀鹃啼》（林纾）、《曾芳四》（吴趼人）、《广东新女儿》（玉桥）、《血海花》（玉瑟斋主人）、《学海潮》（春梦生）、《童子军》（遁庐）等一批紧密配合现实斗争的传奇剧本。

第三节　地方戏、京剧和戏曲改良活动

一、地方戏的兴起和主要剧本

正当传奇杂剧日渐衰落之时，各地方戏曲得到迅速的兴起和发展。这一新兴的民间艺术，一开始就以其题材广泛、内容清新，以及乡土气息浓厚、表演形式活泼自如，赢得了广大群众的喜爱。据不完全统计，近代地方剧种已超过300多种，剧目多达5万余个。而且，一批大型地方戏在广泛流传演出的过程中日益成熟和定型化，形成了各个剧种的独特韵味与表现风格。以戏曲声腔而论，除了长期流传艺术表演较成熟的昆腔外，当时还有所谓秦腔、高腔、皮黄戏等三大声腔。而属于秦腔（梆子腔）系统的，又有流入陕西的同州梆子、西府秦腔、山西晋剧、河南豫剧，以及河北梆子、山东的青州梆子等。其特点是曲调高昂，节奏紧促，富于力度感。属于高腔（弋阳腔）系统的，又有江西弋阳腔、四川高腔、湖南高腔以及福州戏、绍兴和潮州戏中的高腔戏等。其特点是用打击乐，少用或不用管弦乐伴奏，曲调高昂而富于朗诵色彩。属于皮黄（西皮和二黄两种腔调的合称）系统的，则有湖北的汉

剧、安徽的徽调、北京的京剧，以及湘剧、桂戏、粤剧等。其特点是语言晓畅，结构简练，曲调丰盈明快，便于表现情感。在各种声腔兴盛的同时，一批由民间歌舞和曲艺声腔相结合而形成的民间小戏也得到迅速发展。例如，湖北、湖南的花鼓戏，江西、广西和粤北的采茶戏，云南、四川等地的花灯戏，安徽的黄梅戏，河北、山东一带的蹦蹦戏、浙江金华和丽水一带的婺剧，福建的闽剧和台湾一带的西秦戏等等，这些地方剧种，以其浓厚的生活气息与地方色彩，深受群众的欢迎。例如，描写吝啬地主刘二和流氓无赖张三的讽刺小戏《借靴》，和借疯僧之口痛骂汉奸秦桧影射清廷贵族卖国罪行的《疯僧扫秦》；写许仙受法海蛊惑上金山，白娘子水漫金山的《金山寺》，以及扬剧中的《鸿雁传书》，评剧中的《马寡妇开店》、《包公赔情》，川剧中的《评雪辨踪》、《秋江》，湘剧《思凡》，四州戏和淮剧中的《蓝桥会》，高甲戏中的《桃花塔渡》等等，均能在短剧中展现生动的舞台形象，刻画人物的性格，表现作品主题，形成鲜明的特点和风格。

近代地方戏曲的兴盛，极大地推动了大批由民间艺人集体创作的乱弹剧本的形成和发展，进一步丰富了近代戏剧创作的内容和艺术表现手法。所谓“乱弹”，主要指梆子声腔系统的秦腔，山西梆子，河南、河北、山东梆子戏，以及四川、湖北、安徽、浙江、福州等地受秦腔影响的地方戏。乱弹剧本取材广泛，内容丰富，既表现历史故事，也反映现实生活题材，它们从各个方面展示了群众的生活、要求和愿望。许多优秀剧目一直广为流传、演出。比较著名的，有河北梆子戏《秦香莲》、《蝴蝶杯》、上党梆子《三关排宴》、同州梆子《金沙滩》、越剧《葛麻》、川剧《拉郎配》、晋剧《打金枝》、桂剧《拾玉镯》、徽剧《石秀探庄》、台州乱弹《三星炉》、《连环记》，以及扬剧《百岁挂帅》、琼剧《搜书院》、福州戏《炼印》、莆仙戏《张协状元》，等等。

楚剧《葛麻》，是一出优秀的喜剧传统剧目。它通过暴发户马铎暴富后，欲赖其女金莲与穷书生张大洪的婚事，而葛麻则帮助促成金莲与张成婚的故事，生动地揭露了暴发户的嫌贫爱富和贪婪愚蠢的性格，歌颂了葛麻的善良、智慧和助人为乐的品格。全剧以长工葛麻为中心展开戏剧冲突。葛麻极富于同情心，他眼看马铎多方威逼张大洪退婚，不满马之所为，气愤得很，说道：“这老狗起下这嫌穷爱富之心，他还不知道我与张大洪是老表。哎，我自有道理摆布这老狗。”他巧施计策，助大洪智斗马铎，弄得马铎不但退婚未成，反而失去银两，受到捉弄挨了一顿痛打。剧本运用夸张的艺术表现手法，从人物性格的鲜明对比中，将日常生活加以集中和典型化。剧作富于幽默感，其嘲笑和幽默情节常常令人发笑，是一部深受群众欢迎的地方讽刺喜剧。

在传统地方戏曲中，《秦香莲》是一出流传很广的剧目。京剧和许多地方剧种、曲艺对此均有所移植，并在流传中对其不断丰富和提高。该剧写宋代人士陈世美与秦香莲结为夫妇，生一子一女，但世美进京应试高中状元后贪图荣华富贵，竟把“父母高堂、妻室儿女、全家大小、一个一个、一个一个全都抛弃”，被招为驸马。

三年后香莲带子女上京寻夫，陈世美不但不认，反命家将韩琪杀害香莲母子，以图灭口。韩琪激于义愤，将母子三人放走后自刎。香莲痛恨世美灭绝人性，到包拯处告状，包公主持正义，不顾皇姑和皇太后阻挠，将陈世美铡死。剧中暴露和谴责了陈世美趋炎附势、忘恩负义的丑恶灵魂。陈世美利欲熏心，杀妻灭子，丧尽天良，但皇太后偏要包拯饶恕他，从而揭露出统治阶级的腐败和封建伦理道德的虚伪性。全剧着力塑造的是一位敢于和统治阶级作斗争的妇女秦香莲的形象。她勤俭善良，不图荣华富贵，默默地侍奉公婆和抚养子女。她蔑视封建礼法，为求得合家团圆和维护做人的权利，敢于质问皇太后："皇家女儿怕守寡，问国太你把我母子怎开发？"在她看来，"官亏民，民告官；父亏子，子告父；夫亏妻，妻告夫"，乃是天经地义之事。剧本在美与丑、善与恶的对比中，一方面在秦香莲身上集中表现了劳动者的美德，另一方面还通过包公不怕公主和国太的威胁，主持正义为秦香莲申冤、铡死陈世美等情节，表达人民群众的要求和愿望。全剧结构严谨，戏剧冲突层层深入，波澜曲折，并善于通过戏剧语言展示人物内心世界，以及性格的多重性和复杂性，主人公的性格也随着剧情的发展不断得到深化、提高，具有高度的人民性和艺术的审美教育作用。

川剧《拉郎配》(原名《鸳鸯绦》)，同样是一出优秀的传统喜剧剧目。它通过钱塘书生李玉外出游学，在回家探母途中遇上皇帝选美，一日之中先后三次被拉为许婚的故事，生动地刻画了封建统治阶级的荒淫无耻以及给人民带来的深重灾难，从一个侧面深刻地暴露了当时社会的黑暗和腐败。封建皇帝为了满足荒淫生活，在民间广选美女，引起有青年女子之家的惶恐不安，她们到处拉郎配婚以避选送之灾。书生李玉在回家路上被王员外不分青红皂白拉去拜堂，但李不依，连夜越墙逃跑，又被邻家卖艺老人拉去与女儿张彩凤许亲，李玉答应回家禀明母亲后再成亲。不料在途中又被县官拉去当女婿，吩咐王员外带李前往县衙为媒，而王员外又拉来女扮男装为访求李玉的张彩凤。此时李玉之母和张老也一起告状到了县衙，出现了三家争一李玉的戏剧高潮。恰逢钦差到县，问明情由，断李玉与张彩凤结为夫妻，而让县官和王员外把女儿送宫，以足八百美女之数。全剧以李玉为中心，运用喜剧手法，推进剧情发展，情节曲折，人物形象颇为鲜明，充满幽默浓重的喜剧气氛。

秦腔《游龟山》，据传统剧目《蝴蝶杯》前半部改编而成。该剧情节曲折，矛盾尖锐。它通过渔家父女、江夏县知县与封建恶势力卢林父子之间的斗争，既展现了被压迫阶级反抗封建残暴势力的斗争，也暴露出封建统治阶级内部的矛盾。剧本成功地刻画了一个勤劳、善良而又勇敢的渔家少女形象。渔民的悲惨遭遇和田玉川的正义行为，足以引起人们的同情，具有较强的艺术感染力。

粤剧《黄萧养回头》(新广东武生撰)，作者运用浪漫主义的表现方法，通过明末农民起义领袖黄萧养投胎转世为爱国志士黄开化，团结其他爱国志士同仇敌忾进行反帝反封建斗争的故事，真实地反映八国联军攻陷北京，蹂躏中国人民的暴行，揭露清政府的腐败和卖国贼的无耻行径，还高度赞扬了起义者刚毅的民族气节，和英勇不屈的斗争精神。剧本的开场白云："黄种膨胀震五洲，青年足迹遍全球。赤子理应凌白种，为什么黑奴作马牛？"其用意在于唤起民众觉醒，"倡民权，唱独立，杀尽国仇"，为中华民族的自立自强而战。纵观全剧，主题明确，手法较为新奇，情节曲折，语言锋利明晓。例如，剧中揭露外国侵略者残害中国人民的罪行时道：

更可恼，恼夷人，从中觊觎。知吾侪，惯压制，无力撑持。因此故，用蛮威，强邀政府。据铁道，增口岸，任他施为。焚庐舍，掠财产，妻孥受辱。平坟墓，墟城市，遍地横尸。居外洋，作客商，并无保障。为己利，厌恶我．如同枭鸱。增苛例，逐华人，到埠登岸。伪除疫，擅焚掠，商店民赀。愁看看，四万万，神明后裔。更惨过，那印度、那波兰、那埃及、犹太、土耳其的无国颠危。

剧本在暴露清政府的腐败，痛斥汉奸卖国贼为虎作伥时说：

愚民智，废学堂，查封报馆。伪抡才，笼络他，策论、诗文。锄民气，杀新党，严禁国会。坑儒生，拿立谈，更甚强秦。削民权，又何曾，宪法发布。行私政，用残刑，钳掣群伦。掠民财，充国计，多方讹诈。滥抽捐，真好比，狼噬鹰昧欧。

尤可恨，恨汉奸，同群不讲，工狐媚，假虎威，甘作虎伥。睇功名，图富贵，廉耻全丧。让奴才，作爪牙，顾却天良。

剧本以自由、自强和自立为喻，塑造了黄开化、骆自由、顾民智、宁自强、宁自由等爱国志士的形象，也刻画了像蒋通、柯掌正、招风祥等贪官污吏的形象。这些形象虽然存在简单比附和重政治宣传等缺点，但作者着力在美与丑、忠与奸，高尚的民族气节与卑鄙贪赃求荣的性格对照中推进剧情的发展，表现剧本的主题，颇具特色。

琼剧《搜书院》，通过琼台书院掌教谢宝，促成翠莲与张逸民成亲的故事，热情地歌颂了主人公不畏权势、勇于和封建强暴作斗争的精神。谢宝的从容刚直、见义勇为，翠莲的勇敢善良、纯洁天真，都通过剧情的发展在矛盾冲突中得到充分的展示。其他如上党梆子《三关排宴》，描写北宋时佘太君赴三关与辽议和，向萧银宗索回当年失落北国的杨四郎的故事。剧本高度赞扬了杨家佘太君坚持原则的爱国气节，谴责杨四郎贪生怕死的变节行为。而闽剧《炼印》，则通过杨传假冒巡按以假印换真印为民平冤、痛斥萧太师的故事，热情歌颂了劳动人民机智、勇敢和善良的品格，也揭露和鞭挞了贪官污吏的罪行。像这类地方剧目，均具有较深刻的思想内容和艺术表现力。

二、京剧的兴盛及主要剧目

近代戏剧中流传很广的京剧，是由徽调二黄和汉调西皮为主要唱腔形成发展起来的，因此京剧有时也称"皮黄戏"或"二黄戏"。它是清朝乾隆末年（1790 年前后），由原来在南方演出的三庆、四喜、春台、和春四大徽班把二黄戏带上北京，与湖北汉调艺人合作，并吸收了昆曲、秦腔等戏曲演变而成的。在京剧兴起过程中，前期的皮黄戏剧作家，如余治的《庶几堂今乐》28 种、卢胜奎（卢台子）的《全本连台三国志》40 本、唐景崧的《旗亭新曲》等，都对京剧创作的兴起作了一定的努力和贡献。19 世纪末，随着演戏活动频繁和演出班社的增多，皮黄戏得到进一步兴盛和发展。其时艺人辈出，涌现了像程长庚、谭鑫培、徐小香、杨月楼、梅巧玲等号称“同光十三绝”的第一代京剧艺术家。京剧艺术经过众多艺人的加工、革新和创造，使艺术表现形式定型化，并产生了以谭鑫培、汪桂芬、孙菊仙为代表的京剧艺术流派，也出现了汪笑侬、潘月樵、夏月润等人的京剧改革和演出活动。近代京剧艺术，以其博采众长，行当各异，唱腔声情并茂，以及熔歌唱、说白和富于象征性于一炉的表现形式，受到群众的喜爱和欢迎。

现存的京剧剧本，大多来自民间，是经过京剧艺人的集体创作不断得到完善和提高的。其剧目的流传与保存，主要靠师徒口传心授和京剧艺人的传抄收藏。新中国成立后才组织人力进行整理加工，编辑成卷帙浩繁的优秀京剧选本《京剧丛刊》和京剧剧目总集《京剧剧目初探》。前者广收流行京剧传统剧本 160 本，后者收入 1383 出京剧的剧情提要。据统计，在 1300 多个剧本中，经常演出的达三四百个。这些剧作题材广泛，内容丰富，形式多样。其中许多优秀剧本虽取材三国、水浒等历史故事，但经过艺术的改编和加工融进了新的思想内容和民族意识，从各个方面反映社会斗争生活，表达了人民群众的心理、要求和愿望，具有高度的人民性和民族性。流行较广的京剧传统剧目主要有《群英会》、《宇宙锋》、《打渔杀家》、《四进士》、《霸王别姬》、《贵妃醉酒》、《空城计》、《萧何月下追韩信》、《穆柯寨》、《打严嵩》、《挡马》、《金玉奴》、《樊江关》等。

《打渔杀家》原名《庆顶珠》，又名《讨渔税》，为较早的京剧传统剧目。汉剧、秦腔等剧种均有此剧演出。该剧取材于《水浒后传》，写曾参加过梁山泊起义的好汉萧恩，起义失败后，带女儿隐身江河以捕鱼为生，但仍遭恶霸丁自燮勾结官府以武力强索，滥施刑杖，父女被迫与之斗争，杀了丁府满门，远走他乡。剧本形象地刻画了萧恩由忍耐退让到燃起满腔怒火进行反抗的性格发展过程。他具有英雄本色，又有丰富的斗争经验，在他身上集中反映了封建制度下压迫劳动人民的遭遇，也体现了人民群众反对剥削和压迫的强烈愿望。作品还描写了仗势欺人、外强中干、可笑可鄙的丁府师爷的形象，剧作者对他进行了辛辣的嘲笑和讽刺。此外，剧本对富于豪侠和义气的李俊、倪荣等的英雄本色，对善良勇敢的桂英也作了形象的描写。全剧结构严谨，情节曲折，描写生动，唱词优美，富于抒情色彩，是一部优秀的京剧剧本。

《群英会》一剧，取材于小说《三国演义》，描写三国时赤壁之战，孙权、刘备等联合抗曹，诸葛亮亲赴东吴和周瑜共商对策，两人在大战前夕互相斗智斗勇的故事。其中蒋干盗书、草船借箭、苦肉计、打黄盖等情节，写得声色俱美，颇为动人。因剧中周瑜召集东吴文官武将举行宴会，接待曹操说客蒋干，故称“群英会”。该剧的突出成就在于在戏剧冲突和对比中刻画人物形象，展示人物心理活动及性格的双重性与复杂性。例如，周瑜本是一位精明能干、足智多谋的将领，他才智过人，善于用计，但又心胸狭隘、妒贤嫉能。他惊服诸葛亮料事如神，但又把他视为东吴后患，处处设防，甚至设计要杀诸葛亮。而诸葛亮却胸怀坦荡，镇定自如，深谋远虑，为了破曹不计个人得失，在“借东风”、“草船借箭”等剧情中，集中表现了过人的智慧和才能。剧中展现曹操的奸诈与得意忘形，鲁肃的憨厚、正直，蒋干的不学无术等，均极为形象、生动，多为人所称道。

《四进士》又叫《节义廉明》，也是一出深受群众欢迎的京剧剧本。汉剧、川剧等剧种均有此剧目。该剧描写一位富有正义感的老人宋士杰，出于义愤，不畏强权，为含冤负屈的女子杨素贞同往州衙击鼓鸣冤，与贪官污吏作斗争而最后取得胜利的故事，成功地塑造了一个好打抱不平的宋士杰形象。宋原为明朝刑房书吏，只因主持正义和办事傲上而被革职。他具有强烈的正义感和舍己为人的精神。当他看到刘二混等坏蛋追赶杨素贞之时说：“我宋士杰不管，他们那一个敢管。”他有丰富的生活和斗争经验，虽然吃过官场的亏，在救人之危时也曾产生过思想上的斗争和矛盾，但疾恶如仇的正义感又促使他为杨素贞上公堂告状，与顾读等赃官作斗争，表现了他顽强斗争意志和必胜的乐观精神，在戏剧的矛盾冲突中形象地表现了宋士杰机智勇敢、乐观顽强的性格。他身上集中反映了以正义战胜邪恶的力量和智慧，表达了人民群众的情绪和愿望。该剧结构严谨，人物性格鲜明，颇富于民族的审美风格。除此之外，近代比较有影响的京剧剧目，还有反映旧社会妇女遭遇和为争取自由而斗争的《玉堂春》，有描写梁山好汉见义勇为、除暴安良的《清风寨》，有写三国名士祢衡借曹操大宴群臣击鼓骂曹的《打鼓骂曹》，此外，还有《嫦娥奔月》、《长坂坡》、《鸿门宴》、《三击掌》、《汉明妃》、《单刀会》、《洛神》等，在舞台上经常演出，有一定的影响。

近代京剧艺术，由于地区和艺术表演风格的不同，于19世纪末20世纪初逐渐形成“京派”和“海派”两大京剧流派。前者以北京为基地，重在继承传统、讲究艺术规格，重视艺术演出的基本功，著名演员有程长庚、余三胜、谭鑫培、金秀山、孙菊仙、汪桂芬、谢宝云、肖长华、刘鸿声等。后者是指在上海形成的一个京剧流派，重在革新创造，注意吸收新事物和反映现实生活，这派的著名演员有黄月山、王鸿寿、汪笑侬，李春来、潘月樵、夏月润、冯子和、王长林、盖叫天等。其他如徐小香、俞菊笙，杨小楼、余叔岩、梅兰芳、李少春、程砚秋等著名京剧艺术家，都为近现代京剧艺术的兴盛和发展作出了贡献。

三、汪笑侬及其京剧剧本

近代著名的京剧改革家、演员汪笑侬（1858～1918），满族人，曾任河南太康知县，由于禀性刚直，触怒豪绅，被劾罢职，转而从事戏剧改良和演出活动。中日甲午战争以后国内民族矛盾加剧，汪笑侬目睹清政府的腐败和对外屈辱投降，满怀爱国主义和愤世嫉俗之情，和陈去病一起创办戏剧杂志《二十世纪大舞台》，提倡改良戏剧，倡言“以改革恶俗，开通民智，提倡民族主义、唤起国家思想为唯一目的”。

汪笑侬自编自演的京剧剧本甚多。其中以《党人碑》、《博浪椎》、《献地图》、《哭祖庙》、《瓜种兰因》以及“三骂”(《骂阎罗》、《骂安禄山》、《骂王朗》)等时事京剧，较为脍炙人口。这些剧目，虽多取材历史故事，但编演者善于借古喻今，针砭时政，表现出强烈的爱国热情和民族的思想意识。作为戏剧艺术家，汪笑侬既继承了我国戏曲优良传统，又善于创造革新。他编写的许多剧本，不论是从昆曲旧本中移植，还是对京剧老本加以整理修改，均不墨守成规、敢于创新，做到古为今用，有时为了避免因律害义，还常常打破京剧七言十言的成规。其修改的剧目既要求情节合理，又注重与史实吻合；既要求文理通顺，还须做到上口流畅。在近代戏剧改良运动中，汪笑侬被誉为“中国第一戏剧改良家”(柳亚子《二十世纪大舞台发刊词》)。其编演的时事新戏和从事戏剧形式的改革，推动了我国近代戏剧艺术现代化进程，对我国早期话剧形式的萌芽也产生了积极的影响。

《哭祖庙》一剧是汪笑侬的主要代表作。它描写三国时魏将邓艾攻打蜀国成都，刘备的儿子刘禅欲投降魏国，而刘禅之子刘谌主张抵抗，屡谏刘禅不成，怒而回宫，在其父投降之际，悲愤之极，遂杀妻灭子，提着人头至祖庙哭诉，最后自刎身亡的事件。该剧虽取材三国故事，但编演者借古讽今，影射时政，表达了群众在国家危亡之时要求抗战的心理、情绪和愿望。例如，剧中有对白道：

老生（刘禅）白：皇儿进宫，有何本奏？

生（刘谌）白：今有邓艾围困成都，父王为何坐视不理？

老生白：非是父坐视不理，只因满朝文武，有的愿战，有的愿降，孤想不如投降，免得生灵涂炭。

生白：自盘古以来，江山只有争斗，那有善让之理？老生白：孤也曾问过神师，神师言道：投降邓艾保孤天下太平。

生白：父皇，休信那妖巫一派荒诞之辞。想邓艾孤军深入，利在速战，父皇不可开城，只可坚守，儿臣不才，率领众将，君臣父子背城一战，何愁邓艾不灭？

老生白：走！动不动就要开战，胜了还则罢了，若是败了，岂不是要了你老子的命不成？

剧中刘禅与刘谌父子的这番对话，明显是针对清政府的投降卖国政策、针对那些贪生怕死的投降卖国贼而发的。后主刘禅的形象，活生生地勾画出卖国贼的面目。而刘谌的敢于斗争和慷慨殉节的行为，易于激发民族的义愤，唤起国民的爱国同情之心。该剧唱词奔放，声调苍劲，编者擅长用迂回曲折的声调表现人物复杂的情感，使之“低回咽呜，慷慨淋漓。将有心人一种深情和盘托出，借他人酒杯浇自己之块垒”。为此，当时《哭祖庙》一剧在上海演出时，“竟遭到流氓向剧场投掷烟幕弹的破坏，足见他这一剧目的政治影响是多么广大”(周信芳：《敬爱的汪笑侬先生》)。

被誉为“切合时世一大悲剧”的《党人碑》(蒋观云：《中国之演剧界》)，是汪笑侬在戊戌变法失败、六君子殉难的历史背景下编演的。谭嗣同的慷慨临刑，使汪笑侬深为敬佩，激起了义愤：“他自仰天而笑，我却长歌当哭。”作者奋笔直书，以北宋书生谢琼仙醉后怒毁元祐党人碑的故事，痛斥蔡京、高俅、童贯等权臣的倒行逆施、把持朝政的罪恶行径。剧本影射时政，矛头实指顽固派，辛辣地讽刺了窃国大盗袁世凯。该剧悲壮激烈，感情浓郁。除此之外，经汪笑侬编演影响较大的剧本，还有描写一代重臣卖国求荣的《受禅台》、写南宋书生打倒东岳神像的《骂阎罗》、写蔺相如不愿亡赵而将相交欢的《将相和》、写张良谋刺暴君秦始皇的《博浪椎》，以及《献地图》、《马前泼水》、《易水寒》、《刀劈三关》、《洗耳记》、《完璧归赵》、《亡国惨史》等。

在近代戏剧界，汪笑侬是一位忧国忧民的爱国志士。他面对现实，表现对国事日非的针砭和感慨；他勇于打破成规，祈求戏剧改良与改革社会相结合。他不仅编演讽刺时政的新戏，还编演外国故事剧，甚至穿起西装演时事京剧。其编演的京剧讲究剧情完整，注重人物形象深刻和声腔的激越动人。在表演技巧上，汪笑侬宗法汪（桂芬）孙（菊仙），善取他人之长，参合己意加以融合，形成吐字铿锵、嗓音苍劲、善于以大段唱功表达慷慨悲歌之情等特色，故自成一派，称为“汪派”。

四、戏曲改良运动与主要戏曲社团

在近代社会思潮和文学革新运动的影响下，辛亥革命前后，戏曲界掀起了一场戏曲改良运动。这次改良运动几乎遍及全国各主要剧种，不少地方相继成立了戏曲班社，推行戏曲改良，用以宣传资产阶级民主革命思想。其中影响较大、活动时间较久的，有四川的戏曲改良公会和三庆会、陕西易俗社、北京的奎德社等。这些戏曲社团不仅有固定的机构、人员，有活动的场地，而且有改良戏曲的宗旨和要求。当时一批享有盛誉的剧作家和著名艺人，如川剧作家赵熙、黄吉安，评剧作家成兆才，河北梆子艺人田际云，京剧改革家和演员汪笑侬、梅兰芳、夏月珊、夏月润等，都热情地参加戏曲改良运动，为促进各个剧种的发展和艺术风格的形成，作出了重要贡献。

四川戏曲改良公会，成立于1904年，翌年即开始正式活动。它以“改良戏曲，辅助教育”为宗旨，在7年左右的时间里，集资建了悦来茶园，使改良川剧有了固定的戏园和活动场地，邀集文人编写剧本，大力改编传统戏或撰写新戏，提高了川剧剧本的文学水平；并规定有关演出和考核、奖惩伶工办法，提高了演员的事业心和责任感。当时改良公会邀集编写川剧剧本的文人，有伊仲锡、冉樵子、刘豫波，李景钟、赵熙、黄吉安、张稺海、赵君楷等。其中以赵熙、黄吉安成就最大。赵熙曾任翰林院国史编修官、江西道监察御史等职，和康有为、梁启超、刘光第等人有较深的交情。他改编的川剧剧本甚多，如经他改良的《活捉王魁》就得到很高的评价：“改良脚本之佳者，无过于活捉王魁，而全部中哀感顽艳、淋漓尽致，尤以情深为最，欧洲之莎翁悲剧，日本之新剧《不如归》，其悱恻动人，亦不过如是耳。”（《蜀伶杂志》、《康刘之情探》）赵熙在《情探》的改编中，善于按照生活真实和人物性格的逻辑，扬弃了明人王玉峰《焚香记》和川剧旧本《活捉王魁》中的不合理成分，减少了与主旨无关的头绪和线索，剧情更为集中，深化了剧中人物性格和心理冲突。如剧本在写敫桂英回忆往日和王魁的爱情生活，引起王魁的念旧之情时写道：

我想去年秋后，状元公深夜攻读，奴在旁边烹茶奉水。一霎时，西风瑟瑟，奴说：郎君安寝了吧！及入罗帐，郎君足如冰冷，奴家猥足而眠，终夜不暖。次日郎君就得了一个寒症，医药罔效，奴家许上一愿，皇天菩萨保佑郎君安好，愿减我六年之寿。后来奴在海神庙求得药签一方，郎君就脱然而愈，状元公记得不记得？

多么真诚的心理表白！这一感人的心理描写，既充分展示了敫桂英的温柔、体贴和多情的性格，也更容易激起人们对善良女子的遭遇和命运的同情，对负心郎王魁的憎恨。

在川剧改良活动中，黄吉安编写的剧作最多。他虽 65 岁才从事创作，但在至 88 岁的 20 多年间，共写了 80 多本川剧剧本，20 多本洋琴剧本。他所撰剧本内容多样、题材广泛，有对古代民族英雄事迹的歌颂，有对历史上暴君权臣的无情揭露和鞭挞。有对被压迫妇女的同情和盛赞她们的反抗精神，等等。如《柴市节》一剧，描写文天祥被囚燕都三年不降而从容尽节的故事，《三尽忠》描写陆秀夫、张世杰抗击元兵相继殉国的故事，《朱仙镇》描写岳飞在朱仙镇大捷而被勒令召回，挥泪告别父老的情景，均形象地展示了处在民族危亡之秋时一批爱国志士高尚的民族气节，唤起国人同仇敌忾的爱国热情。此外，在黄吉安的笔下，如《柴市节》中投降元兵的留梦炎、《江油关》中投降魏国的马邈、《闹齐宫》中趁齐桓公病危而争王位大闹不休的诸公子、《春陵宫》中强虏舍人入宫的宋康王、《鞭督邮》中的督邮惠路、《百宝箱》中的李甲等，他们的丑恶灵魂、昏庸心态和作恶多端，都受到了无情的揭露和谴责。而对于击鼓战金山的梁红玉（《桴鼓战》）、反对丈夫投降而自缢的李氏夫人（《江油关》）、蔑视富贵权势的息娘、向往自由愤而投江的杜十娘等妇女，不仅歌颂了她们的反抗精神，还对她们的受压迫寄予了同情。在川剧改良活动中，黄吉安的剧作虽多取材历史事件，但他能面向现实，借古喻今，善于在美与丑、忠和奸的鲜明对比中，创造人物形象，“辨忠奸，判曲直”，爱憎分明，形象具体，语言雅俗共赏，形成了其剧作独特的艺术风格，川剧界称之为“黄本”。

川剧改良公会于 1911 年解散，同年以康子林、杨素兰、贾培之等为代表的著名川剧艺人在成都成立了“三庆会”，它继承了川剧改良公会的一些做法，在川剧艺术汇集昆腔、高腔、胡琴、弹戏和灯戏等声腔的历史过程中起了重要作用，同样对川剧的革新和发展作出了贡献。

陕西易俗社，是 1911 年 7 月由李桐轩、孙仁玉、范紫东等在西安创办的属于陕西秦腔戏的一个戏曲社团。该社机构健全，定有简章，提出“以编演各种戏曲补助社会教育，移风易俗为宗旨”，并且在编写剧本、训练学生、演出剧目和经营管理方面都作了具体规定，把“古今中外政治之利弊及个人行为之善恶，足引为鉴戒者”、“风俗之宜改良，道德之宜提倡者”、“浅近易解之科学及实业创造之艰苦卓著者”、“稗官小说及乡村市井琐事，含有教育意味者”等，作为剧目选题的原则和标准。

1914年后又提出改良和甄别“旧戏”的主张，认为必须以“传神感人”、“以影响于人心为断”作为甄别戏曲的标准。易俗社的主要成员大多能够编撰剧本，据统计从该社成立到1949年的38年间，编写剧本近5000个，成就最大的是孙仁玉、范紫东。易俗社的早期剧本，或者是提倡婚姻自由和男女平等，或主张兴办实业提倡学习科学文化知识，或“破习俗之迷信，并戒淫荡”，或“劝恤贫、戒虐婢”，或反对缠脚、赌博和吸食鸦片等，具有资产阶级民主革命和爱国主义的思想倾向。其中影响较大的剧本有孙仁玉的《三回头》、《柜中缘》、《小姑贤》、《燕山恨》、《镇台念书》；范紫东的《三滴血》、《软玉屏》、《三知己》、《宫锦袍》、《美人换马》，以及《一字狱》、《双锦衣》等。尽管易俗社编演的某些剧目还存在封建的道德观念和因果报应等思想，但该社剧本面向现实生活，同时在培养秦腔艺人、形成秦腔艺人的风格流派方面起了重要作用。

在近代戏曲改良活动中，还有河北梆子艺人田际云及其组织的玉成班、翊文社，评剧作家成兆才及其创办的“警世剧社”，广东粤剧艺人李文茂及随后崛起的粤剧“志士班”等，都对地方剧种的改良产生了一定的影响。

田际云（1864～1926），是一位胆识俱备、热心社会改革的演员。他曾通过进宫演出之机宣传维新变法，戊戌变法失败后逃亡上海，三年后回京，曾编演过一些时事新戏，擅长演出《梅龙镇》、《海潮珠》、《斗牛宫》等剧。辛亥革命后发起组织正乐育化会，并在北京举办“崇雅社”，培养了一批女演员。

成兆才（1874～1929）为著名的评剧作家，出身农民家庭。18岁开始习艺，娴熟吹、打、弹、唱。其一生撰写剧本约100余种，内容广涉历史、家庭、爱情故事。他长于创作激昂慷慨、刚烈豪爽的人物形象，用以表达人民群众反对封建专制统治、争取民族独立的爱国主义精神。比较著名的剧本有《珍珠衫》、《马寡妇开店》、《花为媒》、《杜十娘》、《王少安赶船》、《杨三姐告状》、《移花接木》、《保龙山》、《占花魁》、《黑猫告状》等等。对评剧艺术风格的形成和发展起了重要作用。

著名粤剧艺人李文茂（？～1865），极富于反抗精神，1854年响应太平天国革命运动，会同陈开等领导以粤剧艺人为骨干的反清起义，声势浩大，据说起义前曾演出过《三元里打番鬼》等剧目。他精少林武功，擅长演出《芦花荡》、《王彦章撑渡》等尚武精神的剧目，强调发挥粤剧的战斗作用，提倡革命精神和艺术实践相结合，对粤剧“志士班”的成立和粤剧内容与形式的改革产生了较大影响。

近代戏剧改良运动是中国资产阶级向封建阶级争夺戏曲阵地的一个重要步骤。虽然在整个戏曲改良活动中存在重宣传而对戏曲艺术特性重视不够等缺点，但近代戏曲艺术家们以自身的创作和演出实践，进行了戏曲内容和形式的革新，为促进各地方剧种的繁荣和发展作出了贡献。

第四节 文明戏——中国早期话剧的诞生

一、文明戏的形成和发展

文明戏，又称文明新戏、新剧，是指有别于我国传统戏曲的早期话剧。在文明戏形成过程中，作为话剧因素的说白和对话，在我国传统戏曲中已存在了。但真正的话剧样式，则产生在近代社会的巨大变革年代，与近代戏剧革新，以及冲击封闭的文化心理和吸收外来新剧的影响相互联系。

1894年中日甲午战争，特别是戊戌变法失败之后，民族危机严重，挽救民族危亡之声四起，引起了知识分子和青年学生对时政的密切关注。反映在戏剧舞台上，上海的青年学生，一方面受汪笑侬的戏剧改革精神和编演时装新戏的影响，同时目睹清政府的腐败和残酷的社会现实，纷纷提倡改良，提倡爱国，以汪优游、朱双云、王幻身等为骨干的上海青年学生组织的开明演剧会，以现实生活为题材，在编演《六君子》和《义和团》等剧目的同时，还以改良风气自命，演出了如《军事改良》、《家庭改良》、《教育改良》等新戏。上述演出尽管情节简单，形式上未能脱离旧戏范围，但其新的题材以及用对白和时装的表演形式，显示早期话剧一开始就和民众所关心的社会政治问题相联系的特点。而真正早期话剧的形成，则是从1907年王钟声在上海成立春阳社和留学日本的青年学生李息霜、曾孝谷、欧阳予倩等人在东京组织春柳社，分别演出《黑奴吁天录》开始的。前者全用分幕编剧和对话的形式，并以布景灯光强化舞台演出效果，增添了新剧的演出感。而春柳社的演出，更多地受日本新派剧表演形式的影响，把爱国热情和强烈的民族意识熔铸在剧情的改编和演出中。由于他们改编选定的是美国斯托夫人富有反抗民族压迫思想的小说，适应了民主革命的思潮，加上改编和演出的认真，“这次演出不仅轰动了留学生界，而且还引起了日本人的注意，纷纷前来看戏”，说中国青年的这种演剧，象征着中国民族将来的无限进步。所以，春柳社的这次演出，“是中国话剧史上十分值得纪念的一次演出。这是春柳社第一次的正式演剧，也是中国完整的话剧第一次演出。无论从内容，从形式，从技术上来说，都有相当的成功，给当时观众以及后来剧运的影响都是很大的”（张庚：《中国话剧运动史初稿》）。

1910年，任天知从日本回上海组织进化团，广招团员，当时新剧界名角如汪优游、陆镜若、王幻身、萧天呆、钱逢辛等都参加了。任天知带领该团在上海、南京以及芜湖、扬州、宁波、汉口等地旅行演出。从1910年冬到1912年秋，进化团的演出活动虽然只有短短的两年时间，但由于它成立于辛亥革命前夕，又以话剧的形式反映当代社会生活、表达人民群众对革命的要求和愿望，所以获得人民的同情，受到广大群众的欢迎。进化团的成立和演出，不仅对辛亥革命起了积极的宣传作用，而且极大地推动了我国早期话剧的发展。当时“长江一带的文明戏可以说多半是进化团影响的结果。在进化团瓦解之后，它的团员还一直在这一带活动，沿江的镇江、芜湖，西至汉口，南至长沙，东南沿海到宁波，北至扬州，都有他们的足迹。进化团的骨干如顾无为、汪优游、查天影等，后来大多成为一个时期上海和汉口文明戏的主要人物”（张庚：《中国话剧运动史初稿》）。在进化团等的影响下，辛亥革命前后有众多的剧团活跃于南北各地。在南方，既有徐半梅领导的多半以演笑剧为主的社会教育团，行踪在苏（州）、常（州）、汉口等地，也有以演“歌舞剧”为特点的开明社，到过南洋日本等地演出。北京则有王钟声、刘艺舟等经常以话剧形式演出《孽海花》、《热泪》、《宦海潮》等宣传革命和讽刺统治者腐败的剧本。

我国早期话剧是伴随着资产阶级革命运动的到来而得到不断扩大和发展的，一批戏剧艺术家积极投身辛亥革命，有的还献出了自己的生命。但是，到了1913年“二次革命”失败后，曾经盛极一时的早期话剧却遭到袁世凯和北洋军阀的摧残。当封建专制统治复辟时，在外地演出的一些剧团纷纷回到上海，曾出现过短时期话剧“中兴”的局面，有所谓新民社（郑正秋）、民鸣社（经营三、张蚀川）、开明社（朱旭东、史海啸）、启民社（孙玉声），以及文明社、新剧同志会等较大的职业剧团。在这些剧团中，除了陆镜若等人所领导的新剧同志会（即“春柳剧场”）演出的剧目能反映现实斗争、有较完整的演剧形式、演出态度认真严肃之外，其余多数剧社均为赚钱而设，所演的主要是家庭戏，剧本内容狭隘，为追求情节的复杂离奇，背离了话剧感化社会的“纯正宗旨”，逐渐失去了戏剧宣传爱国主义思想的内容和昂扬的气势。作为早期话剧的文明戏，乃是受到欧洲戏剧分幕和日本新剧演出形式的影响，在自己民族的文化土壤中生长起来的一种新的戏剧样式。著名戏剧艺术家欧阳予倩在《谈文明戏》一文中把中国早期话剧的发生发展过程分为三个阶段。他说：

第一阶段1907～1911年为创始时期——从春柳社在日本演出《黑奴吁天录》，王钟声组织春阳社，经过在兰心大戏院、张园等演出，和陆镜若合作组织文艺新剧场演出《猛回头》等戏，和任天知合作演出《迦因小传》，到进化团成立（包括王钟声到北方演出），这是创始时期。

第二阶段1911～1917年为发展兴盛时期——进化团在各地演出受到欢迎；新剧同志会成立，建立春柳剧场；新民社、民鸣社、开明社、启民社等职业剧团先后成立，这一时期尽管其中有的剧团维持不久，有的剧团活动不多，但总的看起来这一时期是比较兴旺的。

第三阶段1917～1924年为日趋衰败时期——1915年至1916年，春柳和民鸣社相继解散，1918年郑正秋在舞台演出失败之后，上海新剧的活动地盘只剩了笑舞台一家，而新剧的演出越来越糟，直到不可收拾。及至笑舞台的房东把那块地翻成弄堂房子出租，新剧在上海的演出地盘就没有了。剩下来一些演员，只能走向游艺场勉强维持生活，有些就到小城市里演出糊口，文明新剧就再没有什么发展。

我国早期话剧（文明戏）在辛亥革命前夕兴盛起来，因辛亥革命运动的刺激而日益发展繁荣。尽管文明戏的后期出现过一些具有不良倾向的剧本，但早期的话剧运动饱含着强烈的民族民主革命意识，一大批戏剧艺术家既热爱戏剧艺术，又具有革命的热情，对后来的影响是巨大的、深远的。“五四”运动之后，20世纪20年代南国剧社和30年代左翼戏剧家联盟相继成立，我国早期话剧走向更加成熟的现代话剧发展的新阶段，涌现出许多著名的剧作家、导演和演员。我国的话剧，是“利用新的戏剧艺术形式，结合中国社会发展的丰富内容，承继中国戏剧的优秀传统，因时因地用各种不同的、生动活泼的斗争方式推进运动，建立为中国广大群众所喜闻乐见的，为人民服务的话剧艺术”（欧阳予倩：《回忆春柳》）。

二、早期话剧的主要剧本与内容

我国早期话剧，在近代社会变革和时代思潮的推动下，一开始就与现实生活和人民群众关注的社会问题保持密切的联系，并以其剧目众多、题材广泛、内容丰富，显现于当时文坛。还在话剧创始初期，春阳社演出的新剧剧本，除了《黑奴吁天录》之外，还排演了《迦因小传》、《秋瑾》、《徐锡麟》、《官场现形记》、《新茶花女》、《猛回头》、《爱海波》、《宦海潮》、《张汶祥刺马》、《革命家庭》、《热血》、《爱国血》等。这些剧本着力宣传革命，抨击和暴露统治阶级的腐败与黑暗。春柳社在早期话剧运动中起了启蒙作用，在三年的演出活动中，春柳社和春柳剧场所演的剧目，计有81个之多。这些剧本，饱含着强烈的民族民主革命意识。其反映的内容，据欧阳予倩说：“多半称赞爱国志士、见义勇为的人和江湖豪杰之流；宣扬纯洁的爱情、婚姻自由、爱人如己、牺牲自己成全别人；反对的是高利贷、嫌贫爱富、以富贵骄人的、恃强欺弱的、纵情享乐的、不合理的家庭、不合理的婚姻制度、腐败的官场等等；同情被压迫者、同情贫穷人；有些戏写一个人能运用聪明智慧打破坏蛋的阴谋；有些暴露社会的腐败和黑暗。”（《回忆春柳》）尽管春柳剧场演出的一些剧目在情节安排上有些地方显得生硬，但许多戏反映了当时一种正处于萌芽中的社会革命思想。例如，根据日本新派剧作家佐藤红绿的《云之响》翻译的《社会钟》，对农家子女石大、石二和秋兰被逼得走投无路而奋起反抗的描写；《猛回头》一剧所表现的反对高利贷剥削而帮助穷人说话的思想倾向；《运动力》剧本关于一个地主为贿选议员强迫佃户加押租，佃户愤然烧掉地主房子的描写；《宝玉镯》中描写一个木匠把女儿嫁给徒弟，后女儿被阔人引诱娶去而被弃，流落街头，最后她伺机杀死阔少爷而后自刎等事件，都孕育着朦胧的阶级反抗意识，具有深刻的社会意义。值得注意的是，在当时幕表戏（没有剧本，只靠一张幕表演戏）流行之际，春柳所演的戏大都有完整的剧本，它不作长篇的议论，不追求突出的噱头，舞台艺术形象比较整齐合理，这对保持艺术表演的完整性和反映生活的真实，是具有积极意义的。随着辛亥革命运动高潮的兴起，任天知领导的进化团，于1910年冬至1912年秋先后在各地演出，所演剧本有《血蓑衣》（日译本名《血之泪》）、《东亚风云》、《新茶花》、《安重根刺伊藤》、《恨海》（又名《情天恨》）、《尚武鉴》、《黄金赤血》、《共和万岁》、《黄鹤楼》、《新加官》等。这些剧本，大多反映当时的社会政治问题，其中有表现富国强兵思想的，有反映鸦片烟对百姓的毒害的，有赞颂辛亥革命和叙述武昌起义的，有讽刺反动的清朝官吏腐败的，还有根据外国戏改编而倾注近代意识的等等，大都具有浓厚的革命色彩，焕发出爱国主义热情，很受群众欢迎，易引起观众的共鸣。

《黑奴吁天录》一剧，是春柳社第一个正式演出的完整的话剧，也可看做我国早期话剧第一个创作的话剧剧本。它描写了美洲绅士解而培、韩德根贩卖和迫害黑奴，激起黑奴反抗杀死奴贩子的事件。全剧共分五幕：

第1幕："解而培之邸宅"。写绅士解而培、韩德根养家奴，向白人奴贩子海留出卖忠正厚实的家奴汤姆事。

第2幕："工厂纪念会"。写威立森工厂特开大纪念会，威立森授哲而治赏牌，韩德根怒而阻之一事。

第3幕："生离欤死别欤"。写解而培卖汤姆、小海雷给奴商海留，哲而治自工厂辞职，意里赛述卖儿而伤心痛哭之事。

第4幕："汤姆门前之月色"。写意里赛孑身携儿出逃，到汤姆处诉以近事，汤姆夫妇大愕，亦相持恸哭。

第5幕："雪崖之抗斗"。写哲而治出奔至深山，天寒大雪，万般困苦，见意里赛携儿前来，悲喜交集，遇韩德根等追捕，哲而治奋起抗斗，卒获免于难。

本剧有完整的剧本，全部用口语对话塑造剧中角色，以表演真实的感情。没有幕外戏，以及朗诵、独白、旁白，剧本虽根据小说改编，但进行了必要的加工和创造，于剧中倾注了强烈的反抗民族（种族）压迫的思想意识。例如，如果依照小说原本，第5幕"雪崖的抗斗"不应该有汤姆出现，因为汤姆卖掉后已被海留带走，汤姆愿意虔诚地为众人受罪。但戏中却描写汤姆和哲而治一同逃走，摒弃了汤姆身上的宗教思想色彩。而戏的结尾，把小说中的解放黑奴，改编为黑人杀死几个奴贩子后逃走的场面，以战斗的胜利闭幕，而且像哲而治和他的妻子意里赛分别，以及意里赛把被卖的消息告诉汤姆等场面都十分动人，在观众中能收到很好的艺术效果。

《热血》（又名《热泪》）是法国浪漫派作家萨尔都的剧本《女优杜司卡》的中文译本。它描写画家露兰和歌剧女优杜司卡恋爱的故事：流落罗马的法国画家露兰和女优杜司卡恋爱，而罗马的警察总督保罗也爱上了杜司卡，因此非常嫉妒露兰。恰好露兰救了一个革命者，放他逃走，警察总督保罗借此挑拨杜司卡和露兰的关系，同时又利用搜查国事犯之机逮捕了露兰，并处以死刑。而保罗则以甜言蜜语哄骗杜司卡，利用杜急于救露兰的心理威逼她嫁给自己。杜司卡营救露兰无效，遂于愤恨之际举刀刺杀保罗逃走，但当她跑到刑场时，露兰已被处决。警察来抓杜司卡，杜遂纵身跳城堡自杀。这出戏充满浪漫主义气氛。青年画家放走革命党和慷慨就义的描写、年轻美丽的女优刺杀反动统治者以及为爱情而牺牲的行为，都很能鼓动革命情绪。而且该剧有完整的剧本，故事的编排、情节的发展、人物的安排比较集中，演出中幕与幕之间衔接紧密，动作比较一贯，没有多余的不合理的穿插，没有临时强加的人物，没有故意迎合观众的噱头。作为早期话剧，其形式趋于整齐统一，收到了较好的艺术效果。

新剧同志会和春柳剧场的戏剧作品，除了《热血》、《家庭恩怨记》、《不如归》、《猛回头》、《社会钟》、《鸳鸯剑》等根据外国剧本翻译改编，有比较完整的剧本外，大多是根据自己的意图编制故事、安排人物，写成详细幕表和附有重要对话的幕表戏。其中通过自己创作写成完整剧本的只有《家庭恩怨记》一剧。它的故事情节大致是：军官王伯良趁辛亥革命民军起义之机，弄到一笔公款逃到上海，娶了妓女小桃红。小桃红原和李简斋相爱，到了王家后，简斋经常和她私下来往。一天被伯良前妻之子重申撞见，小桃红遂设计陷害重申，王伯良听信了小桃红的谗言，盛怒之下赶走儿子，重申无以自明，便用其父的手枪自杀了。伯良原为重申娶了个童养媳梅仙，重申一死，梅仙也疯了。后王伯良发现小桃红另有情人，一气之下将小桃红杀死。王伯良有一个办孤儿院的朋友曾经向他募捐，他在趾高气扬之时一毛不拔，此时情况变了，朋友再找他，王伯良说自己没有了儿子便想起孤儿的可怜，表示愿意把家产（冤枉钱）捐给孤儿院，然后自杀。他的朋友劝他说国家正在多事之秋，应当努力于救国事业，他接受了朋友的劝告，遂离家出走。

像这类描写上层社会军官家庭变故的作品，编剧者以新的戏剧形式真实地再现社会生活的某一个侧面，希望像王伯良一样的人物也能有爱国之心，能为社会做有益之事。剧本的这一思想内容，在辛亥革命兴起的时候，对中上层社会的观众、对广大的学生和市民，仍有一定的教育意义。剧中的一些场面，例如，对王伯良做寿那天小桃红设圈套诬告重申，伯良大怒逐儿，重申无以明告，失望之余举枪自杀的描写，以及重申死后，梅仙发疯每晚都到花园找未婚夫，声声叫着哥哥的场景，悲剧气氛浓郁，场面相当动人，有一定的艺术感染力，受到当时观众的欢迎。

《不如归》一剧，是根据日本德富芦花的小说改编的中国戏剧。内容写海军少校赵金城和陆军中将的女儿康帼英结婚，相亲相爱，而赵的母亲却听信她的内侄易保伦（他曾爱帼英没有成功）的挑拨，说帼英有肺病，逼着儿子和她离婚。帼英因此大病，待金城从海外回来，她已经死了。该剧由马绎士据日本新派戏剧本改译，作了相当的改动，使之更合乎中国的习俗。例如，把原来中将的女儿片冈浪子在家被继母歧视，出嫁后虽夫妻异常和好，但遭婆婆折磨，忧郁成病改为海军少校和陆军中将女儿康帼英结婚、相爱，而赵母听信内侄易保伦的挑拨，逼儿子和帼英离婚。其中有一小段帼英婚后和易保伦相遇时的对话：

保：帼英姑娘。（帼不答）

保：嫂嫂……（帼抬起头来）

保：恭喜恭喜。（帼仍不语）

保：恭喜真正恭喜。你可知道没福气的人儿在什么地方？（冷笑介）哈哈……（帼仍不语）

保：嫂嫂。

帼：有什么事？

保：男爵的金钱真是好东西。（冷笑）哈哈，真是恭喜恭喜。

帼：你说什么？

保：（冷笑介）哈哈，有钱的人家，无论怎么样都肯嫁给他的。若是没有钱，就是向来见面的好人，连理都不理了。那是自然，现在是男爵夫人。（冷笑）哈哈哈，但是帼英绝没有这种事情的。

帼：（啮着嘴望着保伦）你说的什么话？

保：你把从前的东西还给我。

帼：什么？

保：那封信。

帼：没有了。

保：你可是给了金城？

帼：没有。

保：给了中将？

帼：那种东西，我没有脸给人家看。

保：（怒容道）帼英，我们的事，也说到此为止，只为以前的事情都是很秘密的，若是你要向着你父母金城说了，那个时候你不要后悔。（拔刀）

帼：怎么样？

保：你们快活的日子还长得很呐！（保冷笑介）

这种编译外国作品的家庭故事戏，虽然存在较为明显的人物形象类型化倾向，但经过编译者的加工，根据生活和剧情发展的逻辑改编为中国戏，既保持戏剧的动人场面，也使故事更臻完整，剧情更加曲折，同样受到了广大观众的欢迎。

《黄金赤血》一剧，是1911年10月武昌起义胜利后任天知领导的进化团为劝募国民捐助而编演的。其大致内容是：革命前有一个名叫调梅的人，娶妻后生子小梅、女爱儿。调梅外出留学，遇辛亥革命，家里被流氓乱兵抢劫，一家人流离失散，调梅妻被卖至妓院做了妓女，小梅被旗籍文知府从乱兵手中买去当佣人，爱儿被卖到野鸡堂子里。革命成功后，调梅回国，到妓院宣传劝募爱国捐，慷慨陈词，使妓女大受感动，纷纷拿出私蓄捐助，而作为嫖客的一些逃难官僚却一毛不拔。调梅在妓院遇见了他的妻子，便责备老鸨买良为贱，夫妻二人重逢，调梅计划演戏募捐，要妻子卖花募捐。其妻募捐到文知府家，刚好遇见小梅，小梅才随母回去；调梅因准备演戏，遇见一群髦儿戏的女演员，才知爱儿从野鸡堂逃出来后被女班子收留当了演员，至此一家人团圆，演说一遍，为革命募捐。下面是一段小梅的言论：

……我们好好一个中华国，凭空的叫胡人占了二百多年，把我们自有的权利一股脑儿霸了去，近年越弄越厉害了，这样事也想他们国有，那样事也想官办，恨不得一碗饭他一家人吃，把我们百姓做他的马牛。做马牛也罢了，还想连马牛都不许做，要想当猪仔一齐卖掉了。稍有一点不顺他的意思，什么格杀勿论，四川的事，闹的还小吗？……

显然，这番议论是为宣传革命而发的，缺乏艺术的形象性，显得粗糙，但作为戏剧台词，却又以特有的形式，紧紧地掌握了群众的情绪和心理，说出了群众所想要说的话，充满着反抗精神和对于被奴役者的无限同情；而且剧中还表现了清朝官吏的腐败和流氓乱兵抢劫的场面，具有强烈的鼓动性和一定的教育意义。

在进化团编演的剧作中，如《新茶花》，描写一个留学生和一名爱国的妓女恋爱，女方鼓励和帮助留学生投笔从戎，表现出富国强兵思想；《恨海》一剧，写一个书香子弟嫖、赌、抽鸦片烟，终于堕落到一病不起的事实，暴露了鸦片烟的毒害；《共和万岁》描写铁良、张人骏、张勋等腐败官吏狼狈逃走，以及群众在孙中山铜像下开提灯会，歌颂南京光复的胜利情景；《黄鹤楼》一剧叙写武昌起义；等等。尽管这些剧目艺术形式比较简单、粗疏，但它反映了一定的时代和生活真实，仍具有一定的社会意义。

1913年之后，新民社、民鸣社等剧团编演的大多是家庭戏，追求情节之离奇曲折，失去了时代和生活的依据，社会价值不大。但在革命思潮的影响下，他们也编演加工整理过如《隐痛》（描写殖民地人民所受的苦痛）、《桃源痛》（演宋教仁一生事略）、《蔡锷》（演蔡锷云南起义的故事）、《中山被难》（写孙中山在伦敦公使馆脱险的故事）、《徐锡麟秋瑾合传》（据王钟声所演剧本加工整理）、《窃国贼》（根据莎士比亚《哈姆雷特》改编，讽刺袁世凯称帝事）等，反映一些当时的政治问题和社会问题的戏。此外，由于集中了许多好演员，在艺术技巧上相互研究、观摩、切磋、竞争，也深化了像《珍珠塔》、《血泪碑》、《家庭恩怨记》、《空谷兰》、《张汶祥刺马》等保留节目的演出。他们善于创造和描绘种种角色的人物形象，注意中国的社会风俗习惯，能巧妙地运用方言，使观众感到亲切，对话剧产生兴趣，感觉到话剧所具有的艺术魅力。我国早期话剧，由于反映了同时代人的生活题材，打破了长期封闭的文化心理，透过新的艺术形式形象地显示了人民群众的思想和要求，从而赢得了观众，为现代话剧艺术发展做了奠基的工作。

三、南开新剧团与南开早期话剧

在近代戏剧发展过程中，自辛亥革命至“五四”运动前夕，还有南开新剧团及其话剧的演出，对推动我国早期话剧活动产生了较大影响。南开新剧团正式成立于1914年11月，但1909年已经演出了由南开学校校长张伯苓编导的新剧《用非所学》。随后该校每年校庆都坚持演出由该团编演的剧目，达数十年之久。尽管新剧团是一个业余的话剧团体，但由于顺应了时代发展的潮流，有明确的办团宗旨和一批富有才华的爱国师生为骨干，所以从剧团诞生之日起，就以其剧目内容丰富、健康的演出活动，引起了社会的强烈反响。当时许多进步报刊如《新青年》、《晨报》、《每周评论》、《新潮》等，都曾刊登过南开的剧本或由新剧团演出的报道和评论。“五四”运动前夕，是南开早期话剧活动最旺盛的时期。南开话剧犹如一股新潮，推动了京津话剧的发展。一时间，以天津为中心的话剧活动，波及华北、东北各地，北方的话剧活动逐渐形成和发展。

南开新剧团一开始就以“练习演说，改良社会”为宗旨，把编演新剧与促进社会改革和培养人才结合起来。他们很重视理论研究和剧本创作，剧团成员中不仅有像周恩来、时趾周、严劭询、伉鼎如、李福景、施奎龄、陈君钢等能编善演的骨干，而且有一批由师生自己编写的剧本、幕表和详志。据统计，自1909年至“五四”运动前夕，剧团在《敬业》、《天津益世报》、《南开星期报》、南开《校风》等刊出的剧本就有36个之多。其中较有名的剧本有《一元钱》（《炎凉镜》）、《一念差》、《仇大娘》（《因祸得福》）、《恩怨缘》、《新少年》、《华娥传》、《父子泪》、《恩仇记》、《反哺泪》、《平民钟》、《新正村》等。

话剧《一元钱》，原载南开《校风》第6期，是新剧团于1915年10月为庆祝南开建校11周年而编演的七幕新剧。写的是穷人孙思富因欠债困窘，幸得好义富绅赵凯的拯救，为报赵恩，孙以女儿慧娟许配给赵的二儿子赵安。但数年后赵凯病亡，不久又家遭火劫，家境穷困，长子赵平出外经商，赵安与母飘零在外。而孙思富得赵凯帮助，经商数载，成了富翁之家。赵安到孙家求援，孙见他衣衫褴褛，怒逐赖婚。幸得赵平离家后往库伦经商数年，获得颇巨。后来孙思富则因生性贪鄙，再度破产，又求救于赵。赵平、赵安兄弟不计前嫌，慨以巨款援孙，孙感激涕零，痛改前非，遂以赵安为婿，和好如初。剧本通过孙、赵两家贫富变易及其际遇离合，宣扬了“善恶照应”和道德自我完善等社会意识。但编者善于通过剧情的发展和对白展示人物的性格。例如，第七幕写孙思富不相信赵安会再找上门来时，与其妻何氏的一小段对白：

何：怎么不能找呢？

孙：哈！你真糊涂。吾倒一个儿给你比方比方，你就明白啦！……

何：可是世界上的人那都像你呢？你既知道这个，为什么当初待人家那么刻薄呢？

孙：那不怨吾，世界上人全是那个样儿。……

何：赵安来的时候，你就应该多帮助人家几个钱，为什么才给人家一元钱呢？

孙：吾就知道他后来发财吗？（欠身复坐，扭头他顾）

这简短的台词，形象地勾勒出孙思富势利刻薄的性格。由于编演者注重性格和心理描写，语言晓畅明快，演出布景新奇，该剧收到了很好的演出效果。

《新村正》一剧，是新剧团于1918年12月为庆祝南开建校14周年而编演的五幕话剧。剧本写民国六年（1917）周家庄村正周味农为地方筹款，向外国公司借款，被村上王、赵、冯、吴四绅士吞没。因期限已到，村正无法偿还，吴绅士设计以村上穷人居住的关帝庙一带土地作抵押，让外国公司盘剥收租，引起村民的愤慨。这时，周味农内侄李壮图从上海洋学堂毕业回村，暂住周家，目睹庄上贫穷凋敝景象，决意和周赎回抵押土地，设银行、兴女学、办工厂，以拯救穷人，消除贫困。但又被吴绅士设下圈套，买通县衙，周味农的钱财再次被吞没，村正被黜，吴绅士当上新村正，李壮图亦愤怒离庄而去。该剧通过对一个普通村庄斗争生活的描写，典型地反映了半殖民地半封建社会中农民生活的贫困，表达了受剥削受压迫者的呼声和反抗；同时通过李壮图形象的创造，表现了新的社会力量和思想意识的萌芽。在剧本第二幕，有一段关帝庙前村中老妪的诉苦，以及李壮图与吴绅士之间的对话：

妪：这位先生，您替我求求吴二爷吧！我是个穷人，没有饭吃，也没有儿女，就住在旁边这个土房子里头。前天是给房租的日子，我没钱给，公司的人就把我给赶出来啦；昨天晚上，我在这野地里睡了一夜。就是我上城里讨要去，也得赏我两天功夫。这位先生您可怜我，替我求求吧！（跪倒）我老婆子在这儿给您磕头啦！

李：起来，起来。（妪起）这个地方还是归了外国人啦！我说吴老伯，咱们全是中国人呀。您看这些穷人，这全是咱们父老兄弟，咱们要是对人家做点亏心的事，可得问问良心呀！

吴：这是什么话呢？少年气盛！一来就着急！

李：咳！我真没想到世上人有这个样不要脸的东西，只顾上怀里弄几个钱，就甘心给外国人做奴隶。难道说自己就没有子孙吗？就没有后辈吗？将来世世给外人做奴隶，做牛马，这种人我不知道还有良心没有？（顿足）

吴：壮图，你这可不对！太言重啦。岂有此理！你这是跟谁说话？说给谁听？

李：我说给那口是心非的听！我说给那损人利己的听！

吴：越说越来啦！少年人动不动就生气！我告诉你说，这里头的事情多啦，一两句话也说不明白。回头我到公司里去，替他们说说，甚么事全好办。

老妪的辛酸苦楚、李壮图的正直以及富于朝气的爱国爱民之心，吴绅士的贪婪、狡诈与专横，均形象地展现在这些对白中。本剧人物众多，但各具独特个性，剧情曲折，构思新颖。编演者以现实主义创作手法，真实地再现了半殖民地半封建社会的各种矛盾，隐约地反映出帝国主义的经济入侵和辛亥革命的不彻底性。剧本以吴绅士任新村正取胜和李壮图的离村告终，打破了传统戏曲的大团圆结局模式，颇具特色。

小　结

中国近代戏剧创作的革新和演变，是在我国沦为半殖民地半封建社会、在民族民主革命运动日益高涨的新形势下进行的，带有鲜明的时代性和向现代戏剧过渡的艺术特色，体现了时代和社会对戏剧艺术改革的需求。

近代戏剧创作的革新，是从昆曲的衰落、传奇杂剧的嬗变开始的。在资产阶级维新变法运动中，梁启超、洪楝园（祈黄楼主人）、筱波山人、华伟生等人创作的传奇杂剧，已经开始以新的格局，冲破古典戏曲的传统题材和昆曲体制的束缚，以戏曲艺术表现斗争生活，以反对民族压迫、宣传革命为内容。他们的戏剧作品焕发出强烈的爱国主义精神和高尚的民族气节。

正当昆曲日益衰落的时候，近代各种地方戏曲则迅速兴起和发展。这种扎根于群众的新兴艺术，一开始就以其题材的广泛，思想内容的清新，以及浓厚的生活气息，博得了人民群众的喜爱，丰富了近现代戏曲舞台艺术。

中日甲午战争之后，随着国内民族矛盾的加深，近代戏剧家汪笑侬等倡导的“戏剧改良”运动，加速了近代戏剧改革的进程。汪笑侬自编自演的时事京剧，以其借古讽今的革新创造精神，表现了强烈的爱国热情和民族意识，从内容与表演形式上对我国文明戏的产生起了一定的作用。辛亥革命前后，戏剧界掀起了一场戏曲改良运动，是我国资产阶级向封建阶级争夺戏曲阵地的一个重要步骤。川剧改良公会、三庆会、陕西易俗社、北京奎德社，以及“警世剧社”、粤剧的“志士班”等戏曲改良团体的成立，在促进地方剧种的繁荣和发展，以及培养艺术人才等方面都作出了重大贡献。

文明戏（我国早期话剧）伴随着近代资产阶级民族民主革命运动的高涨而得到不断发展。春阳社、春柳社、进化团，以及后来的春柳剧场、新民社、民鸣社等近代新剧团体的出现，显示了近代戏剧活动的群众性和职业性的特点。而“五四”运动前夕南开新剧团的成立和演出，引起社会的强烈反响，对推动早期话剧的健康发展产生了较大影响。在近代资产阶级民族民主革命运动中成长和发展起来的我国早期话剧，一开始就以其众多的剧目，直接反映了社会现实生活，创造了以前舞台上从未出现过的许多人物形象，为我国现代话剧的丰富和发展做了奠基的工作。

参考资料

阿英. 晚清文学丛钞·传奇杂剧卷（上、下册）. 北京：中华书局. 1962

梁淑安. 近代传奇杂剧的嬗变. 中国社会科学，1983，(3)

中国社会科学院文学研究所近代文学研究组. 中国近代文学论文集·戏剧、民间文学卷（1949～1979）. 北京：中国社会科学出版社. 1982

周贻白. 辛亥革命前后地方戏曲发展概说. 社会科学战线，1978，(1)，(2)

左鹏军. 近代传奇杂剧研究. 广州：广东高等教育出版社. 2001

左鹏军. 晚清民国传奇杂剧考索. 北京：人民文学出版社. 2005

第十章 民间文学诸文体

近代民间文学内容丰富，形式多样，其中歌谣和传说故事与其他文学样式一样，突出地反映了反帝反封建这一基本主题。它们是劳动人民自己的创作，反映人民反帝反封建的斗争比其他文学样式更为直接和强烈。近代民间文学也主要靠口头流传。除少数歌谣见于当时人的著作，大多数作品是由民间文学工作者搜集的。这类作品多数保存民间文学的原貌，但其中难免也有搜集者的整理和加工。

在近代，中华民族已形成由56个民族组成的大家庭，除汉族外各少数民族都有自己的民间文学，使我国近代民间文学更为光辉灿烂、绚丽多彩。

第一节 近代民间文学概说

一、近代我国各民族社会历史发展很不平衡

鸦片战争以后，我国大部分地区逐步沦为半殖民地半封建社会，但由于历史的原因，我国各民族社会历史发展很不平衡。当时，有一些民族还处在氏族社会末期和奴隶制初期，如鄂伦春族、高山族、黎族、基诺族、佤族、怒族、独龙族；有些民族虽然发展快些，但内部发展也不平衡，部分地区还处在社会发展的初级阶段，即马克思所说的“人类童年时代”。如鄂温克族人虽少，但分布地域广阔，在历史上长期处于相互隔绝的状态，因此，他们的社会经济发展很不平衡。在碧草如茵的伊敏河、辉河两岸的索伦鄂温克人已经进入封建社会，而居住在大兴安岭山脊的雅库特鄂温克人，却仍处在原始社会末期的历史阶段。又如彝族，由于聚居区域不同，生产发展不平衡，也就形成了社会发展的不平衡。当时在云南、贵州、广西的彝族社会，绝大部分早已进入以地租剥削为主的封建地主制，而四川大凉山和云南小凉山的彝族却仍然停留在比较完整的奴隶制社会形态。再如拉祜族的社会经济发展也很不平衡，临沧、双江、景东、墨江、元江及澜沧县东北部地区的拉祜族，在19世纪末先后由领主经济发展到地主经济，而澜沧、沧源、耿马、孟连和西双版纳等极少数地区，直至中华人民共和国成立之前，还保存有原始氏族社会的痕迹，阶级分化不明显，生产水平很低下。此外，布朗族、傈僳族也存在社会经济发展很不平衡的状况，但由于广大地区处于半殖民地半封建社会，农民阶级与地主阶级、中华民族与帝国主义的矛盾是社会生活中的主要矛盾，并且矛盾日益尖锐，人民生活空前惨痛，封建剥削与压迫的残酷以及亡国的威胁使中国人民的反抗斗争风起云涌。在

这个动荡黑暗的时代里，随着阶级斗争、民族斗争的尖锐、激烈，民间文学有了很大的发展，反帝反封建成为这一时期民间文学的基调。

二、中国近代民间文学概况

在鸦片战争时期，广大汉族地区除了反对压迫、剥削的民间文学作品外，流行在东南沿海一带的故事、传说和民间歌谣，多以抗英斗争为背景，反对英国的入侵，描绘人民的抗英斗争，歌颂抗英的爱国将士，如《林则徐禁鸦片》、《爱国大旗满天飘》、《洋鬼子吓得掉进扬子江》等歌谣，《困英国兵船》、《金茶壶》等传说故事。

以太平天国革命为中心的农民革命运动时期，包括捻军起义、黑旗军起义和苗族、回族、侗族、布依族、哈尼族起义。作品主要是歌颂起义和起义领袖，打击封建统治者。这类故事传说和民间歌谣很多。义和团运动时期，是近代民间文学多产的时期，作品内容多是反帝反封建的，但以反帝为主。辛亥革命前后，也有一些反映清王朝穷途末路和反对袁世凯恢复帝制的民间歌谣。

这一时期的民间文学，除了反帝反封建的主题以外，民歌方面还有苦歌（对黑暗社会的血泪控诉）、赞歌、情歌、劳动歌等。民间故事方面有滑稽故事、机智人物故事、爱情故事和反映劳动人民道德观念的故事。

三、近代民间文学的四大特征

近代民间文学与古代民间文学相比，具有如下鲜明的特征：

一是反帝反封建的思想成为这一时期民间文学的基调。从反对地主、土司到反对官府朝廷，从反对帝国主义的走狗到反对它的各个主子，都在民间文学中有所反映，这些作品，有的是掷向国内外敌人的投枪，有的是对人民英雄的颂歌，有的是群众自己教育自己的好教材。

二是各民族都有自己的民间文学，并以各自独特的风格装点了近代民间文坛。一般说来，北方民族的民间文学作品粗犷豪放，充满高山、草原的生活气息，南方民族作品则秀丽多姿、委婉含蓄，洋溢着南国情调。读它们，不仅会增进我们对各民族历史、文化、生活习俗的了解，也是一种难得的美的享受。由于全国社会经济发展的不平衡，已经进入半封建、半殖民地社会的民族的民间文学作品多反映阶级斗争和民族斗争的情况，而一些还处于氏族社会的民族的民间文学则多反映人们与自然斗争的情况，如黎族的神话传说《大力神》、《雷公根》、《兄弟星座》等，在神化了的人面前，任何强大的自然力量都是可以战胜的，突出地表现了人定胜天的思想。又如小凉山彝族地区的《勒乌特依》讲的就是开天辟地的神话故事。

三是形式多样、绚丽多姿。这一时期的民间文学作品，就现有的材料看，有民歌、民谣（包括谚语）、民间故事、戏曲、弹词、时曲、小调、揭帖等。兄弟民族在各自的文学发展中，还创造和发展了本民族特有的艺术形式。较为人熟知的有回族、东乡族、撒拉族的“花儿”，壮族的“勒脚歌”、“欢”，蒙古族和藏族的“祝词”、

"赞词"，藏族的"鲁体"和"谐体"民歌，白族、彝族的"打歌"等。还有一些不为人熟悉的，如水族的"双歌"，可以说是一种优美、讲究的对歌，意思要寓于一则寓言中，既有说的，又有歌吟，不但内容要对得恰切，形式要形成一对，对歌的格律也很讲究。土家族的"打闹歌"，是集体生产劳动唱的歌，众人劳动，领唱的和敲锣的在一旁领唱、敲锣，众人合唱，热火朝天，鼓舞干劲。因为歌词谐谑，所以取名"打闹"。与土家族"打闹歌"相近似的，还有瑶族的"挖地歌"，也是用以配合生产、鼓舞劳动热情的，其内容全与歌唱爱情或爱情有关。仫佬族的"古条"，是一种故事歌谣，以歌谣的形式唱故事，内容则是民间流行的历史故事、神话和传说等。赫哲族的"伊玛堪"，是一种以唱为主的说唱，但不是一般意义上的说唱而是诗的一种。

四是描绘广泛，反映深刻。近代民间文学不仅广泛地描绘了各民族的生活、斗争、风俗、习惯，而且从纵的方面反映了近百年来的历次斗争，从横的方面反映了广阔的社会现实。其中有反映农民革命运动的，有反映封建社会的黑暗和人民的痛苦的，有控诉封建社会的种种罪恶的。

第二节　近代反帝反封建的歌谣

在鸦片战争之后近 80 年内，我国人民为争取民族解放和自身的解放，前赴后继，进行了长期的英勇斗争。近代歌谣就是这个斗争历程的反映。

在苦难深重的旧中国，人民大众是牛马，体力劳动是苦役。近代歌谣，历历如画地反映了旧时代我国人民所过的悲惨生活和他们的反抗斗争，其中有抵抗外国侵略者的愤怒之歌，有对太平天国、义和团等农民起义英雄的赞歌，有失去了生活的权利和自由的奴隶的悲歌，有在封建制度剥削下广大农民的愤怒控诉，有妇女惨遭封建礼教残害的凄苦的自述，有手工工人及产业工人的悲苦境遇和奋起反抗的自我写照。有些近代歌谣虽然很难确定它所产生的具体年代，但它反映了人民对民主自由的要求，烙有鲜明的时代印记。这些歌谣，很多都是政治民歌、革命民歌。

伴随着近代反帝反封建斗争而产生的这些歌谣，是在紧密地配合斗争，并在斗争中发展起来的。它表现了中国人民对帝国主义、封建主义以及叛变投降者的愤怒和反抗，热情歌颂了人民斗争和理想，较深刻地揭示了社会现实，成为时代的脉搏和人民的心声。

一、鸦片战争时期的歌谣

在鸦片战争之后，流传在上海的《有个林则徐》唱道：

金来镶丝鼓，银来镶丝锣。别的歌儿我今不会唱，唱一只凤阳歌。最毒是鸦片，害人真匆浅。哪个上了大烟瘾，逼得卖屋又卖田。

有个林则徐，下令禁鸦片。烧掉洋人鸦片烟，弄得洋人大动气。

气死英国人，就此派洋兵。炸弹大炮满兵轮，攻打中国虎门城。

林则徐到了前敌，就下攻击令。他的本事大到不得了，打得英兵叫救命。

洋人打勿进，眼睛就瞪清。打了一仗败一仗，没得法子去喊救兵。

救兵没中用，怎也不能动。就掼掉虎门打吴淞，大炮开得轰隆隆。

打到下关镇，还要往北行。这下惊动北京城，皇帝老子出宫廷。

两江牛总督，讲和把钱偿。割出租界五口又通商，这件国耻把心伤。

这首叙事性的民歌，概括地唱出了鸦片战争的起因、经过和结果，其中特别强调了林则徐在广东坚持禁烟的正义性，和他抗击英国侵略军的胜利，在鸦片战争期间，林则徐严禁鸦片，不畏强暴，坚决抵抗英军入侵，表达了人民的意愿，也赢得了人民的称颂：

林则徐，禁鸦片。禁烟土，在海边。开大炮，打洋船，吓得鬼子一溜烟。

在鸦片战争期间，入侵的英军在东南沿海一带，受到我国人民和清朝爱国官兵的抗击，如《洋鬼子吓得掉进扬子江》就描述了1842年镇江圌山关军民抗击英国侵略军的情况；《爱国大旗满天飘》则反映了上海地区人民聚众杀敌，迫使英军退出吴淞口的情况：

吴淞水，东海潮，坚守海疆志不摇；杀英蛮，除海盗，爱国大旗满天飘。

歌谣铿锵有力，体现了人民保卫祖国海疆的坚定意志和众志成城的强大力量。

鸦片战争虽然由于清政府的腐败无能而失败，但中国人民的抗英斗争却始终没有停止过，并不时给侵略者以沉重的打击。广州的《三元里民歌》就是这方面的写照：

一声炮响，二（广州方言谐“义”）律埋（埋，广州方言，迫近的意思）城，三元里顶住，四方炮台打烂，伍紫垣顶上，六百万讲和，七七礼拜，八千斤未烧，九九（与“久久”同音，广州方言“久久”，有“间歇”的含义）打下，十足输晒（广州方言，意为“完了”）！

民歌一开始就揭露了侵略者疯狂炮轰我城市、蹂躏我乡村的罪行。接着，用“三元里顶住”、“四方炮台打烂”和“六百万讲和”、“九九打下”形成强烈的对照，歌颂了三元里人民英勇顽强的战斗精神和抗击英国侵略军的重大胜利，揭露了清政府屈辱求和的罪行，以致“十足输晒”的可耻结局。歌谣每句均运用广州方言从一到十的谐音开头，写得简明扼要，结构紧凑，对比鲜明，字里行间燃烧着人民仇恨的怒火，充满着对侵略者的愤慨和对卖国贼的嘲讽。

二、太平天国革命期间的歌谣

太平天国革命期间，产生了大量反映太平天国革命的起因、发展、内讧和失败结局的歌谣，其中有不少歌颂起义领袖和革命政策、措施的，如流传在广西石龙的歌谣《带兵最好数洪杨》：

换个朝来立个王，带兵最好数洪杨；吃饭官兵共张桌，睡觉官兵共个床。

歌谣反映了太平军起义初期官兵官一致的状况。流传在广西桂平、石龙一带的《快跟朝贵去六窑》，则反映了萧朝贵在广西金田附近的六窑，借烧炭为名，吸收农民参加起义的情况。“想吃龙眼不怕远，想吃仙桃不怕高；要想乾坤得扭转，快跟朝贵去六窑。”这是一首很好的政治鼓动诗，它以形象生动的句子，指出了起义的目的和具体道路。有的歌谣赞颂太平军的战绩，如《广西造反动刀兵》、《一马冲入南京城》、《取蒙城》、《克亳州》、《忠王用兵实在凶》、《扬名大桥大打仗》等。有的歌谣则描写人民对太平军的欢迎，如：

洪杨到，百姓笑，白发公公放鞭炮，三岁儿童扶马鞍，乡里大哥吹角号。

这首流传在江苏南京的歌谣，选取了太平军进入南京城时，白发老翁、三岁孩童和乡里大哥的欢迎动作，反映了人民群众对太平军的衷心欢迎。选材典型，形象生动，没有具体写“笑”，却通过三种人物的行动，使读者仿佛看到广大百姓都在笑。人民为什么欢迎太平军？因为太平军不仅官兵一致，男女平等，而且有好章程：

太平军，好章程：发放粮食，田地平分；打官兵，打洋人；鸦片赌钱一并禁，处处太平。

太平军为什么既打官兵，也打洋人，《忠王用兵打上洋》对此作了回答：

七月凤仙七秋凉，忠王用兵打上洋（上海）。外国人，坏心肠，洋枪大炮帮助李鸿章。

太平军打的洋人，是那些用洋枪大炮帮助李鸿章进攻太平军的洋人。随着反抗斗争的不断深入，人民在给外国侵略者以沉重打击的同时，也加深了对民族敌人的认识：

洋人好比一只鹰，黄毛高鼻绿眼睛。雄鹰凶恶怕弓打，洋人怕的红头军。

这里揭示了侵略者凶恶而又怕打的某些本质，表现了人民对外国侵略者的仇恨和蔑视。歌谣中的“红头军”即太平军。太平军的英雄们，对被他们称为“洋妖”的外国侵略者非常仇恨，他们手持简陋的武器，同持有洋枪洋炮的侵略军进行了英勇的战斗：

南桥南桥，两下兵交，活捉洋鬼，洋枪当柴烧。

歌谣赞颂了1862年太平军在奉贤县南桥镇一带的大捷。在这次战斗中，太平军狠狠地打击了外国侵略者，取得了辉煌的战果，击毙水师提督法国人卜罗德上将，击伤英国水师提督何伯，活捉了外国侵略军的副统领美国人法尔德恩，大长了中国人民的志气，灭了外国侵略者的威风。

三、中法战争时期的歌谣

中法战争时期，黑旗军配合越南义勇队和云南农民军，在越南临洮大败法国侵略军，收复十几个州县，阻止了法军向广西和云南的进攻。1885年法军又进攻我国南方重要门户镇南关。70多岁的老将冯子材率领中国军队英勇抗击，当地中、越人民也立即组织起来，自动投入战斗，打得法国侵略军狼狈败退，冯子材率军乘胜收复谅山等地。这在民歌中都有所反映。如流传在广西边境的民间叙事诗《中法战争史诗》，就形象地概括了中法战争这一复杂的事件，生动地描述了当时中、越两国人民在反抗帝国主义侵略的斗争中唇齿相依、血肉相连的亲密关系。（按，诗中提到的某些历史事实，不够确切，主要是因为民间对战争全局和统治阶级上层的一些情况还不了解。）《刘永福打番鬼歌》则描述了抗法英雄刘永福率领黑旗军，痛击法国侵略军的又一次大胜利：

刘二打番鬼，越打越好睇（按，粤方言“看”）。死人也翻生，吓死老番鬼。

歌中描述了黑旗军在战场上假装死尸，突然跃起、出奇制胜的战斗，表现了刘永福及其率领的黑旗军的英勇和智慧。又如《冯子材打老番歌》，不仅歌颂了爱国老将冯子材的抗法斗争，而且揭露了清政府的腐败和奸臣的误国。

四、义和团运动的歌谣

在义和团运动中产生的歌谣，也始终呈现着鲜明的反帝色彩。如：

还我江山还我权，刀山火海爷敢钻，哪怕皇上服了外，不杀洋人誓不完。

歌中饱含着对外国侵略者的刻骨仇恨和无比蔑视，也表现了人民不屈不挠的斗争精神和不怕牺牲的英雄气概，可以说是人民奋起斗争时檄文。又如：

义和国，神通大，天不怕，地不怕。皇上见了直磕头，洋人见了头发麻。大刀队，顶呱呱，打得洋毛子叫妈。叫妈就挨打，挨打就抓瞎，抓瞎不要紧，脑袋搬了家。

义和团打胜仗，老百姓把戏唱；义和团上战场，老百姓送干粮。

以上几首歌谣，反映了义和团“反清灭洋”的宗旨，描绘了义和团的战斗行动，颂扬了义和团与老百姓的亲密关系。

在义和团运动的歌谣中，还有一些反映妇女参加反帝战斗的作品。如：

别看女兵女将，专杀东洋西洋。杀得东洋满天飞，杀得西洋投了降。有的吓得直磕头，有的吓得叫亲娘。

歌谣颂扬了义和团女兵女将英勇杀敌的情况。义和团反帝运动时期，妇女也组织起来了。她们和男人一样，勇敢地参加斗争。她们有自己的组织“红灯照”。人们传说她们把功练好后能腾空驾云，收复祖国失地。“身穿一身红，手提小灯笼，呼呼煽小扇，骨碌上天空”就形象地刻画了红灯照的穿戴打扮，以及她们的神奇的“轻功”。

义和团的反帝行动，引起了帝国主义列强的仇视。1900 年，帝国主义八国联军占领了天津、北京、保定、张家口等城市，所到之处，烧杀抢掠，下面这两首歌谣，就控诉了八国联军屠杀中国人民的滔天罪行：

来了八帮黑疯狗，大街小巷全都有，见着一个死一个，见着两个命也休。

天津卫北京城，洋鬼害人可不轻，横抢竖夺还不算，杀人放火家常饭。

在清政府和帝国主义侵略军的疯狂镇压下，义和团运动失败了，人民遭到极大的灾难。怀着满腔悲愤，记着这种血海深仇，记着义和团的反帝斗争，请看歌谣

《想起老团心悲伤》：

官家就够百姓呛，又来洋狗八大帮。官家洋狗一合伙，百姓更是遭了祸。千条路，万条路，百姓没有一条路。怎么样？怎么样？想起老团心悲伤！

帝国主义者不仅对我国发动武装侵略，同时借传教为名，在我国进行麻醉人民的文化侵略活动。下面这首民歌曾对此种罪行加以谴责：

上有天堂，下有苏杭，宣化葡萄甜又香。信什么圣母娘，进什么天主堂。外国人来胡闹，鹞子充鸡没个好心肠。

民歌以诙谐有趣的调子，尖锐的嘲讽怒骂，撕下侵略者的假面具。“鹞子充鸡没个好心肠”，一语道破了帝国主义者来我国传教的本质。而“上有天堂，下有苏杭，宣化葡萄甜又香”，则充分表现了中国人民的爱国主义自豪感。

五、反对沙俄入侵的歌谣

沙皇俄国是最早侵略中国的国家之一，是掠夺中国领土最多、仇视中国人民革命运动的敌人，东北地区的一些歌谣从某些侧面反映了沙俄的入侵和我国人民的反抗。

中日甲午战争后，沙俄一面支持德国侵占我国山东的胶州湾，一面又以“保护中国”免受德国侵略为借口，武装占领了旅顺、大连，在那里胡作非为，犯下了严重罪行：

脚踏旅顺城，鬼子胡乱行。日头刚靠山，满街抓人声。

这是沙俄侵略军闯进旅顺、大连后所犯罪行的真实记录。“日头刚靠山，满街抓人声”的恐怖情景，充分说明了这伙侵略者的胡作非为：

来到黄金山、小辫擀成毡。住的是席棚，喝的是稀饭，病了无人管，死了扔山涧。

黄金山是旅顺的一个地名，当时沙俄强迫、诱骗了大批中国工人，在这里为他们构筑工事。上述歌谣，从住、吃、病、死四个方面，全面而概括地反映了中国工人的悲惨遭遇，揭露了沙俄侵略者的残酷。“小辫擀成毡”一句，形象地写出了工人们劳动时间之长和劳动强度之大，以至连辫子也无暇梳洗，让泥土和汗水把它粘成毡子一样。

沙俄侵略者为保住既得利益，不仅在“租借地”驻军队、设警察、立法院、建监狱，还勾结和收买一小撮地主豪绅、封建把头、商业高利贷者、地痞流氓，对中国人民实行残酷统治：

老俄官，坐大厅，下有通事王善亭。帝俄二毛一百整，要税还有四大亭，外加杂铺李耀东，枪杀百姓马不停。煎烹煮炸摆台座，还有几盏大烟灯。

这首歌谣，形象地揭露了沙俄侵略者收买和勾结一些汉奸走狗，在旅顺、大连搜刮民财、镇压百姓的种种罪行。当时人民群众称帝国主义侵略者为“洋毛子”，称替外国侵略者效劳的汉奸、走狗为“二毛子”。歌谣中的“四大亭”，是指为沙俄侵略者充当帮凶的四个人，他们的名字最后一个字都是“亭”。这首歌谣，以诙谐讽刺的表现手法，表达出人民极度愤恨的思想感情。

1900年义和团反帝爱国运动发生后，沙俄除了积极参加八国联军侵入京、津，参与镇压外，还悍然出动大量军队侵入我国东北地区。他们的入侵，到处遇到东北义和团和人民群众的英勇阻击。当时黑龙江一带就传诵着这样一首民歌：

一入庚子年，起了义和团。杀了洋教士，扒了电线杆，拦、拦、拦、拦拦拦，赶走了外国船。

它热情地歌颂了东北义和团顽强地同沙俄帝国主义者进行斗争，并取得了胜利的事迹，充满了英雄气概和胜利信心。当时，沙俄军队由松花江运兵到三姓（今依兰），当地义和团为了阻止沙俄军舰的前进，特制大拦江锁，横在江中，阻止了沙俄军舰的前进。“拦拦拦，赶走了外国船”指的就是这个事实。

庚子一役，沙俄帝国主义还在我国黑河地区犯下了严重的罪行，制造了骇人听闻的海兰泡和江东六十四屯大惨案。“他们杀人放火，把村庄烧光，把老百姓驱入黑龙江中活活淹死，枪杀和刺死手无寸铁的居民和他们的妻子儿女。”（列宁：《中国的战争》）民间小唱《推黑河》、《失瑷珲》、《群众歌唱十二声》等，对侵略者的暴行进行了血泪的控诉，像“一更里，小寡妇，珠泪汪汪；想丈夫，在黑河，他们把命丧。”（《推黑河》）；“日落黑了天，城里赛火龙，道上车马跑的真是凶。”（《失瑷珲》）等句子都写得具体感人。

六、反对日本侵略的歌谣

中日甲午战争之后，清政府与日本签订了屈辱的《马关条约》，割地赔款，当时山东郯城县曾流传《待我执刀去当兵》的歌谣：

日本人，真是凶，占高丽，夺台澎。待我执刀去当兵，进他地，占他京，纵然死了理也应。

《马关条约》规定把我国领土台湾割让给日本，台湾同胞坚决不肯和祖国分离，纷纷起来进行抗日武装斗争。林则京是林则徐的族人，早年曾随林则徐至广州，参加平英团。这时他定居台湾，便带头建立了平倭团，组织台湾爱国同胞和日本侵略者展开了各式各样的斗争。北京人王道，以善用大刀著名，在台湾教授武技多年，这时也号召他的许多徒弟参加了平倭团，成立了大刀队，给予日寇以多次沉重的打击。《台湾平倭团记》中曾保留下赞颂王道的歌谣：

不怕枪，不怕炮，
只怕北京王大刀。

日本占领台湾以后，台湾人民反抗日本侵略者的斗争连年不断。1902年2月，在台中发生由詹阿瑞领导的起义。同年8月，他的同伴黄茂松又在嘉义起义。《台湾詹阿义起义歌》就是在这次起义中编唱出来，号召群众、作宣传鼓动之用的：

此次动兵，奉旨而行；事有纪律，约束严明。义师伐罪，奠安台澎，救民脱苦，惟倭是征。定集人民，雪恨负清！降者便安，协力原情。谕尔大众：万勿心惊，各宜共志，早救生灵。

歌谣道出了起义的目的、纪律和政策。歌谣中说起义是“奉旨而行”，不过是假托之辞，为的是在当时更便于号召群众，参加“义师”，“伐罪”征倭。

1914 年第一次世界大战爆发，日本帝国主义借口和英国同盟出兵攻占我青岛德国租借地，并占领了胶济铁路，到处烧杀抢掠。当时山东有一首歌唱道：

日本鬼儿，喝凉水儿，生地瓜，不离嘴儿，到青岛，吃炮子儿，沉了船，没了底儿，今日是个人，明日是个鬼儿。

歌谣反映了当时人民群众对日本帝国主义者的强烈愤恨。

七、揭露清朝黑暗腐朽的歌谣

中国人民从斗争中逐步认识到封建统治者与帝国主义者勾结在一起奴役人民镇压革命的血腥罪恶。所以，反对黑暗腐朽的清朝统治就成为这一时期歌谣的另一重要主题，如：

一朵乌云盖没天，一石仓米十四千。文武官员原是强盗作，卖男卖女完不全！

一朵乌云盖没天，一石仓米十四千。文武官员原是强盗作，穷人百姓种啥田。

据说这首歌谣是领导江苏常熟县一带农民进行抗交田赋暴动的金德胜唱出来的。它揭露了当时统治阶级剥削人民的残酷，号召人民起来斗争。它深入人心，一百多年后在群众口头上仍然在流传。

清朝的黑暗、腐朽，还表现在与帝国主义暗中勾结共同对付人民上，如《官家是咱死对头》：

龙河水，东南流，官家是咱死对头。明着与咱和，暗着外扒沟。放进洋人他不管，还说对咱有好处，拿好刀，备好马，杀他们一个也不留。

这是流行于河北武清县的歌谣，它揭露了清政府与帝国主义狼狈为奸，革命人民要与清政府斗争到底的精神。清朝最高统治者面临各帝国主义列强入侵的危急关头，仍每天歌舞作乐，不顾国家的危亡。如《朝廷终日铛铛铛》唱道：

前门开，后门张，前门引进虎，后门又进狼。不管虎与狼，朝廷终日铛铛铛。

歌谣以形象的比喻，讽刺以慈禧太后为首的清朝宫廷在国难当头之际，仍过着“终日铛铛铛”那种醉生梦死的生活。

人民清楚地看到，清朝统治者勾结帝国主义，是把中国搞得乌烟瘴气的主要原因。在那悲惨的年代里，老百姓的生活是：

泥瓦匠，住草房；纺织娘，没衣裳；卖盐的老婆喝淡汤；种田的，吃米糠；磨面的，吃瓜秧；炒菜的，光闻香；编凉席的睡光床；抬棺材的死路旁。

对那时为什么老百姓但求温饱而不可得，下面这首民歌作了这样的回答：

天子坐金銮，朝政乱一团。黎民苦中苦，乾坤颠倒颠。干戈从此起，休想太平年。

它一针见血地指出，黎民百姓的痛苦是由朝政的混乱腐败引起的，末尾二句，表现了被压迫人民将操戈而起、绝不让统治者过“太平年”的决心。

有些歌谣更直接提出了“争天下，打天下”、彻底推翻清朝地主阶级政权的问题。例如下面这首太平天国时期的民歌：

争天下，夺天下，穷爷们天不怕来地不怕。杀到天津卫，朝廷快让位。杀到杨柳青，天子吓得发了昏。

鲜明地反映了太平天国的英雄儿女要打倒清朝皇帝的革命意志，充分展现了劳动人民誓同封建统治阶级争天下的英雄气概。

八、鞭挞叛徒卖国贼的歌谣

在反帝反封建的斗争中，革命人民对叛徒、卖国贼也给予了无情的打击。太平天国革命后期，安徽寿州一带的地方武装头目苗沛霖，曾表示接受太平天国的领导，但他玩弄两面手法，暗中勾结清兵，出卖英王陈玉成。人民对苗沛霖这个无耻叛徒恨之入骨，在歌谣中斥骂道：

苗蛮子，狠心肠，讨好卖乖害英王，害英王把天朝叛，生生的一个狗日王八蛋！久后一日犯到咱们手，这笔账要好好算。

在捻军起义斗争过程中，捻军首领之一的李四一（原名李家英，宿州西阳集人）背叛革命，投降清朝，人们也在歌谣中斥骂他：

李四一，坏东西，老乐（按，指捻军领袖张乐行）命丧在他手里，有朝一日落在咱手里，抽他的筋，剥他的皮。

歌谣抒发了劳动人民对叛徒的刻骨仇恨。

在反侵略战争中，对于那些屈膝投降的卖国贼，歌谣也常常给予揭露和鞭挞：

海外方求战，朝端竟议和，将军伊里布，宰相穆彰阿。

海防前线的爱国军民正在与敌人浴血奋战，而朝廷的穆彰阿们却一意主张议和。歌谣开头两句，通过一正一反的鲜明对照，给投降派以极其有力的一击。最后两句，直接点名痛斥卖国贼，表达了爱国军民内心的无比愤慨之情。

太平天国革命后期，李鸿章的淮军在上海取得了外国侵略者的支持，在帝国主义洋枪队的直接帮助下，从上海进攻当时还在太平军手中的苏州。对于李鸿章这种出卖民族利益、勾结外国侵略者、进攻中国革命人民的无耻行径，人民曾痛斥道：

私通外国李鸿章，他是乌龟贼强盗。卖去吴淞大炮台，勾结洋人打进来。

把李鸿章比之为“乌龟贼强盗”，表达了劳动人民对民族败类的切齿痛恨。

这个时期的民歌，对最高统治者的抨击更为猛烈。在八国联军侵入我国之后，西太后（慈禧）带着光绪皇帝逃往西安，派李鸿章为北洋大臣直隶总督，给予他和外国侵略者议和的全权，结果签订了丧权辱国的《辛丑条约》。这个条约的签订，使中国的殖民地化更进了一步。流传在河北武清一带的民谣《西太后把国卖》就愤怒地斥责了她的这一卖国罪行：

西太后，真不赖，腿儿长，跑得快，长安一住把国卖。赔银数不清，卖地好大块。

歌谣以漫画式的笔法，勾勒出西太后视敌如虎、割地赔款的丑态，大胆直率，入木三分。

综上所述，近代反帝反封建民间歌谣是在我国人民同国内外敌人的斗争中产生的。它的题材比较广泛，能迅速反映现实斗争；爱憎分明，感情强烈，明快而不隐晦；语言朴实，节奏性强；想象丰富，比喻形象；形式短小精悍，便于记忆流传。对它战斗的光辉传统与艺术上的特点和优点，我们应该继承、学习和借鉴。

第三节　近代民间故事传说

这一时期和民间歌谣同时流行的，还有许多故事传说。它同样突出地体现了反帝反封建的思想内容，表现了对清王朝黑暗统治和帝国主义侵略的无比痛恨，肯定了人民群众在反帝反封建斗争中的重大作用，颂扬了他们对革命理想的追求和顽强的反抗精神。

一、鸦片战争时期的故事传说

民间故事传说的反帝主题经常是和反封建的思想结合在一起的，而且随着历史的发展，越到后来结合得越加紧密而明确。鸦片战争时期，在广东东莞县镇口村就流传着一个叫做《生死签》的故事：

事情发生在一八四一年的春天，这时虎门已沦陷。几艘英国兵船驶到村前，一字排开，疯狂发炮。在村的团练壮丁，因力量一时不继，遭到重大伤亡。数百名鬼子兵一哄而上，村中来不及撤退的老弱都惨遭杀戮。村头一条织布街的数十家店铺被洗劫一空，一直至天黑鬼子们才撤回船中。乡亲们目睹断壁残垣、血沥火熏的镇口村，决意复仇。人群中有个姓万名洪义的，原是本村贫苦农民，过去在外地干活，几年前回村教过“武馆”，销烟时当了民伕，打仗时参加水勇。由于他在同鬼子斗争中英勇非常，深受群众爱戴。当时，万洪义把众乡亲招集到龙母庙前，商量如何打击侵略者。当场决定：组织一个百人“决死队”，连夜出击，火烧鬼子船。报名参加“决死队”的，一下就有二百人。万洪义请乡中塾师写了“生”字签和“死”字签各一百条，叫众人去抽，得“死”字签的方算队员。可是开报“死”字签的竟多出数十人，原来得“生”字签的人暗中改成“死”字签了。万洪义只好答应他们配合作战。午夜，决死队员带了“火药埕”（即火药罐）、火罐、喷筒和各种爆炸、燃烧武器，齐集龙母庙中宣誓出征。父老们给子弟斟酒，老塾师朗朗作歌：“鬼子逞凶狂，朝廷撤海防，乃民不畏死，血战复乡邦。”壮士们下水游泳，将鬼子兵船炸沉，决死队员实践了自己的誓言。

故事充分表现了镇口村人民满腔的爱国热忱和忘我牺牲的精神。在反映鸦片战争的故事中，江苏镇江人民就经常反复地叙述着这样的历史情况：当英军侵入时，那些担负守卫疆土重任的文官、武将，一听到风声就先溜走了，只有人民群众和一些下级官兵自动拿起武器和敌人作战，留下了不少可歌可泣的传说故事。如《退鬼》记述圌山孙家村木匠父女英勇机智、惩罚英国侵略者的事迹；《豆浆油炸鬼》写英国鬼子到镇江后，听到卖油条的老百姓喊“豆浆泡油炸鬼”的声音，吓得“脸色煞白”，揭露了英国侵略者色厉内荏的丑态。此外如《狐狸仙闹鬼》、《背巡捕》、《拆自来水亭》等，也都生动地揭示了洋鬼子的纸老虎本质。《困英国兵船》、《金茶壶》等故事，通过人民群众和某些统治阶级分子在民族敌人进攻面前所表现的鲜明对比，突出了人民群众的英勇与顽强。近代第一批反侵略的传说故事从开始就抛弃了古代反抗民族压迫的民间文学作品往往很难摆脱的忠君思想的羁绊，跨出了新的步伐。

近代民间故事传说，就现在已搜集到的资料来看，以太平天国和义和团的故事为最多，也最有特色。

二、太平天国的故事传说

太平天国的故事传说，从内容上看，大致可分为以下三大类。

一是写太平军在对敌斗争中的英勇机智的，如《智取六合城》写陈玉成部队攻打六合城，敌人不敢出战，却想出一个诡计，在城头上点许多灯笼，胡说什么“城隍显灵了”，妄想吓住太平军。太平军将计就计，假装上当受骗，请些“神童扮演起戏来”敬神，暗地里却“向城里挖地道”到城脚下，“用空棺材装满了炸药”，把城墙炸毁了。太平军乘机冲杀，歼灭了敌人，赢得了胜利。故事热情地歌颂了太平军的机智善战，嘲讽了清朝官兵的昏庸无能。其他如《洪杨大炮》叙述太平军造了十三节大炮架在九龙山上炮轰英国军舰，使妄图镇压中国人民革命的侵略者受到了惩罚的故事。

二是写太平军关心人民、与人民同甘共苦的感人事迹的。《竹签的来历》写某年冬至节，老百姓已摆好酒肴，正要吃晚饭，突然村外有人喊“贼来了”，顿时，村里乱成一团，人们纷纷逃往村外，太平军进村后不见人影，知道是老百姓误听了敌人的谣言。当天晚上，太平军就撤到村外边扎营，生火煮饭，没菜下饭，到农民菜地里割了一些白菜，并在割去白菜的地方，插上竹签，留下菜钱。太平军走后，老百姓陆续回村，家里一样东西也没丢，发现菜地里割去白菜的地方都插上竹签，留下菜钱，才悔恨平时听信了谣言，大家把那晚在村外喊“贼”的黄老财抓了起来。故事说明了太平军不拿群众一针一线，是纪律严明的队伍，是人民自己的军队。再如《其生》、《卖猪》、《雪天卖菜》等故事，通过讲说者祖辈的亲身经历和感受，叙述太平军对人民群众的爱护和帮助，也赞扬了太平军的纪律严明。

三是写人民群众对太平军的深切怀念的。《三年好日脚》，写太平军在时，“穷人过得舒服格”；太平军走后，三年积下来的一点存粮都被地主刮净，依旧受地主剥削。所以，大家一想起太平军就说：“一生一世过得三年好日脚。”《一条马缰绳》，写一位老妇人非常珍视丈夫给太平军遵王当马夫留下的一条马缰绳，用一块红布包好，一直放在枕头下，临死时还嘱咐自己的子孙说："我死了，旁的什么都不要，只是红布包的那条马缰绳，不要丢掉，把它放在我的棺材里。"这些故事都表现了劳动人民对太平军的无限深情，对太平天国革命的深切怀念。

太平天国时期的传说故事中，还有反映捻军的斗争情况的。《闹粮》就描写了穷哥儿们在饥饿逼迫下，结伙打老财、分粮食、拒官兵，并汇成起义洪流的情况。《口袋计》、《杀僧王》表现捻军健儿们英勇机智和顽强战斗的精神。《打洋船》抒写捻军战士惩罚外国侵略者的英雄气概。

太平天国故事传说的风格平实朴素，多数作品如叙家常，很少有幻想的情节和过分夸张的描写。如上面提到的《一条马缰绳》，就在叙述一个平凡的故事中，蕴藏着劳动人民对太平军无限深厚的感情。

三、义和团运动的故事传说

义和团的故事传说，大多侧重写火热的战斗场面，并塑造了刘老爹（《红缨大刀》）、刘黑塔（《刘黑塔》）、宗老路（《宗老路》）、白莲（《安次县为什么是大城》）、洪大海（《洪大海》）李大良、黄老三（《托塔李天王》）等一系列英雄形象，表彰了我国人民强烈的爱国主义精神和至死不屈的民族气节。

《红缨大刀》中的刘老爹是一个有民族气节的英雄形象。他为了不让"洋毛子在中国横行霸道"，毅然奋起，执刀抗敌，在汹涌而来的敌人面前，毫不畏缩地站在桥头，一手叉腰，一手举起红缨大刀，高声喝道："慢动——中国人在此！"这霹雳般的喊声，表达了人民对侵略者的愤怒，使帝国主义侵略者为此胆战心惊。他在临死前还叮嘱儿子去找神兵，杀尽洋毛子，给中国人民出气、撑腰。刘老爹至死不忘祖国、民族的高贵品质和英雄气概，集中体现了中华民族反帝斗争的决心和信心，给人民以极大的鼓舞和希望。

《洪大海》也是一篇思想性和艺术性较高的作品。它通过洪大海从个人反抗到组织群众起来斗争所走过的道路，成功地塑造了反帝反封建英雄的光辉形象。出身贫苦的短工洪大海，是个血气方刚的小伙子，对帝国主义及其走狗的所作所为，早就忍无可忍了。当他看到二毛子强抢民女时，马上挺身而出，痛打二毛子，接着便发动群众冲进教堂杀洋毛子。面对侵略者和官兵的围剿，他英勇还击，直至战斗到只剩自己一个人，还边战边骂："横行霸道的洋毛子，吃里爬外的狗官兵！别觉着你们的兵马这么多，别觉着中国人民好欺侮的；中国人有的是，谁也不会饶你们，我马上就去约人——把中国人都集到一块，像蚂蚁似的杀死你们这帮害人精！"故事结尾运用了浪漫主义的手法，深化了反帝反封建的主题。当洋毛子和官兵把洪大海追进芦苇荡，又四处放火时，火头燃处，一个大汉一个劲地在烈火中长高。他有"三四十丈高"，"拳头像山，脚像支天柱，连踢带打，洋毛子和官兵死的就海啦！"最后，他啐了一口唾沫，落地后就成了"唾沫坑"，把洋人马队淹死了。像洪大海这样的形象，可以说是中国人民不畏强暴、不怕牺牲的艺术化身。

《托塔李天王》是内容丰富、情节比较曲折的反帝反封建故事。庄稼汉李大良因闯进县衙门，杀了绰号叫做“活阎王”的县官而躲进很荒凉、很古老的玉皇庙里。后经老农黄老三的帮助，在庙里炼成一座有三尺来高的铁塔，假托玉皇大帝的旨意，封他做“托塔李天王”，并号召群众剪辫子，组织义和团，围攻县城。后来李大良没有听黄老三的劝说，接受皇上的封赠，“让弟兄们续上辫子，与官兵合伙，到时候发粮发款，专门杀洋人”，结果李大良的队伍越战越少，最后只剩下他和黄老三两个人了。县官和洋毛子勾结起来，前来追捕，黄老三自杀，李大良逃脱了官兵，“站在河边，一手高举宝塔，一手拍着胸前，对洋毛子和县官喊道：‘你们等着吧！我马上就上天去搬兵！等我领来天兵天将，统统把你们杀光！我留口活气，就为的是这个！’说完，他‘扑通’跳进河里，举着宝塔，凫着水，不一会就没影了”。故事描写了李大良由反官府到反洋毛子，最后因受官府欺骗而斗争失败的事实，说明了腐朽的清政府与帝国主义是勾结在一起的，要反帝也必须反封建。《托塔李天王》从一个侧面反映出义和团的产生、发展和失败，这是一篇描写人民付出巨大牺牲和战斗失利的故事，但其中没有丝毫失败的情绪，字里行间始终洋溢着革命的乐观主义精神。

义和团故事中还有一小部分是童话，如《渔童》，它没有正面描写义和团的斗争，却曲折地揭露了外国传教士对中国人民财富的掠夺和他们贪得无厌的本性。故事结尾写道：“哪知那渔盆一碎，小渔童却跳起来活了！渔童站在老渔翁跟前，把渔竿一晃，立刻变得又憨又大；他把渔竿朝老牧师一抖，鱼钩钩住牧师的嘴膛；他把渔竿一提，牧师立刻悬上了半空：他把渔竿上下一抖，牧师悬在空中手刨脚蹬‘呜噜呜噜’直叫唤！这时，渔童猛地把渔竿一甩，‘日——’，牧师立刻上了天，跟斗趔趄地滚到天边去了！”这种具有浓厚浪漫主义色彩的结尾，大大增强了艺术效果。

义和团运动中产生的民间故事传说，具有自己的特点：思想内容一般比较广泛、深刻；艺术表现上富有浪漫主义色彩；塑造了许多可歌可泣的英雄人物形象，它曾有力地鼓舞了我国人民的革命斗争，对于繁荣今天的创作，特别是新英雄人物的塑造，也有一定的借鉴作用。

四、近代传说故事的发展和创新

比起我国古代的传说故事来，近代反帝反封建的传说故事，一方面继承了古代传说故事的优良传统，另一方面又适应表现新内容的要求有了很大的发展和创新。

古代的民间传说故事，主要是通过历史上著名人物的英雄事迹来表现历史和人民群众的斗争的，人民对这些人物表现了极大的热爱和尊敬，虚构出种种美妙、奇绝的情节，使他们永远立于不败之地。这些人物的时代不同，出身各异，但是人民却在传说中突出地表现了他们性格的共同特征——在斗争中无比的勇敢和机智。这一切作为民间传说故事的优良传统，一代一代地传下来，在近代反帝反封建传说故事中得到了继承和发展。

近代反帝反封建传说故事也像古代的民间传说故事一样，把许多著名的历史人物塑造成传说故事中的英雄，如林则徐、洪秀全、冯云山、萧朝贵、石达开、李秀成、陈玉成、刘永福、冯子材等，都是不同时期反帝反封建传说故事中的重要人物。这些人物机智勇敢，在和敌人进行的斗争中永远是胜利者，往往比历史上的实际人物显得更有光辉，人民群众把他们神化了。

近代反帝反封建传说故事中，更大量的英雄人物是那些名不见经传的普通群众，有些人就是在传说故事中也没留下确切的名字，这是革命传说故事塑造英雄形象的新发展。在近代革命传说故事中普通群众不是只在特殊情况下才发挥作用，而是经常被作为反帝反封建斗争的主要力量来描绘的；不但描绘群众的实际斗争，而且表现了他们的主动性。特别是义和团的故事，群众英雄形象最有光彩，那些领袖人物的故事反而数量较少，一般也不如群众的形象鲜明生动。这说明义和团运动留给人民印象最深的是群众那种急风暴雨式的斗争，而不是少数领袖的活动。

群众英雄的性格都是在紧张、尖锐的斗争中表现的，但是他们有各自的光彩，不会一般化。有的人利用官家和洋毛子的矛盾，团结大伙，消灭官家和洋毛子（《张头和李头》）；有的大义灭亲，面对当二毛子的姑姑说："我要不劈了你，就不是中国人啦！"（《马六刀劈二毛子》）有的妇女把窜进家门的洋毛子灌醉了统统杀死，最后自己也自杀了，（《红缨扎枪》）；有的人斗争经验丰富，在强敌面前方寸不乱，从容不迫地歼灭了敌人（《宗老路》）。英雄的性格丰富多彩，但是巨大的力量和惊人的胆略却是许多人物身上共有的特征。

总之，在近代反帝反封建的传说故事中，历史上著名人物和普通群众的英雄形象交相辉映，丰富了人民艺术经验的宝库，这对民间传说故事进一步表现现代革命斗争有积极的启迪。

第四节　近代少数民族民间文学

近百年来，我国各族人民，特别是住在边疆的兄弟民族，和汉族人民一样，团结一致，对内共同反对反动统治阶级，对外一致抵御外国侵略势力，表现了大无畏的精神，建立了不朽的功勋，令人景仰，令人奋起。这些斗争，推动了我们伟大祖国发展、前进，也保卫了我们伟大祖国的大好河山，而且还共同创造了我们伟大祖国的文化。在中国近代民间文学这块园地上，每个兄弟民族都有自己的重大贡献，都有自己的独特创造。

一、反封建反压迫题材

这一类作品最多，主要表现为奴隶与奴隶主、农民与地主的尖锐对立，反对清王朝的统治，歌颂农民起义及其领袖。

（一）反映阶级对立

严重的阶级对立，在许多少数民族民间文学作品中都有较充分的反映，如流行在西藏的藏族民歌：

高山即使变成酥油，也是老爷们享受；大河就是流着奶子，我们也喝不上一口。（《高山即使变成酥油》）

倘若我是溪流，就可以自由奔向他乡；无奈我是奴仆，手脚被主人拴上。（《无奈我是奴仆》）

歌谣反映了奴隶与奴隶主的严重对立，奴仆们生活痛苦，失去了人身自由。这种情况，在其他少数民族民歌中也有反映，如流行在云南的彝族民歌《只有歌声才是自己的》：

遍山羊群是奴隶主的，软软牧鞭是奴隶主的，牧羊姑娘是奴隶主的，牧场响起了悲歌——唯有歌声才是自己的。

又如流行在云南的纳西族民歌《没有一颗是奴隶的》，也反映了奴隶主霸占一切、奴隶们一无所有的情况：

下九天九夜的大雪，马鹿角上没有一片雪。下七天七夜的暴雨，雄鹰的翅膀上没有一滴雨，种一年到头的庄稼，没有一颗是奴隶的。

流行在台湾省台中的高山族民歌《苦》，也诉说了他们的痛苦：

苦啊！苦啊！这也苦来那也苦；世界上最苦的人，苦不过我们高山族。

苦啊！苦啊！谁人知道我们的苦处；只是泪珠一串串，没有地方可诉苦。

又如瑶族民歌《瑶人穷》：

瑶人穷，一日三餐苦菜根，芭蕉叶子做被盖，龙头叶子做斗篷。

歌谣从吃、住、衣三方面诉说了瑶族人民的贫穷。

在苗族民间叙事诗中，也有倾诉阶级压迫带给人民的痛苦的。如流传在贵州黔东南地区雷山县的《安屯设堡歌》开头就指出："安屯设堡"是一种诡计，它使苗家失去了土地，失去了家园，投奔深山老林，过着开垦荒地的苦日子。官家的人马开过来，安下屯，设下堡，分种了苗家的土地。时间一久，屯军官兵中的得势者成了政治上压迫经济上剥削劳动人民的地主阶级。他们搜尽了租粮，捞尽了鱼虾，还要佃户们挑水砍柴供应，使得佃户无法活命，如：

冬天来了雪花飘，发财人家有屋有被多逍遥，夜晚不知夜多长，听不见鸡叫和狗咬；穷人家无衣无床又无被，蜷身睡在草上任雪浇。北风吹进茅草棚，睁眼盼天亮，闭眼听鸡叫，天冷夜真长啊，苗家冬天真难熬！

又如：

大田是地主的，菜园是地主的，道路是地主的，地主的田土纵横交错，地主的水沟上下相连；穷人像笼里的小麻雀，吃喝不能自己做主，白水煮茶哪里经饿，越想心越冷啊，越想越难过。

流传在黔东南的《逃荒歌》，长达 200 多行，采用第一人称自述的手法．写出了 19 世纪 50 年代一个苗族青年被侮辱与被奴役的悲惨遭遇。诗歌一开始便深沉地描绘了天灾毁灭庄稼的图景；接着指出，地主阶级乘着灾荒歉收的时机，以高利贷盘剥农民，夺去其土地，迫使许多人倾家荡产，只好外出当长工。诗中的主人公就是千千万万被掠夺了土地的农民形象的再现。他在赚钱回乡养家糊口的幻梦破灭后，在痛苦不堪的景况里，思念着爹娘：

白天想来晚上想，做梦也回到爹娘的身旁，梦醒转来哟泪哟泪双流，要想回去哟没有翅膀，我的怀里哟一钱银子也没有，我哟哪时才能回到爹娘身旁。

广泛流传在云南永陵的纳西族民间故事《复仇》（又称《迫害》）也是一篇较好地反映阶级矛盾和揭露统治阶级罪恶的作品。故事如下：

从前，有一个杀人不眨眼的土司，名叫普卡拉翁。他的妻子史普密既长得丑，又不会生育，但她是另一个大土司的女儿，所以土司也怕她三分。一天，土司带着家丁和猎犬去山上打猎，不料猎犬在赶马鹿时失踪了。土司找到山上一家老夫妇家里，发现老夫妇的独生女儿督娥淑蒙长得很漂亮，便目不转睛地盯上了她，并一口咬定这个姑娘是他的猎犬变的，命令家丁把姑娘抢走。老夫妇死活不让土司抢走姑娘，结果被活活打死。普卡拉翁把督娥淑蒙抢回去后，怕史普密知道，便把她藏在九层楼的经堂里，谎说是从西藏请来的“活佛”。过了九年，督娥淑蒙已有了一男一女，6 岁的男孩叫哈及夹此，8 岁的女孩叫哈及格若。九年来，督娥淑蒙的脸上没露出过一丝笑容，她悄悄把自己一家悲惨的命运告诉了年幼的儿女。因此，哈及夹此和哈及格若从小就憎恨他们的父亲。一天，狠毒的史普密知道丈夫请来的并不是什么活佛，便立即用药毒死了土司，又命家丁杀害了督娥淑蒙。哈及格若姐弟闻讯逃走，史普密曾先后派家丁和渔夫追杀两姐弟，结果前两次派去的人都被两姐弟的哭诉哀求感动了，他们放走了两姐弟。史普密又第三次派了两个人去抓姐弟俩，其中有一个是史普密的心腹，他捉到两个孩子后，不顾孩子的苦苦哀求，把弟弟抓起抛到岩下。这时，另一个被派来的人不忍心两个孩子被杀害，便赶过去用力把史普密的心腹推到岩下去了。姐姐哈及格若在两条大鱼的帮助下，渡过大海，来到一处很热闹的地方，意外地见到了弟弟。原来哈及夹此被推下岩时，被一只仙鹤接住，驮到这里来了。大海这边是一个美好的地方，没有土司和史普密那样的恶人，大家一块干活，和睦相处。两姐弟被一家无子女的人家收养，生活过得很愉快，十几年又过去了，两姐弟已长大成人。弟弟还练了一身好武艺，尤其精通剑术。可是这消息又让史普密知道了，她便率领队伍来攻打这个地方。人们被史普密的暴行激怒了，都愿意支持哈及夹此，与史普密应战。史普密带着队伍终于来了，她趁哈及夹此不备，一箭射来，射在哈及夹此的马鞭上，哈及夹此决心为死去的外祖父母和母亲报仇，便拉开弓，一箭射中了史普密的心窝。这个杀人不眨眼的恶魔被杀死后，她的队伍便不战而溃，纷纷逃命去了。从此，两姐弟同大家过上了没有土司、没有悲伤的幸福生活。

蒙古族民歌《残暴的土谢图王》则集中暴露了清朝末年土谢图旗（现科右中旗）王爷色旺敖力布桑宝的暴政。色旺敖力布桑宝在同治光绪年间是科右旗王爷，又是兼管十旗的哲盟盟长。《残暴的土谢图王》真实地揭露了封建王爷令人发指的罪恶，形象地反映出人民起义的社会历史根源和阶级根源。土谢图王吮吸人民的血汗，雁过拔毛，杀鸡取卵，巧取豪夺，无所不用其极，逼得人民难以忍受，无法生存下来。民歌这样唱道：

小小的土谢图旗，苛捐杂税多得很，举出例子细说呢，说上一年说也不完。

拧上一条细麻绳，王府要去做撇绳，一条麻绳都剩不下，百姓怎能活得成。

割下苇子堆起来，王府要去掘井用。苇子一根也不剩，受苦的人民咋活命。

…………

谁家女人手巧心灵，王府叫她缝衣裙。哪家姑娘长得俊，抓去服侍王爷和福晋。

好狗要去猎野牲，好猫拿走放在仓库里。一只猫狗都剩不下，老百姓怎么能安宁。

这首歌揭露王爷的剥削淋漓尽致、入木三分。它没有历数多如牛毛的赋税，而是以身边一草一木、一针一线也难以保存来诉说王爷掠夺的苛刻；它还大量引用血淋淋的事实揭发王爷的凶残，如迫使身强力壮的青年男子去做摔跤手，让他们用鲜血和生命供王爷取乐，又把长得端正的妇女抓去为奴，供王爷驱使污辱。还有更多的奴隶在王府大兴土木的艰苦劳动中丧生，民歌这样控诉道：

搜查每个嘎查（村）和苏木（牧区行政组织，相当于一个区），捕捉所有的劳动力。不管瞎子和瘸子，统统抓去做苦役。

中国历史上有长城，据说长达一万里，土谢图王的新宫殿，绕一周也有数十里。

嗜血成性的大王爷，草菅人命当儿戏，无辜人民头颅滚，王府的台阶鲜血溢。

（二）歌颂人民起义

哪里有压迫，哪里就有反抗。反抗压迫、歌颂人民起义的民歌和故事，在许多少数民族人民中流传着。例如，维吾尔族的《英雄沙迪尔》就是一首反抗者的英雄颂歌。沙迪尔是新疆伊犁地区农民暴动的领袖，投身于反抗清王朝统治者的斗争，得到维吾尔族人民的爱戴。据说他一生曾多次被捕入狱，由于他机智勇敢，加上人民群众的帮助，每次都越狱逃跑。他是一位出色的斗士，又是一个多才的歌手，他以歌谣为武器，组织人民，鼓舞士气，打击敌人，现存沙迪尔自编和后人歌唱他的歌谣约100多段（四行为一段）。有的记叙他童年的家庭情况，有的叙述他参加农民暴动的经过及被捕入狱等情况。下面这两段，描写他被捕入监狱后仍坚持斗争，表现了宁死不屈的大无畏气概：

双手戴上镣铐，把我投入监牢，好汉做事好汉当，决不向他们求饶！

凿通厚厚的墙壁，我又逃出了牢狱，这一下，倒霉的是看守我的五个衙役。

沙迪尔从牢狱逃出后，仍继续作战，表现了无所畏惧的英雄气概和乐观情绪：

我逃出了衙门的监牢，又集拢了昔日的伙伴；跟那追来的清兵，激战了三夜三天。

近代回族民歌，不仅反映了农民与地主阶级的尖锐对立，而且鼓励穷哥们起来反抗，如《长牙齿的鞭子》中唱道：

穷哥们，来反抗，不许地主逞凶狂，夺过鞭子做主人，要把地狱变天堂。

《歌唱英雄白彦虎》是近代流行的回族民间叙事诗。白彦虎是1862年陕西回民起义十八大营的领袖之一，他率领的回族起义军，曾多次打败清政府派来镇压的官兵。后来由于太平天国革命的失败，清政府派左宗棠来镇压，西北的回民起义相继失败，白彦虎率领的一支回民起义军坚持战斗，从陕西转战甘肃、青海，又经过长途跋涉，于1874年退往新疆，最后流亡国外。这篇民间叙事诗（近300行），主要叙述白彦虎率领起义军离开陕西后，经过甘肃，转战新疆的情况。它是回族人民斗争历史的珍贵实录，几乎没有什么景物描写，也没有华丽的词语堆砌，却通篇给读者以很强的感染力。

歌颂农民起义和武装斗争的革命历史歌谣，也是壮族民歌中的珍品，其中以太平天国时期的革命历史歌谣最为丰富。它主要流传在广西武宣、象州和桂平一带壮族民间。歌谣的内容非常广泛，有赞颂太平军的，如：

满村锣鼓响声声，狮子舞来麒麟跟，穷苦百姓同庆贺，天军带来太平春。日头出山亮又明，东山来了太平军，财主莫三挨捆绑，推去杀头快人心。

又如：

三月木棉开，天军过山来，财主逃进城，百姓得了乖。春天百花开，太平天军来，后生送柴火，姑娘送草鞋。

老百姓拥护太平军的热闹景象，跃然纸上。壮族民歌中还有反映当时战役的：

象州官府带兵多，打起仗来乱鸡窝，天军城下一声喊，狗官忙找螺蛳壳。（《太平军打象州》）

双髻山顶生双峰，太平天军逞威风，狗牙龙旗他敢上，斩断龙腰拎向荣。不怕向荣兵马足，天军引他上山麓，好比红薯进火灶，大大小小一灶熟。（《太平天国逞威风》）

1885年（清咸丰五年）至1872年（清同治十一年），在太平天国的直接影响下，张秀眉领导黔东南的苗族和其他民族人民与清王朝进行了18年轰轰烈烈的斗争。民间流传的许多诗歌，热情地歌颂了这次斗争。这些诗歌，篇幅长短不一，但大都以领袖张秀眉的英雄形象为主，所以苗族人民把它统称为《张秀眉之歌》，有的地方又叫《反歌》。这些诗歌，在形式上近似苗族古歌，多为五言，押韵。它可以独立成篇，也可以连起来成一首叙事长诗，采用直叙的方法展开故事。全诗结构大致分为四部分：

第一部分叙唱在天灾和苛重的租税煎熬下，广大劳动群众起而反对压迫剥削，揭开了起义的序幕。

第二部分叙述起义军攻城夺寨、摧毁封建王朝的地方政权，节节胜利。这部分还着重叙述苗族起义军联合汉、侗等兄弟民族起义队伍，形成巨大的革命洪流，向西“先破台拱城，再打到都匀，贵定的官兵不抵抗，一直打上贵阳城”，然后回军向东“打到长沙去，打到沅州去”，把清王朝统治阶级打得喘不过气来。

第三部分叙述清王朝一面增兵挽回败局，一面玩弄分化、收买和诱降等卑劣手段，使起义遭受重大损失。

第四部分叙述张秀眉被俘后宁死不屈，英勇就义。

长诗热情地歌颂了起义军与清军奋战18年的丰功伟绩，成功地塑造了张秀眉、杨大陆等起义领袖的形象。张秀眉是一位杰出的农民起义领袖，他卓识远见，在政治上提出“不要杀汉人”、“只杀官家老爷们”的正确主张；他英勇善战：“衣服全磨破，秀眉不缝补，胡子九尺长，秀眉也不剃，梭镖拿在手，杀敌如践蚁。”他面对敌人的劝降，厉声回答：“你要我投降，千万别梦想，要我把官当，当官变虎狼，和你们一样。我生要打你们，死了也反抗。”张秀眉虽然最后被敌人杀害了，但他点起的反抗烈火，却在苗族人民心中燃烧：

张秀眉领导打官兵，我们穿的蓝荫荫，张秀眉死去了，我们穿的灰溜溜。活转来，张秀眉哥哥！活转来除强暴。用你的双脚，踏平地上的包；用你的大手，捉尽山中的恶狼；用你的大刀，杀尽人间的强盗。

在苗族张秀眉起义的同时，黔东南“六洞”（今属从江、黎平两县）、“八洞”（今属黎平县）、“四乡”（今属湖南靖县）、“四脚牛”（今贵州黎平县的水口区至广西融水县的高安一带）等南部地区侗族揭竿而起，展开了反对清王朝的斗争。这次农民起义，由于群众的支持，并利用了山区的有利地形，采取小型作战为主的战略，坚持斗争达22年之久。《咸丰五年天下乱》（亦称《六洞起义歌》）约300多行，对于这次规模浩大的农民斗争，作了生动的描述：

咸丰五年天下乱，民不聊生动刀枪，四面八方举反旗，侗寨的鼓声震天响。

…………

民军开战就得胜，一举攻进下江城，杀掉一个官老爷，名叫“桂大人”。

…………

六洞三百寨，处处响起牛角声，齐心协力打官家，一举攻破永从城。

…………

各路民军往前进，杀过檀溪进锦屏，打下龙里和新化，趁着威势攻黎平。

清王朝对少数民族实行“以夷治夷，德威兼施”的反动政策，加上流官和土司的压迫和剥削，弄得民不聊生。咸丰四年（1854）二月二十七日，杨元保领导布依族人民在贵州丰宁上司起义，揭开了太平天国时期贵州农民起义的序幕。流传在独山地区的《杨元保的故事》就反映了这场斗争。杨元保出生在一个长工家庭，自幼失去母亲，后因生活所迫，和父亲一道到土司家去做工。土司设下陷阱，逼死杨元保的父亲，从此他便成了孤儿。太平天国革命浪潮席卷到贵州，在苦水里泡大的杨元保积极响应，在当地组织人马准备起义。杨元保的家乡“接连广西，千山万岭，重岩叠嶂，地形复杂，有九十九大洞”。他带领人马在山洞打兵器，积聚粮草，同时修路建桥，与军师黎化敏、杨二王等得到众人的拥护，就连神仙也被感化了。当他们在99个大洞架起98座石桥时，银钱枯竭了。此时，来了“八个外乡人”，他们在杨的兵营里过了一夜，却变成了八个银人，解决了义军的燃眉之急。这消息顿时传开，布依山区的人民纷纷心向杨元保，如百川归海，汇成了起义的洪流。

在布依族的民歌中，也有反映人民起来斗争的，如《起义歌》：

红旗绕绕白旗翻，咸丰四年打独山，穷人要得出头日，天地会里来团圆。天神地神靠不住，等死不如拼命干，要想地方得太平，打倒贪官免税捐。

在太平天国起义的影响下，聚居在黔桂两省交界处的水族人民在潘新简的领导下，举行了反对清朝的武装起义。他们的事迹在民间流传后，经过不断丰富和发展成为起义歌和起义的传说。歌颂潘新简的《简大王歌》长达322行，共分8个章节，从潘新简的身世唱到聚众起义，攻克荔波县城，直到起义失败。这首歌具有浓郁的民族色彩和地方色彩。歌词通俗易懂，琅琅上口，另外，用水族人民常见的事物本身所具有的自然属性，去比喻歌中主人翁的性格，非常妥帖、恰当，听起来饶有趣味。《简大王的传说》由许多则传说组成。它可以独立成篇又互相联系，对潘新简以及他领导的农民起义作了详尽的描绘。

散居在云贵高原的仡佬族，虽然人数很少，但在阶级斗争、民族斗争中也产生了自己的英雄人物。如流传在贵州遵义仡佬族地区的人物传说《山满》中的主人公山满，就是清代咸丰同治年间当地一位叱咤风云的农民起义领袖。山满从小过着牛马不如的生活。为了不受欺凌，他同一群小伙伴进了习武棚。他勤学苦练，很快就练就一身钢筋铁骨和超群武艺，甩石头更是他的绝招。有一次，一伙强盗抢劫回来，从山家寨子对面的坡脚经过，山满发现后，随手甩出几十块石头，打熄了强盗的灯笼，吓得那些家伙丢下抢来的东西，抱头逃跑。因为山满甩石头像安了长把的铁锤一样，甩得又远又准，大家把他这一招武艺称为“长把锤”。山满爬墙上树，像家猫那样轻巧麻利，而他的力气却大得惊人。有一次，县官差人来捉山满，山满正在犁田，就放下犁头，双手捏着大牛的前后脚，从田后坎提到前坎，就像提一只兔子那样轻巧。差人一看，吓得赶紧逃走。又有一次，大富豪侯老爷请了一个武打的教师爷来打山满。山满一只手把千斤重的大石墩提起来抛起几丈高，就像抛棉花口袋那样轻便，吓得教师爷不敢下手，侯老爷只好向山满赔不是。庚申、辛酉年（咸丰十年、十一年）天大旱，颗粒无收，财主逼债，官府又加“长毛捐”（清王朝为镇压太平军而加收的捐税），老百姓被逼得走投无路，便在山满带领下向大户“借粮”，随后，他们便组织起义队伍，打富豪，反官府。官家派人来捉山满，不敢下手；县太爷亲自来“招安”被山满一阵石头打得逃了回去。后来，据说山满带着起义队伍参加了太平军，被封为旗子手，立下不少战功。

清朝咸丰同治年间，云南大理、保山一带的回、汉、白、彝等族人民，在回族人杜文秀的率领下，组成了白旗军，进行了声势浩大的反抗清朝反动统治的起义斗争。起义从1855年至1873年，延续18年之久，后因清政府的残酷镇压，才归于失败。这次起义虽然失败了，但它在各族人民中留下了深远的影响，人民中流传着许多有关它的传说。如《杜文秀告御状》，说的是杜文秀上京告御状，反而使人民受害，大家在走投无路的情况下，才推举杜文秀为首领出来与清军对抗。故事阐明了白旗军起义的缘由。《帅府门前卖猪肉》的故事是讲，在各地商人到大理做生意时，卖猪肉、猪血的人增多，回族士兵看不惯，掀翻了摊铺。杜文秀知道后，叫拿到帅府门前来卖。故事歌颂了杜文秀扶持商业，尊重各民族习惯、加强民族团结的政策措施。《杜文秀严办坏乡府》说的是，杜文秀派了一个他很赏识的姓马的回族青年到弥渡去任乡府（府官），但马府官却不按杜文秀的嘱咐办事，而是强占民女为妻，在有人要告状时，派人在途中将之杀害，去一个杀一个。后来老百姓绕道到大理告了状，杜文秀派人连夜去调查，并押马府官对质，查明情况属实，立即斩了坏乡府。故事歌颂了白旗军的纪律严明和杜文秀不徇私情、维护人民利益的高尚品质。《穷孩子上了学堂》讲的是，杜文秀将喜洲过去一个财主霸占的田改为义学田，让穷人孩子能上学读书，反映了杜文秀政权对文化教育的重视。在《压米价》里，杜文秀派去保山的大司，很善于体察人情，在米价飞涨时，用巧妙的办法使米价稳定下来。故事刻画了白旗军将领的聪明才智，描写也生动而风趣。《杜文秀的死》说的是由于将领杨荣叛变，上关下关守将投敌，杨荣来逼杜文秀投降，但杜文秀说："要我投降万万不能。"这时大理已破，清兵大肆烧杀抢掠，回族老百姓成千上万跑到帅府求救。杜文秀说："他们主要就是要我一人，只要把我拿去杀了，全城老少就可得救了。"于是，他转入后宫拿孔雀胆给他妻子吃，自己也吃了，坐上轿子，流着泪让人抬去见清军将领杨玉科。从帅府出来时，成千上万的老百姓跪在路旁送他，他对老百姓说："我保你们十八年，刺都没给你们戳一棵；现在我不能保你们了，叫杨荣保你们十八天吧！轿子才到杨玉科住的下兑村，杜文秀连话也没有说一句就倒下去了，一班降将也被岑毓英抓去杀了。故事反映了白旗军失败的情况。

在杜文秀起义的同时，哀牢山区爆发了以彝族李文学为首的各族人民起义，坚持斗争达20年之久，并曾与杜文秀大理政权相配合，给清王朝的统治以沉重的打击。李文学起义，白族人民参加了，他们中也流传着李文学的故事。李文学家境贫寒，8岁就给财主放牛，端屎端尿，挨骂受气，他很想不通，从财主家逃出，以砌墙铺路谋生。有一年灾荒，人们无法过活，他就约了穷人们打官府，救济穷人。故事着力描写他一面抗清，一面开荒生产、挖塘筑坝，为老百姓办事。有一年粮草缺乏，他向老百姓借粮，决定借一还三，在借到粮后带头开田种地，修堰积水，粮食丰收，认真执行以一还三的决定偿还给老百姓。由于纪律严明，老百姓都很支持他，在他牺牲以后，人们逢年过节，都要祭奠他。故事没有叙述李文学的武功，却刻画了一个救民于水火、热爱人民、重视生产的农民领袖形象，故事亲切生动，质朴感人。

清咸丰年间，云南哀牢山中段田政（卡多人）领导的以哈尼族为主体的各族农民大起义，与杜文秀、李文学领导的农民起义相呼应，“应援”太平天国，写下了光辉的篇章。《严惩吴老八》、《威镇四迭岩》、《白旗下坝》、《骂阵》、《巧退敌兵》、《白马》、《痛骂关公》、《智取通关》、《枪打黑脚杆》、《坚守过得岩》等，都热情地歌颂了田政和其他农民起义英雄。其中《痛骂关公》更以幻想的手法，歌颂了田政不为名利所动、英勇不屈的气概。故事如下：

在阴间的关公听说田政武艺高强，诚心想勾他来做一员大将。就在清政府杀害田政时，派刀斧手周仓去刑场把田政的阴魂勾走。田政的阴魂到了关公庙前，关公走下宝座，到二门外迎接。田政把头偏向一边，不愿用正眼看关公，迈着大步走进关公庙。关公只好尾随其后。进了大殿，关公亲自给田政松绑。“劝”他放弃在阳间“造反乱世，与官府抗争”的邪恶念头，要田政改邪归正，做关公的武将，小心地为观音菩萨开大门……不等关公说完，田政就指着他的鼻子骂道：“在阳间时‘过五关斩六将’，除奸臣，你还算得上是条好汉；想不到，来到阴间，有钱人给你搭了两间破庙，你就做了他们的走狗！”骂得关公红脸变成了灰脸。关公无奈，就密令刀斧手把田政的阴魂暗害了。

这一故事，情节简单，想象奇特，是哈尼族人民对英雄人物敬仰心理的折射。以在阴间的关公相衬托，田政的形象就更鲜明、突出。

二、反帝反侵略题材

我国少数民族多居住在边疆各地，他们英勇抗击了外国侵略者，在斗争中产生了不少反帝反侵略的民间文学作品。

（一）天山南北与昆仑山地区的反侵略民歌

19 世纪中叶，中亚浩罕汗国军官阿古柏，在俄、英侵略者的支持下，侵略我国南疆，建立了所谓“班达吾莱特汗国”，自封“洪福之王”，阿古柏到处烧杀抢掠，横行霸道，维吾尔族人民处于水深火热之中，于是他们创作了许多讽刺阿古柏的民歌，歌中唱道：

班达吾莱特盖了礼拜寺，为了笼络大众的心；他的仓库里装满了金银，全是掠自劳动人民。

阿古柏发出了号令，青苗交纳赋税了；阿古柏统治的时代，欺凌诈骗凶5 极了。

阿古柏是只贪婪的老鼠，派税摊捐名目繁多；遇见了北京来的队伍，沿着墙根到处躲。

民歌揭露了阿古柏贪婪、凶狠和虚弱的本质。

新疆自古以来就是我国不可分割的神圣领土，它地处中亚交通要冲，是战略重地，沙俄早就想吞噬这块肥肉。1880 年 7 月，沙俄武装侵占了伊犁地区，霸占达 10 年之久，给伊犁地区各族人民带来深重的苦难。请听新疆维吾尔族的歌谣：

树上吊着老年人，脚下踩着青年人。暴徒杀人不眨眼，入昼闭户夜进林。

马驹长大成骏马，体高膘肥力量大。交纳重税服徭役，恨死吃人的尼古拉。

条条水渠被挖断，个个堤坝被撞穿，无数百姓被驱赶，夺走家产和田园。

沿渠近水林间，俄国澡堂毗连，无数俊儿秀女，绳捆脚镣相连。

歌谣具体地揭露了沙俄侵略者的罪行：吊打屠杀，无情掠夺，破坏生产，残酷奴役。

后来中俄签订《伊犁条约》，沙俄侵略者被迫撤退。他们乘机大肆洗劫伊犁，将10万多居民驱至俄国，这些同胞被迫远适异国，自然十分怀念家乡，思念亲友，时刻向往回到祖国的怀抱。他们在民歌中唱道：

条条水渠石头砌，离别的眼泪湿衣襟；出发的命令一声下，沙俄的官吏似蛇蝎。

松树茂密叶遮天，枝叶连理根相连；告别亲人和朋友，泪水滚滚苦难言。

妇女哭喊连天，声嘶泪水流干；老少一起赶走，家家枯寂荒滩。

俄罗斯马车，凹陷的车座使你受折磨；到了那个鬼地方，日子实在难过。

西风骤起雨潇潇，树干摇动枝叶摇，怀念祖国念亲人，惆怅难眠苦难熬

19世纪后半期，居住在新疆的柯尔克孜族人民也遭到英、俄等外来势力的侵略和掠夺，所以这一时期出现了许多反映柯尔克孜族人民英勇反抗外来侵略的民歌。例如，居住在喀喇昆仑山一带的柯尔克孜族人民中，广泛流行着歌颂在反对外来侵略的斗争中牺牲的女英雄阿依库孜汗的民歌。下面是其中的几段：

喀拉昆仑母亲痛哭了，用乌云做的衣袖遮住了她的脸，大河里翻滚着鲜红的血水，阿依库孜汗啊我们应该怎么办？阿依库孜汗走上了山腰，不断回头向家乡张望，我看到她的眼里含着泪水，恨不得把敌人杀光。

我们在山谷里打击敌人，山腰里响起了阿依库孜汗的枪声，为保卫我们美丽的故乡，阿依库孜汗献出了年轻的生命。

我离开她是那样的悲痛，但泪水却没有蒙蔽了我的眼睛，当我想起那些幸福的日子，我就恨死了侵犯我们的仇敌。

歌词以第一人称的手法，反映了人民对女英雄的深切怀念，以及化悲痛为复仇力量的决心。

（二）蒙古高原的反帝民歌

流传在乌审旗以至鄂尔多斯高原的《孟克巴维尔》和《桑木布拉格》是蒙族人民纪念反帝英雄孟克巴维尔的颂歌。

孟克巴维尔是早期“独贵龙”运动的领袖之一，乌审旗芒哈图人，出身贫苦牧民家庭，为人正直豪爽，乐于助人，在群众中很有威信。当时芒哈图地方由名叫巴图巴彦的宝什格直接控制着，他们与奸商、外国传教士相勾结，巧立名目，向穷苦牧民摊派捐税，并将大片牧地直接卖给传教士兴办教堂，或者卖给地主奸商出租，以换取鸦片和金银。外国传教士得到清廷的支持，以传教为名，在牧区为所欲为，他们私设监狱，干预政事，奸淫妇女，鱼肉人民。广大牧民不仅因失掉牧场而流离

失所，甚至连人身自由也毫无保障，于是穷苦牧民组织起“独贵龙”，推举孟克巴维尔为首领，与封建王公和帝国主义势力展开了斗争。他们首先向乌审旗王爷请愿，继之掀起了驱除洋鬼子的运动。面对人民斗争的怒潮，内外反动派紧密勾结，他们以抓丁为名将孟克巴维尔抓走，关押在教堂的密室里。后因孟克巴维尔越狱，事情泄露出来，反动政权又断然将他充军，押送张家口。孟克巴维尔在张家口监狱里再次设法逃出，辗转回到了乌审旗附近，不幸被敌人发现，中弹身亡。孟克巴维尔死后不久，歌颂他的民歌便不胫而走，传遍了乌审旗和鄂尔多斯高原。这些民歌经过群众不断的充实加工，以第一人称集中地抒发了孟克巴维尔被捕后流放异地的悲愤，唱出了他反抗的决心和渴望与亲人团聚的愿望。歌词激越悲壮，真挚动人。

《孟克巴维尔》是主人公被监禁在张家口教堂中时唱的。他回顾自己被押解登程与妻儿话别的情景：“茂盛的树儿，枝杈哟繁多。离别的人儿，心里哟难过。”他明知此去凶多吉少，难以生还，仍对妻儿苦苦劝慰：“不要流泪了，不要哭泣了，我要平安回来，还能相会呀!”这首民歌通过主人公直抒胸臆，把波涛翻滚的思绪情怀展现在读者眼前。他悔恨失策，没有及时看穿敌人的奸计：“洋胡子设下的圈套，为什么要往里钻?”一步之差就落得“八十斤的大链套在腿上，莫须有的罪名定在身上，疯疯傻傻的我呀，遇上了大难一场”。尽管如此，他也毫不气馁，表示发配再远也要“只身操大节，永远不动摇”，下决心冲出牢笼，飞回自己的家园!

《桑木布拉格》是孟克巴维尔逃出魔窟，在接近故乡乌审旗时所唱的，它一改前一首歌的情调，表现出一种欢快明朗的情绪。

这两首民歌（特别是前一首）构思比较新颖。歌者撷取孟克巴维尔内心冲突最为激烈的生活侧面，一唱三叹，尽情抒发，充分揭示了人物的内心世界，即使是简约的叙事过程，也焕发着浓重的抒情色彩。例如，孟克巴维尔被远程押送的过程，只用两段歌词作了交代，而且意在烘托主人公受尽折磨、饱含辛酸的痛苦心境：“在牛桩子跟前，向主人说了真话。喝了两碗酸牛奶，打了一尖又出发。在羊圈跟前，向人家说了好话。喝了一顿酸牛奶，住了一夜又出发。”这个蒙冤受屈的“囚徒”沿途备受折磨，只能在牛桩子和羊圈前讨食充饥。这极简略的交代，既渲染了生活环境的真实气氛，又委婉地表露了主人公悲怆凄凉的情怀。

（三）湘西山地的反帝传说

在湘黔边界纳尔山区的苗族人民中，也流传着反帝斗争的传说故事。例如《白羊的故事》叙述的是，苗族人民为了创建自由幸福的生活，进行着艰苦的劳动，他们养着一只神奇的小白羊，这小白羊长大后能生出银子。接着叙述苗家收银子如大水流入家中的情况。不想，帝国主义者见了眼红，造谣说小白羊是上帝创造的，企图乘机掠夺。苗族人民识破了这种欺骗，起而揭露和反抗，帝国主义者勾结官府，用洋枪进攻纳尔山。由于人民奋起反抗，帝国主义者一无所得。但这时白羊已变成一堆红土。人们遭此浩劫后，生活又陷入了不堪的境地。故事反映了苗族人民对掠夺我国财富的帝国主义势力的仇恨。

（四）西南边疆的反帝歌谣和故事

鸦片战争以后，外国侵略魔爪也伸进云南省。英、法侵略者在云南竞相角逐。他们通过各种方式，展开经济掠夺、文化侵略等种种活动，妄图变云南为他们的殖民地。他们的这些侵略活动，也反映在云南少数民族民间传说故事中。

白族的《覆钟山麓金交椅》中说，传说覆钟山中有72把金交椅，一批外国人仗势强迫群众到处挖掘，妄图盗宝。白族人民于是祈求观音老母护宝。观音老母化身老妇，到开矿的地方去看，见外国人“打着伞”、拿着棍子“指手画脚”，而白族人民却在太阳底下一锤一锤地打石头。她生气了，上前劝阻外国人，却受到蔑视。观音老母第二天又化身老妈子，以草篮背水，把矿洞的老百姓引出来看，来了一个“倒山封矿”，既救了老百姓，保住了金交椅，也吓跑了外国人。这个传说，以幻想的故事情节揭露了外国侵略者在白族地区挖山开矿、掠夺财富的罪行。

《火烧洋教堂》这一传说反映的是洱源县白族人民同天主教的斗争。这场斗争发生在清光绪年间。传说中的吴老九、傅小八、张若望、罗尼佛都实有其人。光绪九年，法国传教士罗尼佛和司铎兼天主教神父张若望，在洱源县西山建了一座天主教堂，强迫白族山民入教，扬言有谁不入教“就要夺他的佃”。山民们无可奈何，只好入了教，谁知入教后马上被要求交礼拜钱、洗礼钱。山民们本来已被地主豪绅刮得家无一粒粮、身无半文钱，哪里出得起这些钱呢？于是不到半月，就闹起了退教的风潮。张若望眼看事情越闹越大，就亲自出马，挨家挨户去追查。张若望和罗尼佛到吴老九家，追问他为什么退教，还撕去了吴老九的“灶君图”，贴上了“圣母像”。这激怒了吴老九，他一把撕下“圣母像”，丢在火中烧了。罗尼佛和张若望就把吴老九活活吊死，然后贴出《劝世文》，说什么是吴老九侮辱上帝，硬不入教，已被上帝处死。刚巧傅小八上山打猎，知道吴老九被害的情况，群众非常气愤，到教堂去讲理，罗尼佛不但不认错，还开枪打死了七八个山民。山民就冲进了教堂，杀了罗尼佛和张若望，烧了洋教堂。清政府知道后，派兵来围剿。在敌众我寡的危急情况下，傅小八英勇机智地带领白族人民同清兵进行搏斗，取得了斗争的胜利。传说深刻揭露了帝国主义传教士的种种罪恶，帝国主义者与清朝官府相勾结对广大人民的迫害，歌颂了白族人民反帝反封建的斗争。与《火烧洋教堂》有关的传说，还有《智擒神甫》、《告御状》、《剖腹验花》等，情节略有不同，有的可以相互补充。

《杨玉科打法国人》的传说，是中法战争历史事实的反映。法国侵略者为了实现占领越南进而征服中国的狂妄计划，屡屡进攻越南。1873年，法军攻占河内等省，严重威胁越南的生存与中国的安全。1883年12月，法军猛攻山西，清军被迫抵抗，中法战争爆发。法帝国主义时而强攻，时而诱和，直至1884年7月，法军进攻我台湾和福建，清政府在全国人民逼迫下才于8月20日对法宣战。滇军分两路进入越南：一路以丁槐的定武军为主力，出保胜，进军兴化，围攻宣光；一路是杨玉科的广武军，出睦南关，进攻谅山地区。这些部队中有许多兰坪、鹤庆、剑川、大理一带的白族和汉、彝族青年，杨玉科就是兰坪白族。他们与刘永福的黑旗军战斗在最前线，与越南人民并肩打击法国侵略者，收复了红河下游的许多城镇。杨玉科大败法军于文渊，在乘胜追击中不幸牺牲。传说正反映了杨玉科痛歼法军的史实。故事说，清军屡次被法军打败，才派了杨玉科上前线。到了谅山，他派十八将领去攻打，也都打了败仗。他们劝杨玉科撤退，说“法国人打仗凶得很哩!”杨玉科非常镇定，先安定十八将领的心，再安排他们在18个主要路口上扎营烧火，再拆毁路口桥梁，设下埋伏。一切布置停当，他亲自带兵绕到法军后方攻打，把法军赶向十八将领埋伏的地方，结果大获全胜。从此，法军连听到杨玉科的名字都害怕。但他不幸在后来的战斗中被冷炮打中而牺牲了。故事着力刻画了杨玉科的沉着应战、智勇兼备，歌颂了白族将士痛歼法军的英雄业绩，对杨玉科的牺牲寄予了无限惋惜。杨玉科是白族名将，他曾奉清廷之命镇压过滇西白旗军起义，但他在中法战争中英勇善战，痛歼法军，体现了反帝爱国精神，是值得称道和肯定的。传说故事正是通过杨玉科的智勇兼备、善于指挥作战，歌颂了白族人民的聪明才智和反帝爱国精神。

拉祜族的《闷抗渡》和《战马坡》，也是以反帝斗争为主题的民间故事。其中《战马坡》是歌颂反帝英雄扎努的。故事讲述的是：农民扎努非常痛恨英帝国主义者无理侵占慕乃铅厂，便带领100多村民打死英兵100多人。后来人民推选他做了首领，他就带领几个地区的人民用弓箭、大刀、火药枪把英国兵赶走了。

人数不多的佤族人民和其他兄弟民族人民一起，共同开发和保卫了祖国西南边疆。这一历史事实，在佤族人民的民间故事中得到了一定的反映，如《偷渡滚弄江》、《炉旁银厂的斗争》、《英国兵逃跑了》、《愚蠢的英国兵》等。

《偷渡滚弄江》是鞭挞卖身投靠帝国主义的民族败类的。故事大意是：班洪地区曼相部落的二王爷，为了谋取金钱和个人利益，不顾祖国人民的存亡安危，偷了炉旁银矿的27驮银矿石，乘黑夜运到滚弄江边，妄图运过江去献给帝国主义者。他们找到一个老船夫要他摆渡。老船夫问二王爷运的是什么东西，他说是紫梗，运到邦海街子去卖。老船夫看他们鬼头鬼脑的神色，心里明白了几分，故意使船不动，并说：“你看，我的船平时划得很快，今天偏偏划不动，原因是你不说实话。”老船夫用撑竿往驮子里一戳，银矿石掉了出来，便质问：“你们为什么要把中国的矿石运往外国?”二王爷做贼心虚，哑口无言，仓皇逃走。后来老船夫便把此事告诉了佤族人民，班洪各部落人民极为愤怒，联合起来攻打曼相部落，抓住了卖身投靠帝国主义的败类。故事反映了佤族人民的机智勇敢和爱国反帝精神。

如果说《偷渡滚弄江》的批判锋芒是指向民族败类的话，那么《愚蠢的英国兵》、《英国兵逃跑了》等故事，则是直接指向外国侵略者的。《愚蠢的英国兵》讲述的是，英帝国主义的军队进犯到滚弄江，气势汹汹地要把阿佤人消灭。英国兵抬着洋枪洋炮，阿佤人只有土枪长刀，怎么办呢？大家商量出一条妙计。第二天早晨，英国侵略军来了，他们看到树林里挂着不少牛皮，阿佤人从牛皮后面向他们放枪，就说："你们看，这些佧佤人都躲在牛皮后面呀！可真愚蠢呀！"有的高兴地叫起来："牛皮怎能挡住子弹呢？不把他们打死才怪哩！"便集中火力射击牛皮。这时，阿佤人已偷偷绕到英军后面，那些又高又笨的英军士兵还在那里专心地朝牛皮打枪。忽然，树林里响起了铓锣，四面八方隐蔽着的人们一拥而上，杀死了不少英国侵略军，活着的也慌慌张张冲进滚弄江，往对岸逃命。看着这些侵略军狼狈逃命的丑态，大家哈哈大笑。这个在沧源县班洪、班老一带广为流传的故事，反映了阿佤人的聪明才智，他们用土枪长刀打败了持有洋枪洋炮的侵略者。

反对外国入侵，也是地处祖国西南边陲的布朗族人民创作中的重要题材。在国防前哨曼玛寨至今流传着许多反侵略的传说，比如有一个传说讲道，曼玛寨旁边的囡昂戛山有一尊巨石，形似无头象身。它原本是一只三牙雌象，守卫着村寨。百年前，"哥竜"赶来大雄象，侵入我国境。当雄象走近囡昂戛山时，听见山上的雌象怒吼，吓得打颤，不敢前进一步。"哥竜"只得退出我国境，准备除掉三牙象再来攻取，于是派一名奸细化装成外国商人，来到曼玛寨落户、结婚。一年后，他摸清了曼玛的道路和防卫设施，一天夜里，提刀潜入囡昂戛山偷砍三牙象的头。一刀猛劈下去，三牙象的头飞到曼玛寨脚，但三牙象的身躯仍然雄踞山头，胸腹轰然作响，熠熠放光。奸细慌忙凿开三牙象胸腹，偷走心脏，三牙象才死去，并化为岩石。奸细得手之后，连夜逃出国境，引来"哥竜"偷袭曼玛寨。"哥竜"占领曼玛之后，要把全寨人赶到国外去做奴隶。布朗人宁死不屈，但还是被捆绑着押走了，只有一对青年男女躲进佛寺的暗角才得幸存。后来，他们每天向佛敬献蜡条，祈求光明，据说西定布朗青年在关门节和开门节期间跳的"板典"（蜡条舞）就是这样起源的。后来，劫后幸存的那对男女结了婚，繁衍子孙，经过几代，曼玛又回复到居民数千、三日一街的昌盛局面。

聚居在云南的傈僳族人民，同怒江流域的怒、独龙、彝、白、汉各族人民一道，对于帝国主义的侵略活动，曾经进行过英勇顽强、不屈不挠的反抗和斗争。如1908年福贡腊乌等村寨傈僳族人民处死德国间谍布仑胡伯的反抗斗争；1911年泸水县的傈僳、景颇、汉等族人民奋起抗击英帝国主义对片马地区的武装侵略等。傈僳族人民用鲜血和生命谱写了一曲曲悲壮激越的反帝斗争颂歌。其中，《诸来四战洋军官》的故事尤为神奇感人。故事说：穷苦农民诸来四平时练就了一身好武艺，从坡上滚下来的瓜，他能穿中五箭；空中竹竿落地，他能砍成三节。当持洋枪的帝国主义分子耀武扬威践踏我国大好河山时，诸来四以高强的武艺机智勇敢地消灭了许多入侵的敌人。有一次，一个洋军官正在村寨行凶作恶，一听说诸来四赶到，顿时吓得魂不附体，立即逃遁。诸来四在路心一站，洋军官一见到这个身材魁梧、智力超群的反帝英雄时，急转身向另一个方向逃命。诸来四看到他连滚带爬、狼狈逃窜的情景，在哈哈大笑中手执弩弓，射出一支带毒的利箭，不偏不斜正中敌人咽喉，敌人当即倒地毙命。

人口仅4000余人的独龙族人民中也流传着反帝斗争的传说。如《独龙族人民狠揍侵略者》的故事，是1912年独龙族人民严惩进行间谍活动的英国侵略者布里查等人的真实反映。英国侵略者从缅甸入侵怒江两岸，被傈僳族兄弟赶走之后，便借口到独龙河搞“勘测”，进行阴谋活动。这些侵略者四处抢劫，横冲直撞，搞得人心惶惶。一位名叫勒达木的老人见到这种情景，心中十分气愤，就把独龙族的男女老少找来，对大家说：“豺狼最怕的是弩弓，我们用弩弓来对付这伙红头发绿眼睛的豺狼吧！”听了勒达木老人的话，大家都愿意组织起来打豺狼，并推举勒达木担任指挥。一天，英国侵略者听说独龙族组织起来了，就派了5个人来探听虚实。不料，他们走到猛顶地方，只听得密林中传出一声喊叫，突然从四处飞来密集的弩箭，有的来不及躲藏，就中箭倒地。敌人的头目急忙想过溜索逃命，可他刚上溜索，独龙族人就冲出来一刀将他劈死，结果只有一人侥幸逃脱跑回去报告，说独龙族如何如何厉害。从此，这些强盗再也不敢到独龙河来为非作歹了。

少数民族反帝反侵略的民间文学作品，虽然风格不同，手法多样，但都贯串着反侵占、反掠夺、爱祖国、爱乡土的精神。它们无情地揭露外国侵略的凶狠和贪婪，反映了人民在对敌斗争中的机智和勇敢，歌颂了人民的爱国精神和献身精神。

近代少数民族民间文学作品中，还有爱情题材、劳动题材、生活习俗题材等作品，但由于难以确定它的产生时代，就是有些可确定产生于近代的作品，与古代作品相比，也无显著的特点，所以，这里不再一一介绍。

小　结

由于近代我国各民族社会历史发展不平衡，各民族民间文学所反映的内容自然千差万别，但由于广大地区处于半殖民地半封建社会，农民阶级与地主阶级、中华民族与帝国主义的矛盾日益尖锐，民间文学有了很大的发展，反帝反封建成为这一时期民间文学的基调。

流传在全国各地的民间文学作品，反映了近代历史的进程。鸦片战争、太平天国起义、义和团运动、辛亥革命等，在民间文学作品中都有形象生动的反映。近代民间文学与古代民间文学相比，具有鲜明的特征：反帝反封建是基调；各民族具有各自独特的风格；形式多样，绚丽多姿；描绘广泛，反映深刻。

在中国近代民间文学这块园地上，每个兄弟民族都有自己的重大贡献，都有自己的独特创造。他们在不同的社会历史条件下，各自创造了本民族色彩鲜明、独具风格的民间文学。我国各族人民近百年来反帝反封建反民族压迫的斗争，在各少数民族的民歌和传说故事中都有所反映。如苗族的《逃荒歌》、《张秀眉之歌》和《白羊的故事》，纳西族的民间故事《复仇》、蒙古族的民歌《残暴的土谢图王》、《孟克巴维尔》、《桑木布拉格》，维吾尔族的民歌《英雄沙迪尔》，侗族的民歌《咸丰五年天下乱》，布依族的《起义歌》，水族的《简大王歌》、《简大王的传说》，仡佬族的传说《山满》，回族的杜文秀起义的传说，彝族的《李文学的故事》，哈尼族的田政起义的故事，白族的传说故事《覆钟山麓金交椅》、《火烧洋教堂》、《杨玉科打法国人》，拉祜族的民间故事《闷抗渡》、《战马坡》，佤族的民间故事《偷渡滚弄江》、《愚蠢的英国兵》，傈僳族的民间故事《诸来四战洋军官》等，都是反帝反封建的优秀作品。这些在阶级斗争、民族斗争中产生，更直接地同民族命运、人民生活联系在一起的作品，为我国少数民族民间文学谱写了新的篇章。

◈ 参考资料

程英．中国近代反帝反封建历史歌谣．北京：中华书局．1962

广西师院中文系等．太平天国故事歌谣选．南宁：广西壮族自治区人民出版社．1961

毛星主编．中国少数民族文学（上、中、下册）．长沙：湖南人民出版社．1983

张士杰．托塔李天王．天津：百花文艺出版社．1960

中国社会科学院文学研究所近代文学研究组．中国近代文学论文集·戏剧、民间文学卷（1949～1979）．北京：中国社会科学出版社．1932

中国民间文艺研究会等．中国歌谣选．第一集．近代歌谣．上海：上海文艺出版社．1978

附录 作家小传

一、近代作家概述

中国近代作家，包括诗、词、散文、小说及戏曲的作者，在数量上，尚无精确的统计，但由于近代印刷业的发达带动了印书业和报纸、期刊出版业的发展，作家出版作品的条件比古代作家有了极大的改善；作家的作品，还可以在报纸、期刊登载，或者先在报刊上登载或连载，然后结集出版，因而，近代文学的起讫时间虽然只有 80 年，但能有作品出版及传世的作家，就比古代急剧增加，数量相当可观。以几本有影响的文学选本来看，陈衍编的《近代诗钞》，采录清咸丰以来的诗人 360 余家，叶恭绰主编的《全清词钞》，采录道光以后的词人有 1300 余家。郑振铎所编的《晚清文选》，从林则徐到陈天华，采录近代散文作者 129 家，阿英的《晚清戏曲小说目》，录光绪十八年至宣统三年 20 年间小说作者 400 余家。此外，孙殿起的《贩书偶记》及其《续编》，录道光以来刊刻的别集 1500 余种，其中不少是诗集或诗文集。上述作家数字，还只限于诗、词、散文及小说，也只是编选者见闻所及的选录。

中国近代，是一个民族灾难深重、亡国灭种迫在眉睫的时代，又是人民逐渐觉醒、奋起救亡，最终结束封建社会制度的时代。有人把它形容为血与火的时代。近代作家队伍形成于这样特定的历史条件下，每一个作家都经受着时代风云的磨炼，他们身上，体现出古代作家所没有的特点。

在地域上，近代有影响的作家，大都产生于东南沿海一带。《中国大百科全书·文学卷》收近代作家 99 人，其中属东南沿海省籍的就有 75 人，而江苏、浙江、广东、福建等四省籍的又占七成多。就是非东南沿海省籍的作家，也大多活跃于东南沿海地域。这些现象的出现不是偶然的，这与近代社会政治、经济和文化向东南沿海倾斜，社会矛盾漩涡也主要发生于这一地域有密切的关系。自清中叶以来，东南沿海是对外交往和通商贸易的中心地域，上海、广州、福州是三个主要的对外交往和商贸的始发港城市，而近代发生的外国侵华战争和帝国主义的经济掠夺与文化侵略，也大多发生于东南沿海地域。社会现实的变化，使这一地域的作家比内地作家最先经受西方列强强加于中华民族的种种屈辱，也最直接地体验着中国人民反抗外来侵略所遭受的多次挫折、失败，西方文化的输入、维新变法思潮和民族民主革命思潮的勃兴也最早给这一地域作家的思想以新的洗礼和新的武器。不少作家如王韬、黄遵宪、黎庶昌、薛福成、康有为、梁启超、苏曼殊、严复、马君武、陈天华等还漂洋过海，直接在欧美、日本接受西方文化的熏陶。这就使东南沿海地域的进步作家的思想素质与其他地域的作家产生明显的差异，更与封建社会时期的作家不同。他们的思想最先进入近代意识领域，而且大多数是政治开放型的，直接参与思想领域、政治领域的斗争。他们中的很多人，与其说是文学家，不如说是政治家、思想家，他们大都是业余从文的，在他们身上，较少封建文人那种“出则兼济天下，穷则独善其身”的修身德性，黄遵宪曾感慨道：“穷途竟何世，余事且诗人。”这大概是近代作家所特有的心态。在文学创作上，他们发展了我国将文学看做“经国大业”的文学政治化传统，自觉或不自觉地将文学作为一种政治工具，不管是在朝还是在野，都努力创作具有鲜明历史感和时代感的作品。

近代社会瞬息万变，民族矛盾、阶级矛盾错综交替，战乱频仍，思潮迭起，人的思想也在急剧变化。在作家中，不论是与政治家、思想家三位一体，或二位一体的，还是以文为职业的，他们的思想都比较活跃，变化也比较大。同时，近代作家都是从封建文化的熏陶中过来的，受封建文化思想的影响很深，接受了新的思想，又来不及咀嚼消化，因此，思想大多处于新旧思想杂糅的波动、变化之中。在他们的思想中，有的新的思想居多，有的旧的思想居多，有的前期的思想是进步的，后期却走向自己的对立面，有的则反之，这种情况在很多作家中都可找到例证，而且，越是有影响的作家，新旧思想杂糅或思想变化较大的情况就越为明显。近代作家思想的变化，是近代社会急剧变化在他们身上的折射，并很自然地会反映到他们的作品中，新旧思想交战，精华糟粕并存。因此，对近代作家，只有历史地、辩证地对他们思想及创作进行梳理，才能实事求是地给予恰当的评价。

近代文学的诸文体，发展是不平衡的，诗、文开风气之先，在鸦片战争前后即已呈现出强烈的反殖爱国的时代意识；小说大约在19世纪末20世纪初，自梁启超树起“小说界革命”的大旗前后，才从封建意识的困扰下挣脱出来，表现出以反帝爱国为主题的时代气息。戏曲则更为缓慢，在小说蓬勃发展之后，大约是在1905年前后，才出现了具有近代反帝爱国的时代意识的作品。因此，在近代作家中，最早出现具有近代反殖爱国意识的代表作家是诗人和散文家，首先是以龚、魏为代表的爱国作家群体；其次是小说家，李伯元、吴趼人、刘鹗、曾朴、黄小配、苏曼殊等成为具有近代意识的小说家的杰出代表；戏曲家殿后，由于近代戏曲发展不充分，像吴梅、汪笑侬这样具有近代意识的戏曲作家，数量也不多。

在文学思想上，近代进步作家的文学思想变化大约经历了几个阶段，以龚、魏为代表的早期爱国作家，给传统缘情说的古代文学理论的架构赋予新的内涵，强调尊情，强调感人为用，强调文学的致用性。他们也强烈地反对形式主义、复古主义的诗风，反对一统文坛的桐城文风，要求诗文革新，努力探求诗体、文体的新形式，但由于缺乏新的思想武器，还不可能对旧的文学思想形成摧枯拉朽的冲击力度。19世纪70年代以后，以梁启超为代表的资产阶级维新派作家，在继承中国传统文学思想的基础上，接受了西方资产阶级文学思想和美学思想，形成了以文学工具论为动力，鼓吹文学救国，提倡文学为启民智、变法制服务的具有民主主义思想倾向的新的文学思想，同时，他们在新的文学思想的指导下，发动了声势浩大的文学革新运动，先后树起“诗界革命”、“文界革命”和“小说界革命”的旗帜，成绩显著，改变了诗、文和小说的传统走向。后来，以南社为代表的资产阶级革命派作家又将维新派文学思想继续推向前进，并在诗和戏曲方面作出了贡献。但由于他们片面地强调文学的政治性和社会功能，而且大多忽视文学的艺术法则，这些资产阶级作家所建立的文学理论，带有明显的政治实用性和理论的片面性。而文学理论上的缺陷和不足，严重地限制了近代作家的创作向深层发展，不能超越文学历史的最高层面。但从中国文学发展历史的积淀来看，近代作家有其历史的地位和作用，他们的功绩在于终结古代文学，把文学推上全方位改革的历史进程，并为文学新时代的到来作了可贵的探索，起了促进作用。

这里所选作家73人，他们是近代诸文体中有一定代表性和成就的作家，传体一般含传主经历、其文学思想及文学创作，篇幅则视传主情况长短不一。从入选的作家传中我们可以一窥近代作家的风采。

二、作家小传

周　济（1781～1839）

近代词家，字保绪，一字介存，号未斋，晚号止庵，江苏荆溪（今宜兴）人。嘉庆十年（1805）进士，官淮安府学教授。

少聪慧，9岁能作文，稍长，深沉而有远志，与同郡李兆洛、泾县包世臣以经世之学相切磋。喜读史，尤喜兵家言，习击刺骑射，艺颇精。后隐居于金陵之春水园，发奋撰述。所著《晋略》80卷，论者谓借史事以自抒猷画，非徒考据之作。

周济为嘉庆间常州词派的代表作家，词论承张惠言之余绪而推广其说，又曾学词于张惠言之甥董士锡。论词主寄托，又要能引起读者思想情感的共鸣，认为“词，非寄托不入，专寄托不出”（《宋四家词选目录序论》）。论词专宗南宋，标举周邦彦、辛弃疾、吴文英、王沂孙，而尤其推重周邦彦。

著有《味隽斋词》、《词辨》、《介存斋论词杂著》、《晋略》，辑有《宋四家词选》。龙榆生云其《介存斋论词杂著》“独具手眼，为世所宗”（《近三百年名家词选·小传》），是清代重要的词学论著。

龚自珍（1792～1841）

又名易简、巩祚，鸦片战争前后的进步思想家，著名爱国诗人。字璱人，号定庵，晚年又号羽琌山民，浙江仁和（今杭州）人。他27岁中举，38岁中进士，在朝廷任内阁中书、宗人府主事、主客司主事等官。48岁辞官南归，道光二十一年（1841）暴死于江苏丹阳，终年50岁。

龚自珍主要生活在1840年鸦片战争前几十年，即中国封建社会开始总崩溃的年代。这时期由于殖民主义势力的入侵，阶级矛盾与民族矛盾交替上升，日益尖锐。

龚自珍是当时地主阶级知识分子中较早地看到封建社会已经到了“衰世”的人物之一。他青年时代就指出清王朝已经到了“日之将夕，悲风骤至”的“衰世”时代（《尊隐》）；他呼吁更法改图，探求世变，并提出一系列改革的主张。这些主张反映了一定的资本主义萌芽因素。在民族斗争中，他主张吸取17世纪以来沙俄蚕食我国领土的历史教训，反对分裂，维护统一，提出加强西北边疆建设的主张；在禁烟问题上，他坚定地站在禁烟派一边，主张采取严厉措施，严禁鸦片输入和吸食，并清醒地看到殖民主义者进行武装侵略的可能性，主张加强武器装备，作好反侵略的战争准备。

作为一个文学家，龚自珍的文艺思想和清中叶袁枚等提出的反对复古主义、形式主义的“性灵”说一脉相承。他提出“尊情”的主张，反对复古、摹拟、抄袭，提倡文艺要“诚”、“完”，要真实、有个性，做到“诗与人为一”（《书汤海秋诗集后》）。他强调文艺创作要通经致用，正如他所说的：“天教伪体领风花，一代人材有岁差。我论文章恕中晚，略工感慨是名家”（《歌筵有乞书扇者》）。龚自珍的文艺思想在当时的诗坛是有影响的，并逐渐形成以他为代表的强调尊情和通经致用的爱国诗人群体，与当时的宋诗派相对立。

龚自珍的一生在政治上不得志，诗文是他主要的战斗武器，其中以诗的成就最大。其现存诗有六百多首。龚自珍的诗具有强烈的社会批判性，他无情地揭露封建社会的衰败，批判封建“衰世”的腐朽黑暗，鼓吹变革，探求“世变”，表现出伤世忧国的爱国情愫。此外，反对分裂、维护统一，严禁鸦片、反对侵略，也是龚自珍诗的重要主题。其中比较著名的有《行路易》、《汉朝儒生行》、《咏史》、《夜坐》、《西郊落花歌》等。他于晚年南归途中写的大型组诗——《己亥杂诗》的伤世忧国思想尤为强烈。这组诗是他辞官南归和来回京杭线上接还家眷时的见闻记述，但它却通过诗人当时的眼光、心境的折射，糅合着他的宦海生涯、学海探求和思想追求，以及人情世态、离合悲欢，真实、细致、生动地写了一个时代的荣衰变化，国事、民事、家事，点点滴滴，有机地描绘出时代历史的真实画幅。龚自珍的诗冲击了有清一代沉闷的诗坛，体现了中国人民反对封建专制、反对侵略、反对投降的时代精神，开了一代新诗风。龚自珍的诗具有强烈的浪漫主义气息。他的诗，构思神奇、想象丰富，并常常借助事物的自然特征来抒发理想和志愿，其中又以对“剑”、“箫”和“风雷”的描写最有特色。在诗的形式和语言运用上，又独具一格，言语绚丽，变化奇诡，不拘一格。基本上以七绝形式写的大型组诗——《己亥杂诗》，成功地以组诗形式反映社会现实，具有史诗般的艺术光彩，在艺术上也是一种探索和创造。

龚自珍散文的成就亦比较突出，它继承了我国现实主义的文学传统，批判社会，立意新颖，尖锐泼辣，并常常运用曲笔表达难言的隐衷，有较强的战斗性和艺术性，比较著名的有《明良论》、《病梅馆记》、《尊隐》、《己亥六月重过扬州记》、《说居庸关》等。

但也必须指出，作为地主阶级的知识分子，他的诗文也反映了封建社会衰落时期的时代特点：苦闷、彷徨，或以尊佛谈禅来寻求精神寄托，有的作品还宣扬封建迷信，表现出庸俗颓废的思想情绪。在艺术上，有些作品艰奥晦涩，用典奇僻，这大概也与当时残酷的思想统治有关，使诗人不得不用“俶诡”、“奇僻”的词语来掩盖“时与世忤”的思想。

著作今收录为《龚自珍全集》。

张际亮（1799～1843）

近代诗人，字亨甫，号松寥山人，福建建宁人。出身寒微。少年时代，即怀抱经国之志，以期有用于世，但由于得罪了朝廷权贵，乡试屡试不中。后来易名亨辅，才得中举人，而会试又遭压抑而落第。从此浪迹江湖，穷愁潦倒，壮志难酬，只能以诗抒发怀抱。穷困的生活、蹇滞的命运，反而给他造就成长的契机，使他有机会到社会中去，广泛与农民、船夫、牧童、车夫等社会底层人物接触，成为一位颇有影响的诗人。道光二十三年（1843），姚莹因在台湾坚持反抗英国侵略者，被朝廷横加罪名解京问罪，张抱病陪姚莹上京，终因劳瘁而死，时年45岁。

张际亮是一位立志革新诗风的诗人。他对乾嘉以来文坛上的复古摹拟思潮与形式主义的诗风，进行了尖锐的批评，他认为“沈归愚辈乃禅家所谓堕于理障，如袁子才辈则又所谓野狐外道也”（《答朱秦洲书》），朱彝尊“欲自溯源于昌黎，然徒以奇字险韵为工”，翁方纲“则直以诗为考订”（《答徐廉峰太史书》）。他还指出，这类诗供人玩好，荡人心魄，“此谓失是非，导谄谀，奖贪淫，丧礼义，久之而害于风俗人心”（《答潘彦辅书》）。张际亮在这里所批评的，实际上是有清一代诗坛纠缠不休的以唐、宋为宗的复古主义与形式主义诗风。他非常强调，“今欲救海内为诗之弊，宜寻沧浪读书穷理之说以主之”（《答朱秦洲书》）。所谓沧浪读书穷理之说，就是严羽所强调的要实证实悟，非傍人篱壁得来的思想，强调作诗要以自我体验来抒情达理。张际亮正是以这一思想为指导，一再阐述写诗要有生活，要有情感，要有所托而为，要自然，用他的话来说，要“原本风骚，歌泣鬼神，宣泄万类之情，震荡一世之气”，“经以才气、纬以华藻，不废风格，而不为摹仿”（《郑云麓诗序》）。

张际亮一生写了万余首诗，收进《张亨甫全集》的诗只是其中一小部分，计2650首。他曾说：“亮窃念其非其时也，故目之所见，耳之所闻，身之所阅历，心之所喜怒哀乐，口之所戏笑诃骂，一皆托诸诗。方其牢愁抑塞，命笔辄书，日或数十首，或十数首，若河之阻而遇衡风暴雨，掀波逆浪。”（《答潘彦辅书》）张际亮一生南北奔驰，足迹遍及闽、粤、赣、浙、湘、楚、苏、淮、鲁、豫、冀等省，所谓“一生足迹半天下，道途遍历知民隐”。他的诗是他所见所闻、所阅历的真实反映，是“幽忧隐忍，慷慨俯印，发为咏歌”（答潘彦辅书），具有强烈的批判现实精神。在现存的2000余首诗中，“留心世务，蒿目痍疮”（林昌彝:《射鹰楼诗话》卷二）的诗占了相当大的部分，对封建社会的黑暗、腐朽，灾荒频仍，老百姓的苦难生活，以及诗人呼吁变革的思想，都有形象的反映，比较有代表性的有《十五夜宿弋阳篠箬岭述感》、《送云麓观察督粮粤东》、《石亭》等。

张际亮又是一位强烈主张严禁鸦片、反抗侵略的爱国诗人。他早在道光十三年

(1833) 就在《浴日亭》诗中反映了鸦片问题，林昌彝誉之为“深谋远虑，识在机先”(《射鹰楼诗话》卷二)。鸦片战争中，他又跟随浙江人民从战争前线向后方流亡，在流亡途中，他以耳闻目睹的亲身经历，写了大量关于鸦片战争的诗歌，如《迁延》、《宁波哀》、《东阳县》、《陈忠愍公死事诗》等，这些诗较为真实地描述了侵略者的暴行，揭露了清朝统治阶级卖国求荣的罪行。

张际亮的诗，大都感情真挚，生活气息浓厚，格调沉雄悲壮，且形式多样，不拘一格，诗风朴实自然，不堆砌典故，情致绵邈。

著有《张亨甫全集》。

尼扎里 (1776～1848)

维吾尔族诗人，本名阿布都热依木，笔名尼扎里。维吾尔批判现实主义思潮的重要代表作家。他把维吾尔族叙事长诗的创作推向一个新的高峰。

尼扎里出生于喀什噶尔城的布拉格·巴什坊内一个工匠家庭。他曾在喀什噶尔的经文学院学习，精通阿拉伯——波斯语言和文学，并擅长书法艺术。1830 年，被任命为清朝政府驻喀什噶尔的地方官员祖赫尔丁哈肯木伯克官署中的首席秘书。1838 年，应吐鲁番亲王艾甫尔东之召，曾到吐鲁番、鲁克沁一带住过。1840 年后，在喀什噶尔航立克经学院担任教习。

尼扎里是维吾尔文学史上成就显著的多产作家之一。流传至今的作品，有长达 33 000 行的《爱情长诗集》、哲理性诗作《济世宝珠》和组诗集《穆罕默斯集》。前两种作品的手抄本现存于新疆博物馆。

《爱情长诗集》发展了东方文学中《五部诗集》创作的传统，把它推进到了“长篇组诗”阶段。它通过爱情的主题，抨击束缚人性自由的封建宗法制度和宗教信条，鼓舞人们追求真理、正义和人性的解放，其中《热碧亚和塞丁》一诗特别引人注目。诗人从自己生活的那个时代现实中汲取新的素材，突破了旧的传统，达到一个新的高峰。

中华人民共和国成立后，尼扎里的叙事诗曾多次整理出版，并且有汉译本行世。《热碧亚和塞丁》还被搬上了舞台。

林则徐 (1785～1850)

近代著名政治家，字元抚，又字少穆，晚号竢村老人，福建侯官（今福州）人。嘉庆九年中举，十六年成进士，从此步入官场。官至湖广、两广和云贵总督。晚年受命为钦差大臣，赴广西镇压太平天国起义，途中卒于广东潮州普宁县。

林则徐是鸦片战争前后著名的爱国政治家，清朝统治集团内部主张严禁鸦片的代表人物。道光十八年，他在湖广总督任内严禁鸦片，并焚毁缴获的烟枪 1264 杆。后受命为钦差大臣，前往广东禁烟（后任两广总督）。他在广东人民的支持下，雷厉风行实行禁烟，并收缴英、美等国鸦片贩子的鸦片 200 余万斤，在广东虎门当众销毁，震动中外。与此同时，他积极整顿海防，发动广东军民抗击英国侵略者的武装挑衅和野蛮侵略，成绩卓著，也因此招致清统治集团内部投降派的诬陷和攻讦。当英军攻陷浙江定海、进逼天津时，他被革职。鸦片战争失败，他又被遣戍伊犁。林则徐不仅在禁烟和反对外国侵略的斗争中是近代首先率领军民反抗外国侵略的民族英雄，在内政上也是一位具有世界眼光的改革家。他在广东期间，非常注意研究西方资本主义国家的情况和动态，派人翻译外文书报，并主持编成《四洲志》书稿。伊犁获释不久，被清政府起用任云贵总督，他又奏请道光皇帝准许招商集资，开发矿产。这些都表现出他清醒的政治头脑和锐意改革的政治家胆略。

林则徐曾参加宣南诗社，但他主要以政治家名世，诗作留下不多，仅400余首，大多是官场的应酬诗或咏画祝寿之作，但在鸦片战争前后的一些作品，不少表现他系念国家安危，反对外国侵略，或抒发对投降派的愤懑和被遣戍边疆的不平的思想内容，代表作有《壬寅二月祥符河复、仍由河干遣戍伊犁，蒲城相国涕泣为别，愧无以慰其意，呈诗二首》、《赴戍登程口占示家人》、《次韵答陈子茂德培》、《出嘉峪关感赋》等。这些作品不仅形象地表现了林则徐关注国家安危的爱国思想，也在一定程度上反映了中国人民反抗外国侵略，维护祖国领土主权的英雄气概。林则徐这一时期写的诗，在艺术上也有很大的变化，正如他说的“扫尽铅华见风骨，悲歌独啸总天真”（《曹丹山述属题诗稿》），诗风慷慨苍凉，感情真挚，语言平淡庄雅，在看似平淡的诗句里，寄托着他深沉的忧国情思。林则徐长于七律，格律精严，一些写景诗，特别是他遣戍新疆期间的作品，描写生动，气势磅礴，且在景色之中蕴藏着一种不平的抑郁之气，令人深思。

著有《云左山房诗钞》、《云左山房文钞》等。

方东树（1772～1851）

近代散文家和学者，字植之，别号副墨子，室名“仪卫轩”，学者因称之仪卫先生，安徽桐城人。诸生。与梅曾亮、管同、姚莹并称“姚门四弟子”，曾主讲庐州、亳州、宿松、廉州、韶州等书院。

方东树之父方绩，博学工文辞。东树幼承家学，青年时期学古文于同里姚鼐，继承姚氏以来桐城派的理论主张，成为姚鼐的著名弟子之一。40岁以后，不欲以诗文名世，乃专研义理，以治经史著称于时，从反对汉学的立场出发，大力宣扬程朱理学，曾说：“近代汉学，辟宋儒，攻朱子，以言心、言性、言理为厉禁，观其所著书，不出训诂小学，名扬制度，弃本逐末，于圣人躬行求仁修齐治平之教，一切抹杀，名为治经，实足乱经。”（《汉学商兑·自序》）“余生平读书，惟于朱子之言为独契。……故见著书凡与朱子抵触者，辄恚恨。”（《汉学商兑》三序）所著《汉学商兑》一书，在指出汉学考据的错误方面，具有一定的学术价值。

方东树能诗能文，于文论亦有研究。其论诗主张以“古文文法”通于诗，同时也认为“诗文虽贵本领义理，而其工妙，又别有能事在”（《昭昧詹言》卷一）。所著《昭昧詹言》为清代著名诗话之一。作为桐城派的理论家之一，方东树更多是在思想上维护桐城派的地位，而对桐城作法上的简洁驯雅之说并不拘泥，强调在学习古文的同时，要“善因善创”，“必师古人”，“不可袭乎古人”（《答叶溥求论古文书》）。所为文多不顾义重文复，反复论证，尽情发挥，故集中多长篇。

方东树少有用世之志。鸦片战争期间，游粤东，尝著《化民正俗对》，陈禁烟之道；又著《病榻罪言》，论御敌之策，表现了他的反帝爱国思想。

著有《昭昧詹言》、《仪卫轩文集》及诗集等。

古拉兰萨（1820～1851）

蒙古族诗人，尹湛纳希的长兄。他自幼博览群书，深谙蒙、汉民族的传统文化，平时常和父辈兄弟赋诗唱和。他翻译过《水浒传》，为蒙、汉文化交流作出了贡献。他青年时代，正值鸦片战争爆发，其父旺钦巴勒率本旗蒙古士卒，去沿海防守，因忠于职守获朝廷嘉奖。1847 年，其父服役归来，并于当年去世，他以长子袭职，继承了协理台吉的职务，从此政务羁身，几乎无暇致力于著述。在任 4 年，不幸早逝，时年 32 岁。

他的诗歌现存 83 首，还有一些对仗工整的对联、谣谚。其中也包括少数译作，如《红楼梦》第 1 回的《好了歌》、《好了歌解》、《青埂峰顽石偈》、《题石头记》等，都可说是基本忠实于原文的蒙文译作。还有明显仿照《好了歌解》的《醒世歌》，仿照苏轼《水调歌头》词的《中秋水歌》。他的仿作和译作，对蒙、汉文化交流起了积极的作用。

古拉兰萨最有成就的作品，是那些有感而发的现实主义诗篇。他的诗篇在少数民族反帝反封建文学中，较早表现了明确的反侵略思想。他的《祝灭寇班师还》、《太平颂》等诗，以激昂慷慨的爱国热情揭露英国侵略者的罪行，歌颂我国人民抗击外侮的壮举，表达了诗人对侵略者的强烈憎恨以及对正义之战的必胜信念。古拉兰萨还写了一些揭露社会丑恶、反映人民苦难、表达自己生活理想情趣的作品。加之他能够在渊博的蒙文知识的基础上吸收汉族古典诗歌的精华，融会贯通，为开创民族诗歌的新形式作出了贡献。

魏　源（1794～1857）

鸦片战争前后著名的进步思想家、爱国诗人。原名远达，字默深、墨生，又字汉士，湖南邵阳人。他 29 岁中举，52 岁才中进士。中进士前，曾为江苏布政使、两江总督、江苏巡抚等官员的幕僚，参与漕运、水利等方面的政事改革。中进士后，作过东台、兴化、高邮等地知县、知州。咸丰三年（1856）四月，以“贻误文报，玩视军机”罪被革职，从此“逃禅避俗”（《国朝杭郡诗三辑》），自称“菩萨戒弟子魏承贯”。咸丰七年（1857）死于杭州僧舍。

魏源与龚自珍是同时代的人，交谊甚深，且思想及文学成就又比较接近，世以“龚魏”并称。他一生注意研究中国的实际问题，提倡“以经术为治术”，通经致用。在政治上他主张严禁鸦片，反对侵略，反对投降。他不仅为严禁鸦片大造舆论，而且亲身参加了抗击英国侵略者的斗争。魏源是近代提出向西方学习的第一人，他主张“师夷长技以制夷”（《海国图志序》），富国强兵，注意选拔人才，整顿内政，改变中国积贫积弱的现状。他一生著述甚多，涉及历史、哲学和文学等方面。最有影响的当推鸦片战争前编辑的《皇朝经世文编》和鸦片战争后撰写的《海国图志》。前者共120卷，收集从清初至清中叶有关政治、经济等方面的文献档案，为研究鸦片战争以前的中国社会，提供了许多宝贵的材料。后者是根据林则徐主持译编的《四洲志》写成的，共100卷，它比较详细地介绍了世界各国的地理分布及历史政情，探求富国强兵、抵御外国入侵之道。书中主张向西方学习科学技术，谴责投降派的投降、卖国论调，并提醒人们注意警惕“鄂（俄）罗斯兼并西北”的野心，具有强烈的爱国思想。这部书后来传入日本，对日本明治维新起过思想启蒙作用。

魏源不以诗名，但他的诗在近代影响颇大，是以龚自珍为代表的强调感人致用的重要诗人之一。他论诗，认为不仅要“论世尚友”，而且要“寄身世之感”（《观往吟》题后自注），要“诗以言志”（《与陈松心书》），抒发自己的政治理想。因此，魏源常常以史入诗，以诗述史，用散文的笔法，反映当时外国入侵、社会衰败的现象，抒发忧国爱民的感情和反对侵略、反对投降的民族正气，具有深刻的社会意义和史料价值，比较著名的有《江南吟》、《寰海》、《秦淮灯船引》等。魏源一生喜游名山大川，自矜“平生放浪深山里，且逐烟霞穷不已”（《游山后吟》）。诗集中的山水诗也占了大部分，正如他所说的“昔人所欠余将俟，应笑十诗九山水”（《戏自题诗集》）。魏源的山水诗，继承了古代山水诗的传统，又有变化发展。诗不仅真实地记录了他“芒鞋踏九州”、“我行半天下”的足迹，描绘了祖国名山大川的壮丽景色，“使山无遁形，水无匿响”（转引自李瑚：《魏源诗文系年》），反映了他对祖国河山的挚爱之情，而且常常借山水景色之表达自己的哲学思想或政治抱负，“奇情诡趣，奔赴交会”（郭嵩焘：《魏默深先生古微堂诗集序》），为山水诗开拓了新的境界。

魏源诗受白居易的新乐府影响颇深，他也擅长于五言、七言古诗。他的诗“奇古峭厉，倏忽变化”（郭嵩焘：《魏默深先生古微堂诗集序》），富有气势，有鲜明的形象感，感情充沛，语言也比较朴实畅达，且喜用叠词来加强语气。但往往欠提炼，且常用僻典，再加上过多的议论，影响诗的艺术感染力。

魏源的文章不同于桐城派古文，大都与政事治化相关，表现了思想家的经世文风，叙事清晰，说理透彻，逻辑谨严，文字精警，虽多不属文学范畴，但对近代时务文的兴起有一定的影响。

著有《古微堂诗集》、《古微堂文集》等。

张维屏（1780～1859）

近代诗人，字子树，号南山，又号松心子，晚年自号珠海老渔，广东番禺花地（今归属广州市）人。道光二年进士，曾任湖北长阳、黄梅、松滋、广济等县令，江西袁州同知，还代理过江西南康知府。为官清廉，颇有政声。56岁（道光十六年）辞官回家，筑室听松园。辞官后曾任广州学海堂学长。

张维屏与当时著名学者朱次琦、陈澧齐名，而尤以诗闻名于世，是嘉道间著名诗人，还有人将他与谭敬昭、黄培芳三人诗合集为《粤东三子诗钞》，因而又被称为粤东三子之一。他写诗强调“性情”，认为“且夫诗之根本，莫要于性情”（《梁芗甫孝廉桐花馆诗集序》），“人有性情，诗于是作”（《松心集自序》）。在表现方法上，主张通达、自然，所谓“不执成见，不囿偏隅、随感而通，因物以付，如风行水，如水行地”（《复定庵书》）。他的诗正如他所主张的，不务雕饰，感情率真，少用典故，自由通畅，山水诗尤有特色，诗风飘逸洒脱，融情于景，富于浪漫色彩，在当时诗坛享有盛誉，时人赞之云“南山诗出入汉、魏、唐、宋诸大家，取材富而酝酿深，气体则伉爽高华，意致则沉郁顿挫”（《玉壶山房诗话》）。鸦片战争期间，诗人家居广州，英国侵略者的野蛮侵略、广东人民的抗英气概，触发了诗人的爱国热忱，使他从应酬赠答、游观山水的天地中走向社会，写出了《三元里》、《三将军歌》等传颂一时的反抗侵略的爱国诗章。这类诗虽然不多，但影响很大，诗中热情地歌颂了广东军民英勇抗敌的斗争，揭露了清政府官员妥协投降行径，体现出鲜明的时代特色。特别是《三元里》诗，脱掉了一般封建文人鄙视甚至敌视人民力量或斗争的阶级偏见，热情地歌颂广州三元里人民的抗英斗争，毫无顾忌地揭露和抨击清政府官员的妥协投降罪行，写出了中国人民不甘屈服、英勇抗敌的民族正气和势不可摧的伟大力量，张维屏也因此诗而名噪一时。这类诗在诗风上也有新的突破，格调高昂、慷慨，语言质朴有力，用散文笔法叙事抒情，对后来从歌行体变化发展起来的歌诗无疑有滥觞的作用。

著有《张南山全集》。

贝青乔（1810～1863）

近代诗人，字子木，又号木居士，江苏吴县（今苏州）人；诸生，一生大半为幕僚。贝青乔是鸦片战争期间亲身参加抗敌斗争又颇有影响的爱国诗人。道光二十一年十月，英军侵占浙江定海、镇海、宁波三城后，奕经奉命前往浙江抗击英军，贝青乔激于爱国热情，投军抗敌。先后奉奕经之命，潜入宁波城侦探夷情，又带领乡勇上过火线。

贝青乔的诗比较注意反映社会现实问题，揭露社会矛盾，表现出强烈的忧国忧民的思想，诗风朴实，平易近人。比较著名的有《官肉谣》、《鬻民谣》、《流民船》等。这些诗写了人民的疾苦，更写了官吏对人民的压榨和迫害，《哀甬东》还写了农民抗粮以至暴动的斗争，为我们认识近代社会矛盾提供了宝贵史料。《咄咄吟》是贝青乔以组诗形式反映鸦片战争的诗篇。这组诗共 120 首，是作者在奕经军中陆续写成的，也是继龚自珍《己亥杂诗》后又一有影响的大型组诗，组诗从奕经奉命前往浙江抗击英军开始，至奕经被革职解京问罪止，所记多是奕经在浙江抗英的情况。奕经是主持浙江抗英军务的主帅，他在战争中，初则狂妄轻敌，轻举冒进，战争失利后，又怯懦畏敌，奉行妥协投降政策。他所率领的将领，也大多愚昧昏庸，畏葸求和，毫无斗志。在诗中，这些都有比较真实的反映。诗中还热情颂扬爱国官兵和老百姓英勇抗敌的壮举，对英国侵略者的暴行也有所揭露，具有较高的史料价值。

《咄咄吟》在形式上别具一格，以诗记史，以史证诗，材料翔实，富于讽刺性。贝青乔也因《咄咄吟》而享誉近代诗坛。

著有《半行庵诗存稿》和《咄咄吟》。

姚　燮（1805～1864）

近代诗人，剧作家，字梅伯，号复庄，又号大梅山民，浙江镇海人。道光十四年中举，中举后三次参加会试，均落第。他一生没有做过官，由于家境清寒，常年为生活所迫奔走各地，这也使他有机会接触社会。姚燮学识宽广，多才多艺，诗、词、戏曲、骈文、绘画均有造诣，其中以诗和戏曲成就最著。

姚燮论诗与龚自珍、张际亮等一样，反对当时弥漫诗坛的“宗唐”“宗宋”诗风，强调“致用”，倾向于“性灵”，认为作诗应“自寄其性情”（《复庄诗问总目自跋》）。他一生作诗12 000余首，自存3400多首，被当时人誉为“浙东巨手”。他的诗比较注意反映民生疾苦，如《谁家七岁儿》、《卖菜妇》、《岁暮四章》等，对人民苦难和社会不平都有深刻反映。还有一部分反映民族灾难的诗，如《捉夫谣》、《闻定海城陷》、《北村妇》、《山阴兵》、《客有述三总兵定海殉难事哀之以诗》等，写鸦片战争中人民的苦难、侵略者的暴行、爱国官兵的英勇抵抗，表现了强烈的爱国主义精神。历来对这类诗评价甚高，认为可与杜甫《新婚别》、《石壕吏》诸作比媲，“真挚飞动，如出一手”（潘德舆:《复庄诗问题识》）；有的誉之为“苍凉抑塞，逼近少陵”（汤鹏:《复庄诗问题识》）。姚氏的诗，题材较广泛，涉及社会各个方面，“其诗包罗万象，释典道笈，泛翻笔底”（钱仲联:《梦苕庵诗话》）。《双鸩行》是一篇颂扬青年男女为追求婚姻自由而宁死不屈的反抗精神的长篇巨制，全诗1790余字，洋洋洒洒，在艺术上也很有特色，它吸取了民间鼓词与子弟书的特点，以歌行形式铺排叙事，曲折尽致，被诗家誉为“奇作”。

姚诗多为古体，长于纪事，不为格律所拘，用韵比较自由，善于辟前人所未辟之境。时人评其诗“气骨雄健，思力沉著。每出一语，皆惨淡经营。能使难状之景，如在目前”（张际亮:《复庄诗问题识》）。语言质朴自然，有的还近似歌谣。《南辕杂诗一百八章》以组诗形式反映社会现实，内容广泛，在艺术上也是一种探索和创造。此外如《红桥舫歌》（共46首）、《西沪棹歌》（共120首），以注说诗，以诗记事咏物，也颇有组诗的格局。

姚燮在戏曲上造诣也颇深，著有《今乐考证》、《今乐府选》，前者载录宋元以来杂剧、传奇作品2000余种名目，以及道光、咸丰年间流行的一部分地方戏曲目，后者选录400余种作品，还撰有《梅沁雪传奇》、《退红衫传奇》，为京师优伶所争演，名重一时。

著有《大梅山馆集》。

黄燮清（1805～1864）

近代剧作家，诗人，字韵甫，一名宪清，字韵珊，自号吟香诗舫主人，浙江海盐人。道光十五年中举。晚年在湖北宜都、松滋当过县令。黄燮清以戏曲著称，世人比之为清初戏曲名家尤侗。他宗玉茗，学藏园，著有戏曲9种。作品能关注现实，表达爱国反帝心情，为世人所推重，代表作有《居官鉴》、《帝女花》等。诗也颇负盛名。其诗较注意反映社会矛盾，反映民族危难，有较强烈的现实感和爱国精神，如《吴江妪》通过一个老妪的悲惨遭遇，反映农村的严重灾情，反映官吏迫税抓人的凶狠刻毒，突出了整个社会尖锐的阶级矛盾和人民的苦难。《黄天荡怀古》则怀古缅今，批判清政府在鸦片战争中的投降卖国行径，"从古庸臣好和议，寒潮呜咽使人悲"，爱国情怀，回荡纸上，忧伤国事，触景生悲。《长水竹枝词》共53首，也是黄氏诗中较有特色的作品，这组诗运用竹枝词的形式，写故乡的山水风物和男女爱情生活，很有民俗特色和民歌韵味。晚年怡情山水，也写了一些反对太平天国的作品。黄氏的诗，比较注意吸取民歌养料，诗风委婉含蓄，感情深沉，少用典，文字较清新朴实。

著有《倚晴楼诗集》、《倚晴楼诗续集》、《倚晴楼诗馀》、《倚晴楼七种曲》等。

郑　珍（1806～1864）

近代宋诗派代表诗人，字子尹，晚号柴翁，别号五尺道人，贵州遵义人。道光十七年中举，参加二次会试失败后，"掷将空卷出门去，王试从今不再来"（《巢经巢诗钞前集》），从此绝意功名。曾三次当过学官，但时间不长，大部分时间在农村过着隐居生活。

郑珍是程恩泽的门生。程恩泽与祁寯藻一起，反对日益卑靡的崇尚盛唐的诗风，但他们又走向另一个极端，以宋人诗歌为宗，尤推苏、黄，在诗坛上形成了所谓宋诗运动。这一派开山诗人程恩泽、祁寯藻，都是身居高位的大官僚，他们受阶级地位的限制，对社会现实采取回避态度，在形式上则刻意模仿宋诗，结果与"宗唐"诗派殊途同归，同样走上拟古主义与形式主义的老路。郑受程恩泽的思想影响较深，是鸦片战争后仍活跃于诗坛的宋诗派的重要诗人。郑珍论诗重视学养与功力，强调诗要表现自己的性情与襟抱，不要随俗沉浮，说："言必是我言，字是古人字。固宜多读书，尤贵养其气"，"从来立言人，绝非随俗士"（《论诗示诸生时代者将至》）。这些话无疑是有可取之处的，而他的诗，大多具有宋诗派的通病，反映社会内容狭窄，但由于他官小家贫，又长期生活在农村，穷愁潦倒，备尝艰辛，这就使他的诗有别于程恩泽、祁寯藻的诗风，也和宋诗派另一重要诗人何绍基的诗风不尽相同，在一定程度上能够体谅和了解劳动人民的艰苦，写出一些关心人民疾苦、反映他所处时代统治阶级残酷剥削和压迫人民的罪行的好诗，如《捕豺行》、《江边老叟诗》、《经死哀》、《者海铅厂》等。一些描写贵州山水和纪游的诗，表现了贵州的风俗民情、山川景物，如《白水瀑布》、《正月陪黎雪楼舅游碧霄洞》等，具有浓厚的地方特色。

郑珍的诗，出自宋诗派之门，但明显看出他也受唐诗的影响，正如陈衍所说的："历前人所未历之境，状人所难状之状，学杜韩而非摹仿杜韩。"（陈衍：《近代诗钞》）白居易平易近人的诗风对他也有影响，可以说他的诗是熔白居易之平易和韩愈之奇奥于一炉，自成一家。就艺术风格言，郑珍的诗有两大类，一类“生涩奥衍”，就是陈衍说的“语必惊人，字忌习见，郑子尹之《巢经巢诗钞》为其弁冕”，但这类诗占比重不大；另一类是平易近人的诗，这类诗占其诗的绝大部分。上面说的熔白、韩于一炉，主要体现在这类诗中，其中又以五七言古诗写得最为突出，这类诗想象丰富，也善于运用对比的手法状物抒情，对当时诗坛产生过一定的影响。

著有《巢经巢全集》。

江　湜（1818～1866）

近代诗人，字持正，一字弢叔，别署龙湫院行者，江苏长洲（今苏州）人。他“少尝有当世之志”（江湜：《柬小湖序》），但仕途不济，三次参加乡试，皆不第。曾三次入闽，来往于浙江、福建之间，做过地方海运、盐务等小吏。他一生贫困，“晚年而以诗人自见”（江湜：《伏敔堂诗录自序》）。

江湜论诗，反对摹古，要求变古创新，认为“变古乃代雄，誓不为臣仆”（《雪亭邀余论诗即为韵语答之》），强调“诗者情而已”，写诗“贵真”，反对用典，语言要求通俗，他说，“一切文字皆贵真，真情作诗感得人”，“何如学我作浅语，一使老妪皆知音”（《小湖以诗见问戏答一首》）。他的诗，有人誉之为清代的孟东野（郊）、杨诚斋（万里），而又不为孟、杨所限，自成风格。江湜长于歌行体，而五古又胜于七古。其诗不用典故，以白描瘦折见胜，真情实感，语言朴实通俗，近似“山歌与村曲”，形成了自己的风格。诗中写人民疾苦颇具真情，如《哀流民（宁化道中作）》、《寓斋即事》，写灾民流离失所惨状、写农民受压榨的凄苦，笔力凝重，寄托深远。江湜很善于写山光水色，淡笔描写，动中见静，诗情画意，潋滟生辉。但这既是其长处，亦是其短处，过多地写山光水色，使诗题材狭窄，缺乏深刻的社会内容。晚年的诗多流露出对太平天国革命的污蔑攻击之情，局限性较大。在艺术上不大注意锤炼，形象感不强，也是其诗的缺陷。

著有《伏敔堂诗录》、《伏敔堂续录》等。

莫友芝（1811～1871）

宋诗派代表诗人，字子偲，号郘亭，晚号眲叟，贵州独山人，布依族。道光十一年中举，入选知县，未赴任。晚年时值太平天国革命兴起，他与大官僚祁寯藻父谊笃深，并先后入镇压太平天国的大官僚胡林翼、曾国藩的幕府，足迹遍及大江南北。在学术上精于史地学、目录学和音韵学，著有《遵义府志》、《韵学源流》等，诗则“宗宋”，同出程恩泽之门，是宋诗派的重要诗人，与郑珍齐名，时人以“郑莫”并称，现存诗947首。

陈衍在《石遗室诗话》中说：“黔诗人郑莫并称，均多乱离之作。”莫友芝的“乱离之作”，多攻击、污蔑太平天国及苗族人民起义，谀颂曾国藩等大官僚，官场酬唱、山水吟咏之作也不少，且喜以议论考据入诗。能真实反映社会阶级矛盾、人民苦难的诗甚少，如反映鸦片战争、表现爱国情操的《有感二首》，反映旱灾的《大河北百里间自秋至今无雨雪》，在莫友芝的诗中是不多见的。艺术上也比较呆板，缺乏生气，诗风生涩奥衍，无论思想内容与艺术成就，均在郑珍之下。

著有《影山草堂六种》（诗钞六卷、遗诗八卷、遗文八卷），《郘亭四种》（包括词两卷）。

曾国藩（1811～1872）

近代政治家，湘乡派领袖，字伯涵，号涤生，湖南湘乡人。道光十八年（1838）进士。累官翰林院侍讲，内阁学士，礼、兵、吏等部侍郎，两江总督，直隶总督，武英殿大学士，被封为一等侯爵，是清代官位最高、声望最隆的汉族官僚。

曾国藩是清朝咸同之际镇压太平天国农民革命和捻军起义的魁首，效忠清廷，殚精竭虑，不惜一死。又是咸同间的重要洋务官僚，曾于1885～1886年在上海创办江南制造总局等军事工业，首派留学生赴西欧学习，是深为朝廷信任的“同治中兴”功臣。

曾国藩能诗文。在散文方面，早年在京即攀附姚门四弟子之一的梅曾亮。为文推崇姚鼐，曾云：“国藩之粗解文章，由姚先生启之。”（《圣哲画像记》）其后，以其名望地位，以桐城派号召海内，网罗人才。曾国藩宗法桐城，而不固守桐城义法，提倡理实情真的自然之文（《湖南文征·序》），对桐城派的古文理论，亦有所发展，明确提出将“经济之学”纳入文学的范畴。他认为除义理、考据、词章之外，还应当经世致用，纠正桐城派空疏窳弱之病。桐城已衰之势亦曾赖曾国藩而重振，固时人或直以湘乡派称之，而曾国藩亦成为当时正统文坛领袖。

在诗歌方面，曾被认为是宋诗运动的重要作家。“自姚姬传喜为山谷诗，而曾涤生祖其说，遂开清末西江一派”（钱仲联：《梦苕庵诗话》），但他论诗既推崇黄庭坚、苏轼，也推崇李白、杜甫，取径趋向颇广。

著有《曾文正公全集》。所编《经史百家杂钞》、《十八家诗钞》流传颇广。

何绍基（1799～1873）

近代宋诗派代表诗人，字子贞，号东洲居士，晚号蝯叟，湖南道州（今道县）人。道光十六年进士，做过翰林院编修及福建、贵州、广东等省乡试主考官。在四川学政任上，因屡陈时务，受到降官调职的处分，从而离开官场，从事讲学。曾主讲山东、湖南书院，晚年主持苏州、扬州书局，校刊《十三经注疏》。

何绍基精通经史律算，擅长书法，亦深于诗，与郑珍齐名，又同为早期宋诗派诗人程恩泽门生。何论诗，与郑珍一样，把诗文和为人联系起来，强调学养与功力，提倡“立诚”、“不俗”和“真我”。正如他在《使黔草自序》中所说：“就吾性情，充以古籍，阅历事物，真我自立，绝去摹拟”，“人与文一，是为人成，是为诗文之家成”，“同流合污，胸无是非，或逐时好，或傍古人，是之谓俗。直起直落，独来独往，有感则通，见义则赴，是谓不俗”。这些从表面上孤立地看来无疑是无可厚非的，对于当时“宗唐”“宗宋”的诗风也是足箴时弊的。但是，何绍基论诗，是建立在“温柔敦厚”诗教的基础上的，他是沿着程恩泽所提倡的“宋诗运动”的轨迹走的，因此他在强调“立诚”、“不俗”、“真我”的同时，又非常强调诗必须恪守政教法规，不能有“豪诞语、牢骚语、绮艳语、疵贬语”（《东洲草堂诗钞序》）。在形式上，他“出入苏（轼）、黄（庭坚）”（陈衍：《石遗室诗话》），仍然走着自己所批评的“或逐时好，或傍古人”的宋诗派所走的形式主义的道路。

何绍基的诗主要见于《东洲草堂诗钞》，共收古今体诗2163首。他的诗，从内容上看，较之郑珍又逊一筹，内容更为贫乏，反映社会现实的诗甚少。他一生徜徉山水，正如他所说的：“每山水胜游，余皆有诗”（《丹山洞》自注），模山范水的诗占了他诗作的大部分，此外则多是官场应酬、祝寿宴饮，或题写金石书画之作。从艺术上说，他才思有余，气韵不足；就诗的语言来说，似受宋诗派的尚艰奥古雅之风影响少些，文字大多直起直落，不尚艰奥，也少用典，但往往文白词浅，缺乏韵味。不过一些山水记游诗，时有佳构，这类诗尤以小诗为胜，如《慈仁寺荷花池四首》、《水云篇》、《滩行》等，或动中见静，或静中见动，具有一种自然、静谧的生活美感。

著有《东洲草堂诗钞》、《东洲草堂文钞》等。

林昌彝（1803～1876）

近代诗论家、诗人。字惠常，又字芗溪，自号球砬山人，晚年又号茶叟、五虎山人，福建侯官（今福州）人。清道光十九年举人。林昌彝是林则徐的族弟，从小受“经世致用”学风的熏陶，治经精博，时人誉之“昌彝学博词雅，今之顾炎武、朱彝尊也”（转引自李柏荣《魏源师友记》卷六）。生平喜与名士交游，遍游名山大川，足迹半天下，与魏源、林则徐、张际亮等交谊尤深。林昌彝一生留心时务，对英国等殖民主义侵略尤为愤慨，绘《射鹰驱狼图》以见志，家中居室，亦名为“射鹰楼”。他在《射鹰楼诗话》中谴责英人“以鸦片流毒之物赚中国财宝，此为天理所不容，人情所共愤”，主张严禁鸦片，以武力驱赶侵略者，巩固海疆。他写了《平夷十六策》及《破逆志》四卷，论述巩固海疆、反抗外侮策略，深得林则徐称许：“规画周详，为百战百胜之长策。”（李柏荣：《魏源师友记》）

林昌彝是经学家，又是一位有影响的诗论家和诗人。其《射鹰楼诗话》名噪一时，用两卷的篇幅刊选和推荐鸦片战争期间的爱国诗作，其余各卷也辑录了不少暴露社会政治腐败、社会风气糜烂的作品，体现了反对侵略的爱国思想和医时济世的志愿。他在《诗话》和其他一些著作中所提出的诗学见解，也具有鲜明的反对复古摹拟、要求创新的反形式主义倾向。他非常重视作品的思想内容，说：“作诗须有命意，而后讲性情风格，不可随手成章，空空写去，则于诗便不是可作，可不作矣。”（《射鹰楼诗话》卷十四）对于性情、风格，又首先强调“性情”，认为“作诗贵情挚，情挚则可以感人”（《射鹰楼诗话》卷十八）；又说：“诗文作也，有性情焉，有风格焉。性情挚而风格高者有之矣，未有性情不挚而风格能高者焉。”（《二知轩诗钞序》）他明确指出："诗不可无气，而气又不可以袭而取，不可以伪为。"（《射鹰楼诗话》卷十七）他主张取古诗的长处，以古为师，但"文必师古，非摹古也"（《诵清阁文集序》），要创造出自己的风格特色。他还注意诗的内容与文艺技巧的关系，认为两者是互为作用的，有了文艺技巧，诗才有妙趣，才不会"流于凡近"（《海天琴思录》卷一）。

林昌彝的诗实践了他的诗学思想，突出地表现出强烈的反对侵略的爱国思想和匡时济世的志向。爱国和反侵略、揭露社会黑暗、同情人民疾苦、匡时济世，是他诗作的突出主题。《杞忧》、《亭槛词三章》、《市价行》等是这方面的代表作。林诗感情外露，愤世嫉俗，溢于言表。深沉忧郁的格调、近似散文化的句式和锋利的言词，也是其诗的特色。林昌彝是当时宋诗派的主要诗人何绍基的门生，但他关心时务、伤世忧国的诗风与其师不同，可谓出其门而另辟蹊径。当然，受时代和阶级的局限，他的诗中有宣扬忠孝贞烈的，也流露出虚无情绪，表现了他思想落后的一面。

著有《衣讔山房诗集》、《小石渠阁文集》、《射鹰楼诗话》、《海天琴思录》等。

注：关于林昌彝生年，林氏一直认为自己生于嘉庆八年（1803），见林昌彝《衣讔山房诗集》卷三中《绝句寄家子莱仰东》自注、《小石渠阁文集》卷四、《林子莱诗集小传》。但林昌彝长子林庆炳《焚余偶录》卷上《家严七秩寿辰敬文启》、四子林庆铨《楹联述录》卷八《挽章》、卷六《贺言》等所见文字推算，林生年应是嘉庆七年（1802）。此用诗人自己的说法。

刘熙载（1813～1881）

近代文论家，字伯简，一字融斋，晚号寤崖子，江苏兴化人。道光二十四年（1844）进士，改庶吉士，授编修，官至左春坊左中允、广东学政。晚年主讲上海龙门书院以终。

刘氏一生以治经学为主，尤精声韵、算术，旁及子、史、诗、赋、词曲、书法，也是近代著名文艺批评家。其治经学，无汉宋门户之见。其论文学艺术，则主张作品要有充实的内容，而且要把作品同作家的思想、品德修养联系起来加以考察，认为"诗品出于人品"（《诗概》）；主张独创，反对"于彼于此，左顾右盼，以求当众人之意"，提倡"阐前人所已发，扩前人所未发"（《文概》）；主张表达真情实感，"诗可数年不作，不可一作不真"（《诗概》）。这些思想无疑是具有进步意义的。

著有《四音定切》、《说文双声》、《说文叠韵》、《持志塾言》、《昨非集》、《艺概》，汇刻为《古桐书屋六种》，又有《古桐书屋札记》、《游艺约言》、《制艺书存》，汇刻为《古桐书屋续刻三种》。而尤以《艺概》为世所称道，《艺概》中除《经义概》外，是其历年关于文学艺术的言论汇钞，撰定于同治十二年（1873）。

金　和（1818～1885）

近代诗人，字弢叔，号亚匏，江苏上元（今南京）人。诸生。长期为幕僚，光绪初年应聘入上海招商局。思想比较开通，能接受西方文化思想。为人狂放，纵情诗酒。早年以能文著称，善于点染琐事细节，笔墨传神，但文流传不多。主要以诗名世。金和的诗，世人多将之列入宋诗派，其实他的诗不受当时“宗唐”“宗宋”时风的影响，强调真实、自然，敢于创新，所谓“所作虽不纯乎纯，要之语语皆天真。时人不能为，乃谓非古文”（《癸酉七月得庆子元讣诗以哭之》）。

金和的诗以反映鸦片战争和太平天国革命的部分最有特色，时人誉之为“诗史”，但这两类诗，从思想内容上看前者表现鲜明的反侵略的爱国思想，后者则是咒骂、攻击和污蔑太平天国革命之作，充分显露作者的地主阶级立场，既反对侵略，又反对农民革命，这在近代诗人中有一定的代表性。《围城纪事六咏》是他反映鸦片战争的代表作，此诗较全面地反映了鸦片战争中南京被英军围困时的情况。一些着重暴露清朝军队腐败的诗也有一定价值，如《烈女行记黄婉梨事》：“朝朝盼官兵，十有二年久”，但官兵一来，烧杀抢掠，暴虐凶残，诗中歌颂黄婉梨勇敢抗暴的行为，体现了作者对清朝军队暴虐的谴责和批判，但这类诗大多从维护和巩固清政权的角度，哀怨清朝军队对太平天国镇压乏术，带有很大的局限性。《兰陵女儿行》也是金和集中的名篇，诗中塑造了兰陵女子的可敬形象，歌颂了她用智慧和力量与暴力作殊死斗争的反抗精神，历来为诗家所传诵。

在艺术上，金和的诗才气横溢，言词犀利，诗风隐秀雄奇，不受陈规旧习的束缚，或宕荡尚气，或缠绵婉笃，风格多样，五七言诗功力尤深，且有开拓精神，这类诗不仅吸取了宋人以议论为诗的方式，使诗具有散文化倾向的特点，而且大胆创新，在叙事抒情中，注意通过对话来揭示人物的内心活动，突出人物形象的性格特征，使叙事诗从散文化进而向小说化过渡。讽刺性也是金诗的一大特色。他的诗往往以幽默诙谐的笔触，揭露讽刺对象言行、表里的矛盾，从而达到揭露、抨击和鞭挞的目的。梁启超对金和的诗评价颇高，认为：“其格律无一不规于古，而意境气象魄力，求诸有清一代未睹其偶。比诸远古，不名一家，而亦非一家之境界之所能域也。”（梁启超：《秋蟪吟馆诗钞序》）但他的诗，往往不善于概括剪裁，近人钱仲联认为其“才力雄肆，亦不免粗犷”（《近百年诗坛点将录》）。

著有《来云阁诗稿》，金氏后人重刊全集，诗集名为《秋蟪吟馆诗钞》，另有《来云阁词钞》（附《文钞》）。

尹湛纳希（1837～1892）

蒙古族杰出的学者、诗人和小说家，汉名宝衡山，字润亭，内蒙古卓索图盟吐默特右旗人。其父旺钦巴拉是一位爱国将领和古籍收藏家、历史学者。尹湛纳希自幼受到蒙汉文化的陶冶，青年时代就博览群书，涉猎文史，精通蒙、汉、满、藏各族语文，对蒙汉古典文学造诣尤深。他还研习绘画，擅长画山水花鸟，熔蒙汉艺术于一炉。他一生未出仕，青年时代常以文会友，饮酒赋诗，谈古论今。游历过内蒙古部分盟旗和国内一些名胜古迹，结识了不少学者名流，这对他增大阅历、开阔视野、积累创作经验，起了积极的作用。

他从 20 岁起开始写作，写出了大量政论、诗歌和小说，对封建王朝的暴政和统治阶级的腐败无能，作了大胆的暴露和无情的抨击。他把汉文古典诗歌的形式运用到蒙文诗歌的创作中去，写出了清丽多彩、沁人肺腑的蒙文五言和七言绝句。他创作的章回体长篇小说，以生动感人的情节和细致入微的刻画，真实深刻地描绘了中国封建社会走向崩溃和激烈变革的情景，发人深省。

其历史小说《青史演义》，写于1830～1891年间，前八章是其父所写。父亲去世后，他秉承父亲的旨意，完成这部巨著。《青史演义》又名《大元盛世青史演义》，现出版69回，前59回写成吉思汗及其祖先的历史，后10回为斡歌歹即位后的历史。小说描绘了成吉思汗率将领统一各部的英雄业绩，在广阔的社会背景上展现出12～13世纪蒙古草原的历史风貌。

《一层楼》是尹湛纳希学习《红宝楼梦》的艺术表现手法，以当时社会现实为题材写成的长篇小说。《泣红亭》是它的姊妹篇。两部小说的故事沿着璞玉和炉梅、琴默、圣和之间的爱情线索展开。《一层楼》最后以璞玉之父为攀附权贵，给璞玉娶了节度使之女苏姬为妻、三个姑娘四散飘零的悲剧告终。《泣红亭》从璞玉梦中寻访三位小姐下落开始，描绘了三位姑娘的悲剧命运。三人经过一番波折，最后都和璞玉成婚，以大团圆的喜剧结束。

尹湛纳希的创作，为丰富民族文学宝库、促进蒙汉文化交流作出了巨大贡献。他丰富和发展了蒙古族文学体裁和文学语言，在民族文学史上占有一席之地。

陈廷焯（1853～1892）

近代常州词派后期词论家，字亦峰，江苏丹徒人，光绪十四年（1888）举人。

陈廷焯少学为诗，独宗杜甫。22岁时，始习作词，曾选古今词3000余首，为26卷，名曰《云韶集》。其生平论词，反对轻佻浮华的词风，强调词要“温厚以为体，沉郁以为用”（《白雨斋词话自序》），标举国风、《离骚》的传统，主张比兴寄托，要求深厚的思想感情和沉郁顿挫的艺术风格。其以温庭筠、周邦彦、姜夔、王沂孙为词坛正宗，认为：“词法之密，无过清真；词格之高，无过白石；词味之厚，无过碧山，词坛三绝也。”

所著有《白雨斋词存》及《白雨斋词话》。《白雨斋词话》在词坛较有影响，该书10卷，自序写定于光绪十七年（1891），光绪二十年（1894）删为8卷本刊行，约近700条，篇幅之多，为词话中所少见。今上海古籍出版社又据其手稿十卷足本影印出版。

薛福成（1838～1894）

近代湘乡派文学家，字叔耘，号庸庵，江苏无锡人。同治六年副贡生。先充两江总督曾国藩幕僚，曾参与镇压捻军起义，以知州留直隶候补，赏知府衔。以后随李鸿章办理洋务、外交。光绪五年（1879）作《筹洋刍议》，提出变法主张。光绪十年（1884），任浙江宁绍台道，参与在镇海击退法舰之役。光绪十四年擢湖南按察使，次年出任驻英、法、意、比四国公使，光绪廿年（1894）归国。归国后升任都察院左副都御史，旋病故于上海。

薛福成是洋务派中较为了解外国情势的人物，最后转变为主张维新。他称赞西方的君主立宪政体，认为君主立宪“无君主、民主偏重之弊最为斟酌得中”，主张效法西方，“以工商立国”（《庸庵海外文编》卷三）。

薛福成论文原主桐城，师事曾国藩，为“曾门四弟子”之一。但他见闻广博，接触实际较多，因而所作文章多评论时政，宣传西学与维新变法，不为“阐道翼教”的空论，其见识与眼界均非桐城中人可比。为文雄于议论，亦善记叙，洋洋洒洒，尽情发挥，不务艰深，亦不避新名词，故自然摆脱了桐城派的束缚。黎庶昌谓其“不规规于桐城论文”（《庸庵文编·序》）。所写国外见闻，题材新颖，描述生动，如《观巴黎油画记》为古文中的名篇。

著有《庸庵全集》十种。

韩邦庆（1856～1894）

近代小说家。小名三庆，及应童子试，即以庆为名，后又改名奇。字子云，号太仙，别署大一山人、花也怜侬。江苏松江（今属上海市）人。父宗文，字六一，清咸丰举人，素负文誉，官刑部主事。韩邦庆自幼随父居住北京，资质聪敏，及长南归应科举试，成秀才后多次考举人不第，自此遂淡于功名，一度在河南省的官府做过幕僚。其“为人潇洒绝俗，家境虽寒素，然从不重视阿堵物，弹琴赋诗，怡如也”（颠公：《懒窝随笔》）。旅居上海期间，与《申报》编辑钱忻伯、何桂笙等友善，常为《申报》撰稿。他还自己编辑出版纯文艺刊物《海上奇书》。《海上奇书》创刊于光绪十八年（1892）二月，系石印本，每期12页，半月刊，出到第9期改为月刊，共出15期。他的代表作《海上花列传》便连载在这一刊物上，共登出30回。今见64回全书，是在刊物停刊后十个月左右石印出版的。这部用吴方言创作的小说，曾以《青楼宝鉴》、《海上青楼奇缘》、《海上花》等名称刊行。书中主要是写妓院，旁及官场与商界，和在此范围内所能涉及的社会生活，同时，也反映了当时农民流入城市求生的情况。作者通过生动的笔触，把清末上海租界畸形社会的多方面活动，用似乎不带感情的笔墨客观真实地呈现在读者面前。因此，自小说发表后，即众说纷纭，如《谭瀛室笔记》即认为：“书中人名大抵皆有所据，熟于同（治）光（绪）间名流事实者，类能言之”，并为之一一考证。更有人认为此是谤书。这说明小说真实性强，反映了出版后影响之大，感人之深。在艺术结构上，全书笔法自谓“从《儒林外史》脱化出来”（《海上花列传·例言》）。小说比较注意人物形象的塑造，书中写了众多不同遭遇和不同性格的妓女、嫖客、仆隶，人物各具特色，绝少雷同，且大量运用白描手法，真实自然。至于他创作的《太仙漫稿》，则是一部文言传奇小说，“笔意略近《聊斋》，而诙诡奇诞，又类似庄、列之寓言”（颠公：《懒窝随笔》），虽不脱当时流行的文言笔记小说的窠臼，但构思、意致已较新颖，对研究作者创作思想和了解当时的社会思潮有参考作用。然而遗憾的是，正当他创作旺盛之时，却被病魔夺去了生命，年仅39岁。又因他“生性疏懒，凡有著述，随手散弃”（颠公：

《懒窝随笔》)，所以现在便很难看到他的创作全貌了。

王 韬（1828～1897）

近代文学家。初名利宾，又名瀚，字懒今，1862年后改名韬，字仲弢，又字子潜、紫诠，别号弢园老人、天南遁叟。江苏长洲（今苏州）人。18岁考中秀才，后屡试不第。曾被邀往英国译书，并游历英、法、日、俄等国。后来从事新闻工作，在香港主编《循环日报》，发表大量政论文章，评论时政，主张变法自强。他是洋务运动时期才大学博的政论家，除写作政论之外，还研究经史，写作诗词，创作笔记小说，并大力介绍西方学术，著作非常丰富。据他自己所编的《弢园著述总目》，共有已刻之书13种，未刻之书24种，实际还不止此数。

王韬以政论散文成就最大，他的《弢园文录外编》和《弢园尺牍》是我国历史上最早的报刊政论散文集。除政论散文外，他还创作了《漫游随录》、《扶桑游记》等游记散文。王韬的散文，正如他所说的，“纵横议论，留心当世之务，每及时事，往往愤懑郁勃”（《重刻弢园尺牍自序》)。文字也比较浅近简朴，清新真挚，有一定的感染力，并对后来新文体的形成有积极的影响。

王韬还是一位倜傥有奇气的诗人。对王韬的诗作，黄遵宪曾给予很高评价，说：“窃以为才人之诗只千古而无对也。弟每读近人诗，求其无龌龊气，无羞涩态者，殊不可多得。先生之诗，尽洗而空之，凡意中之所欲言，笔皆随之，宛转屈曲，夭娇灵变而无不达，古人中惟苏长公、袁子才有此快事。然其身世之所经，耳目之所见，奇奇怪怪，皆不及吾子远甚也。”（光绪六年八月二十九日黄遵宪致王韬函）这里的评价虽不无过誉之处，但由此我们也可以看出王韬诗歌的某些特点。在诗歌创作上，王韬主情主变，反对一般封建文人诗的“宗唐祧宋”、“摹杜范韩”。他的诗多讽刺清政府的投降卖国，抨击时政。《春日沪上感事》、《积雨》、《独登杜拉山绝顶》等是他的代表作。

王韬创作的小说有《淞隐漫录》、《遁窟谰言》和《淞滨琐话》等，其中《淞隐漫录》是近代曾广泛流传的一部文言短篇小说集，又名《后聊斋志异图说》或《绘图后聊斋志异》。这是我国小说史上较晚出现的模仿《聊斋志异》的作品之一，但无论从思想还是从艺术上说，它都远远不如《聊斋志异》。这部小说是王韬晚年在上海创作的。他说，《淞隐漫录》是他“追忆三十年来所见所闻，可惊可愕之事”（本书《自序》)，“聊作一时之消遣，而藉以抒平日之牢骚郁结”（《弢园著述总目》）的作品。因为是一时消遣抒愤之作，加之随写随刊，创作前并未统一规划，所以内容相当庞杂，涉及面广泛。小说中写花妖狐魅、神鬼精怪的故事，虽然数量不像《聊斋志异》那样多，描写也不如《聊斋志异》生动，但某些篇章也写得相当动人。如《莲贞仙子》（卷一)、《萧补烟》（卷二)、《杨素雯》（卷二)、《药娘》（卷三)、《黎纫秋》（卷三）等篇，把花仙、狐女、鬼女也写得聪明、美丽、善良，读起来颇有情趣。小说描写现实生活的作品也有相当数量，如《吴琼仙》（卷一)、《贞烈女子》（卷一)、《李韵兰》（卷六）等。虽然它们没有揭示什么重大的社会问题或主要矛盾，但从中可以看到官僚富商的仗势横行、下层人民的悲惨遭遇，在一定程度上反映了社会的黑暗和政治的腐败，有助于我们了解当时的社会生活。在艺术上，《淞隐漫录》的体式、写法完全学习《聊斋志异》，故事情节一般都比较曲折委婉，描写也相当细腻。有些作品构思奇特、变化莫测，将现实与幻想世界巧妙地融合在一起；有的篇章写得情致缠绵，有的写得悲壮惨烈。同时，作者运用抒情的笔调，“墨渖淋漓，时与泪痕狼藉相间”（《淞隐漫录·自序》），感情强烈，读后使人能感到作者“歌哭无端，悲愉易状”的“伤心人”的情怀（《弢园老人自传》）。但小说也表现出对风流名士、风月诗酒生涯的赞美和向往等思想情绪。

著有《蘅花馆诗录》、《弢园文录外编》、《弢园尺牍》等。

谭嗣同（1865～1898）

近代思想家、资产阶级维新运动政治家、诗人。字复生，号壮飞，又号华相众生、东海褰冥氏等。湖南浏阳人。他生于封建官僚家庭，少时受中国传统旧学影响较深而好任侠，注意钻研明末清初王夫之、黄宗羲的思想和学说，也接触了一些西学。光绪十年（1884）从军新疆，入巡抚刘锦棠幕。前后十年间，遍游直隶、新疆、甘肃、陕西、河南、湖北、江苏、安徽、浙江、台湾诸省，观察社会民生，结交豪杰。中日甲午战后锐意于新学。政治上力主“尽变西法”以图强。谭嗣同是维新运动的激进派，维新变法前他写了《仁学》一书，对封建专制制度进行了猛烈的抨击，要求冲破一切牢网，并提出发展资本主义的政治、经济主张。1897年，他在湖南协助陈宝箴、黄遵宪等创办时务学堂、办《湘报》，推行新政，宣传变法。维新变法期间任四品京卿、军机章京，是变法的主要策划者之一。失败后被捕入狱，慷慨就义，为“戊戌六君子”之一。

早在1894年，他就与梁启超、夏曾佑把传统的诗列入“旧学”之列，提出写“新诗”的倡议，努力探索“新诗”的正道。谭嗣同的诗，尤其是甲午战争之后写的诗，洋溢着炽热的爱国主义感情，喷射出慷慨的战斗光芒。从他的诗中，随处可以感受到为了实现“救亡保国”的目的，不惜“杀身灭族”（《上欧阳中鹄师书〈二十一〉》）的决心。事实上，最后为了民族的昌盛，他用生命去殉事业，用鲜血去唤醒沉睡中的人民，高唱着“我自横刀向天笑”的“绝命诗”（《狱中题壁》），含笑而死，充分表现了他杀身成仁、舍生取义的英雄气概。他的许多诗作风格雄健，不但淋漓地抒发了这位“高视阔步，世家子弟中桀傲者”（《翁同龢日记》）的豪情壮志，而且喊出了“开明地主富商向资产阶级转化”（范文澜：《中国近代史》）一派的要求。代表作品有《潼关》、《晨登衡岳祝融峰》、《有感一章》、《六盘山转饟谣》等。

著作今收录为《谭嗣同全集》。

毛拉·毕拉勒（1824～1899）

维吾尔族诗人。父名毛拉·玉素甫，笔名纳孜米。19世纪维吾尔族批判现实主义文学奠基人之一，维吾尔古典文学最杰出的代表，把维吾尔族文学现实主义长诗体裁推上一个新的高度。

他出生于伊犁城内一个鞋匠家庭，曾就读于伊犁经文学院。他对清政府官吏在伊犁推行的压迫和剥削政策深怀不满，也反对沙皇俄国对伊犁的侵略。1867 年参与伊犁农民暴动，并于 1875 年写成了反映这一斗争的长诗《中国土地上的神圣战争》。他终生潦倒，70 岁时双目失明。

1851 年，即诗人 27 岁那年，他将所作“格则勒”体的抒情诗，结集为《格则利亚特》，总计 2016 行，讴歌了爱国主义和人类真诚的爱情，抨击了社会的不平等现象，控诉了封建主义和宗教的束缚压迫。于 1881 年在史实基础上创作的史诗《长毛子玉素甫汗》，揭露和痛斥了一个来自浩罕，披着宗教外衣冒充和卓的贪得无厌的诈骗里手，提醒人们不要轻信骗子，要提防形形色色的谣言传播者、两面派、伪君子、阴谋家，以其深刻的揭露、尖刻锋利的讽刺和生动犀利的语言，在促进维吾尔讽刺文学的发展上，起了积极的推动作用。他于 1882 年创作的长诗《努珠古姆》，塑造了努珠古姆这一不畏强暴、英勇抗争的女英雄形象。这部长诗在主题、内容及其现实主义深度方面，都堪称维吾尔古典文学中的上乘之作。

毛拉·毕拉勒不仅在思想上接近人民，和他们心心相映，而且诗歌的语言也十分接近民歌民谣，所以他的不少诗章也被谱入“木卡姆”套曲，在群众中广为传诵吟唱。

宗　韶（1844～1899）

满族诗人。哲尔德氏，字子美，别号梦石道人。满洲正白旗人，原籍长白乌拉，家居北京，先世故宅在北京崇文门内瞻云坊。其父灵寿，号介眉，平生主要在四川为官，有治绩，深得上司推崇，卒于四川任上。宗韶的曾祖父官至布政，于乾隆三十二年奉命驻节新疆迪化（今乌鲁木齐），共 5 年。宗韶出生时，家道已趋中落。少年时他随父亲留居四川多年，以后又曾多次赴蜀探亲。22 岁结婚，同年入仕。曾官内阁中书，以后又任兵部员外郎多年。

宗韶与文梯、王芷亭，尤其是宗室诗人宝廷（竹坡）友善。他喜欢饮酒，性情耿直豪爽，不拘于礼仪，很有气节，且又秉性高傲。由于他节操自守，不肯同流合污，因此常与上司抵触，虽然很有才干，始终未得升迁。

宗韶的诗，不仅具有丰富的社会内容、鲜明的时代色彩和强烈的政治倾向，而且表现了热爱祖国和人民、甘于自我牺牲的崇高精神，充分反映了清代末年各个方面的社会现象。诗作艺术造诣极深，表现了满族的民族特色。代表作品有《领粥人》、《冬腊行》等。

著有《四松草堂诗略》。

谭　献（1832～1901）

近代词论家，初名廷献，字仲修，号复堂，浙江仁和（今杭州）人。同治六年（1867）举人，以后屡应吏部试不中，捐资为县令，历署歙县、全椒、合肥知县，旋告归，锐意著述。晚年，张之洞延主湖北经心书院。

谭献治经，倾重今文经学，好谈天下治乱得失。在文学上，先学诗，后好骈体文。咸丰四年（1854）始填词（《谕子书一》），以后锐意致力于词学研究，成为同治、光绪间常州词派的代表作家和重要的词学评论家，而尤以词学评论影响近代词坛。叶恭绰说他“开近三十年之风尚”（《广箧中词》）。

谭献所作词委婉含蓄，多感伤之情，格调不高。陈廷焯评其词“小词绝精，长调稍逊”（《白雨斋词话》五）。其论词主张散见于他的文集、日记及所选清人词《箧中词》和对周济《词辨》的评点中，这些言论后由其门人徐珂辑录为《复堂词话》。其论词继承常州词派张惠言、周济的主张，而有所发展，认为品评词作也应当“寻其旨于人事，论作者之世，思作者之人”（《复堂词录序》），主张把作品与创作的时代背景和作者的创作动机结合起来考察，同时主张词应当“根柢乎王政，端绪乎人心”（《唐诗录序》），要“折衷柔厚”，对辛弃疾词常有微词，对南宋豪放派词人的愤世激昂之音多所不满，反映了谭氏词论中的保守的一面。

著有《复堂类稿》，另有《复堂诗续》、《复堂文续》、《复堂日记补录》。选有清人词《箧中词》六卷，续四卷。

王鹏运（1848～1904）

近代词人，字幼霞，一字佑遐，自号半塘老人，晚号鹜翁，广西临桂人，原籍浙江山阴。同治九年（1870）举人，同治十三年（1874）入京，授内阁中书，后为礼科掌印给事中。鹏运以直声震天下，一时权要，自诸亲王至翁同龢、孙家鼐一类，弹劾殆遍。光绪二十二年，为西太后及光绪常驻颐和园事上疏反对，几遭不测之祸。又曾代康有为上疏劾徐用仪阻挠新政，徐因此被逐出军机处和总理衙门两署。庚子（1900）八国联军入侵北京，王鹏运滞留京城，他与朱祖谋、刘福姚于宣武门外寓宅相约填词，成《庚子秋词》两卷。词多哀伤国家遭难，表现强烈的反侵略的民族意识。光绪二十八年（1902）南归，寓居扬州，主持扬州仪董学堂。三十年（1904）卒于苏州两广会馆。

王鹏运为清季四大词人之首。其所作词，多写清末时事，叹国势之陵夷，亦述自身遭际，抒心境之凋丧，尝云：“当沉顿幽忧之际，不得已而托之倚声。”（《味梨集·后序》）故词风沉郁凄凉，有幽燕豪士之气。其词学承常州词派之余绪而发扬光大之，于豪放一派中，抑辛而扬苏，尝云：“词家苏辛并称，其实辛犹人境也，苏其殆仙乎！”（《词林考鉴》稿本苏轼条）叶恭绰评鹏运词：“幼遐先生于词学独探本原，兼穷蕴奥，转移风会，领袖时流，吾常戏称为桂派先河，非过论也。彊村翁学词，实受先生引导，文道希之词，受先生攻错处，亦正不小”（《广箧中词》二）。

王鹏运在校勘词籍方面亦颇有建树，自1881年至1904年的23年间，校勘刻成《四印斋所刻词》21种，另有《宋元三十一家词》、《梦窗甲乙丙丁稿》、《樵歌》、《草窗词》4种，共计25种。

著有《秋虫集》、《味梨集》、《鹜翁集》、《蜩知集》、《春蛰吟》、《庚子秋词》等，统名《半塘词稿》。其后删订为《半塘定稿》两卷、《半塘剩稿》一卷，朱祖谋刻于广州。

黄遵宪（1848～1905）

近代政治家、外交家、诗人。字公度，别号人境庐主人。广东嘉应州（今梅州市）人。光绪举人。先后做过驻日本、美国三藩市、英国、新加坡的参赞或总领事等职。在此期间，他广泛地接触了西方资产阶级的哲学思想和科学文化。光绪二十年（1894）回国后，参加了康、梁维新派政治活动。光绪二十三年任湖南常宝盐法道，代理按察使，推行新政，和谭嗣同等在长沙创办时务学堂，为维新运动的重要人物。戊戌变法失败后，被罢官还乡。他少时即希望成为文学界的“华盛顿、哲斐逊、富兰克林”，并以别创新诗作为自己的奋斗目标。及后论诗，提出“以言志为体，以感人为用”，主张“我手写我口”，极力鼓吹诗歌应该表现自己的时代，对传统的“道统”、“文统”和各种拟古主义进行了揭露与批判，要求写出“古人未有之物，未辟之境”，为“诗界革命”的重要领导者之一。

黄遵宪一生的诗歌创作甚多，是晚清诗坛上的一位大家。他现存的诗歌，计《人境庐诗草》11卷626首，《日本杂事诗》200首，新中国成立后出版的《人境庐集外诗辑》收录287首（2首词未计），这些作品大部分是诗人晚年对《人境庐诗草》定稿时删去的作品，另一部分是在晚清报刊发表或梁启超《饮冰室诗话》中收集的作品。另外，《黄遵宪与日本友人笔谈遗稿》中有遗诗6首，杨佣子藏《人境庐诗稿》五至八卷中，正集中没有的诗作15首；再加上《日本杂事诗》定本所删去原本的7首，共有1141首之多。黄遵宪的诗题材广泛，内容丰富深刻，多为中国近代现实社会生活的写照，表现出强烈的民族主义和爱国主义精神。因此，梁启超评其诗说：“公度之诗，诗史也。”（《饮冰室诗话（七九）》）如中法之战、中日之战，沙俄的入侵，还有政治上的维新变法运动，以及戊戌政变后之镇压……在黄遵宪的诗中都有深刻的反映，表现了一个感觉敏锐而又关心国家兴亡的诗人慷慨激愤的凛然正气。所谓“长歌当哭”，正可说明他写作反映这些史实的诗篇时的情怀。《悲平壤》、《朝鲜叹》、《东沟行》、《哀旅顺》、《降将军歌》、《台湾行》、《马关纪事》、《度辽将军歌》、《感事》等，都是这方面的代表作。另外，黄遵宪还将日本、东南亚及欧美等国的政治、历史和科学文化入诗。读这部分诗作使人如置身于奇异的世界之中，如日本的樱花、伦敦大雾、巴黎铁塔、苏伊士运河、新加坡四季如春的迷人景色，在诗中都有反映。而《日本杂事诗》内容尤为广泛，从日本古老传说到明治维新，从山川景色、风土人情、文化教育到源远流长的中日文化交流，诗中都有描述。它是以竹枝词的形式写的历史组诗，同时又是一曲别开生面的中日文化交流的颂歌。尤为令人瞩目的是，在黄遵宪的诗里出现了歌颂西方自然科学的诗，或在诗中以新名词如地球、国会、动物、植物、影戏等入诗，这些作品不仅展示了新的科学知识，更主要的是表现了当时向西方学习的时代潮流，是诗人“师四夷”、救中国的思想在诗中的反映。被推为“千古绝作”（何藻翔：《岭南诗存》）的《今别离》是这类诗歌的代表。诗中写了代表当时西方自然科学水平的轮船、火车、电报、相片以及关于地球的学说等。在艺术上，黄遵宪的诗，“不名一格，不专一体”，形式多变，力图摆脱传统诗歌的束缚，风格明朗畅达，多能独辟意境，一些用通俗语言写的诗（如《军歌》等），更体现了古典格律诗向散文化、自由化新诗过渡的倾向，在近代文学史上影响很大。黄遵宪的诗中有时也反映出对人民群众鄙视和恐惧的心理状态，表现出明显的时代和阶级局限。

著有《人境庐诗草》、《日本杂事诗》等。

陈天华（1875～1905）

近代民主革命家、文学家。字星台，又字过庭，别号思黄。湖南新化人。1903年由新化实业中学堂资送日本留学，入东京弘文学院师范专科。到日本后，便投入火热的革命运动。曾写血书抗议俄国侵略东三省，与邹容等组织“拒俄义勇队”（后改为“军国民教育会”），后又与黄兴、宋教仁、杨笃生等在长沙创立华兴会，并准备于1904年秋天在湖南举行武装起义。为此，他们曾先后回国活动，失败后重返日本。1905年参加发起同盟会，并担任书记工作，还与宋教仁等在东京创办《二十世纪之支那》杂志，同盟会成立后将此杂志改为《民报》，仍任编辑。后来，因日本文部省颁发《取缔清国留学生规则》，他奋起反对，并于12月8日在日本大森海湾愤而投海自杀，留下绝命书万余言，勉励人们誓死救国。

陈天华的文学作品，如《猛回头》、《警世钟》等，在当时影响甚大，表现了他对祖国命运低回婉转的爱恋、对帝国主义悲怆深沉的愤恨和对清朝统治者勇敢坚决的抨击，生动地显示出这一代先进知识分子的革命抱负。在理论上，他透彻地论证了反对帝国主义必须反对作为帝国主义傀儡的清朝政府，从而揭露了保皇党自称爱国的丑恶面目。在文学上，他成熟地运用了人民喜闻乐见的说唱形式及浅显的白话文，使革命思想深入到下层会党群众及革命士兵中，为辛亥革命的起义作了思想上的准备。另外其小说《狮子吼》（8回）是一篇未完成的小说，在其死后，陆续登载于《民报》上。它是当时宣传民族民主革命思想的通俗文学作品之一，文笔也很劲练。1928年，民智书局收集了他的《中国革命史论》、《论中国宜改创民主政体》、《猛回头》、《狮子吼》等遗著，编成了《陈天华集》。尚有一些重要著作，如《警世钟》、《最近政见之评决》、《国民必读》、《最近之方针》等并未收入集内。

李伯元（1867～1906）

近代小说家。名宝嘉，又名宝凯，世人曾称徵君，别署南亭亭长，笔名有游戏主人、讴歌变俗人、二春居士等。江苏武进（今常州市）人。生于山东，1892年（光绪十八年），随同家人回到故乡。他出身于封建官僚地主家庭，幼年丧父，由伯父抚养成人。青年时代受过正规的封建教育，擅长诗赋和八股文，曾以第一名考取秀才，以后屡试不第。中日甲午战争之后，在新的社会思潮影响下，到上海创办了《指南报》（1896），此后又连续主办《游戏报》（1897）、《世界繁华报》（1901），主要为“俳谐嘲骂之文”，“记注娼优起居”（鲁迅：《中国小说史略》）。1903年他接受商务印书馆的聘请，任《绣像小说》（半月刊）编辑。1906年病逝于上海，年仅40岁。

李伯元是一位在科举道路上不得志的士大大阶层的知识分子，他对清末官场吏治有着切身的感受，认为“中国的天下都是被这班做官的一块块送掉的”。同时，他又是一个富有正义感的人，“夙抱大志，俯仰不凡，怀匡世之才，而耻于趋附。故当世无知之者，遂以痛哭流涕之笔，写嬉笑怒骂之文”（吴趼人：《李伯元传》）。“光绪辛丑年（1901），清廷开经济特科，湘乡曾慕涛侍郎曾出奏保荐，伯元辞不应召，时人以为高尚。”（李锡奇：《李伯元生平事迹大略》）

李伯元是清末谴责小说的代表作家之一。他的文学创作活动，大致可分为前后两个时期。1900年（光绪二十六年）以前是创作的准备时期。报馆的工作对作家生活经验的积累和艺术技巧的锻炼有着重大的意义。从1901年起，是创作的鼎盛时期。在这一时期，他的思想与艺术才能有了重大的发展，其创作精力是惊人的。在他生命的最后五六年间，先后写成了《官场现形记》、《文明小史》、《活地狱》、《海天鸿雪记》、《中国现在记》等长篇小说和《庚子国变弹词》等，更以通俗时调写有《爱国歌》、《送郎君》等。他的小说，继承了中国文学史上的现实主义传统，多采用讽刺手法，对当世官场贪污、腐朽等一系列黑暗现象进行揭露和批判，通过对现实的刻画和对反面人物及其环境的描写，反映了一些封建社会的黑暗情况，透露了一些人民群众反对帝国主义和封建主义的现象，客观上向人民揭示了革命的必然到来和封建统治的必然崩溃，具有强烈的爱国思想。当然，李伯元的世界观是复杂的，既有进步的一面，又有落后的一面。他的创作不可能逾越阶级和历史的局限，也不可能理解和清醒地认识客观现实，所以，他的现实主义也是很不彻底的，因而他的作品中就不可避免地带有较浓厚的封建意识。从艺术性来看，其结构不够严谨，概念性说教较多，缺乏典型人物的塑造，艺术感染力不强。这都表明作者的艺术思维有待成熟。此外，李伯元对书画、篆刻的提倡也很热心，曾发起组织过“书画社”，但流传下来的作品不多，有《芋香室印谱》等。

秋　瑾（1877～1907）

杰出的旧民主主义革命家，中国妇女解放运动的先驱，近代著名女诗人。字璿卿，号竞雄，别署鉴湖女侠，原籍浙江山阴（今绍兴），清光绪三年十月十一日出生于福建厦门一个具有爱国思想的小封建官僚家庭，接受了“夷夏之辨”和“反清复明”思想的熏陶。幼年就接触到中国历史典籍，培养了爱国忧民、任侠尚义的思想性格，历史上民族英雄和女中豪杰的形象在她的心中播下了爱国主义的火种。

光绪十七年（1891）夏，秋瑾随祖父由闽返浙，次年随父至台湾，十九年初又随父入湘，所到之处，耳闻目睹帝国主义的暴行。光绪二十一年（1895），秋瑾受父母之命嫁湘潭富绅王黻丞之子王子芳，她痛感民族危机的深重，不甘忍受封建礼教的束缚，于光绪三十年（1904）夏，毅然只身东渡扶桑。同年秋，在横滨加入秘密反清团体“三合会”，次年，先后加入光复会和同盟会，积极从事革命活动，成为很有影响的革命活动家和宣传家。光绪三十二年（1906）初回国，同年冬在上海创办《中国女报》，积极提倡女权，宣传革命。年末返回绍兴，进入徐锡麟创办的大通学堂。未几，秋瑾被奉为大通学堂督办，以此为据点，与徐锡麟分头联络金华、兰溪、安庆等地会党，筹组光复军，准备于光绪三十三年（1907）末发动皖、浙两省起义。因消息走漏而仓促起事，起义失败，清军于六月初四日下午包围大通学堂，秋瑾被捕。六月初六（1907年7月15日）就义于绍兴六轩亭口，实践了她“为国牺牲敢惜身”的誓言。

秋瑾少年时就工诗文词，南社诗人陈去病在《鉴湖女侠秋瑾传》中赞扬她“著作甚美”。其密友吴芝瑛谓其作品“有上下千古，慷慨悲歌之致”（吴芝瑛:《记秋女侠遗事》）。的确，秋瑾的诗是用心力和热血写成的，是从战士血管里流出的。其前期诗词，主要是对封建礼教束缚的抗争，表现不甘与世沉浮的人生态度；后期作品则鲜明地表现了一个觉醒的民主主义志士的英雄心性与忠肝义胆，诗风慷慨激越，富于浪漫色彩。遗作辑为《秋瑾集》。

丹金旺吉拉（1854～1907）

蒙古族诗人。全名伊希·丹金旺吉拉，生于原察哈尔盟镶白旗的一个官僚家庭。7岁时成为鄂尔多斯郡王旗公尼召寺庙的活佛。自幼聪明好学，博闻强记，15岁时就学完了藏文必修科目，掌握了蒙、藏两种语文，并开始写诗。1868年5月，公尼召寺庙毁于兵火，他回到察哈尔原籍。39岁开始周游各地，布教行医，足迹遍及内外蒙各盟旗。

丹金旺吉拉的诗现存五章，共320行（另有十三章本，学术界认为其中掺有托名之作，尚待鉴别）。诗的全称为《公尼召活佛伊希·丹金旺吉拉训谕诗》，诗中揭露了活佛大喇嘛们不择手段、搜刮信徒的奉献，并与奸商勾结、盘剥人民的无耻行径；鞭挞了官僚政客的暴政秽行，斥责了官府的草菅人命、无心正法，并对无辜被摧残的百姓表示深切的同情。当然，他的诗作主要是劝人行孝、修身行善，这就必然具有浓厚的说教气息和封建道德色彩。但就其艺术而言，他的诗作气魄宏大，语言锋利，节奏鲜明，易于背诵，并对传统的诗歌格局有所突破，表现出一定的艺术创新精神。

徐念慈（1875～1908）

近代翻译家、小说理论家，字彦士，别号觉我、东海觉我，江苏昭文（今常熟县）人。年少即通英、日文，兼长数学和写作。1898年左右，适应新学热潮，开始译著活动。1901年组织教育同盟会，后为革命团体中国教育会常熟支部负责人之一。1905年任小说林书社编辑部主任，并担任竞存公学、爱国女校教学工作。1907年2月起，与黄人等一起创办并主编《小说林》杂志，出至11期，因误服药物致死，年仅34岁。

徐念慈一生著述甚多，除教育方面的著作外，其介绍翻译的小说也曾风行一时，计有《海外天》、《黑行星》、《新舞台》、《美人妆》等。所译作品多半用白话或浅近的文言，较为通俗，学者孟森称他的一生“著作已成林，言语从来妙天下”。小说论文有《小说林缘起》、《余之小说观》、《觉我赘语》和《小说管窥录》等，强调小说与社会和人生的联系，指出小说的翻译创作要“务合于社会之心理”，并善于依据西方黑格尔、康德等人的美学观探究小说的艺术特征，认为小说之美乃在于描绘了合于理性的自然，又有鲜明的个性，能引起快感，又是理想化了的具体形象，颇富创见。

阿英编《晚清文学丛钞》小说戏曲研究卷，收有徐念慈的小说论文。

刘　鹗（1857～1909）

近代小说家。原名梦鹏，字云抟，一字贾湍，谱名震远，后改名鹗，字铁云，又字公钧，别署洪都百炼生。

刘鹗出身于官宦之家，其父刘成忠官至布政使，胸怀民瘼，有政声。刘鹗自小随宦在父母身边读书，斥驰不羁，不屑于举业而留心经世致用之学。20 岁时，至扬州从太谷学派传人李龙川学，受太谷学派思想的影响，慨然有经世之志，其致黄葆年书云：“圣功大纲不外教养二途。公以教天下为己任，弟以养天下为己任。”这种思想成为他后来投效河工、经办实业、开路矿的基础，成为他一生事业的出发点。32 岁以捐资得同知衔，赴豫入河道总督吴大澂幕，提出“筑堤束水，束水攻沙”的建议，解决了郑州决口合龙的难题。后又参山东巡抚张曜幕，任黄河下游提调官，力斥放宽河身的谬举，并著《治河七说》、《弧三角术》、《钩股天元草》等书。1896 年应湖广总督张之洞召赴鄂筹办“芦汉铁路”，开始他后半生的洋务实业活动，其活动范围涉及铁路、煤矿、金矿、制炼精盐、机器织布、机绸厂、自来水、电车、海运等，均功败垂成。1900 年，八国联军侵占北京时，刘鹗挟资入京，向俄军购得所掠之太仓储粟，设平粜局赈济饥民。1908 年被诬以私散太仓粟及为外人在浦口购产罪，流放新疆。次年以中风卒。

刘鹗通数学、乐律、金石碑版、医学、水利，并为最早收藏甲骨文者之一，而以所作小说《老残游记》一书闻名于小说界。《老残游记》写于 1903～1906 年。始发表于 1903 年之《绣像小说》半月刊，至第 13 期中止；1906 年重刊于天津《日日新闻》，至第二编第 9 回止，原署洪都百炼生著。1906 年，初编 20 回单独刊行于世。1935 年二编前 6 回也由良友图书公司出版单行。《老残游记》是近代小说中影响广泛的一部作品，被译成俄、捷、英、日等多种文字。鲁迅《中国小说史略》说：“叙景状物，时有可观，作者信仰，并见于内，而攻击官吏之处亦多。”阿英说：“《老残游记》在描写上是有成就的。……作者善于选用准确明朗的语言，形象性地刻画事物的运动及其变化，具有强烈的吸引读者的力量。……是深入生活，实地考察，用丰富的想象，活的语言描写的结果，是受了海禁开后输入的外国文学的影响。从而在创作方法上丰富了自己的结果。”（《关于〈老残游记〉》）

刘鹗著述颇丰，涉及甲骨、金石，医学等，见刘德隆整理的《刘鹗文集》（上下册）（吉林文史出版社，2007 年），其中收有文学著作《老残游记》、《铁云诗存》等。

吴趼人（1866～1910）

原名宝震，又名沃尧，近代著名小说家。字小允，初号茧人，后易茧为趼，称趼人，广东南海人，因居佛山镇（原属南海县，现为佛山市），又号“我佛山人”。一生用过的笔名有趼、偈、佛、茧叟、趼廛、茧、趼人氏、野史氏、老少年、趼廛主人、抽丝主人、岭南将叟、中国老少年等。吴趼人出身于一个破落的仕宦之家，8 岁从冯竹昆塾师受业，约 13 岁入佛山书院读书，由于家道中落，18 岁离家赴沪谋生，长期在江南制造局作抄写工作，业余学习为文。32 岁（1897）始进入办小报生涯，至 1902 年止，初襄《字林沪报》副刊《消闲报》，后办《采风报》、《奇新报》、《寓言报》等。1902 年梁启超在日本创办《新小说》，从 1903 年始“学为长篇，即以寄之，先后凡数件，曰《电术奇谈》，曰《九命奇冤》，曰《二十年目睹之怪现状》，名于是日盛”（鲁迅：《中国小说史略》）。1904 年出任汉口美商英文《楚报》中文版编辑，后反美华工禁约运动兴起，他辞职返沪参加运动。1906 年《月月小说》杂志在上海创刊，吴出任总撰述。1910 年 10 月，喘疾发作，暴卒于沪，年仅 45 岁。英年早逝，为世人所痛惜。

吴趼人是一个典型的笃信维新变法思想的知识分子。他不满现实，接受维新变法思想，运用小说形式，大声疾呼救亡图存。他痛斥清朝官吏“举世皆是”“强盗”（《南海强盗》，《我佛山人笔记小说》卷一），是吸吮“中国百姓的膏血”的“蚊虫”，而“洋务派”则是“吃外国屎”的“洋狗”（《俏皮话》）。在民族危机面前，他非常憎恶那些“一食一息，全鼻息于外人的买办”（《我佛山人笔记小说》弁言）。他非常担忧民族的存亡，借小说中人物的口说：“中国将来一定不能自立，他们各国要来把中国瓜分了的。”（《二十年目睹之怪现状》第 22 回）这些都反映了吴趼人的反帝反封建思想。但是，正如康梁维新派一样，他并不从根本上否定清朝的政权统治，而他改革社会的主张又以恢复传统的道德观念为前提，他曾说：“我所说的改良社会是要首先提倡道德，务要使德育普及，人人有了个道德心，则社会不改自良，并非扭转一切习惯，处处要舍己从人的。德育普及，是改良社会第一要义……道德昌明之后，……然后输入文明。”（《上海游骖录》）1905 年以后，资产阶级民族民主革命运动蓬勃发展，吴趼人的思想却固守维新变法的藩篱，反对民族民主革命，对社会前途也日趋颓唐绝望，因此他后期的作品，如《上海游骖录》，攻击革命党，宣传厌世主义；《剖心记》则对恩铭家人取革命党人徐锡麟之心祭奠，大唱赞歌。当时有人评他“百战文坛真福将，十年前死是完人”（《新庵笔记》引《涤庵丛话》）。

吴趼人是一个多产作家，从 1903 年至 1910 年，几年时间竟写小说多达 30 余种。他的小说主要是中长篇，也有短篇小说和笔记小说，以形式多样、题材广泛、针砭社会著称于世。他的小说所涉及的题材，有揭露官场黑暗与腐朽的，有抨击清政府媚外卖国的，有暴露封建道德沦丧、社会风气日益腐败的，有反对封建迷信的，有反映华侨的生活和斗争的，还有借古鉴今的，或正面描绘作者所憧憬、追求的理想的，等等。而在这些题材中，大都不同程度地触及中国人民反帝爱国的斗争。在近代小说家中，能够在作品中如此广泛地为我们描绘近代社会的各个侧面的，吴趼人无疑是佼佼者。吴趼人的小说都是用语体文写的，生动流畅，文字浅白，富于幽默感和讽刺性。缺点是一些故事情节往往提炼不够，枝蔓较多，而且常常笔无藏锋，过甚其词，影响讽刺的深度。比较著名的作品有《二十年目睹之怪现状》、《九命奇冤》、《痛史》、《新石头记》、《近十年之怪现状》、《俏皮话》等。

王钟声（1874～1911）

近代早期话剧作家、演员。原名熙普，艺名钟声，浙江上虞人。原是湖南某校教习，1893年自费留学德国，毕业后于1906年回国，曾任广西法政学堂监督及洋务局总办，因受当时民主革命思潮的影响，遂辞职到上海，热心于戏剧改革。他长于作慷慨激昂的演说，以发表戒烟演说与马湘白、沈仲礼相识，并创立春阳社，招收演员，亲自参加《黑奴吁天录》、《迦茵小传》、《爱国血》、《孽海花》等剧的演出，他所演角色，神情毕肖，受到社会的欢迎。1907年2月，王钟声又和任天知等创办新剧“通监学校”，招收和培训演员，后又和陆镜若等合作组织文艺新剧场，演出《猛回头》等新剧。春阳社解散后，王钟声曾赴北京演出《秋瑾》、《徐锡麟》等剧目。辛亥革命时参加上海起义，曾受河北梆子演员田际云邀请到天津参加《官场现形记》、《宦海潮》等剧的编演，从事革命活动，1911年在天津被清政府杀害。他对促进我国前期话剧的发展起了重要的作用，是我国早期话剧的创始人之一。

丘逢甲（1864～1912）

近代政治家、诗人。亦名秉渊，字仙根，又字吉甫，号蛰仙，亦号仲阏或华严子，笔名仓海，台湾苗栗人。光绪进士，授工部主事，因无意仕途，未到职即回台湾，主讲台湾衡文书院、台南府罗山书院、嘉义县崇文学院。光绪二十一年（1895）初得悉清政府对日有割让台湾之议，极为愤慨，刺血上书清廷，主张“抗倭守土”。《马关条约》签订后，即组织义军，抗击日本侵略者，在台中曾与日军血战20余昼夜。失败后离台内渡，定居广东镇平（今蕉岭县）原籍，从事教育工作。历任广东韩山书院山长、汕头岭东同文学堂总理、广东咨议局议长、都督府教育司长等职。辛亥革命后，赴南京，被举为临时参议院议员。

丘逢甲才华横溢，著述甚丰，仅诗作当有7000余首（据丘琮之说）。然而，其辞台（1895）以前的诗文已遭兵燹，所存无几，内渡后只辑有诗稿，且有散轶。今见《岭云海日楼诗钞》就是辑选内渡后17年存稿中的近2000首诗（早年诗作及《离台诗》亦辑入）而成的。这些诗篇，以年事为序，可归为辞台还粤、潮州课士、倡导新学、南游策进、岭东建校、广州掌教、政教兼预等七类，丘琮的《仓海先生丘公逢甲诗选》就是以此辑编的。若以内容论，可拟分为念台怆变、酬亲赠友、吊古伤今和咏物励志四类。这些诗作，抒发了诗人对故土沦亡的悲痛和光复山河的志愿，表达了对列强瓜分中国、统治者媚外卖国的切齿痛恨，也寄托了他对祖国前途命运的深切忧虑和对挣扎在死亡线上的劳苦百姓的由衷同情，闪耀着爱国主义与献身精神的光辉。丘逢甲的诗是诗史，是那个时代救亡的呐喊。他为我们描摹的19世纪末20世纪初中国社会政治风云的图卷，可以使人强烈感受到诗人的剑气箫心和一个爱国者炽热的灵魂。

梁启超《饮冰室诗话（三九）》称述："吾尝推公度、穗卿、观云为近世诗家三杰，此言其理想之深邃宏远也。若以诗人之诗论，则丘仓海（逢甲）其亦天下健者矣。"接着又说，丘诗"盖以民间流行最俗最不经之语入诗，而能雅驯温厚乃尔，得不谓诗界革命一巨子耶?"逢甲为诗，"笔力雄健"，"意识超卓，足匡时俗"（丘琮：《仓海先生丘公逢甲年谱·后志》）。他熔铸杜、韩、苏、陆诸家于一炉，形成了自己的独特风格。他对杜、韩、苏均有所仰，其有诗云："平生我愧杜工部"（《与高啸桐同客广州》），"于时我正从韩公"（《东山谒韩公祠毕得子华长句次韵寄答》），而其《韩祠歌同夏季平作》尤为酷似东坡手笔。不过，通观丘诗，似觉更得放翁神韵。他的诗纵横恣肆、凌厉豪迈，诗风开阔解放，且抑扬顿挫，沉郁苍凉，具有荡气回肠、催人奋进的艺术力量。语言明快流畅，质朴清新。有些诗作，如《七洲洋看月放歌》等，还用了一些自然科学知识新的事物、新的名词术语，自然贴切，颇得自然和谐之妙。缺点是题材较狭窄，内容时有雷同。

今存有《岭云海日楼诗钞》等。

米庞嘉措（1846～1912）

藏族诗人、学者。生于今四川省甘孜藏族自治州德格县。从小聪明好学，12岁出家为僧，后来游学藏区各地，拜谒名师，习法求知，精通"五明"（藏族对一切学问的总称）之学，成为有名的"班智达"（学者），有《米庞全集》传世。他的《国王修身论》和《诗疏妙音海》是藏族文学史上比较重要的作品。

《国王修身论》是他的代表作，集中了藏族学者和古印度学者关于治国的各种论述，表述了作者对藏族社会生活的观察结论。全书6000多诗行，全面论述了统治阶级的道德规范、施政方针、行为准则、是非标准等等，对研究藏族哲学思想、诗歌艺术、社会风习都有一定的参考价值。在写作上，对藏族格言诗的固定程式有所突破，除七言四句为一首的传统格式外，出现了九言、十一言乃至二十几言的长句，每首也由四句发展为五句、六句、八句或八句以上。这种不拘一格的形式，开创了一种比较活泼自由的诗体。

黄小配（1872～1912）

近代著名小说家。名世仲，笔名黄帝嫡裔，别号禺山世次郎，广东番禺人。早年即赴南洋谋生。光绪二十七年（1901）尤列创办中和堂于南洋各埠，黄小配曾参与其事。1902年离开南洋，1903年返香港任《中国日报》记者，是年于该报连载《辨康有为政见书》。1904年《岭海报》主笔胡衍鹗攻击革命党，黄小配曾与之笔战逾月，1905年秋加入同盟会，系香港第一批盟员。他曾帮助郑今贯办《世界公益报》，是年协同郑办《广东日报》、《有所谓报》（又名《唯一趣报》），开始在《有所谓报》发表长篇小说《洪秀全演义》。1907 年创办《少年报》小报，取少年中国之意，继续于该报连载《洪秀全演义》。同年，黄小配在香港还办过《中外小说林》杂志，除刊登《宦海潮》、《黄梁梦》两部长篇小说外，还刊载了作者撰写的《小说风尚进步以翻译说部为风气之先》、《文风之变迁与小说将来之位置》、《改良剧本与改良小说关系于社会之轻重》、《小说之功用比报纸之影响更为普及》等小说专论，对小说理论颇有建树。1911 年，黄小配参加广州起义。起义失败后一个多月，撰写《五日风声》，连载于 5 月《南越报》，以数万字详述了辛亥广州起义的经过，这是中国近代较早的一篇报告文学。广州光复后，曾任广东省民团（又称“民军”）局局长。1912 年，广东军政府代理都督陈炯明提出了一个排除异己、扩充自己实力的扩军计划，黄小配看出了陈炯明所包藏的祸心，坚决反对，因而被陈炯明罗织罪名并杀害。

黄小配擅长小说创作，主张有为而作，以小说作宣传活动。数年间，黄小配创作的小说约有 13 种，除《洪秀全演义》（54 回）外，还有《廿载繁华梦》（40 回）、《大马扁》（16 回）、《宦海潮》（32 回）、《宦海升沉录》（又名《袁世凯》）（22 回）、《黄粱梦》、《广东世家传》、《镜中影》等。这些作品在一定程度上揭露了半殖民地半封建中国的黑暗现实，肯定了农民起义的正义性，宣传了资产阶级民主革命思想，并抨击了晚清官场、商界和社会风气的龌龊，真实地再现了中日甲午战争之后中国发生的政治事件，有较强的历史意义。黄小配的小说注重对人物形象的刻画，在语言运用和艺术表现方法方面也有一定成就。

著有《洪秀全演义》、《廿载繁华梦》、《宦海升沉录》，有单行本，《廿载繁华梦》、《大马扁》两部作品还被收入阿英编《晚清文学丛钞》小说三卷（上册）。

王钟麒（1880～1913）

南社社员，近代小说理论家。字毓仁，号旡生，别号天僇生，又署三函、一尘不染等。世居安徽歙县，后迁江苏扬州。历主《神州日报》、《民呼报》、《天铎报》、《独立周报》等笔政。他早年爱好文艺，擅长写作，抱着革新政治、救亡图存的强烈愿望，接受西方资产阶级文化思想的影响，曾立志以卢梭、孟德斯鸠、莎士比亚、弥尔顿等作家为榜样，从事创作以振奋民族精神，因过早去世，心愿未能完成。但在近代小说理论的建树上，作出了巨大成绩。他关心现实，“每以文词，力图挽救，几濒于危”（《长别诸知好书》），善于结合现实和当前的创作实际去研究和评论我国古代小说，具有较强烈的现实性。他倡言“以救国民”而“振兴吾国小说”，批评当时“不善读小说”和“不善作小说”的两大弊病，反对不顾国情照搬外国小说的不良倾向，指出必须研究我国古代小说创作的宗旨、体裁等，为新小说的发展寻求适合国情的内容和形式，这有助于继承小说创作的民族化的现实主义的发展方向，正确处理学习资产阶级文化和继承民族文化传统的关系。

所著小说论文有《中国历代小说史论》、《论小说与改良之社会关系》、《剧场之教育》、《中国三大小说家论赞》等，先后发表在1907～1908年的《月月小说》上。阿英编《晚清文学丛钞》小说戏曲研究卷已收入。

黄　人（？～1913）

近代文学家。生年不详，一说生于1869年，一说生于1855年，两说相去甚远。据《南社丛谈·南社社友事略》，生于1869年之说似较接近。原名振元，字慕韩，中年改名人，字慕庵，又字摩西，号野蛮。江苏常熟人。

郑逸梅称黄人为“一代奇人”，金天翮曾撰《苏州五奇人传》，黄人为其中之一。黄人博学而多才，凡经史、诗文词、音律以至方技、遁甲之类无所不窥。为人不修边幅，不检细行，吴梅谓其：“为人奇特……蓄发蓬蓬然，招摇过市，人皆匿笑之。……其为文，操笔立就，不屑屑于绳尺，而光焰万丈，自不可遏，至其奥衍古拙，又如入灵宝琅环，触目皆见非常之物。”1900年前后，曾任东吴大学教授，与章太炎为友，面议论往往相左。后入南社，成为南社主要作家之一。

黄人在文学方面成就广泛。诗学唐人，逸奇怪丽，词则究极情状，牢笼物态，于文学史的研究也卓有成绩，而尤以小说理论名于时。他认为“昔之视小说也太轻，而今视小说又太重”，强调小说是“文学之倾于美的方面之一种”，“属于审美之情操”，应当注重艺术的感染力，注重艺术美。他尖锐地批评那种“吾不屑屑为美，一秉立诚明善之宗旨”的“小说”，认为那种小说“不过一无价值之讲义、不规则之格言而已”（转引自《小说林发刊词》）。这些主张对晚清小说界产生了较大影响。

黄人也是晚清文化开放的积极支持者。他说“欧、美文化，灌输脑界，异质化合，乃孳新种”，对吸收西方文化、改造和发展中国文化表示肯定（引自《国朝文汇序》）。

著有《石陶梨烟室遗稿》、《石陶梨烟室劫后遗稿》各一册，还有《摩西词》八卷、《摩西诗文词选》、《蛮语摭残》及小说《银山女王》等，另编有《中国文学史》29册，与沈粹芬合辑《国朝文汇》200卷，还与人合译外国小说《大复仇》、《日本剑》、《哑旅行》等多种。

贺什格巴图（1849～1915）

蒙古族诗人。生于鄂尔多斯乌审旗沙尔里克苏木的一个牧民家庭。19岁在村塾学习蒙文，并通过自学通晓了汉文、藏文。20岁开始在巴拉珠尔公手下做书吏，后因同情“独贵龙”运动，写了一篇暗助“独贵龙”领导者们的寓意诗而受到牵连被革职，从此不再出外任职，以放牧、种菜、行医为生，过着自食其力的清苦生活。

他的诗歌流传下来的有《可贵的“独贵龙”》、《蔚蓝色的天空》、《双马行》、《平等》、《罪恶的时代》等，表达了诗人对“独贵龙”运动的衷心赞美，对黑暗社会的强烈憎恨，提倡平等，并表现男女之间的真挚爱情。

他还在文化教育方面做了一些有益的工作，写过《初学文鉴》等通俗诗集、《三国演义梗概》及《西游记梗概》等汉语文学简编、《珠宝集》等史略。这些作品在向蒙古人民传播历史文化知识、沟通蒙汉文化交流方面起了良好的作用。

王闿运（1833～1916）

近代知名学者，著名诗人。字壬秋，室名湘绮楼。湖南湘潭人，咸丰二年（1852）举人。太平天国农民起义期间，曾入曾国藩幕，议不合，不久辞去。四川总督丁宝桢邀其入川，主持成都尊经书院。后又供事于长沙思贤讲舍、衡州船山书院。光绪二十八年（1902）创办南昌高等学堂，辞归后，设帷授徒于湘绮楼。光绪三十二年，授翰林院检讨，加侍讲衔。辛亥革命后，任清史馆馆长，参议院参政。

王闿运宗今文经学，以致用为主，有《尚书笺》、《礼记笺》、《春秋公羊传笺》。诗文宗汉、魏、六朝，为晚清拟古派所推重，被奉为拟古诗派湖湘派首领，学力深厚，拟古逼真，但他的诗歌的内容也有不少关涉时事，因而简单地一概予以否定亦非公论。如他的长诗《圆明园词》，以深沉的笔调追忆了这座百年名园的兴废变迁，抒发了对国势艰危而当政者犹耽于逸乐的感叹，时人认为《圆明园词》"伤心感人，笔墨通于性情"，可见王闿运的诗也不乏性情之作。陈衍《石遗室诗话》论其诗云："湘绮五言古，沉酣于汉魏六朝者至深，杂之古人集中，莫能辨正。惟其莫能辨，不必其为湘绮之诗矣。盖其墨守古法，不随时代风气为转移，虽明之前后七子无之过也。"大体上指出了王诗的缺点。

王闿运著作丰富，除经、子笺注之外，有《湘绮楼诗集》四册、《湘绮楼文集》四册，《楚辞注》一册、《湘军志》四册，辑有《八代诗选》十册，另有《湘绮楼日记》、《湘绮楼笺启》等多种。

苏曼殊（1884～1918）

近代小说家、翻译家和诗人。名戬，字子谷，小名三郎，后改名玄瑛，别署燕影、燕子山僧、糖僧、苏湜、苏文惠、昙鸾、心印、飞锡等。1884 年 9 月 28 日，出生于日本横滨，原籍广东香山县沥溪乡（今珠海前山）。父苏杰生，旅日华侨，横滨英商万隆茶行买办。生母河合若子，系苏杰生妾河合仙之妹。

1989 年，苏曼殊回国。次年入乡塾就读。1896 年，随姑母至上海，学习中英文，认识西班牙人罗弼·庄湘博士。1898 年，随表兄林紫垣东渡日本，入横滨华侨所办之大同学校学习中英文四年，这期间曾因有感于世情淡薄而返回广州，披剃于蒲涧寺，不久因犯戒而被逐。1902 年由大同学校考入东京早稻田大学预科，同年冬加入中国留日学生革命团体青年会，拥护排满兴汉的民族主义，开始致力于诗文创作。次年考入成城学校学习陆军，加入中国留日学生为反对沙俄侵占我东北而组织的拒俄义勇队（拒俄义勇队后改组为以"养成尚武精神，实行民族主义"为宗旨的军国民教育会），成为这个组织中积极而坚定的分子。同年 9 月，因林紫垣断其经济，被迫辍学回国，先任教于苏州吴中公学，后至上海任《国民日日报》翻译，与包天笑、陈独秀、章士钊等人结识，开始革命文学活动。年底决意再度出家。此后又赴南洋游历，在泰国从乔悉磨长老学习梵文，多次赴日本省视义母河合氏，进行文学创作和翻译外国名著的活动。1912年3月，应聘为《太平洋报》主笔，与柳亚子、叶楚伧、朱少屏等为同事，遂加入“南社”。辛亥革命的胜利曾一度使其欣喜若狂，当时他在爪哇任教，闻讯即驰书柳亚子和马君武云：“迩者振大汉之天声，想两公都在剑影当中，抵掌而谈。不慧远适异国，惟有神驰左右耳。”但以后革命发展的现实却使他失望。他消沉了，但依然能洁身自好，保持“厉高节，抗浮云”的品质，而且始终以满腔的忧国忧民之情，关注着国家民族的命运，曾于《东居杂诗》中云：“相逢莫问人间事，故国伤心只泪流。”可见他内心深沉的家国之痛。在生命的最后几年，他还写了一些以爱情婚姻为题材的小说，对封建礼教的罪恶加以揭露和鞭挞。1918年5月2日，因肠胃病久治不愈，病逝于上海广慈医院，时年35岁，遗体安葬于杭州西湖孤山北麓。

苏曼殊才华出众，在短促的一生中学会了中、英、日、梵等多种文字，在诗、文、小说、绘画、翻译等方面均卓有成就，没有被个人身世不幸和家庭生活的困苦所压倒。他的诗相当一部分已经散佚，存留下来的诗作，一部分抒发了他对清朝统治者的憎恨和对国家前途的忧虑，表现了他对祖国的赤子之心；一部分是描写自然景物抒发游子之情的作品，还有一部分是悲感身世之作，流露了出世的思想，缠绵悲恻，格调不高。他还擅长写清逸的小诗，轻快流丽，凄清明隽，不假雕饰，也间有俊逸豪放的吟唱，如《淀江道中口占》等。他的小说，大都是写爱情悲剧，或写开始觉醒的青年知识分子对爱情的追求，或写他们的爱情与封建礼教的冲突；而小说的男女主人公，大都具有辛亥革命后青年人对新生活的渴望、追求和屈从于封建伦理观念的二重心理矛盾，在一定意义上揭示了辛亥革命失败悲剧的时代内涵和苦闷、彷徨、失望的社会心态，有一定的认识价值。代表作有《断鸿零雁记》。

柳亚子说：“就我想来，他的诗好在思想的轻灵，文辞的自然，音节的和谐。总之，好在他自然的流露。”（《苏曼殊之我观》）高旭评曼殊诗亦云；“其哀在心，其艳在骨，而笔下尤有奇趣，定庵一流人也。”（《愿无尽庵诗话》）

著有《苏曼殊全集》。

汪笑侬（1858～1918）

近代京剧艺术家，原名德克俊，字润田，号仰天，自署孝农，满族旗人。出身于官宦家庭，17岁应试入学，22岁中举，官河南太康知县，因触怒豪绅被参革职，从此苦心学戏。曾入翠凤庵票房学唱京戏，得到孙菊仙指点，技艺日进，初在北京演出，光绪中叶入上海丹桂茶园，成为职业京剧演员，第一次编演《瓜种兰因》（据《波兰衰亡史》改编）、《法律精神》等时事新戏。中日甲午战争后，他目睹清政府的腐败和社会黑暗，愤世嫉俗，对戊戌变法和资产阶级革命寄予同情，和陈去病等一起提倡戏曲改良，创办《二十世纪大舞台》杂志，主张“以改革恶俗，开通民智，提倡民族主义，唤起国家思想为唯一目的”。1910年，汪笑侬由上海转济南演出，被聘为戏剧改良所所长。辛亥革命后，任天津戏剧改良社社长，1912年任天津正乐育化会（伶界联合会）副会长，1913年再赴上海参加《宦海潮》、《张文祥刺马》等戏的演出，以实践其戏剧改良主张。1914 年回北京，两年后再赴上海演出。1918 年病逝于上海，终年 61 岁。

汪笑侬一生创作、改编和演出的京剧剧目甚多，著名的有《党人碑》、《哭祖庙》、《博浪椎》、《马前泼水》、《桃花扇》、《受禅台》、《长乐老》、《马嵬驿》（后扩充为《风流天子》），《排王赞》、《煤山恨》、《瓜种兰因》、《骂王朗》、《骂阎罗》、《骂安禄山》等。编演剧目虽多取材历史故事，但都能借古喻今，隐刺时政，针对清政府的丧权辱国和袁世凯的卖国行径，寄寓着对清朝反动统治的不满。例如，《党人碑》一剧，就借北宋书生谢琼仙醉后怒毁元祐党人碑的故事以悼念戊戌变法失败后被害的六君子，剧中谢琼仙痛斥蔡京、高俅、童贯等权臣把持朝政及倒行逆施，矛头实指清政府的顽固势力。其结合现实编演的许多时事新戏，均表现了民族民主革命意识和爱国热情，并注意艺术表演形式的改革，富于创新精神，在当时已有“改良新戏”之称，对京剧艺术的改革产生了良好的影响。

汪笑侬学识渊博，才气过人，擅长诗词，亦能琴棋书画。编演剧本注重文学性，强调情节合理，情文相生，唱词流畅。其唱腔取汪桂芬、谭鑫培、孙菊仙三派之长，苍老遒劲，慷慨淋漓，既饱含时代赋予的深沉，又注重表演做功的真切，自成一派，被誉之为“伶圣”，亦称为“海派”。

1957 年中国戏剧出版社出版《汪笑侬戏曲集》。

易顺鼎（1858～1920）

近代诗人，字实甫，又字中硕，号哭庵，湖南龙阳（今汉寿）人。与樊增祥齐名，为清末中晚唐诗派的代表作家。

易顺鼎幼有神童之目，长有才子之称，工诗，与宁乡程颂万、湘乡曾广钧并称“湖南三诗人”。光绪元年（1875）举人。其《自述生平》云：“春官四试，求一进士不可得，乃以举人捐职，鉴分刑部学习之郎中。”后改官河南试用道。不久辞官，筑室庐山五老峰下。中日战起，易顺鼎应督办东征军务的两江总督、湘系首领刘坤一之邀北上，驻师山海关。在清政府“避战求和”的投降主义路线支配下，抗战失败，《马关条约》签订，易顺鼎曾愤然上疏朝廷，请罢和议，疏中云：“丑虏跳梁不宜迁就，权师误国不可姑容”，表现了鲜明的爱国立场。和议既成，易顺鼎又只身走台湾，欲助台湾守军抗敌保台，事不可为而归。《自述生平》云：“两求战死皆不死，既不得为忠臣，又不得为孝子。……既不得死于榆关，复不得死于台湾，又不得归于庐山。”表达了他那种报国无门的深深遗恨。庚子后，简放广西右江道，不数月，忤大吏，为岑春煊劾罢，清末官广东廉钦道。入民国，袁氏称帝，易顺鼎任代理印铸局长。袁氏败，易顺鼎乃放浪于舞榭歌场，民国九年（1920）卒，年 63 岁。

易氏于学无所不窥，尝云：“诗歌以外，又喜考据古籍笺鱼虫。”平生诗近万首。徐世昌《晚晴簃诗汇》云：“实甫童年奇慧。世以怀麓目之。早负盛名，足迹几遍天下。所至成集，随地署名，合编为《琴志楼集》。诗体屡变，中以庐山诗为最胜，张文襄雅赏之，曾加评点。《四魂》以后，日趋恢诡，虽以务为工对，杂用俚言为世讥词，而才笔纵横，自是健者。”黄濬《花随人圣庵摭忆》评实甫诗云：“实则樊易齐名，平心论之，先生真本领真性情，皆在樊山老人之上。”

著有《丁戊之间行卷》、《四魂集》等20余种，大都收入《琴志楼易氏丛书》。另有《琴志楼编年诗录》12卷，《琴志楼游山诗集》8卷。

严 复（1854～1921）

近代资产阶级启蒙思想家、翻译家、文学家。初名传初，改名宗光，字又陵，一作幼陵，后改名复，字几道，晚年号愈壄老人，别署天演哲学家、尊疑、尺庵等。福建侯官（今福州市）人。曾习海军，赴英深造。归国后一度从政，积极宣传维新变法，译著哲学社会科学典籍，贡献学术界至大，较系统地介绍和传播了西方资产阶级文化。他的翻译态度极为严谨，首次提出“信、达、雅”的翻译标准。晚年思想倒退，提倡尊孔读经，主张复辟帝制，反对“五四”新文化运动。

严复对于诗歌有自己的看法。他是倾向于唯美主义的，认为诗歌是至无用之物，他说：“嗟夫！诗者两间至无用之物也，饥者得之不可以为饱，寒者挟之不足以为温，国之弱者不可以为强，世之乱者不可以为治。又所谓美术之一也。美术意造而恒超夫事境之上，故言田野之宽闲，则讳其贫陋；赋女子之妍妙，则掩其伫蚩。必如其言，夷考其实，将什八九无是物也。故诗之失，常诬而愚。其为物之无用而鲜实乃如此。”（《诗庐说》）不过，在人类社会中，无论古今中外，诗歌的存在是一种客观事实，因此，严复又认为：“诗之于人，若草木之花英，若鸟兽之鸣啸，发于自然，达于至深，而莫能自已。盖至无用矣，而又不可无如此。”（《诗庐说》）就严复的诗歌创作来说，其影响并不大，但从中也表达了他对政治的态度，抒发了家国之恨以及自己积极用世的志向。《戊戌八月感事》等是他的代表作。诗风深沉激愤，叙事抒情较真切，语言较朴实。

在“文界革命”中，严复的理论和实践表现出新旧两种因素在他身上的存在与消长的矛盾。一方面，他广泛介绍了西方资产阶级的哲学、经济、社会学说，为“文界革命”注入了新内容，提供了新武器；另一方面，他又主张采用渊雅古奥的语言形式，而反对文体解放。1896年，思想尚处于激进时期的严复，看到梁启超在《时务报》上发表的几篇以“新文体”写成的政论，曾致书规劝，并站到“新文体”、“白话文”的对立面去了。当然，我们不能把严复完全看做“文界革命”的反对者，因为“文界革命”不仅仅是文体解放和语言形式的变革，严复虽在文体、语言上主张复古，但对近代文界思想内容的变革是作出了巨大贡献的。就其散文创作而言，他在甲午战争后和戊戌前所发表的政论散文，可以说是意气风发，锋芒毕露，尽情地抒发了忧国忧民的思想感情。在艺术上，他的散文多用对比，反复顿挫，“不自觉其言之长，而辞之激也”（严复：《原富·译事例言》）。行文骈散杂糅，基本上以散文为主，加强了作品的感染力。

著有《严几道诗文钞》、《愈壄堂诗集》等。译著汇刊为《严译名著丛刊》。

沈曾植（1850～1922）

近代学者、诗人、书法家。字子培，号乙庵，晚号寐叟，别署小长芦社人、巽斋老人、东轩居士、逊斋居士等。浙江嘉兴人。光绪进士。历任刑部主事、总理衙门章京、安徽提学使等。学识渊博，精研西北史地，并研究佛学，又究心经世之学，提倡学西欧。其诗作有“数百篇”（张尔田：《寐叟已卯稿后序》），但“所为诗类不自收拾，散佚不知凡几。及国变，流寓沪渎，始录存稍多”（陈三立：《海日楼诗集跋》）。沈是“同光体”代表诗人之一，陈衍、郑孝胥推他为“同光体之魁杰”。他早期同意陈衍以开元、元和、元祐为“三元”诗说，晚年又提倡以元嘉、元和、元祐为“三元”诗说，而陈衍的三元说，意在融通唐宋；沈的三元说，意在上溯晋宋。他的诗有的抒发了对戊戌变法中罹难爱国志士的悼念之情，有的反映了富国强兵的主张。但清亡之后的诗作，大都存有复辟思想。诗风艰深奇奥，力避平庸，尤喜用佛典、僻典。《野哭》、《病僧行》等是其代表诗作。书法颇负盛名，熔汉隶、北碑、章草于一炉，自成面目。

著有《海日楼诗文集》，《曼陀罗寱词》等。

艾赛特·纳依曼拜（1864～1923）

哈萨克族诗人。他既是一位作家，又是一位才华横溢的阿肯（民间歌手）。他一生游遍了阿勒泰、塔尔巴哈台（塔城）、伊犁地区，写下了许多群众喜闻乐见、很有影响的诗歌与歌词、长诗。他还采用以诗歌形式改编民间故事和民间传说的办法，写出了《水马》、《努赫曼纳额母》、《法兰西皇帝》等叙事诗。

他的作品，无论是诗歌、歌曲、叙事长诗、抒情长诗，还是对唱诗歌，都内容丰富、思想深刻、语言华丽、讲究韵律、富有感情，具有自己的风格。

黄吉安（1836～1924）

近代戏曲作家。四川成都人。曾做幕僚多年，但在近代社会的变革中，他逐渐认识到清王朝的腐败和帝国主义的残暴，毅然离开幕吏生活。66岁才开始从事川剧写作，在20多年里，创作和改编80多本剧本，20多种扬琴唱曲，表现出旺盛的创作意志。由于他对生活有比较深刻的认识和体会，又能密切联系依靠艺人，所写剧本题材广泛，大都适合上演。剧作有对历史上的暴君、权臣作无情的揭露和鞭挞的，有热情地歌颂古代的忠义之士和民族英雄的，有对被压迫、被侮辱的妇女深表同情的。其剧作富于讽喻性，文字晓畅，雅俗共赏，深受观众喜爱，其剧本被称为“黄本”，对川剧改良产生了很大影响。剧作中抨击马邈降敌求荣的《江油关》、歌颂文天祥坚持民族气节的《柴市节》，揭露封建专制制度本质的《闹齐庭》，以及《金牌诏》、《杜十娘》等，都有较高的成就。

林 纾（1852～1924）

近代翻译家、文学家。原名群玉，字琴南，号畏庐，别署冷红生。福建闽侯（今福州）人自幼孤苦，家境贫困，经常借书抄读或拣人家的破书来读。光绪八年（1882）中举之后，便弃绝制举之业，专于古文。进北京之初，他在京师大学堂、闽学堂等处任教，后曾致力于文学翻译。他自己创作的散文、诗歌、小说、笔记故事以及书法、绘画等，亦负盛名。

林纾生于国运濒危之时，也是在乱世之际中举的。他“平生倔强不屈人下，尤不甘屈虎视眈眈诸强邻之下”（林纾：《〈爱国二童子传〉达旨》）。同一切真诚的爱国者一样，林纾无时无刻不在考虑如何使国家强大起来的问题。国难当头，使他心情极不平静，特别是甲午战争的失败对他的震动是巨大的。他痛感中国“国势颓弱，兵权利权悉落敌手，将来大有波兰印度之惧”（林纾：《与陈弢庵》），主张“文以载道”，强调诗要“言之有物”，格调健康清新，反对哀靡之音。其仿白居易新乐府所作的《闽中新乐府》，便是因“愤忿国仇，忧悯败俗之情”而发出的“讽刺之言、亢激之音”（朱羲胄：《贞文先生年谱》）。《国仇》是新乐府的第一篇，林纾以极其愤慨的心情指出，外国侵略者是中华民族的主要敌人，国仇就来自于“英法俄德偕东洋”。他对甲午中日战争中清军“舟师全覆东洋手”的可耻惨败感到万分痛心。“东洋仅仅得台湾，俄已回旋山海关”等句更指出了沙俄的凶狠和狡猾；“欧洲尅日兵皆动，吾华犹把文章重”，则是对清朝统治者在外敌入侵面前视若无睹的猛烈抨击。这与清朝统治者以国内人民为敌，妄想“以夷制华”的卖国主义政策是大相径庭的。虽然，林纾曾有过“绝意不为诗”的意向，但是他的许多富国强兵的想法、维新政治的主张却都是通过诗歌咏出口的，而且是令人振奋的。

林纾激于爱国热情，很早就从事外国小说的译介。1905年，他在《〈洪罕女郎传〉序》中提到“前十年译《茶花女遗事》”一事，前十年指1895年。《巴黎茶花女遗事》是我国第一部有影响的翻译小说，比周桂笙最早的一部译作《新庵谐译》[两卷，上海清华书局排印本，光绪二十六年（1900）出版发行]要早得多。自这部译作与中国读者见面之后，林纾在20余年的译书生涯中，翻译外国文学作品达184种之多（包括未刊22种）。他“是中国以古文笔法译西洋小说的第一人”（阿英：《晚清小说史》），是一位“相当有些建树的人物”（郭沫若：《我的幼年》）。其译笔流畅，对文学界有较大影响。诚然，他大半生的译作也并不是尽善尽美的，有些译品也不乏谬误，甚至他在意译中认为原作意境不尽，自己便加以点滴润色，这并不一定妥当。但作为一个自己不懂外文的人，一任主述者的口述，错误在所难免，不必苛求。另外，由于历史的原因、阶级和时代的局限，林纾的世界观也是充满矛盾、极为复杂的。他早年参加过资产阶级维新运动，在康有为未上书之前，便提出了“儿童教育”、“兴女学”和“通变”等“救时良策”，实属难能可贵；但晚年对于“五四”新文化运动的认识上与学术观点上都有其偏颇的一面，或者说是守旧的一面。然而，这都不影响林纾在中国近代文坛上应有地位和作用。

著作有《畏庐诗存》、《畏庐文集》等。

夏曾佑（1863～1924）

近代诗人，小说理论家。字穗生，号穗卿，一作遂卿，又号碎佛，笔名别士。浙江杭州人。光绪进士，官泗州知州，充两江总督文案。民国时，任教育部社会教育司司长。与梁启超、谭嗣同政治学术相投，过从甚密，早在1894年共同提出改革旧诗写新诗的主张。曾被梁启超誉为“近世诗界三杰”之一。夏曾佑的诗能熔铸中西哲理，去陈入新，感情率真，“涵蕴深远”。但夏氏一生作诗“从不留稿”（梁启超语），因此生前身后，诗作未得成集。1985年赵慎修根据《夏穗卿遗稿》校勘的《夏曾佑诗集校》（《近代文学史料》）收诗作206首。《送汪毅白》、《丙申三月将改官出都和青来前辈》等是他的代表作品。他写的《小说原理》（载《绣像小说》第3期），是一篇颇有影响的小说理论的专论，文章从小说创作的五易、五难、五忌入手，阐述了作家思想与创作的关系，认为作家创作小说必须有生活体验，有文化素养，更必须有一定的生活依据，这是符合认识论、反映论的文学创作规律的。

高　旭（1877～1925）

近代著名诗人，南社发起人之一。原名垕，字天梅，号剑公，别署江南快剑、钝剑、爱祖国者。江苏金山县（今划归上海市）张偃镇人。

1877年3月5日出生于金山一个地主家庭，少年时即忧心国事，自负宏远，尝作《侠士行》以述志。青年时代接受西方资产阶级民主主义文化和革命思想的影响，倾向维新变法，随着形势的发展，他的反清思想日益强烈。1904年，高旭东渡日本，入东京法政大学，结识孙中山，次年加入同盟会。1906年回国任同盟会江苏分会会长，同时在上海创办健行公学及钦明女学，培植革命青年，激发民气，并先后编辑《觉民》、《复报》等刊物，曾托石达开之名，作《石达开遗诗》20首，揣摩石达开入川前后的感遇情怀，鼓吹反清革命思想，悲歌慷慨，传诵一时。1909年与陈去病、柳亚子共创南社，以诗歌为“觉世书”，曾任南社诗选编辑员。辛亥革命后，目睹革命的不彻底，军阀混战，对前途丧失信心，思想十分苦闷，从此陷入消沉。1925年7月7日因伤寒病逝世，年仅49岁。

高旭是一位很有才华的诗人，陈去病云：“高以诗词鸣……喜饮酒，长于雄辩，醉辄侵其座人。捉笔为诗歌，缠绵数十百言立就。”（《高柳二君子传》）他的诗歌作品较多，反对帝国主义侵略的爱国思想和夹杂着狭隘的种族主义情绪的民主革命思想，在他的诗作中都表现得十分突出。他又是一位情感异常丰富、激烈的诗人，斗争形势的消长变化、外界事物的影响刺激，都容易使他的思想感情波澜起伏，发而为诗，或则雄放炽烈，风云叱咤；或则苍凉沉郁，缠绵悲戚。高旭早期参加过维新派倡导的诗界革命，写过一些“新派诗”，特别是他写的一些接近于自由体的歌谣和歌词，如《爱祖国歌》、《女子唱歌》等，比较通俗自由，反映出他在突破旧体诗歌形式束缚方面的探索。

著有《天梅遗集》、《愿无尽庐诗话》等。

况周颐（1859～1926）

近代词人。原名周仪，因避宣统帝溥仪讳改。字夔笙，号玉梅词人，晚号蕙风词隐。广西临桂（今桂林）人，祖籍湖南宝庆（今邵阳）。光绪五年（1879）举人，后援例官内阁中书。

光绪十四年（1888），况周颐入都，与内阁侍读学士同里王鹏运相互切蹉词学达5年之久，由是而得窥词学门径。其后因参加会典馆修纂，叙劳以知府分发浙江，曾为两广总督张之洞和两江总督端方幕宾。清亡后，避地上海，以卖文为生，以遗老自居，表现了一种顽固的守旧立场。民国十五年（1926）病殁于上海。

况周颐的词，总的来说属于“常州词派”。他在《餐樱词自序》中谈到他的词作的三个发展阶段：第一阶段是入京以前。这一阶段所作词“多性灵语，而尖艳之讥在所不免”。第二阶段是入京后。这期间受王鹏运的词学理论影响，“体格为之一变”。第三阶段是避居上海后。这段时间，他与朱祖谋过从甚密，祖谋为词守律甚严，受其影响，况周颐“亦恍然向者之失，断断不敢自放”。从况周顾所作词之总体来看，大抵早期多抒写个人情致，甲午战争后，蒿目时艰，写过一些哀时涕泪、忧深思远之作，如《水龙吟·二月十八日大雪中作》于抒写国势阽危的忧伤之余，对朝廷边将任用非人婉转地提出批评。辛亥革命后，况氏对覆灭的王朝眷恋不已，常怀一种身世断蓬之感，他的词成为对清室不尽的挽歌和自己落漠内心的表白。

况氏词基本特色是玲珑凄艳，委婉真挚。龙榆生评其词云：“综览全词，似多偏于凄艳一路，而少苍凉激壮之音。”（《清季四大词人》）

况氏在词学批评方面的成就，超过了他的词作。他的《蕙风词话》发微阐幽，对词学理论提出了不少自己的看法，对近代词坛影响较大。况氏论词，本于常州词派而有所发展。他重视词的意境，认为“无词境，即无词心，矫揉而强为之，非合作也。”在创作上讲究寄托，突出性灵，讲究“性灵流露”与“书卷酝酿”，求真求精，认为“以吾言写吾心，即吾词”，“真字是词骨，情真、景真，所作必佳”。

所著已刊行的有《阮庵笔记五种》、《第一生修梅花馆词》、《蕙风词话》等。

康有为（1858～1927）

近代政治家、思想家，文学家。原名祖诒，字广厦，号长素，别署西樵山人，戊戌后，称更生，广东南海人。光绪进士。他出生于封建官僚地主家庭，接受封建教育。早年就学于著名学者朱次琦，深受其“济人经世”思想的影响，大量阅读儒家经典、诸子著作和西方译著，潜心于“经纬世宙”的学问。对康有为思想影响较大的，既有中国《易传》的变易观、今文经学的三世说、《礼记》的“小康”“大同”思想、陆王心学和佛教及明清之际的经世致用思想等，又有从西方传入的自然科学知识和有关西方资本主义国家的社会历史知识，熔诸家于一炉，而构成自己“以元为体”的思想体系。自1888年以后的10年中，多次向清帝上书，要求变法以挽救国家危亡，并大力从事讲学、著书、创学会、办报刊等一系列组织和宣传活动，成为19世纪末叶一个重要的思想家和政治活动家。1898年依靠光绪帝发动了具有深远意义的维新变法，但遭到以慈禧太后为首的顽固派的残酷镇压，被迫逃亡国外。资产阶级民族民主革命运动兴起之后，康有为的思想日趋落伍，直至组织保皇会，反对民主革命。辛亥革命后，他更以清朝"遗老"自居，积极参与封建王朝的复辟活动。1927年卒于青岛。

康有为学问广博，著述甚富，且有创见，一生写了不少诗文。他的诗是自己平生的思想感情和抱负，以及曲折的生活阅历的写照。我们从他的诗作中，不仅对他本人的一生会有一个概括的了解，也可以看出晚清几十年的政治发展变化。戊戌政变前，康有为的诗歌大都富有理想，充满爱国热情，具有浪漫主义特色，突出地表现出一个关心国家命运、有志于挽救民族危亡、以天下为己任的仁人志士的崇高精神。如《苏村卧病写怀》，诗人以王猛、范仲淹自况，且又同杜甫一样，以"稷契"自许。诗中既抨击了当时科举制度和政治、军事上的颓败腐朽，又抒发了无限忧虑和极其愤慨的情怀。他的《秋登越王台》，却又表现了个人的壮志宏图无从施展的抑郁苦闷之情。另外，其表现忧国忧民，而被谗奸中阻上书未达的忧愤激昂之情的《出都留别诸公》；反映公车上书，要求变法的请愿运动这一壮烈场面的《东事战败，联十八省举人三千人上书……》等均是诗人的代表作。在艺术上，康有为的诗作具有极其丰富的想象力和磅礴郁勃的感情，曲折含蓄，辞采瑰丽。他的诗风，上承龚自珍，而又有所发展，与当时"同光体"截然不同。在创作方法上，康有为的诗是现实主义和浪漫主义相结合的作品。然而，康有为后期的诗歌中表现外国风物民俗的作品较有价值，但也有不少作品表现了哀挽清王朝灭亡的没落情绪。

康有为的散文不同于几千年的传统古文，更不同于当时统治文坛的桐城古文，从内容到形式，都正起着质的变化，朝着一个新的方向前进。它以强烈的战斗性、深刻的思辨性和风格的独特性，赢得了时人的首肯，也为梁启超的"新文体"开了先河。虽然他还没有完全突破传统的散文格局，在许多人心目中所留下的常常是一个纯粹传统古文作家的印象，但这实在是一种审美错觉，从康有为散文创作的实践看，他已自觉或不自觉地冲破传统藩篱，为近代散文向新文体过渡铺平了道路。

著有《康南海先生诗集、文集》。

王国维（1877～1927）

清末民初著名学者、文学批评家和美学思想家。字静安，一字伯隅，号观堂，浙江海宁人。出生于一个弃儒从商家庭，其父于贸易之余仍攻治书画、篆刻和古诗文。18岁以前，王国维所接受的是传统的封建教育，上私塾，习举子业，课余亦随父习骈散文及古今体诗，自学金石书画。

1898年，王国维到上海，在维新派所办的《时务报》任书记校对之役，同时经汪康年同意于业余时间到罗振玉主办的东方文学社从日人藤田丰八等学习日文、英文及自然科学。1901年秋，得罗振玉资助，东渡日本，入东京物理学校学习数学并研究哲学、心理学、伦理学，深受德国资产阶级唯心主义哲学，尤其是叔本华思想的影响。1902年夏因病回国。1903年，任南通、苏州等地师范学堂教习，讲授心理学、伦理学、哲学、社会学等课程。1907年赴北京，任学部所属图书局翻译、名词馆协修，同时从事中国戏曲史和词曲研究。辛亥革命爆发，亡命日本。1916年春归国，任上海圣仓明智大学教授。1913年起，弃文学、哲学而专力经史，主要从事古文字和古史考订。1923年至北京，任职清宫南书房，充当废帝溥仪的文学侍从。次年受聘为北京大学研究所国学门校外通信导师。1925年任清华研究院教授。1927年6月2日面对主客观之间种种不可调和的矛盾，自溺于颐和园之昆明湖，年51岁。

王国维生平著作甚多，有60余种。在文学方面以《宋元戏曲考》、《红楼梦评论》、《人间词话》等影响最大。这是代表一个时代文艺思潮的杰作。王国维的文艺思想，以中国传统的文学思想为载体，积极吸取西方的文艺思想、美学思想，构筑新的文学思想体系，表现出鲜明的人文主义的思想倾向。其对境界说和真实性的阐述，是其文学思想的精华所在，也是其文学思想的核心。他的诗虽然不多，传世更少，但所作诗一般感情率真，早年所作，有一些表现出一种昂扬、雄浑的阳刚之美，如《读史二十首》；晚年诗作，则多悲凉凄清之音，风格迥然不同。又尝于民国三年（1914）作长篇歌行《颐和园词》，堪与王闿运之《圆明园词》相颉颃（边太初作注）。

萧艾笺注的《王国维诗词笺校》是搜集王氏诗歌较为完备的本子。后人辑有《海宁王静安先生遗书》，包括文学、学术的著作，共43种，104卷。

梁启超（1873～1929）

近代政治家、思想家、文学家。字卓如，号任公，别号沧江，又号饮冰室主人。广东新会人。光绪举人。自幼聪敏，早年从康有为学"新学"，后来与康有为一起成为资产阶级维新运动的领袖。光绪二十一年（1895），当丧权辱国的"马关条约"签订之时，随康有为发动"公车上书"。后积极投入政治活动，主编《时务报》，主讲长沙时务学堂，并创办《清议报》、《新民丛报》、《新小说》等刊物，宣传资产阶级维新思想，提出废科举、兴学校、改官制、实行地方自治等一系列主张。戊戌变法期间，曾主持清政府译书局，介绍西方资产阶级社会政治学说，在当时知识界颇有影响。变法失败后，流亡日本。当资产阶级革命运动兴起后，仍坚持维新立场，反对民族民主革命。辛亥革命后，支持民主共和，出任司法总长，袁世凯称帝后，其与段祺瑞合作，出任财政总长。晚年在清华大学执教著述。

梁启超学识渊博，著作内容宏富，涉及政治、经济、哲学、历史、教育、文学艺术、语言文字等。在文学方面，他提倡"诗界革命"、"文界革命"、"小说界革命"，是近代文学革新运动的主要倡导者，对诗、文、小说、戏剧均有涉及。他创作过政治小说《新中国未来记》，翻译过《佳人奇遇》、《经国美谈》等外国小说。而散文创作是梁启超在文学方面最有特色、成就最大的部分。他所创造的新文体，结束了桐城派一统天下的局面，开了一代文风。其散文创作的全盛期大约起自《时务报》，迄至《新民丛报》中期，即从1896年至1904年。这一时期所作散文多表现启民智、反侵略、维新变法等主题，歌颂西方资产阶级思想家和资产阶级民主自由，也是他的散文的重要内容。他的散文大多以政论形式出现，不仅有明显的论辩性，而且有明显的抒情性和形象性，议论慷慨，说理透彻，气势磅礴，形象生动；用半文半白的语言，流利畅达，笔锋常带情感，具有振聋发聩、荡人心魄的力量。1904年以后，由于政治上的落伍，他的散文大多失去了爱国热情和战斗锋芒。梁启超的诗歌多作于流亡国外期间。从戊戌变法失败至1904年以前的诗是他诗作中最有光彩的部分，从内容上看，表现出他改造社会的雄心壮志的有《自励二首》、《举国皆我敌》等；表现他的高度爱国思想的，有《壮别二十六首》、《书感四首》、《爱国歌》、《东归感怀》等。另外，还有对当时黑暗政治进行揭露和抨击的，如《去国行》。总之，他的诗抒发变法失败的愤慨，忧虑民族危机的深重，洋溢着反帝救国的炽热的爱国情思，表达了昂扬的战斗激情。在艺术上，他常用新词汇，表现新意境，且纵横恣肆，雄深豪放，激昂慷慨，特别是有部分诗作，如《志未酬》、《二十世纪太平洋歌》、《爱国歌》、《台湾竹枝词十首》、《相思树》等，或突破了旧体诗的形式，呈现散文化的特点；或明显受民歌影响，表现了向俚俗化发展的动向。诗与散文风格基本一致。

当然，梁启超的文学创作，从内容到形式，都没有完全突破封建文学的束缚，但是，他无论在理论上还是创作上的成功与失败，都体现了资产阶级要将中国文学从封建主义的桎梏中解放出来的努力和尝试。他的最大功绩是加速了封建主义文学向现代化新文学过渡的进程。

著作编为《饮冰室合集》。

朱孝臧（1857～1931）

一名祖谋，字藿生，一字古微，号沤尹，又号彊村，浙江归安人。清季四大词家之一。自幼随父宦所，酷爱文学，20岁即有诗名。26岁中举，翌年成进士，改庶吉士，授编修，历充国史馆协修、会典馆总纂总校、侍讲学士、礼部侍郎、吏部侍郎等。光绪三十年（1904）出为广东学政，两年后因与总督龃龉称疾辞官，后在江苏创办法政学堂，出为监督。辛亥革命后以遗老自居，专攻词学。1931年10月卒于上海，终年75岁。

朱孝臧是于清光绪九年（1883）进入官场的。这一年爆发了中法战争，尔后十多年，接连发生中日战争、八国联军侵略战争，面对国势衰微，朱孝臧“盱衡世变，忧时之念甚深”。他在朝期间，为了维护主权，曾几次犯颜奏疏，为朝臣所敬重，“有留心外事之褒”。他为人深沉正直，“足迹稀至朝贵之门”，但对于“清望劭闻贞介不苟之士”却多至交，其中与监察御史，也是当时著名词人王鹏运交谊最深。1900年八国联军侵入北京，朱与爱国官员聚集在王鹏运家，相约填词，抒发国土沦丧的哀痛，词中如泣如诉，他集中的《庚子秋词》即这一期间的作品。朱孝臧的爱国思想，还表现在对待维新变法的态度方面。他虽然没有直接参与维新变法，却把维新变法受到镇压比做屈原的被谗遭害，在词中一再怀念戊戌政变中惨遭迫害杀戮的维新志士。在任广东学政期间，他专程到梅县寻访因维新变法牵连而被罢官的诗人黄遵宪，两人促膝话旧，对国势衰微，变法失败，感慨系之（《烛影摇红·晚春，过黄公度人境庐话旧》）。是年秋天，朱孝臧到了香港，他站在祖国的领土上，看到的却是英国国旗，心情无限哀痛，不禁秉笔问天："多少红桑如拱，筹笔问何年，真割珠厓？"他更想到祖国任人宰割的厄运："大旗落日，照千山劫墨成灰。又西风鹤唳，惊笳夜引，百折涛来。"痛苦中又一次怀念居乡的黄遵宪，也是对维新志士寄予无限希望："不信秋江睡稳，掣鲸身手，终古徘徊。"（《夜飞鹊·香港秋眺，怀公度》）

朱孝臧开始以诗称世，《彊村弃稿》是他晚年手定的诗集，集诗百六十余首，原有《玉湖趺馆诗存》删汰几半。现存诗涉及时事的甚少，多为抒写弃官归隐忧怨离愁之作。诗学山谷、东野，诗风干瘦凄苦，喜议论，形象感不强。40岁在王鹏运的指引下开始填词，并从此"弃而专为词"，勤探孤造，成为词坛上一大词家。《彊村语业》二卷是他晚年所手定的词集，收词百九十余首。朱孝臧在词学上对南宋"格律派"代表词人吴文英最为推崇，亲自校点《定本梦窗集》，在其所编的《宋词三百首》中，选吴词最多，共25首，推为宋词人之首。他的词明显受梦窗词影响，多写景题画，怀友念旧，但也有"声与政通"之作，格调高简矜庄，表现反帝爱国情怀，抒发家亡国破的哀思。辛亥革命后，为词多怀恋清室，仇视革命，奢望"怒雷起，玄冬还夏雪"（《浪淘沙慢·辛亥岁不尽五日作》），希冀复辟清政权，这是应予批判的。在艺术上，朱词接步梦窗，守律极严，且多隐晦，被人认为"六百年来，独步梦窗神髓的嫡派"，但情味则胜于梦窗，"深文而隐蔚，远旨面近言"，且有姜夔"襟韵高，风神潇洒"的韵味（张尔田：《彊村遗书序》）。晚年的词艺术上愈加娴熟，且风格有所变化，"颇取法于苏"（张尔田：《彊村遗书序》），不过他继承的不是苏词中"大江东去"的豪放词风，而是苏词中写传统爱情题材时在婉约中显得苍劲沉着的词风。此外，朱词缜密清丽有余，自然神妙之味不足，时露雕琢堆砌的痕迹。晚年朱还致力于辑校唐、宋以来的词作，代表了近代词籍校勘学的最新成就，也开了近代词籍校勘学的新学派。已刊刻的有《湖州词征》、《国朝湖州词征》、《定本梦窗集》、《沧海遗音》、《足本云谣集》、《宋词三百首》，及校刻唐宋金元词百73家260卷的大型丛刻《彊村丛书》等。

嘎莫拉（1871～1932）

蒙古族诗人。又名杜嘎尔苏荣，锡林郭勒盟东乌珠穆沁旗人。出身于普通牧民家庭，全家以放牧为生。他从小聪慧好学，酷爱史书和民间文学。7岁时，一边放牧，一边在村塾学习蒙文。17岁时，在旗衙门当文书；21岁任苏木章京、旗扎兰、旗梅林等职；37岁升管旗章京。他回乡省亲时，常与普通牧民交友，饮酒游乐。由于他对当时的腐败政治和人民的痛苦生活有所了解，常借酒泄愤。他在任管旗章京的第二年，就因触犯了该旗协理台吉旺沁而获罪受刑，旋被撤职，返乡从事劳动生产。后来统治者为了笼络利用他，又令他掌文书之职，并授予他一个有职无权的闲散章京的空衔。1924年愤而辞职还乡，1932年辞世。

嘎莫拉很早就开始写诗，现存诗作17首，如《故乡颂》、《祭旗》、《颂军》、《在兵荒马乱的日子里》、《醉汉》、《艺人》、《丑态毕露》、《渡过漫长的夏日》、《节日的摔跤手》、《时代》等，均以手抄本的形式在锡林郭勒草原上流传。他的诗作，以朴素的笔调描写了美丽的草原风光，抒发了诗人热爱故乡的纯真感情，赞美了富有民族特色的传统风习，对社会上的丑恶现象和危害人民的匪祸予以无情的揭露。

嘎莫拉是一个具有民主主义和爱国主义思想的诗人，他的战斗呼号反映了人民的情绪和愿望，在群众中影响较大。他的诗散发着浓烈的草原气息，语言丰富多彩，形象生动，节奏轻快，音韵和谐铿锵。他的创作对研究蒙文诗韵很有参考价值。

陈去病（1874～1933）

近代著名诗人，南社发起人之一。原名庆林，字佩忍，号巢南，别署病倩、法忍、垂虹亭长，江苏吴江同里镇人。1874年7月1日出生于一个富商之家。他出生后不久，父亲去世，家道亦随之中落。陈去病少时就负气慷慨，尝云："有策马中原，上嵩高，登泰岱，观日出入，浮于黄河，探源积石之志。或更逾塞出卢龙，度大漠，寻匈奴龙庭，蹑屦狼居胥山，骧首以问北溟而后快。"早年他倾向维新变法，光绪二十四年（1898）与同里金松岑在家乡组织"雪耻学会"，以后转向革命，加入蔡元培等人发起的中国教育会。光绪二十九年（1903）东渡日本，参加留日学生拒俄义勇队，主持江苏留日学生刊物《江苏》笔政，鼓吹民族民主革命。回国后，先后主持过《警钟日报》、《二十世纪大舞台》，并在《国粹学报》、《民报》上撰文，宣传排满革命。1909年与高旭、柳亚子等人发起组织革命文学社团南社，任南社文选编辑员。辛亥革命后，陈去病在绍兴主编鲁迅等发起的《越铎日报》，以后到南京参加"二次革命"，任江苏讨袁军司令部秘书。护法战争开始，陈去病计划在浙江组织武装起义，未成。1922年，孙中山在韶关组织北伐，陈去病任大本营前敌宣传主任。晚年任江苏博物馆馆长，执教南京东南大学，对蒋介石集团的反动统治渐趋不满，尝云："晚近民生之凋敝，伊谁之过？当改称中华民国曰中华官国！"（《陈去病先生年谱》）

陈去病旧学造诣很深，诗多忧愤国事之作，或借历史以托亡国之痛，或悼先烈以抒革命之情，或友朋赠答以表达壮志未酬之愤，苍凉悲壮，常慨叹作激亢语，如《辑陆沉丛书初集竟题首》，表现了其诗作的慷慨悲怆、雄健有力的基调。他也有一些描写河山壮丽的作品，如《登天都观云海作》："长松寥寥萧复森，天风琅琅吹我襟。兴酣直上千丈岑，回头一顾迷山林"，昂扬激越，情景相生，别是一番情趣。

1933年10月4日去世。著有《浩歌堂诗钞》。

曾　朴（1872～1935）

近代著名小说家、翻译家，原名朴华，字太朴，后改孟朴，又字小木、籀斋，号铭珊，发表《孽海花》时取笔名东亚病夫，江苏常熟人。出身于官僚书香世家。文才早熟，13岁就写了长篇七言歌行《镇南关》，对中法战争中爱国官兵英勇御侮作了热情的讴歌，对清王朝之国防窳败表露了无限愤慨。他19岁中秀才，20岁中举。但曾朴并不热衷于科举功名，21岁格于父命赴京参加会试，行前写了《赴试学放歌》，一开章就说："丈夫生不能腰佩六国玺，死当头颅行万里，胡为碌碌记姓名，日夜埋头事文史！"入场后，故意弄污试卷，题诗拂袖而出，其中有这样的诗句："起来狂笑抚吴钩，岂有生才如是休。身世忽然无意澈，功名不合此中求。"后其父为他捐了一个内阁中书，留京供职。维新变法前，他常出入于军机大臣翁同龢之门，劝翁抗御外侮，并与谭嗣同、林旭、唐才常、杨深秀等相过从，畅谈维新。年青的曾朴，对国家备受侵凌的情况忧心如焚，但他认为，只有研究西洋文化才是匡时治国的要图，并认为外交官才是为国宣劳的重要途径，于是入同文馆，学习法文。维新变法期间，他适逢父丧，回乡奔丧，故未受牵连，尔后守孝家居，愤世嫉俗，同时醉心法文，苦研法国文学。1904年，曾朴开始文学活动，在上海与徐念慈等创办小说林社，任总理。1907年创办《小说林》杂志，为该刊主要撰稿人。小说林社是一个倾向民族民主革命的出版社，出版了不少鼓吹民族民主革命的译著。他于1904年至1907年间创作的鼓吹民族民主革命的小说《孽海花》（25回），前20回是由小说林社出版的。《孽海花》是曾朴的处女作，也是其成名作。小说以金雯青出使俄、奥等国前后的官场活动展开故事，表现晚清社会近30年的历史，画面恢宏，体现了强烈的反帝爱国热情和鼓吹民族民主革命的思想倾向。小说结构工巧，比较注意对人物性格的刻画，语言通俗流畅，在艺术上也是近代一部较有影响的小说。

1909年以后，曾朴开始进入政界，在近20年的政界生涯中，做过立宪派两江总督端方的幕僚，任财政文案；辛亥革命后，当选为江苏临时议会议员；并参加了共和党。袁世凯称帝时，他囊括其私蓄以充讨袁军费，表现了鲜明的反袁立场，还先后出任江苏省政府官产处长、财政厅长、政务厅长等职。1926年，离开官场，此后直至去世，主要从事文学活动。1927年与长子曾虚白在上海创办真美善书店，主编《真美善》杂志。他办书店，出刊物，鼓吹"艺术为人生"的文学，鼓吹法国式的浪漫主义，但他所说的"为人生"和当时文研会提倡的"为人生而艺术"的主张不同，他是指不要陷入主义的纠葛，创造所谓"俯民骚境界"，企求一个"没有奴隶，没有仇敌，瞥然重见了原人的天地"（《曾朴研究》）。也正是在这个时候，他着手修订并续写《孽海花》，把这部小说由25回扩充至35回，但修订后的作品，表现鼓吹民族民主革命的内容已被删削磨平，使小说成为一部宣扬先立宪后共和、调和社会矛盾的作品。同时着手创作长篇小说《鲁男子》。《鲁男子》计划写《恋》、《婚》、《乐》、《议》、《宦》、《战》六部，1928年、1929年分别出版或在杂志发表《恋》和《婚》，1931年还发表了《战》的部分内容。曾朴表示，要"运用自己所吸收的西欧文化，融合我国固有的优美艺文，然后凭熟练的技巧和细腻的描写，写出一生的历史"（据吴琴一《如是我闻"鲁男子"》）。从已发表的《恋》、《婚》看，这是作者"青年时代的自传"，"晚年回忆的忏悔录"。

研究和介绍法国文学和欧美文学，是曾朴的另一重要文学活动。曾朴从1901年开始译介外国文学，已翻译出版或发表的外国作品有31种，涉及作家有雨果、左拉、莫里哀、福楼拜等。其中以译介法国浪漫主义作家雨果的作品最为突出。他所译的作品，大多选择勇于冲破藩篱的离经叛道精神的作品，借以针砭时弊，如他翻译雨果的《吕伯兰》，明确地说是痛感中国“执政的贪赎，军阀的专横”。他对译文主张以忠于原著而又明白畅达的白话直译，要求传达出“外国文学的真面目，真情话”（1928年3月16日曾朴致胡适函，载《真美善》一卷12号）。

曾朴的诗文也颇丰，有诗集六部、文集七部（《曾朴所叙全目》），但大多未付梓，现仅存诗词60首。他作诗，非常推崇龚自珍和魏源，称誉他们为“新文学的先驱者”，特别钦佩龚自珍“一空依傍”的创作精神和“奇警”的思想（《译龚自珍〈病梅馆记〉题解》）。他反对以险语丽韵入诗，主张以纵横驰骋之风骨气势取胜。他擅写歌行，愤世嫉俗，以诗议政，才气横溢，气势浩荡，表现出浓郁的浪漫气息。

陈三立（1853～1937）

近代维新派著名人物陈宝箴之子，“同光体”诗派的最后一位大师。字伯严，号散原，江西义宁（今修水）人。光绪十五年（1889）进士，官吏部主事。

光绪二十一年（1895），陈三立列名上海强学会。同年，其父为湖南巡抚，在湖南创办新政，倡导新学，湖南成为维新运动的重要基地，陈三立随侍左右，参与筹划。光绪二十四年（1898），维新事败，三立与其父均以“招引奸邪”罪被革职，并永不得叙用。从此陈三立退出新潮流，侍父退居江西南昌西山（古称散原山），筑室崝庐，过隐居林下的生活。光绪二十六年（1900），义和团运动起，八国联军入侵北京，两宫出走，陈宝箴忧愤而死。三立乃寄情于诗，专力写作。宣统二年（1910），组“诗社”于北京，日与封建文士诗酒唱和。清亡后，以遗老自居。然晚年尚能秉持民族大义，不受侵华日寇利诱，表现出抗敌保国的爱国热情。民国二十六年（1937）卒于北京。

三立诗作丰富，早年所作诗悲歌慷慨，与谭嗣同齐名，有“两公子”之称。今其集中所存皆光绪庚子后所作。辛亥前的作品，多抒发对国难的忧虑，对帝国主义侵略的愤懑，有一些作品则寄托了对民生苦难的关切，如《十六夜水轩看月》。还有不少怀人与游历之作，描述了知识分子的坎坷遭遇，表达了悲慨苍凉的情怀。清亡后所作，则多为对已经死去的王朝的留恋，与时代潮流格格不入。

陈三立诗学韩愈、黄山谷，讲求“馋刻”，避熟避俗，好用僻词拗句。陈衍评其诗云：“散原为诗，不肯作一习见语……其恶俗恶熟者至矣。……然其佳处，可以泣鬼神诉真宰者，未尝不在文从字顺中也。”（《近代诗钞》第十五册）可见陈三立诗于“生涩奥衍”之中，也不无文从字顺、构思奇妙、形象生动的作品。

陈三立被“同光体”派诗人誉为一代宗师，维新派诗界革命领袖之一的梁启超对他的评价也极高，认为“其诗不用新异之语，而境界自与时流异，浓深俊微，吾谓于唐宋人集中，罕见伦比”（《饮冰室诗话》）。林庚白谓其诗“虽囿于古人之藩篱，犹能屹然自成其一家之诗”（《今诗选自序》）。这些评论不无过誉之处。他的诗虽在语言上锤炼较深、表达方式上曲折隐微，故耐人寻味，比较适合封建士大夫口味，但大多为抒情遣兴之作。

著有《散原精舍诗集》上、下卷，“续集”上、中、下三卷，“别集”一卷。不以文名，有《散原精舍文集》传世。

陈　衍（1856～1937）

近代“同光体”诗派的重要诗论家与诗人。字叔伊，号石遗，福建侯官（今福州）人。生于四代积学未仕的贫寒家庭，光绪八年（1882）举乡试，以后多次会试不第。曾入台湾巡抚刘铭传幕。甲午战败之后，应湖广总督张之洞之邀赴武昌，入张之洞幕任官报局总编纂。光绪二十四年春（1898）入京，在维新思潮的影响下，著《戊戌变法榷议》十条，即《议相篇》、《议兵篇》、《议卒篇》、《议将篇》、《议械篇》、《议税篇》、《议农篇》、《议学篇》、《议译篇》、《上书言事篇》，提倡维新变法。政变后，仍入张之洞幕。光绪二十八年（1902），陈衍应经济特科试，未中。辛亥革命前，任学部主事、京师大学堂教习。对于兴起的资产阶级民主革命潮流持反对态度，成为北京地区一班敌视革命运动的封建文人的核心人物。民国成立后，任京师大学、厦门大学文科教授，以遗老自居，编修《福建通志》。晚年寓居苏州，与章炳麟、金天翮共倡国学会，任无锡国学专门学校教授。“一二·八”事件发生后，陈捐资慰劳对日作战的十九路军将士，并赈济水灾灾民，表明了对民族灾难的眷顾之情。

陈衍通经史训诂之学，尤以诗论与诗歌创作而在“同光体”派诗人中负盛誉，对近代诗坛产生广泛而深远的影响。其为诗，于宋人中着重学王安石、杨万里，用笔曲折，风格清健。虽然也刻意于追求清寒的诗境，但比起“同光体”中的沈曾植一派雅尚险奥的风格来，还是较为晓畅的。其诗作多为对山川景物与日常文士生活的摹写，这与他大半生仕途失意，在政治上采取一种消极的态度有关。

陈衍一生宣扬“同光体”。其诗论中心为“三元”说与“学人之诗”说，认为盛世“三元”——唐之开元、元和、宋之元祐，宋人推本唐人诗法，于继承中有创新，宋诗是唐诗的继续；认为作诗“必具学人之根柢，诗人之性情，而后才力与怀抱相发越”（陈衍：《黄歌岳聆风簃诗叙》），强调“合学人诗人之诗二而一之”，而达到学问性情相得益彰的“真诗人境界”。他认为诗歌创作道路，是一条“荒寒之路，无当乎利禄”，诗人应当是人之贤者，而在诗歌的艺术标准方面，则以“清而有味，寒而有神，瘦而有筋力”为最高境界。

自1912年，陈在《庸言》杂志发表《石遗室诗话》以后，于1915年继续在《东方杂志》发表，1929年商务印书馆出版《石遗室诗话》32卷全本。此后，又由无锡国学专门学校刊行《石遗室诗话续编》6卷。此外，陈氏著作行世者尚有《石遗室丛书》收录18种、《辽诗纪事》、《金诗纪事》、《元诗纪事》、《石遗室论文》等。又辑有《近代诗钞》24册、《宋诗精华录》4卷。

徐枕亚（1888～1937）

鸳鸯蝴蝶派主要代表作家。名觉，别号东海三郎、泣珠生，江苏常熟人。少时家境贫穷。从虞南师范学校毕业后任小学教员，后参加南社。曾任《民权报》编辑，又和吴双热、李定夷一起创办《小说丛报》，任主编，并从事小说创作活动。晚年生活贫困，家境坎坷。代表作有长篇言情小说《玉梨魂》和《雪鸿泪史》，均以描写爱情的曲折纠葛风行一时。《玉梨魂》曾印单行本，是鸳鸯蝴蝶派较有影响的开山作之一。全书共 30 章，描写才子何梦霞和佳人寡妇梨娘的爱情故事。出版后销售数达数十万册，并被改编成戏剧、电影上演。另有《枕亚浪墨》、《余之妻》、《刻骨相思记》、《兰闺恨》等小说多种。

吴　梅（1884～1939）

近代戏曲理论家和剧作家。字瞿安，一字灵鸪，号霜崖，江苏长洲（今苏州）人。少孤，嗣于叔祖，从小爱好词曲，一生从事戏曲的创作、教学和研究工作。22 岁时，即任东吴大学教习，34 岁以后历任北京大学、中山大学、中央大学、光华大学、金陵大学教授，主讲词曲 20 多年。抗日战争爆发后，吴梅携家眷带病辗转于武汉、湘潭、桂林、昆明等地，最后到达云南大姚县李旗屯，住李氏宗祠，1939 年 3 月在大姚去世，终年 56 岁。

吴梅慷慨好义，疾恶如仇，所谱写的戏曲大都苍凉悲壮，痛快淋漓。1904 年作《风洞山》传奇 24 出，写瞿式耜助南明永历王独立尽节的故事，以颂扬志士仁人的民族气节，抒写爱国情感。22 岁作《苌弘血》传奇（初名《血飞花》）12 出，写戊戌变法六君子死难事。1906 年作《煖香楼》（后改为《湘真阁》），翌年，又作《轩亭秋》杂剧，谱写秋瑾被害事。辛亥革命后，吴梅又写了《东海记》、《双泪碑》、《绿窗怨》、《白团扇》、《义士记》等传奇，以及《落茵记》、《无价宝》、《惆怅爨》等杂剧。其所作的传奇、杂剧，大多面向现实，紧密结合社会斗争，为资产阶级民主革命服务。其中以《风洞山》传奇、《轩亭秋》和《煖香楼》杂剧最有名。1932 年，曾木刻《湘真阁》、《无价宝》、《惆怅爨》三种剧本，合称为《霜崖三剧》。1937 年，卢沟桥事变后，吴梅曾作诗文热情赞扬抗日将士，怒斥汉奸卖国贼，表现出爱国知识分子可贵的民族气节。

吴梅对我国戏曲极有研究，造诣精深，他从戏曲自身出发研究作曲、唱曲、谱曲和校曲，集印和收藏古本戏曲计 600 种之多，为中国文学和戏剧史研究提供了珍贵资料。他兼擅制曲、谱曲、度曲、演曲，被誉为近代“曲家泰斗”（夏敬观：《忍古楼词话》），刻有《奢摩他室曲丛》一、二集。研究曲律和文词的戏曲论著有《顾曲麈谈》、《中国戏曲概论》、《南北词简谱》等。《顾曲麈谈》一书，分原曲、制曲、度曲、谈曲四章，总结了我国古代论曲的经验，于戏曲创作和文词曲律多有阐明，颇有价值。

吴梅除致力于戏曲的研究与教学之外，还从事诗词创作，风格豪宕高逸，寓寄爱国和愤激之情，寄托遥深，苍凉雄浑。曾自编《霜崖诗录》、《霜崖词录》（有石印本）、《霜崖文录》（未刊），另有论词专著《词学通论》，已有《吴梅戏曲论文集》出版。

泰杰里（1850～?）

19世纪末20世纪初维吾尔文学的一位杰出代表。出生于新疆叶城县卡斯克村一个医生家庭，自幼接受父亲的培养，后来又到印度新德里去学习阿拉伯文、波斯文、印地语，并攻读文学、天文、化学、医学等书籍。回国后在叶城县从事经文学院的讲学和医务工作，并用波斯文、阿拉伯文、维吾尔文写下了不少抒情诗和叙事诗。他以四种语言撰写的一部诗集《闪电的光芒和教训的力量》，于1889年在喀什噶尔以石印本出版。诗集收入了17篇喀斯德（维吾尔族古典诗歌的一种形式，篇幅较长，兼有抒情和叙事两大特点）、31首穆萨黛斯（维吾尔古典诗歌的一种格律，是每节由六行组成的多节诗）及15首其他各种形式的诗作。

泰杰里以维吾尔文写的诗歌大多属于爱情题材的抒情诗，在这些作品中，诗人深刻地表现了在爱情方面的美好愿望，以及爱情的力量和它所带来的种种烦恼等微妙的感情。

泰杰里的许多著作已散失无存，流传至今的只有一部《泰杰里诗集》。其他还有一些诗作则散见于一些合集之中。

阿合特·乌娄木吉（1867～1940）

哈萨克族诗人。出生于新疆富蕴县，家庭贫苦，幼年丧父，由其伯父抚养成人。他聪明好学，刻苦自修，精通了阿拉伯—波斯语。约20岁时，当过马背邮递员，往返于阿勒泰、胡布达之间，并从事业余创作，发表了不少抒情短诗。20余岁时，为赴麦加朝圣者当翻译，到阿拉伯各国，开阔了眼界，丰富了社会知识，回新疆后，自办经文学校，同时进行诗歌创作，以后又接受十月革命和“五四”运动的影响，转向民主进步，并采取批判现实主义态度。1937年，富蕴县人民举行反抗盛世才推行的法西斯统治的大暴动，阿合特积极支持，1939年被捕入狱，1940年死于狱中。

他的主要作品有《古夏汗》(1891)、《哈布德力—马里克》(1902)、《地狱境况》(1908)、《赛甫尔木力克与加卫力》(1909)，这些作品呼吁民族进步，争取婚姻自由，但为浓厚的宗教阴影所笼罩。

俄国十月革命后，他对自己的某些宗教意识有所批判，从此正视现实，写出了《我有一支歌要唱》、《断手女》、《胡勒泰布拉特部落的吞合石拜》、《失和，众必散》等近百首富有哲理性、战斗性的现实主义诗篇，揭露了统治阶级对劳动人民的残酷剥削和压迫，呼唤人们觉醒起来，进行斗争。

李叔同（1880～1942）

春柳社创始人之一，我国早期话剧（新剧）活动家、艺术教育家，也是我国近代佛教律宗的代表人物。

李叔同名文涛，又名广侯。别号息霜、漱筒，以字行，别署甚多。祖籍浙江平湖。祖父是寄居天津的著名富商。父亲筱楼是进士，在清政府吏部做官，晚年笃信佛教。李叔同出生于天津，5 岁时父亲辞世，6 岁开始接受启蒙教育。七八岁起从师学千家诗、唐诗和说文解字，习石鼓文篆字，打下了文学和书法的基础。中日甲午战争之后，他积极赞同康有为、梁启超的维新变法主张。变法失败后，他随母亲离开天津南下至上海。1900 年 3 月，参与组织上海书画公会，每周出版一张书画报。同年，编辑出版了诗作集《李庐诗钟》。1901 年遵母命入南洋公学，1904 年毕业后，参与组设“沪学会”。1905 年母亲病故后，他离沪自费留日，进上野美术专门学校。1906 年加入同盟会，并与曾孝谷等在东京创立春柳社，参加话剧《茶花女》和《黑奴吁天录》的演出，尤以扮演茶花女一角，深得观众好评。1910 年归国，在天津、上海任教，加入“南社”。1912 年任《太平洋报》文艺编辑，同时与柳亚子等创办“文美会”，并主编《文美》杂志。后又在浙江等地中等或高等师范任绘画、音乐教员。作有歌曲《春游》、《送别》等，旋律优美，歌词典雅，并采用外国歌曲配制新词作为教材，对我国早期的艺术教育具有启蒙意义。

1918 年他在杭州虎跑大慈寺出家，法号弘一，从此结束了前半生文艺家的生涯，埋名遁世，专心从事佛学南山律的编撰和宣讲活动，被佛门称为“重兴南山律宗第十一代祖师”。1942 年 10 月 13 日，圆寂于福建泉州温陵养老院。

柳亚子（1887～1958）

革命文学团体南社的发起人和领袖，民主主义革命时期在文坛上享有盛誉的诗人。原名慰高，字安如，更名人权，字亚卢，又名弃疾，字亚子。别号稼轩、南明遗民、秣陵悲愁客、中国少年之少年。江苏吴江县人。

亚子幼承家学，祖父笠云，以文章道德重乡里。父钝斋，为廪生，性情狷介。母姓费，名漱芳，晚号德圆老人，上代亦为宦读之家。亚子少年时受纯斋先生影响，同情维新，其后接触到西方资产阶级民主思想，即倾向革命。1903 年春，由陈去病、金松岑介绍，加入中国教育会，到上海入爱国学社，与章太炎、蔡元培、邹容等人结识，共同倡言反满民族革命。1904 年到同里镇进金松岑的“自治学社”读书，自此醉心革命。1906 年由高旭介绍加入同盟会，同时由蔡元培介绍加入光复会。这期间在上海主编《复报》。1909 年，与陈去病、高旭等人共创南社，以文学鼓吹民族革命，成为当时很有影响的爱国诗人。辛亥革命后，在上海任《天铎》、《民声》、《太平洋》等报主笔，继续以诗文宣传革命，积极参与反对军阀统治的斗争。1924 年，以同盟会员身份参加改组后的中国国民党，拥护“联俄、联共、扶助农工”的三大政策。此后，又拥护并积极参加中国共产党领导下的新民主主义革命运动，与国民党的反动政策作坚决斗争。郭沫若在《柳亚子诗词选·序》中说：“亚子先生是一位典型的诗人，他有热烈的感情，豪华的才气，卓越的器识。他的精神是随着时代的进步而进步的。”

柳亚子是一位多产的作家，其诗作据说多至万首。前期的诗歌大多慷慨悲壮。毛泽东对柳诗作了很高的评价："尊诗慨当以慷，卑视陈亮陆游，读之使人感发兴起。"南社著名诗人高旭也说："翩翩亚子第一流，七律直与三唐俦。"对柳亚子的七律评价甚高。亚子先生也曾积极提倡过新诗，他说："余雅重新诗，苦不能为效颦学步之举，正以中旧诗之毒太深。"但是，其诗也有不足。一是喜欢用典，他在给谢冰莹信中谈到学诗的经过时也说："我的旧诗，差不多就是擅长用古典吧！"由于用典太多，有时影响了感情的自然表达；二是由于生活的接触面较窄，诗歌的题材也嫌不够广泛。一些应酬赠答之作，也给人单调浮泛的感觉。

著有《磨剑室诗词集》、《磨剑室文集》、《南社纪略》、《苏曼殊研究》等。

包天笑（1876～1973）

近代小说家、翻译家，名公毅，字朗孙，别署检花，江苏吴县人。包天笑是近代鸳鸯蝴蝶派的重要代表作家，是该派五虎将之一。他从1907年开始就在《小说林》杂志发表长篇小说《碧血幕》，并长期主编文学刊物，对鸳鸯蝴蝶派小说的泛滥起了推波助澜的作用。从1909年至1922年，他先后主编过的小说杂志有《小说时报》、《小说大观》、《小说画报》、《星期》周刊等。包天笑长期从事小说创作和翻译工作，他说："鄙人于小说界十余寒暑矣，惟检点旧稿，翻译多而撰述少。"（《小说画报短引》）其作品文笔灵秀，擅长白描。短篇小说有《爱神之模型》、《沧州道中》、《布衣会》、《活动之家》等，长篇小说还有《琼岛仙葩》、《生活的裂痕》等。包天笑创作的小说，也有一些反映对社会黑暗现实和封建军阀压迫不满的作品，具有一定的进步意义。晚年又从事翻译政治小说、言情小说和武侠小说，尤以翻译教育题材的小说而为读者所推崇，有《馨儿就学记》、《苦儿流浪记》、《孤雏感遇记》、《无名的英雄》等。

参考资料

《清史稿》	赵尔巽
《清史列传》	清国史馆
《续碑传集》	缪荃孙
《国朝先正事略》	李元度
《国朝耆献类征》	李　桓
《碑传集补》	闵尔昌
《清人文集别录》	张舜徽
《国朝书画家笔录》	窦　镇
《清代七百名人传》	蔡冠洛
《中兴将帅列传》	朱孔彰
《中国文学家列传》	杨荫深

《晚晴簃诗汇》	徐世昌
《近代诗钞》	陈　衍
《戊戌履霜录》	胡思敬
《清画家诗史》	李浚之
《民国人物传》	中国社会科学院近代史所
《中国小说史料》	孔另镜
《中国小说史略》	鲁　迅
《中国戏剧史长编》	周贻白
《晚清小说史》	阿　英
《晚清戏曲小说目》	阿　英
《京剧简史》	苏　移
《龚自珍研究资料》	孙文光等
《李伯元研究资料》	魏绍昌
《吴趼人研究资料》	魏绍昌
《老残游记资料》	魏绍昌
《孽海花资料》	魏绍昌
《鸳鸯蝴蝶派研究资料》	魏绍昌
《刘鹗及老残游记资料》	刘德隆等
《南社纪略》	柳亚子
《南社丛谈》	郑逸梅
《艺林散叶》	郑逸梅
《革命逸史》	冯自由
《古代闺阁诗人征略》	施淑仪
《中国少数民族文学》	毛　星
《南社丛刻》	
《中国近代期刊篇目汇录》	
《辛亥革命时期期刊介绍》	

各传主年谱、传、铭及诗文等。

后　记

《中国近代文学发展史》自 1991 年出版以来，得到了国内外专家学者的关注，《中国文学研究年鉴》（1992）和国内外多家刊物发表了书评，给予充分的肯定，也指出了一些缺点和不足。同时，其作为全国大学文科教材，已在部分大学中文系使用过，在使用过程中，也发现作为教材尚有有待改进的地方。此次重新出版我们又对全书作了必要的订正和增删。

在此书即将出版之时，祈望能继续得到国内外专家学者和广大读者的关注与批评。

管　林　钟贤培

2009 年 6 月于华南师范大学